丛 书 主 编：陈志敏　徐明棋

丛书副主编：曹子衡　丁　纯　潘忠岐　张　骥

丛 书 顾 问：戴炳然　冯仲平　宋新宁　伍贻康　夏立平
　　　　　　　叶　江　［比利时］古斯塔夫·盖拉茨

复旦大学国际关系与公共事务学院
上海欧洲学会
对本丛书的出版给予了大力支持

欧盟与世界丛书

丛书主编：陈志敏　徐明棋

布鲁塞尔效应

欧盟如何统治全球？

THE BRUSSELS EFFECT:
HOW THE EUROPEAN UNION RULES THE WORLD

［芬］阿努·布拉德福德（Anu Bradford）　著

简军波　宋卫清　译　简军波　校

上海人民出版社

献给我的爸爸妈妈

丛 书 总 序

　　20 世纪是欧洲大变身的百年。在这之前,欧洲因为率先实现了技术突破,发展了资本主义的生产方式和民族国家的政治形式而一跃成为世界的主宰。然而,欧洲列强之间的争斗也在 20 世纪上半叶引发了人类历史上最为惨烈的两次世界大战。其结果,一方面欧洲退出了世界超级强权的行列;另一方面,也为人类历史上全新的地区一体化实践开启了大门。意识到欧洲国家地位的衰落,也为了永久结束欧洲各国内部之间的战争,六个西欧国家在 20 世纪 50 年代初启动了欧洲一体化进程。经过半个多世纪的发展,欧洲联盟的成员国不断增加,具有了单一的货币,高度一体化的内部政策,统一的对外经济和商业政策,以及不断发展起来的共同外交和安全政策。欧盟的经济总量与美国相当,在对外贸易、投资和援助领域领先世界各国,其核心成员国占据了联合国安全理事会的两个常任理事国席位,在全球核大国俱乐部中也拥有两个席位。欧洲一体化让数个世纪的宿敌实现了和解,并让欧洲继续跻身世界主要力量的行列。

　　进入 21 世纪后,欧洲联盟经历大规模的扩大,目前成员国已经增加到 28 个,拥有 5 亿人口。此外,还有土耳其、马其顿、冰岛、黑山共和国和塞尔维亚等国被赋予入盟候选国地位,正在就加入欧盟进行谈判。2009 年 12 月,欧盟的《里斯本条约》最终生效,给欧盟一体化注入了新的动力。为了进一步提升欧盟在世界上的影响,条约对欧盟的原有对外政策体制进行了重大改革:赋予欧盟独立的国际法人地位;设立了常

1

设的欧洲理事会主席一职;设立了常设的欧盟外交与安全政策高级代表一职,统一负责欧盟政府间主义的外交与安全政策和超国家主义的原欧共体对外关系事务;建立了高级代表领导的欧洲对外行动署;原欧共体驻外使团全面转化为欧盟驻外使团,并受欧盟对外行动署的领导。

当然,在一体化继续向前推进的同时,欧盟也面临三大严峻的挑战。首先,欧洲联盟的深化或扩大进程正在进入瓶颈阶段,继续向前推动欧洲一体化的能力遭遇严重的信任危机。在扩大方面,土耳其的入盟问题迟迟不能解决,暴露出欧洲在扩大方面的困境;在深化方面,法国和荷兰民众2005年对《欧盟宪法条约》的否决显示欧洲民众对欧盟联邦化进程的努力缺乏支持,这将制约欧盟今后任何大幅度深化欧盟一体化的努力。其次,欧盟经济在2008年开始爆发的全球经济和金融危机中受创严重,不仅经济实力受到削弱,作为欧洲一体化最为重要的成就之一的欧元也因此陷入危机。作为一个主要依靠经济力量和制度吸引力来发挥国际影响的国际行为体,欧盟目前遭遇的经济困难将明显制约欧盟在国际上发挥影响的抱负。最后,可能也是影响最为深远的是,面对非西方世界的崛起,欧盟在全球政治经济中的长期地位陷入相对衰落。欧盟内部加强一体化的努力也许会放缓这一相对衰落的进程,但长期趋势似乎难以根本改变。

鉴于欧盟面临的上述挑战,国内外学者已经展开了对欧盟重要性的辩论,一些学者认为欧盟已经处在衰落的下降通道,一些学者坚持欧盟仍然是世界的第二超级强权。在本丛书的主编们看来,就长期趋势而言,欧盟在国际体系中地位相对下降也许是不可避免的;但在当下和未来30年中,欧盟以其联盟和成员国的实力与影响仍将是世界主要力量之一,今后也仍会在国际事务中发挥重要作用,因此也将是中国双边关系中的关键伙伴,以及中国全球战略中不可或缺的重要一环。对欧盟与世界关系进行系统和深入的研究,其意义不言自明。具体而言,对欧盟与世界关系的研究至少有以下四方面的重要意义:

第一,从国际关系研究而言,欧盟与世界各国、各地区和各个国际组织的相互关系是当前国际关系研究的重要组成部分,对国际关系的全局有其影响,也是地区和全球问题解决过程中不能回避的方面。

第二,从对外政策的机制研究而言,欧盟的对外政策机制具有高度的特殊性,包含了超国家主义的对外经济政策和政府间主义的外交、安全和防务政策,形成了联盟和成员国共同参与欧盟对外关系的多层对外政策体系。在一定意义上,这是一个罗伯特·库珀(Robert Cooper)所谓的"后现代体系",而不是一个放大的民族国家。对它的研究不仅可以丰富我们的国际关系和对外政策的理论研究,也是我们构想在其他地区或在全球层面发展区域或全球治理机制的经验源泉。

第三,就外交政策的模式研究而言,欧盟在国际舞台上发挥影响主要是以"民事力量"的面貌出现的,即主要依靠非军事手段来发挥影响。在欧盟周边地区,欧盟主要通过周边政策对周边国家的国内制度和内外政策实行"欧洲化"改造,在其他地区则依靠经济、规范和制度的影响力来扩大影响。对于实行和平发展外交战略和旨在推动建设和谐世界的中国而言,欧盟发挥影响力的方式显然有众多可资借鉴的地方,值得我们加以认真研究。

第四,就中欧关系研究而言,欧盟与中国的关系正在进入一个复杂化的新阶段。对于双方而言,双边关系既有着巨大的合作机会,也蕴含着各方面的挑战,需要双方站在更高的角度重新审视这一关系的各个方面和各个层次。同时,中欧关系已经全面超出双边关系的范畴,而具有日益重要的全球层面影响,既关系到中国和其他国家双边关系的发展,也关系到中国在地区和全球事务中影响力的发挥。

基于上述理由,本丛书的主编们提出了出版"欧盟与世界丛书"的设想,并得到了复旦大学国际关系与公共事务学院、上海市欧洲学会和欧盟委员会让·莫内教授项目的共同支持。复旦大学是国内最早设立欧洲研究的高校,在欧洲研究方面具有40多年的历史,聚集了一批在欧盟经济、外交、法律方面的研究人员。上海市欧洲学会作为联系上海欧洲研究学界的桥梁机构,近年来在推动上海欧洲研究方面作出了大量的努力。从 1998 年欧盟委员会启动第一轮中欧高等教育合作计划以来,欧盟委员会对包括复旦大学在内的中国高校的欧洲研究提供了大力的支持,并通过陈志敏和戴炳然两位教授获得的让·莫内教授项目对本丛书的出版给予了直接的支持。我们相信,在三方机构的支持下,本丛书的出版将会是一个长期的和可持续的计划,必将有力推动中国学者对欧盟,特别是欧盟对外关系的研究。

最后,我们也要特别感谢上海人民出版社对本丛书计划的大力支持。上海人民出版社在国际问题研究领域有着高品质出版社的良好声誉。我们也希望在出版社各位同仁的努力下,本丛书的学术质量可以得到全面保证。

编者

前　言

撰写此书的初衷是想对近来持续流行的一些公共评论做出回应，这些评论认为欧盟将会消亡或在世界上变得无关紧要。然而这些论述与我在自己学术研究中观察到的数据和模式相矛盾，这些数据和模式提供了许多关于欧盟全球监管权力和影响的重要案例。准确审视这些案例，可以肯定地说欧盟在监管领域具有持续的，甚至是不断增长的全球影响。这些相互矛盾的信息最初激发我想写一篇关于驱动欧盟监管影响的机制的文章，以努力纠正唱衰欧盟的种种误解，并促使人们更明智地看待欧盟在世界上的作用。2012 年我在《西北大学法律评论》（*Northwestern University Law Review*）发表了一篇文章，在文中我创造了"布鲁塞尔效应"（Brussels Effect）一词，以此理解来自布鲁塞尔那些机构的欧盟权力的起源，并以此为基础，向戴维·沃格尔（David Vogel）在探讨"加州效应"方面所做的开创性工作表达敬意。

这篇文章引起了争论。受此鼓舞，我接受牛津大学出版社的邀请，将这篇文章扩充为一本书。尽管自 2012 年以来发生了很多事情，但欧盟对全球市场的影响力有增无减，尽管欧盟依然面临看似持续不断的系列危机。

本书力求提出比最初阐述的理论更详细、更细致的欧盟全球监管影响力的理论。它也将探讨范围扩大到别的监管领域、行业和国家，同时提出了一些新的问题，例如布鲁塞尔效应是否会增加福利，或者它是否会持续到未来。

1

本书的主要贡献是对事件的描述。它解释了面对其地缘政治对手，欧盟如何以及为何能成为无法匹敌的全球监管霸主，且其对手虽没有赞同但也没有批评欧盟拥有的这种权力。和任何人一样，我对欧盟持有自己的规范性观点（normative views），并深切关心其命运。我对欧盟的许多成就感到自豪，就像我对它一再失败深感沮丧一样。在本书的末尾，通过提出若干讨论问题，我亮明了自己关于布鲁塞尔效应的规范性观点。不过本书的核心论点和整体贡献并不在于我个人对欧盟的看法。无论人们喜欢与否，布鲁塞尔效应都会存在，最终我将其留给读者来决定布鲁塞尔效应是哪一种现象——推动世界局势发展，抑或只是引起人们关注*。

通过此书，我希望对欧盟的支持者和反对者产生吸引力。它挑战了将欧盟描绘成一个无能的全球角色的批评者的观点，并揭示出那些批评对当今强权的认知是多么狭隘和过时。对欧盟最热心的支持者来说，这本书让他们相信欧盟的重要性，不过也会削弱欧盟复兴和需进一步一体化的观点。即使在没有欧洲联邦的情况下，欧盟也能通过布鲁塞尔效应在其边界内外推进其利益。同样，这本书也是为欧洲和非欧洲读者而写。我希望本书能与布鲁塞尔政策制定者以及对欧盟几乎不太了解的外国政府、公司和公民进行对话，直到他们注意到欧盟法规是如何普遍而持久地渗透到他们的国界并影响他们的日常生活的。

我的个人职业生涯流转于欧洲和美国，故今日有幸同时作为局内人和局外人观察欧盟。近二十年来，我一直以居住在美国的欧洲人身份研究欧盟。作为美国学术和公共对话的一部分，我与布鲁塞尔的辩论保持了一定距离，这影响了我对欧盟的看法和写作方式。但我永远不会成为真正的局外人。我在芬兰长大，在移居美国前曾在比利时、法国和德国学习和工作，并在西班牙生活及游历欧洲期间撰写了本书的大部分内容。当我今天写下有关欧盟法规和机构的内容时，我可以信

---

* 即有利于世界，或给世界带来挑战。——译者注

手拈来。对我而言,欧盟法律仍然是国内法而非异国的法律。

在整个写作过程中,我受益于与来自美国和欧洲的一群不可思议的人进行的丰富多样的对话。由于这些对话,书本手稿得到极大的改进,但所有的错误和不足都归咎于我个人。本书于 2018 年在纽约和 2019 年在马德里举行两次手稿讨论会议后取得了最大程度的改进。我非常感谢一群了不起的学者花时间阅读我的手稿,并就它进行了为期一天的对话。对此我衷心感谢阿尔贝托·阿莱曼诺(Alberto Ale-manno)、乔治·伯曼(George Bermann)、卡特娅·比登科普夫(Katja Biedenkopf)、亚当·奇尔顿(Adam Chilton)、马里斯·克雷蒙纳(Marise Cremona)、格雷尼·德·布尔卡(Grainne De Burca)、皮特·伊科特(Piet Eeckhout)、丹·克莱门(Dan Kelemen)、苏珊妮·金斯顿(Suzanne Kingston)、卡特里娜·利诺斯(Katerina Linos)、亚伯·纽曼(Abe Newman)、马克·波拉克(Mark Pollack)、托尼娅·普特南(Tonya Putnam)、安妮·丽丝·西博尼(Anne Lise Sibony)、托马斯·施特林茨(Thomas Streinz)、戴维·沃格尔(David Vogel)、玛丽亚·韦默(Maria Weimer)、珍·沃特斯(Jan Wouters)、蒂姆·吴(Tim Wu),感谢他们放下自己手头的工作,并依其聪明头脑与我讨论布鲁塞尔效应。由于这些对话,这本书变得和之前非常不同且有很多改进之处。

我有不少机会在欧美各种会议上展示我的手稿,包括:在马德里举行的第 26 届欧洲主义者国际会议、在日内瓦世界贸易组织进行的贸易系列讲座、在西班牙 IE 大学全球与公共事务学院和马德里卡洛斯三世大学关于欧盟的高谈阔论、在巴黎举行的第 10 届跨欧洲专家论坛、佛罗伦萨欧洲大学研究所组织的欧盟法律研讨会、日内瓦研究生院全球治理座谈会、普林斯顿大学欧盟系列研讨会、哥伦比亚大学教师工作坊、伦敦大学城市法学院欧盟与世界融合模拟研讨会、在杜克大学举行的杜克—耶鲁外交关系法圆桌会议等。我非常感谢(参加上述会议时)得到的极好的反馈。

我也从许多我信任的同事阅读这本书稿并提出宝贵见解中受益匪

浅。我特别感谢雷切尔·布鲁斯特(Rachel Brewster)、汤姆·金斯伯格(Tom Ginsburg)、凯塔琳娜·皮斯托(Katharina Pistor)、埃里克·波斯纳(Eric Posner)、戴夫·波曾(Dave Pozen)和马特·瓦克斯曼(Matt Waxman)。感谢他们对书稿的深思熟虑和提供的富有灵感的反馈意见,还要感谢牛津大学出版社的匿名审稿人,他们提出了许多观点,推动了进一步的争论。我还要热切感谢杰西卡·布尔曼-波曾(Jessica Bulman-Pozen)、斯塔夫罗斯·加迪尼斯(Stavros Gadinis)、凯瑟琳·哈里根(Kathryn Harrigan)、伯特·黄(Bert Huang)、奥拉蒂·约翰逊(Olati Johnson)、本·列布曼(Ben Liebman)、弗洛伦西亚·马罗塔-沃格勒(Florencia Marotta-Wurgler)、索菲·梅尼耶(Sophie Meunier)、乔安娜·斯科特(Joanne Scott)、亚历克斯·王(Alex Wang)、乔纳森·维纳(Jonathan Wiener)和安吉拉·张(Angela Zhang)等人与我进行的有益对话和提供的建议。我非常感谢众多欧盟官员、法律和政策专家及政府和企业的代表与我分享他们的观点,并指导我找到正确的问题或来源。当然,本书提出的论点属于我个人,不能归之于他人或其组织。我要特别感谢朱莉娅·巴克曼(Julia Backmann)、马修·拜伊(Matthew Bye)、里卡多·法尔科尼(Riccardo Falconi)、约翰·弗兰克(John Frank)、托尼·加德纳(Tony Gardner)、布鲁诺·真卡雷利(Bruno Gencarelli)、汉斯·因格尔斯(Hans Ingels)、西里尔·雅克(Cyril Jacquet)、萨宾·尤利彻尔(Sabine Juelicher)、迈克尔·凯菲(Michael Kefi)、埃丝特·凯利(Esther Kelly)、尼古拉斯·莱维(Nicholas Levy)、纪尧姆·洛里奥(Guillaume Loriot)、帕特里克·罗宾逊(Patrick Robinson)、杰西卡·舒恩伯格(Jessica Schonberg)、詹姆斯·斯蒂文斯(James Stevens)、埃米利亚诺·托尔内塞(Emiliano Tornese)、尼古拉斯·维隆(Nicolas Veron)、彼得·扎普费尔(Peter Zapfel)和卡罗琳娜·扎兹沃尔科娃(Karolina Zazvorkova)。

如果没有我优秀的研究助理团队,这本书也不会问世。与这样一群才华横溢、敬业奉献的学生一起开展教学和工作是一种巨大的荣幸,这使它成为世界上最好的工作。我衷心感谢菲尔·安德里奥尔（Phil Andriole）、布鲁娜·巴莱塔（Bruna Barletta）、凯利·本圭吉（Kelly Benguigui）、戴维·布莱克曼（David Blackman）、安德鲁·布里克菲尔德（Andrew Brickfield）、萨米·马鲁夫·克莱兰德（Sami Marouf Cleland）、玛丽-玛丽·德·法伊斯（Marie-Marie De Fays）、帕普·迪乌夫（Pap Diouf）、哈利·弗洛拉（Haley Flora）、甘慧真（Hui Zhen Gan，音译）、乔纳·加森（Jonah Garson）、罗汉·乔治（Rohan George）、罗萨纳·冈萨雷斯-穆尼奥斯（Rossana Gonzalez-Munoz）、朱莉娅·格拉博夫斯卡（Julia Grabowska）、伊莎贝拉·哈里斯（Isabella Harris）、艾米莉·哈什（Emily Hush）、李尔·姜（Lear Jiang）、珍妮特·神泽（Janet Kanzawa）、金贤圭（HyunKyu Kim）、黎德（Deul Lim）、林宇腾（Yu-teng Lin，音译）、拉维·库马尔·马托（Ravi Kumar Mahto）、玛丽·孟舒华（Marie Menshova）、凯文·米诺夫（Kevin Minofu）、彼得·纳伯克（Peter Neuboeck）、朱莉-艾琳·A.恩科多（Julie-Irene A. Nkodo）、潘柳怡（Liuyi Pan，音译）、尼拉杰·RS（Neeraj RS）、阿坎西亚·萨克西娜（Aakanksha Saxena）、埃尔维拉·锡霍拉（Elvira Sihvola）、埃里克·斯利瓦（Eric Sliva）、阿拉斯泰尔·史密斯（Alastair Smith）、斯里尼迪·斯里尼瓦桑（Sreenidhi Srinivasan）、朱莉娅·辛诺瓦茨（Julia Szinovatz）、劳拉·魏恩布勒姆（Laura Weinblum）和米特拉·亚兹迪（Mitra Yazdi）。没有他们，这本书可能要花很多年才能完成，而且永远不会有现在的影响力。他们的研究使我能够举出布鲁塞尔效应在亚洲、非洲和拉丁美洲的案例，通过他们的研究我才发现了许多其他（与布鲁塞尔效应相关的）法规或行业。感谢你们分享我的抱负，并一再为我竭尽全力。我还要向出色的编辑克里斯·卢拉（Chris Lura）致以最诚挚的谢意，他无微不至的关怀、奉献和专业精神使本书更具可读性。

我对哥伦比亚大学多个中心和研究所的资助充满感激之情，这使得这项研究成为可能，它们是杰罗姆·A.查森（Jerome A. Chazen）全球商业研究所、米尔斯坦（Millstein）全球市场和企业所有权中心、理查德·保罗·里奇曼(Richard Paul Richman)商业、法律和公共政策中心。该研究还得益于欧盟伊拉斯谟+(Erasmus+)项目的支持。[1]

最后要感谢我的家人。我衷心感谢我的三个孩子——奥利弗(Oliver)、西尔维娅(Sylvia)和薇薇安(Vivian),他们在过去的两年里对我一直充满高度的耐心。12岁的奥利弗可以像大人一样清楚地表达布鲁塞尔效应。作为一个关心未来的两大洲的公民,他每天都对布鲁塞尔效应如何影响他在纽约的生活感到惬意。我非常感谢我的丈夫特拉维斯(Travis),他与我不厌其烦地讨论布鲁塞尔效应或提醒我这种洞察力的重要性。感谢你一再阅读手稿里的每一个字,并提出毫不妥协的诚实观点和表达出的坚定支持。你帮助我看得更远,想得更深,本书中许多最重要的见解都可以追溯到我们进行的许多对话。

谨以此书献给我的父母丽塔(Riitta)和劳里(Lauri),我对他们深表谢意。本书中的关键要素是我在芬兰的孩童时代做家务活时发展出来的。感谢你们对孩子们的无尽照顾,这给了我思考和写作的重要空间。感谢你们对本项目及我为此所做任何努力的不懈支持。你们总是鼓励我追逐自己的,而非你们或任何其他人的梦想。我所有的成就,包括这本书,都归功于此。

于西班牙马德里

2019年6月

注 释

1. 欧盟委员会对本出版物发表的支持不代表对本书内容的认可,本出版物的内容只反映作者的观点,委员会对其中所含信息的任何使用均不承担责任。

6

目 录

丛书总序 ··· 1

前言 ··· 1

导论:布鲁塞尔效应 ······························· 1

第一部分:理论

第一部分导言 ······································ 11

第一章 欧盟如何成为一个全球性监管力量 ··········· 19

第二章 布鲁塞尔效应 ······························ 42

第三章 不同情境下的布鲁塞尔效应 ················· 99

第二部分:案例研究

第二部分导言 ····································· 133

第四章 市场竞争 ·································· 138

第五章 数字经济 ·································· 184

第六章 消费者健康和安全 ·························· 242

第七章 环境 ······································ 295

第三部分:评估

第三部分导言 ····································· 337

第八章 布鲁塞尔效应有益处吗? ···················· 339

第九章 布鲁塞尔效应的未来 ························ 381

导论：布鲁塞尔效应

阅读时事新闻或智库与政府机构发布的源源不断的政策分析，很容易得出欧洲最好的日子已经结束这一根深蒂固的假设。撰写有关欧洲政策的专家、学者和记者观察到"欧洲大陆的大统一计划正在失败，其全球影响力正在消退"[1]，他们描述了"欧洲的解体"[2]或阐述"欧盟的衰落：欧洲正与其在全球不再重要的（地位）做斗争"[3]，他们提到"欧盟即将受到侵蚀"[4]或解释"为什么欧洲不再重要"[5]。有些人对欧洲的衰落感到遗憾，指出"欧洲的衰落是全球关注的问题"[6]。而其他人则提醒欧洲的衰落如何由其自身所造成，因为"欧洲为其衰落铺平了道路"[7]。有评论认为，欧盟是一个为努力保持其在世界上的影响，但正处于挣扎中的老迈与衰落的力量。

有几个因素可以解释欧盟为何衰弱的观点。一个统一的欧洲从来都不是军事强权，因此不适合以硬实力应对全球威胁。随着亚洲的崛起，它的经济实力正在减弱。欧元危机的余波进一步削弱了公众对欧洲项目的信心。加剧这些结构性挑战的是，欧盟正面临来自更加自信的俄罗斯的新的威胁和压力、经济民粹主义和欧洲怀疑主义的兴起、恐怖主义的增加、难民危机，当然还有英国脱欧。众多危机及其严重程度很容易让即使是欧盟最热心的支持者也相信其衰落是不可避免的。

本书对欧盟在世界上的作用提出了一种相反的观点。它认为，尽管面临各种挑战，欧盟仍然是一个有影响力的超级强权，能按照其形象塑造世界。对欧盟衰落的持续叙述忽视了其权力的一个重要方面，即欧盟单方面监管全球市场的权力仍未受到最近危机的影响。欧盟今天颁布的法规影响着欧洲乃至世界各地制造哪些产品以及如何开展业务。如此，无论是通过其在竞争政策、环境保护、食品安全、隐私保护或

1

在社交媒体上制定监管仇恨言论标准的能力,欧盟都拥有显著的、独特的和高度渗透性的力量,从而单方面改变全球市场。因此,本书认为,尽管欧盟可能在金融和政治上存在缺陷,但在未来很长一段时间内,欧盟仍然可能是全球经济中的主要力量。

今天,很少有美国人知道欧盟法规决定了他们苹果手机上的默认隐私设置,或推特删除的哪些言论类型是不可接受的。在此方面,美国人并非特例。欧盟监管影响全球市场的案例比比皆是。欧盟法律决定了印度尼西亚如何采伐木材、巴西如何生产蜂蜜、喀麦隆可可种植者如何使用杀虫剂及何种杀虫剂、中国乳品厂安装何种设备、日本塑料玩具中加入何种化学物质,以及拉丁美洲的互联网用户享有多少隐私权等。

这些只是本书描述的"布鲁塞尔效应"现象的几个案例。布鲁塞尔效应指的是欧盟单方面监管全球市场的权力,这无需借助国际机构或寻求其他国家合作,欧盟就有能力颁布塑造全球商业环境的法规,导致全球商业的许多重要方面显著"欧洲化"。与许多其他形式的全球影响不同,欧盟不需要将其标准强加于任何人,市场力量通常足以将欧盟标准转变为全球标准,因为公司自愿将欧盟规则作为管理其全球业务的规则。在特定条件下,布鲁塞尔效应导致"单边监管的全球化",即源自单一司法管辖区的法规能渗透到全球市场经济生活中的许多方面。

剖析其单边监管的全球化的决定性因素,也揭示了欧盟相对于美国或中国等其他大国成为全球商业的主要监管者,以及为何欧盟能成功地输出某些法规而不是其他法规的原因。欧盟拥有庞大的消费市场,并得到强大监管机构的支持。与欧盟开展贸易要求外国公司根据欧盟标准(通常代表全球最严格的标准)调整其行为或生产,否则只能完全放弃欧盟市场。然而,很少有跨国公司选择后者。此外,这些公司不能通过将监管目标转移到另一个司法管辖区来规避欧盟规则,因为欧盟主要监管的是无弹性的消费市场,而不是像美国那样监管的主要是更具弹性的资本市场。虽然资本可能会在面临约束性监管环境时逃离,但无弹性的消费者不会这样做。此外,尽管欧盟仅监管其内部市场,但跨国公司通常有动力在全球范围内使其生产标准化并遵守单一规则,而不会针对每个单独市场进行生产定制。这是欧盟法规如何转变为事实上的全球法规的关键因素。当然,其他大型经济体也可以行使单方面的全球监管影响力。然而,例如美国通过选择在大多数政策领域颁布不太严格的监管标准,将数据保护等关键领域的监管主要交给市场,从而有效地将这种权力让给了欧盟。

对欧盟单边监管权力的理论分析和实证检验说明,本书纠正了当前将欧盟描绘成虚弱和衰落力量的言论。本书的目的不是否认对欧盟弱点的各种批评,也不是争辩说这种批评缺乏根据。本书的目的试图证明描述欧盟全貌时应更加平衡,从基本面来看,欧盟仍然是全球经济中的强大参与者。此外,本书还挑战了将欧盟视为多边合作和普遍规范拥护者的主流说法[8],这种说法与美国在国际事务中的单边主义形成鲜明对比。但布鲁塞尔效应表明,欧盟只有在(判断)多边主义和普遍主义有效时才会承诺采纳它们。与任何大国一样,欧盟愿意塑造国际秩序,以确保国际规范反映其监管偏好,通常是采用多边方法,但有时采用单边主义更为有效。[9]美国通常也与亲市场的观点联系在一起,而欧盟不太信任市场,而是依赖政府机构。然而,通过布鲁塞尔效应,最能利用市场力量释放其单边全球监管权力的是欧盟而不是美国。因此,本书表明欧盟最大的全球影响力可能不是通过多边机制和政治机构实现的,而是通过由市场和私营公司推动的单边行动。

通过选取不同监管政策的大量案例,本书不仅表明布鲁塞尔效应的存在,而且表明它很重要。在全球影响力争夺战中,监管权力具有高度相关性。欧盟法规渗透到世界各地人们日常生活的方方面面。布鲁塞尔效应影响他们吃的食物、呼吸的空气,以及生产和消费的产品。虽然许多传统的影响力工具的重要性已经减弱,但欧盟的监管权力仍然持久,更易于部署,也更不容易被其他国家破坏。如今,越来越难以行使原始军事力量,甚至依靠贸易或贷款协议中嵌入的经济制裁或有条件的激励措施(实施监管)。[10]经济强权不再限于美国、欧盟和日本。如今,中国和其他新兴经济体正变得日益富裕。在一个拥有多个大国和不同利益的世界中,单方面行使经济权力几乎是不可能的。世界贸易组织的贸易谈判一直未能结束,这提醒我们,在这个强国林立的世界,没有哪个国家强大到足以单独完成任何事情。经济制裁如今很少成功,因为被禁运国家更容易为其产品寻找替代供应商或市场。贸易战很容易使世界市场陷入混乱,滋生严重的不确定性,并常常给各方造成重大经济损失,包括对发动此类战争的国家造成的损失。有条件的援助和其他奖励传统上被强国和世界银行、国际货币基金组织等机构用作杠杆手段,但随着一些国家提供援助通常不附加任何条件,杠杆的有效性正在下降。因此,与这些施加影响的传统渠道相比,监管权力是单边主义仍然有效的少数领域之一。

鉴于人们对国际合作和全球机构的未来日益担忧,本书的主题在今天也特别适用。它提供了一个新的视角,与普遍认为全球化正在倒退的观点有着微妙和粗略的不同。尽管国际合作可能陷入危机,但布鲁塞尔效应表明,即使在没有多边合作的情况下,我们也可以继续制定国际规则来管理全球市场。例如,虽然特朗普总统可以让美国退出国际条约和机构,但现任美国政府几乎无能为力,无法取消欧盟法规并限制欧盟通过布鲁塞尔效应向美国或其他地方输出这些规则的能力。同样,本书将论证英国脱欧不会将英国从欧盟的监管束缚中解放出来。大约一半的英国出口产品运往欧盟,预计不会有什么变化。因此,在英国脱欧后的很长一段时间内,英国将继续需要进入欧盟庞大的消费市场。虽然英国公司原则上可以在脱欧后对欧洲采用一套标准,对世界其他地区采用多套其他标准,但布鲁塞尔效应使这种情况不太可能发生。这打破了英国脱欧旨在为英国带来监管自由的幻想。因此,布鲁塞尔效应缓解了全球化的衰退,并使英国在离开欧盟后很长一段时间内仍与欧盟市场保持紧密联系。

本 书 的 结 构

本书分为三部分。第一部分由第一章到第三章组成,为布鲁塞尔效应奠定理论基础。它解释欧盟如何演变为全球监管力量,并讨论布鲁塞尔效应发生的条件。第二部分由第四章至第七章组成,提供在不同政策领域、行业和司法管辖区的布鲁塞尔效应的具体证据。第三部分包括第八章和第九章,考察布鲁塞尔效应的可取性,并预测欧盟的监管霸权是否会持续下去。本书的每一部分还包括一个简短的序言,以帮助读者能准确把握含义及实现本书三个部分的承前启后。第一部分的前言介绍布鲁塞尔效应的定义,并对本书的理论定位和对文献的贡献进行评论。第二部分的前言简要讨论案例研究的结构和选择它们的理由,并强调从中所得出的一些关键要点。最后,第三部分的前言介绍在最后两章中评估布鲁塞尔效应的可取性和持久性时要考虑的关键问题。

第一章通过讨论欧盟作为全球监管力量的崛起奠定本书基础。它介绍主要的欧盟机构并描述它们在监管过程中的作用。然后,它解释监管如何成为推动欧洲一体化的关键工具,从而为这些机构提供追求雄心勃勃的监管议程的强大动力。它还论证单一市场的创建为何始终是欧盟机构的首要关注点。长期以来,布鲁塞尔效应是内部动力驱动的监管议程的附属品,而且在很大程度上是意想不到的副产品。直到最近,一个有意识的外部议程才与这个内部议程一起出现。

第二章通过阐述单一司法管辖区行使全球监管权力的条件构成本书的概念核心,并展示为什么欧盟今天处于独特的地位来承担全球监管霸权的角色。这些条件解释了布鲁塞尔效应的出现和流行。一个国家的市场规模是其对外国公司和个人行使监管权力的公认指标。但仅凭市场规模并不能保证全球监管影响力。国家还必须具备制定严格规则的监管能力和政治意愿。此外,布鲁塞尔效应只有在欧盟监管无弹性目标时才会出现,例如消费市场而不是资本市场。与资本不同,消费者无法逃往监管较少的司法管辖区从而损害欧盟的监管影响力。最后,只有当公司的生产或行为不可分割时,欧盟标准才会成为全球标准。换句话说,当公司遵守单一标准的好处超过利用其他市场较宽松标准的好处时,所有条件加在一起,才能解释为什么欧盟是当今唯一可以对全球市场施加单边监管影响的监管机构。

第三章将欧盟的单边监管影响置于欧盟更广泛的外部影响之中。布鲁塞尔效应并不是欧盟全球监管权力的唯一表现。相反,欧盟通过许多不同的渠道行使规范制定权,例如通过贸易协定和参与国际机构和跨国政府网络。本章回顾欧盟监管影响的这些替代渠道,试图在欧盟拥有的更广泛的工具集中为布鲁塞尔效应提供背景。然后,与布鲁塞尔效应相比,本章会比较这些替代方法的相对优势和劣势,并讨论这些其他影响渠道何时可能补充或替代布鲁塞尔效应。

在第二部分,转向讨论布鲁塞尔效应的经验证据。第四章至第七章通过回顾监管政策的几个领域来说明布鲁塞尔效应,在这些领域,公司正在将其全球生产和行为与欧盟法规相结合(事实上的布鲁塞尔效应),或者外国政府在国内效仿欧盟法规(法律上的布鲁塞尔效应)。这些案例研究包括欧盟对市场竞争(第四章)、数字经济(第五章)、消费者健康和安全(第六章)以及环境(第七章)的监管,目的是解释欧盟为何以及如何成为这些政策领域最突出的全球监管机构,并提供布鲁塞尔效应表现的具体案例。

第三部分由第八章和第九章组成,探讨布鲁塞尔效应的规范含义并反思它的未来。第八章探寻布鲁塞尔效应是否有利于提高欧盟和国外人民的福祉。在研究这个问题时,涉及针对布鲁塞尔效应的经济和政治批评。它探寻欧盟法规的全球影响力是否成本高昂且会阻碍创新,或者是否受到保护主义动机的驱动。它还质疑布鲁塞尔效应是否应被视为监管帝国主义的表现,监管帝国主义削弱了外国主权对其经济做出关键决策并根据其依民主形成的偏好为其公民服务的权力。

第九章通过展望未来结束本书。它解决欧盟监管霸权面临的外部和内部挑战,并检验布鲁塞尔效应是否以及如何在这些挑战下持续存在。英国即将脱离欧盟*似乎削弱了欧盟的监管权力。对多边机构和国际合作未来的日益担忧也可能挑战欧盟塑造全球监管环境的能力。额外的挑战迫在眉睫,其中包括中国和其他新兴大国的崛起将逐渐侵蚀欧盟的相对市场力量。技术变革可能会彻底改变工业流程,允许更大程度的定制,从而减少生产单一全球(通常是欧洲)标准的需要。最后,随着反欧盟情绪的增长,欧盟内部的政治斗争可能会损害其参与有效规则制定的能力。本章依次考虑所有这些挑战,不仅阐述欧盟的监管权力,也将解释这种权力的持久性。这样做的时候,也引发一个问

---

* 本书英文版出版时,英国尚未完成脱欧。——译者注

题,即本书将被视为是对历史的描述,还是对未来几十年的预测?

注 释

1. Walter Russell Mead, *Incredible Shrinking Europe: The Continent's Grand Unity Project is Failing, and its Global Influence is Fading*, Wall St. J. (Feb. 12, 2019), https://www.wsj.com/articles/incredible-shrinking-europe-11549928481(on file with author).

2. Ana Palacio, *The European Unraveling*? La Nacion(Feb. 16, 2017), https://www.nacion.com/opinion/international/the-european-unraveling/PY5GRBN4PVDRXO-XYXJBTUVH6NY/story/[https://perma.cc/2LUT-BAPX].

3. Richard Youngs, Europe's Decline And Fall: The Struggle Against Global Irrelevance 1(2010).

4. Stephen Walt, *The Coming Erosion of the European Union*, Foreign Policy(Aug. 18, 2011), https://foreignpolicy.com/2011/08/18/the-coming-erosion-of-the-european-union/[https://perma.cc/TQ3Y-JPX3].

5. Richard Haas, *Why Europe No Longer Matters*, Wash. Post(June 17, 2011), https://www.washingtonpost.com/opinions/why-europe-no-longer-matters/2011/06/15/AG7eCCZH_story.html?utm_term=.9bc86c66d9b4(on file with author).

6. Tony Barber, *The Decline of Europe is a Global Concern*, Fin. Times, Dec.21, 2015, at 1(on file with author).

7. Theodore R. Bromund, *Europe Paves the Way for Its Decline*, Heritage Foundation (Oct. 9, 2018), https://www.heritage.org/europe/commentary/europe-paves-the-way-its-decline[https://perma.cc/5F49-75DN].

8. 例如参见 Jed Rubenfeld, Commentary, *Unilateralism and Constitutionalism*, 79 N. Y. U. L. Rev.1971, 1975—1976, 2005—2006(2004);另见 Eva Pejsova, *Europe: A New Player in the Indo-Pacific*, Diplomat(Jan. 19, 2019), https://thediplomat.com/2019/01/europe-a-new-player-in-the-indo-pacific/[https://perma.cc/LNU2-942W]。

9. 参见 Anu Bradford & Eric A. Posner, *Universal Exceptionalism in International Law*, 52 Harv. Int'l L.J. 1, 53(2011)。

10. 参见 Leslie H. Gelb, *GDP Now Matters More than Force: A U.S. Foreign Policy for the Age of Economic Power*, Foreign Aff., Nov./Dec.2010, at 35, https://www.foreignaffairs.com/articles/united-states/2010-10-21/gdp-now-matters-more-force (on file with author)。

第一部分：理论

第一部分导言

本书的第一部分将布鲁塞尔效应的讨论与欧盟广泛的外部影响联系在一起，从理论上探讨布鲁塞尔效应。第一章讨论欧盟作为全球监管力量的崛起。它解释该监管如何为推动欧洲一体化提供一个关键工具，使得欧盟机构有强烈的动机去争取具有雄心的监管议程。第二章揭示市场力量如何通过布鲁塞尔效应的对外影响，使得具有重要意义的欧盟监管实现实质上的全球化。具体地说，这一章勾勒出布鲁塞尔效应发生的条件，以及揭示欧盟如何处于一种独特的地位，使得它在今天全球范围发挥单边的监管影响力。第三章把布鲁塞尔效应置于欧盟全球性监管影响这一更大背景下进行讨论，回顾欧盟监管影响力的其他渠道，并讨论这些渠道何时以及如何补充或者取代布鲁塞尔效应。

不过在正式开始第一部分探讨前，有必要花些时间对"布鲁塞尔效应"作出定义，并且将它和其他全球性监管影响的机制做出区分。在给出定义后，本部分导言把布鲁塞尔效应置于当前的一些学术讨论的议题中，包括监管政治、监管竞争和欧盟对外关系及其全球角色的一些争论。同时，还会揭示布鲁塞尔效应这一概念与具有学术影响力的加利福尼亚效应（California Effect）这一概念为何相关，以及是如何在此基础上发展的。

什么是布鲁塞尔效应？

"布鲁塞尔效应"这一概念指的是欧盟单方面监管全球市场的能力。布鲁塞尔效应不是有意（产生）的，它源自市场具有的相关条件，而不是欧盟主动向外推广其法规的努力。本书在承认有其他欧盟全球影响力形式存在的同时,一般用布鲁塞尔效应来强调市场力量将欧盟的法规向欧盟之外的市场参与者和监管者传播的现象。在布鲁塞尔效应中,欧盟只需监管其本身的市场就可以发挥其全球监管的权力,而无需做其他事情,剩下就取决于欧盟市场的规模和吸引力。因此,在本质上,布鲁塞尔效应源自市场的力量,以及跨国公司出于自身利益考虑而在全球范围采取比较严苛的欧盟法规。同时需要指出,布鲁塞尔效应不仅是非公共权力作用的结果,也是欧盟法规和市场力量向不同市场外溢其法规能力而共同作用的结果。

更进一步说,布鲁塞尔效应有两种类型:"事实上的"和"法律上的"。事实上的布鲁塞尔效应解释了全球性公司如何应对欧盟法规做出相应调整。在这一类型中,不需要外国政府作任何监管上的应对,相关的公司有商业的动机去拓展欧盟的法规以便管理它们在全球的生产和运作。法律上的布鲁塞尔效应建立在事实上的布鲁塞尔效应之上,它指的是外国政府采用类似欧盟的法规。在跨国公司调整它们的全球运作以适应欧盟规则之后,它们有足够的动机去游说所在国家,使得类似欧盟的法规在该国实现。这样做可以确保这些公司在与其他不向欧盟出口的公司的国内竞争中不会处于不利地位,因为后者没有动机调整它们的运作和生产以便付出高昂成本以符合欧盟法规。[1]

这种事实上的布鲁塞尔效应的情况改变了外国跨国公司的动机,使得它们在本国市场开展游说而实现监管调整。这也揭示出"法律上的布鲁塞尔效应"具有严格限定。有时这种过程就能导致外国政府正式采用类似欧盟的法规。但是,外国政府做出模仿欧盟法规的决定往往是众多因素作用的结果,而事实上的布鲁塞尔效应只是部分原因。因此,"法律上的布鲁塞尔效应"也可以不太严格地定义为是一系列导致欧盟规则向外国传播的机制。比如,欧盟经常通过各种经济和政治条约或国际组织和政府网络向外部司法管辖区输出其法规。欧盟法规也会促动外国消费者支持其国内的监管改革。这些不同的工具和机制会促进、放大(欧盟规则),或者与布鲁塞尔效应进行互动,但是它们自身也会导致欧盟法规的扩散。从实际上看,很难把促使一个外国政府采纳类似欧盟法规的各种动机区分开来。鉴于此,本书所说的法律上的布鲁塞尔效应采用不太严格的定义,并且会讨论具有不同动机的实际案例。

在布鲁塞尔效应的两种类型中,事实上的布鲁塞尔效应是本书的重点,也是第二章理论讨论的核心。法律上的布鲁塞尔效应的概念已在别处得到阐述,其严格定义是指由经历过事实上的布鲁塞尔效应的公司游说后的监管调整。这一观点由戴维·沃格尔(David Vogel)在他关于加利福尼亚效应的研究中作了论述,因此本书不会再具体重复论述。法律上的布鲁塞尔效应的宽泛定义包括欧盟规范通过国际条约和制度的扩散,这一点同样也在以前文献中得到广泛讨论。但是法律上的布鲁塞尔效应的经验性证据除了在狭小的政策领域和有限的司法管辖区外,并没有得到广泛讨论。因此,本书除了对事实上的布鲁塞尔效应的理解在理论和经验上做出贡献外,还旨在揭示法律上对欧盟法规的广泛模仿,以及法律上的布鲁塞尔效应如何补充事实上的布鲁塞尔效应及两者的互动。总之,这些讨论希望能对欧盟对外影响做出更全面的描述。

本书在监管理论领域主要讨论市场监管,特别是消费市场监管。布鲁塞尔效应并不局限于产品监管,而会扩展到生产过程。这种"产品与过程"的区分在贸易和经济监管的文献中比较普遍,但是从分析的角度看,对于布鲁塞尔效应来说并非关键,因为布鲁塞尔效应涵盖产品和过程。[2]布鲁塞尔效应的若干案例与产品监管有关,比如网上的个人信息、产品中含有的特定化学物质、电子产品中包含的有害物质或产品开发者提供的特定软件包等。布鲁塞尔效应的其他一些案例与过程监管有关,比如储存数据的过程,化妆品的某种特定的测试方法(如动物测试),还有生产过程中温室气体排放的监管等。因此,没有事物在本质上能限制布鲁塞尔效应仅适用于产品监管或生产过程。相反,第二章详细描述了触发布鲁塞尔效应的各种条件,这些条件界定了可能受该效应影响的监管类型。比如,布鲁塞尔效应尤其针对"无弹性目标",由于资本具有弹性,该效应很少会适用于金融监管。与此类似,布鲁塞尔效应的发生需要公司的运作和生产具有"不可分割性",这样就将比如最低工资等劳工标准排除在了这种效应的现象之外。另外,布鲁塞尔效应和欧盟运用其"市场规模"的能力紧密相关。它很难适用于限制发生在国外的比如侵犯人权的行为,这些情况并不受制于欧盟的市场准入。

更进一步说,虽然这种现象在此被称为"布鲁塞尔效应",并被用来解释欧盟今天作为全球监管霸权的角色,但这种现象的发生条件是普遍性的,并非欧盟特有。这些条件可以用来解释任何管辖实体在市场力量的帮助下为全球市场单方面提供规则的能力。从这个意义上讲,这些条件独立于欧盟的监管霸权,并比其更为长久。它们可以解释是否以及何时这样的一个霸权会消失,或当相似的条件在其他地方出现时,欧盟是否以及何时会被另外一个单边的全球监管者所取代。因此,布鲁塞尔效应更多的是一个关于任何管辖实体在它的规模、行为和市场力量的互动下,都可能形成的单边监管强权的理论。欧盟在当下能这么做的能力只不过是这一理论的一种有力但尚未被重视的运用。

布鲁塞尔效应如何挑战有关监管的辩论

本书试图对有关法律、政治学和经济学领域的一些学术讨论做出贡献。它建立在监管竞争和融合的理论之上[3],包括戴维·沃格尔关于加利福尼亚效应的开创性研究。此外,本书对于将欧盟描述成一个虚弱和衰退的参与者的论点做出了修正。这种论点认为欧盟受困于各种生存性危机,而对于其国际角色缄默不语。在这些辩论中,布鲁塞尔效应也使得我们重新审视政府与市场在导致某种经济结果时各自扮演的角色。本书也通过强调经由改变全球市场和全球政治而单边制定规则的能力,这旨在为国际合作的讨论提供一个新的视角。

布鲁塞尔效应挑战了那些声称贸易全球化损害了国内监管的全球化的批评者。[4]这些批评的声音担心,全球化导致各国为在全球经济中提升各自的相对竞争地位,而降低它们的监管标准以形成"逐底竞争"[5]。不过最近许多支撑这一极具影响力的观点的预设前提已遭否定。[6]例如,许多人担心的公司会搬迁到庇护污染的地方或者公司税提高后资本会转移的情况都没有发生。相反,学者指出国际贸易经常会触发"逐顶竞争",即在全球经济更一体化的情况下,国内的法规变得更为严格。[7]尽管如此,逐底竞争的范式依然很有影响力,主导了包括学者和政策制定者在内的讨论。布鲁塞尔效应加入这一讨论,揭示了全球市场的统一化生产的益处激励了各家公司向上而非向下调整它们的监管标准。

关于全球监管竞争的讨论类似于联邦制国家中监管结果的辩论。"特拉华效应"(Delaware Effect)被用来解释美国公司法中的逐底竞争。因为在美国,公司可以在任何州成立,不管它们的业务在哪里。这样各州都有动机放宽公司成立要求以便获得更多的企业税收收入。特拉华州无论是从管理层还是股东的角度都是成立公司最有吸引力的地方,从而在竞争中成为赢家。[8]"加利福尼亚效应"则揭示了一种相反的现象:由于其巨大的市场和对于严格的消费者和环境法规的偏好,加州有时能有效地为美国其他所有州设定监管标准。[9]有意愿向加州出口的商业机构必须达到其标准。统一化生产带来的收益使得这些公司有动机将同样(严格)的标准应用到它们的整个生产过程。[10]

本书建立在加利福尼亚效应基础上,但是在一些关键的方面又超越它。首先,布鲁塞尔效应将加利福尼亚效应的活力从美国联邦体制扩展到全球范围。[11]这么做揭示并解释了也许是加利福尼亚效应最重要的案例,即它在全球范围的发生。这一点作为经验的现象没有得到理论上的认识并被低估了。其次,布鲁塞尔效应精确地概括出监管向上融合发生的条件。支撑加利福尼亚效应的理论认为,市场规模和规模经济是司法管辖区对外监管实力的一个重要来源。但是这种理论没有能够认识到监管能力和无弹性等因素是理论的重要部分,并且忽略了除规模经济之外,那些能够防止公司为不同市场生产不同类型产品的因素。因此,布鲁塞尔效应提供了一个关于某个单一司法管辖区能够对外发挥监管影响力的条件的精确理论。这种对于支撑布鲁塞尔效应的条件的更准确和全面的理解,解释了为什么欧盟相对于其他大型经济体能够单方面提供全球标准。这也使得这一理论更具普遍性,假设该理论概括的具体条件都满足的话,今天所导致的布鲁塞尔效应或许某一天会被称为"北京效应"(Beijing Effect)。

最后,关于监管竞争的文献,包括加利福尼亚效应,强调一个宽松的外国监管者正式采纳监管领导者的严格的规则的过程。[12]这种对于"法律上的监管融合"的关注无法解释在没有正式的法律规则改变情况下的监管融合现象。在现实中,这种正式的"向上交易"(trading up)往往不会发生。相反,我们经常看到的仅仅是"事实上的监管融合"。通过这种融合,很多全球业务在其他各国保持自己规则的情况下按照欧盟规则运作。例如,在美国竞争法、隐私法和食品安全规则方面就是这种情况。单边监管的全球化无需引发另一国正式的监管方面的回应。欧盟的法律会决定其他国家是否追随它的步伐。从这个角度看,布鲁塞尔效应更多的是关于一个司法管辖区推翻别国规则的能力,而不是触发向上的监管竞争。

布鲁塞尔效应也与现有的关于监管融合和监管强权间关系的学术观点不同。丹尼尔·德雷兹纳(Daniel Drezner)认为大国共识导致监管融合,而大国意见不合则导致监管分歧以及对抗性标准的出现。[13]何种标准会胜出取决于监管强权争取盟友支持其各自监管偏好的相对能力。[14]与德雷兹纳的观点不同,本书表明事实上的监管融合可以在大国意见不合的情况下发生。当布鲁塞尔效应发生的条件存在时,两个旗鼓相当的强权之间标准的竞争不会发生。相反,监管竞争的结果早已预先决定:更严格的监管者将胜出。

监管的全球化的主流理论把监管融合的出现解释为要么是合作要么是胁迫的结果。布鲁塞尔效应的观点加入这一理论讨论中,但是又与其不同,因为这种观点认为融合的出现介于合作和胁迫两者之间。它与政治合作不同,因为在后者情况中融合仅仅是国家或监管实体间达成共识的结果。它与单边的胁迫也不同,因为在后者情况中某个司法管辖区通过威胁或制裁将自己的规则强加给他国。而单边的监管的全球化发生的情况与此形成对照,某个司法管辖区的法律在前者没有强加或者后者不情愿的情况下被引入另外一个实体。

最后,本书第一部分对于监管的讨论的贡献是描述性的。这部分的描述并没有对布鲁塞尔效应现象作出支持或批评,而是表明布鲁塞尔效应现象是普遍的和重要的。关于布鲁塞尔效应是不是令人渴求的这一较宏大的规范性问题将在本书的第三部分讨论。本书第一部分将这一问题暂时搁置一旁，而着重形成一种描述性的理论，即布鲁塞尔效应何时并且如何发生，以及何时会失效。

注 释

1. 一般参见 David Vogel，Trading Up：Consumer and Environmental Regulation in a Global Economy(1995)。

2. Robert Howse & Donald Regan，*The Product/Process Distinction—An Illusory Basis for Disciplining "Unilateralism" in Trade Policy*，11 Eur. J. Int'l. L. 249(2000)；Douglas 1. Kysar，*Preferences for Processes：The Process/Product Distinction and the Regulation of Consumer Choice*，118 Harv. L. Rev.525(2004).

3. 例如参见 Daniel W. Drezner，*Globalization，Harmonization，and Competition：The Different Pathways to Policy Convergence*，12 J. Eur. Pub. Pol'y 841，841—859 (2005)；Beth Simmons，*The International Politics of Harmonization：The Case of Capital Market Regulation*，in Dynamics of Regulatory Change(David Vogel & Robert A. Kagan eds.，2004)，at 42，50—52；Bruce Carruthers & Naomi Lamoreaux，*Regulatory Races：The Effects of Jurisdictional Competition on Regulatory Standards*，54 J. Econ. Lit. 52(2016)。

4. 例如参见 Ralph Nader，*Preface* to Lori Wallach & Michelle Sforza，Whose Trade Organization?：Corporate Globalization and the Erosion of Democracy，at ix，xi (1999)。

5. 参见 Alan Tonelson，The Race to the Bottom：Why a Worldwide Worker Surplus and Uncontrolled Free Trade Are Sinking American Living Standards 14—15(2002)。对于这种动机的一般讨论，参见 Dale D. Murphy，The Structure of Regulatory Competition：Corporations and Public Policies in a Global Economy(2004)，in particular Parts I，II，and V。

6. 参见 David Vogel & Robert A. Kagan，*Introduction* to Dynamics of Regulatory Change：How Globalization Affects National Regulatory Policies 4—5(David Vogel & Robert A. Kagan eds.，2004)。

7. 参见 Debora L. Spar & David B. Yoffie，*A Race to the Bottom or Governance from the Top?*，in Coping With Globalization 31，31—51(Aseem Prakash & Jeffrey A. Hart eds.，2000)；David Vogel，*Trading Up and Governing Across：Transnational Governance and Environmental Protection*，4 J. Eur. Pub. Pol'y 556，563(1997)；Vogel & Kagan，*supra* note 6，at 2—8；另见 Elizabeth R. DeSombre，Flagging Standards：Globalization and Environmental，Safety，and Labor Regulations at Sea(2006)。

8. 参见 John C. Coffee，Jr.，*The Future of Corporate Federalism：State Competition and the New Trend Toward De Facto Federal Minimum Standards*，8 Cardozo L. Rev 759，761—763(1987)。

9. Vogel，*supra* note 1。

10. Vogel & Kagan，*supra* note 6，at 9。

11. Vogel，*supra* note 6，at 562(1997).

12. 参见 John Braithwaite &. Peter Drahos，Global Business Regulation 518—519 (2000)；Beth Simmons，*supra* note 3，at 42，50—52；Vogel &. Kagan，*supra* note 6，at 14。

13. 参见 Drezner，*supra* note 3，at 841。

14. *Id*. at 850.

第一章

欧盟如何成为一个全球性监管力量

自20世纪90年代以来,欧盟启动了一个雄心勃勃的计划,即要建成欧洲范围的监管权力。通过监管,欧盟机构采用了共同的标准来保护消费者的健康和安全,保护环境,促进竞争,保护个人数据安全,从而整合成共同市场。这些法规背后的一个重要动机是建立一个单一市场,以便形成一个协调的监管环境,从而使成员国之间的贸易变得顺畅。多年来,通过监管来争取欧洲一体化的内部目标已经越来越具有外部效果。在布鲁塞尔效应的驱动下,欧盟成了全球的监管霸权。在很长时间里,布鲁塞尔效应是由内部动机驱动下的监管议程所形成的次要的,尤其是无意识的副产品。直到最近,一项与内部议程并列的有意识的外部议程才出现。

本章讨论欧盟是如何演变成为一个全球的监管力量的。首先,简单介绍欧盟的主要机构和它们在监管过程中的角色。接着解释如何发展监管来推动欧洲一体化的,并给予这些机构强烈的动机去施行一项雄心勃勃的监管议程,同时在此过程中照顾欧盟委员会的官僚利益。最后,探讨指导欧盟监管性规则制定的内外部动机。

制定欧盟法规的主要机构

涉及立法和监管过程的欧盟机构主要有三个:欧盟理事会(理事会)、欧洲议会(议会)和欧盟委员会(委员会)。它们分别代表欧盟各个成员国、欧洲公民以及欧盟作为一个实体的利益。此外,欧洲的各个法院在解读和执行欧盟条约、法规和指令中扮演了关键角色。[1]

　　理事会召集成员国的行政部门,由每个成员国的政府部长组成。它形成欧盟的立法部门,根据讨论的政策领域由成员国的相应部长组成。比如,当讨论环境监管时,每个成员国派出各自的环境部长。与此类似,当理事会就农业政策立法时,负责农业的部长代表各自成员国出席。这些部长被授权代表各自成员国进行投票,由理事会共同作出的决定对于各国有约束力。理事会根据议题领域,相应采用简单多数、有效多数或全体一致的表决方式。

　　欧洲议会代表全体欧盟公民,在此身份下和理事会一道共同行使立法权。欧洲议会由 751 位从欧盟公民中直选的议员组成。* 每个成员国大致按照它们的人口比率分配在欧洲议会的代表人数。比如,作为欧盟人口最多的国家的德国分配到 96 个席位,而马耳他、爱沙尼亚、塞浦路斯和卢森堡各有 6 个席位。欧洲议会议员自行组成各个政治派别,一般按照他们的政治派别而不是国别立场进行投票。比如,西班牙各个中右政党与代表其他所有成员国的中右政党的议员结盟(共同组成欧洲人民党),而西班牙社会党人则与来自其他所有成员国的社会党人结盟(共同组成社会党人和民主党人联盟)。

　　委员会作为欧盟的行政部门来运作,享有实质性的独立决策权。委员会由政治性的“委员会专员团”组成,每个成员国有一名专员。每位专员被授权负责被称为“总司”的政策部门。每个总司负责某个政策领域,比如健康和食品安全或者竞争政策等。尽管专员来自 28 个成员国**,他们推进的是欧盟整体的利益,而不是各自成员国的利益。除了政治选拔的专员外,委员会还有约 3 万名职业公务员组成的庞大的官僚队伍。

　　委员会通过它的提案权拥有重要的议程设定的权力。在整个立法过程中,委员会都具有影响力,它和理事会与欧洲议会保持密切的联系。同时它也负责欧盟立法的实施和执行。委员会作为“条约的守护者”,监督欧盟法律的执行。如果某个成员国没有履行欧盟的某些法

---

　　* 最新一届欧洲议会议员人数为 720 名。——译者注
　　** 本书成稿于英国正式脱欧之前。——译者注

规,委员会有权对不遵守欧盟法的成员国向欧洲法院提出异议。委员会在获得理事会授权之后,也可以代表欧盟进行条约的谈判。在许多政策领域,委员会是一个半自主的行为者,广泛地介入立法过程和独立的监管活动。理事会在包括竞争法在内的一些政策领域向委员会授予极大的监管权,使得委员会能在不太受其他机构制约的情况下实施它的监管议程。

最后,欧盟各个法院在欧盟法律和法规的解释和执行中扮演重要的角色。欧盟各个法院由欧洲法院和普通法院组成,两者都由各成员国提名的法官组成。欧盟各个法院的任务是确保欧盟法在各成员国得到统一的实施。在欧盟成员国国内法院对欧盟法律作司法解释和执行时,欧洲法院对其进行指导而作出的先行判决促进了这种实施的统一性。欧盟法中的许多要件,比如欧盟法优先或者"直接生效"的概念并不源自欧盟条约,而是由欧洲法院之后的裁决确立的。[2]此外,欧盟的法院在确保成员国和欧盟机构遵守欧盟法律以及确保个人权利受到欧盟条约的保护中起着关键作用。

通过监管推动欧洲一体化

对于建立单一市场的渴求始终是推动欧盟监管的主要动力。完善欧盟法规在各国的协调对于单一市场的运作很关键,因为产品标准的不一致会阻碍跨界贸易。如果 28 个成员国中的每一个国家都采用各自的国家标准来保护环境或个人数据,单一市场将无法有效率地运作,因为各个公司将面临 28 个不同的监管环境。这会迫使各个公司针对不同国家调整它们的生产和商业实践,甚至于为不同成员国生产不同的产品类型。因此,标准的协调一致很早就成为欧洲一体化的关键目标,不仅服务于具体和实质性的目标(比如环境保护),还服务于实现更深入的市场一体化这一更广泛的经济与政治目标。因此,每项指令和法规,无论是关于化学品安全、环境保护或是数据隐私,一般都有双重目的:不仅是要加强消费者保护或者环境保护,而且要推动单一市场的发展,使得不同的国内法规协调一致,以便确保货物和服务在欧盟范围自由流动。[3]

追求欧盟层面的政策协调(harmonization)并不要求各国标准的完全统一(uniformity)。欧盟认识到各成员国在法律和文化上的差异性，尊重各国不同的监管偏好，因此欧盟往往选择"最低程度的协调"以及对各国标准的相互承认。在欧洲法院对 Cassis de Dijon 案作出重要裁决之后，这种情况越发如此。在该项裁决中，欧洲法院建立起成员国法规互认的原则。[4]根据这项原则，如果相关法规能平等保护有关的公共利益，成员国之间必须充分地承认对方的法规。最低的协调达成的欧盟共同标准只需要达到能确保单一市场运行的程度，同时为各成员国在其国内实施更严格的标准提供灵活性。这种灵活性也存在于作为欧盟常用的立法工具的各项指令中。指令是法令，它们只设定各成员国必须实现的目标，而为各成员国保留有决定如何最好地实现这些目标的自由。这些灵活的工具对欧盟的监管议程赢得广泛的支持有着重要作用。

尽管欧盟层面的法规是布鲁塞尔效应在全球范围的主要驱动力，这些法规往往源自个别欧盟成员国。[5]在欧盟未采取行动的领域，以及成员国能够在欧盟条约下保留有监管权力的领域，欧盟成员国很可能成为政策创新者。例如，德国、荷兰和北欧国家是欧盟环境法规的先行者。[6]在欧盟行动前，德国就通过加强其排放标准对汽车排放进行监管。瑞典和丹麦严格限制动物饲养中抗生素的使用，之后欧盟效仿跟进。在欧盟决定在欧盟层面采用碳排放交易制度之前，丹麦和英国就已经有相关的国内制度。与此类似，德国和瑞典对转基因生物的监管也发生在欧盟颁布类似的监管之前。还有，法国和丹麦是禁止在婴儿用产品中使用双酚 A 的先行者，这为欧盟之后的同样做法铺平了道路。[7]与此类似，法国和德国是在欧盟内输出关于隐私方面较高监管标准的主要成员国。[8]因为这些成员国国内法规有分割单一市场的风险，所以欧盟迅速采取行动在欧盟层面协调不同的标准，以便保持共同市场的统一性。值得注意的是，欧盟倾向不寻求"向下的协调"，这会让低水平监管的成员国为欧盟各国设定共同标准。相反，就如前面提到的案例表明，欧盟往往会寻求"向上的协调"，以更严格的标准来监管成员国。本章后面会讨论,这一点是推行布鲁塞尔效应的关键因素。

协调监管标准的努力会导致在各国间流行最低共同标准(lowest common denominator),这种风险始终存在。在多边谈判中,往往是最没有抱负的国家设定了标准。特别是当需要所有国家的同意时,条款会缩水,因为各国拥有的否决权是悬在每一项谈判和投票之上的威胁。而且,比起迫使不情愿的国家采用实施和执行代价昂贵的规则,向最低难度的标准靠拢所进行的协调往往更为容易。对于欧盟而言,它确实有许多动机和压力,使得它寻求向下的协调。比如,当采用较高监管标准而出现显而易见的受损者的时候,这种情况包括个体消费者为了较低价格而青睐较少的保护。与此类似,一些较不富裕的国家可能从较不严格的法规中获益,以便推动更亟须的经济增长。最后,企业利益集团一般会以创新成本和国际竞争的理由呼吁较便利的监管环境。

然而,一些理由解释了欧盟为什么采用了"向上协调"而不是"向下协调"。首先,采用严格的标准往往是为了向欧洲公众保证,经济一体化不是以消费者健康和安全或者环境品质为代价而取得的。随着经济一体化的深入,欧洲人开始抵制被看作是给非经济的价值观带来威胁的经济自由化。[9] 欧盟机构为了维护持续的经济一体化并赋予自身更多的合法性,于是开始扩大一体化议程,纳入那些非经济价值观,在环境保护、食品安全或数据隐私等领域采用更严格的标准。这样做可以确保在保证生活质量的情况下,也追求来自一体化的经济收益。[10] 监管标准的向上协调于是被视为很有必要,可以确保对于经济自由化的持久的政治支持。

对于在特定监管领域已经有最高标准的国家来说,它们在政治上更乐意向上协调。于是委员会也发觉更容易说服监管上的后进者回应它们的国民对于更好保护的需求,而不是试图说服监管上的先行者后退并且取消它们的国内保护措施。欧盟在工人健康和安全上的协调法规的努力生动地展示了这种情况。[11] 在 20 世纪 90 年代初,拥有高标准的欧盟成员国,包括比利时、丹麦、法国和德国呼吁欧盟范围更多的劳工保护方面的协调,以便保护它们面临与其他成员国竞争的工业。而希腊、爱尔兰、葡萄牙和西班牙等国家的国内法中的劳工标准比较低。

最后,所有成员国(除英国经谈判选择不参加外)同意签署一份社会议定书,附加到 1992 年的《马斯特里赫特条约》。[12] 这份议定书包括比如工作条件和工作场所的平等待遇等条款。委员会为了说服低监管水平成员国加入该议定书,同意以结构基金的形式为这些国家提供补偿,使得它们能够部分抵消由于采用更高标准而带来的成本。[13]

如果考虑各个主要的利益集团的观点,向上而不是向下协调也为妥协提供了很大的余地。把各国标准的经济目的和更广的社会目的结合起来有助于将不同的利益攸关方结成联盟。比如,在这些协调努力中,呼吁环境保护的非政府组织时常能和渴望协调监管环境的商业机构找到共同立场。虽然这些商业机构往往喜欢较宽松的规则,但它们始终倾向于接受向上的协调,而不是选择必然增加成本和复杂性的各不相同的国家标准。这种不寻常的利益一致为一个强有力的支持监管的联盟的形成铺平了道路,这使得原本不太可能结盟的公司和消费者这两个利益集团成为盟友。它们先在欧洲,并最终通过布鲁塞尔效应,在全球市场推动规则的协调。当共同体的道义和经济使命重合时,也就是说,欧盟同时获得欧洲实业界的政治支持并感受到消费者和环境方面的呼吁时,它也有特别强烈的动机将规则向外部推广。[14]

有案例可以说明这种联盟导致外国监管的变化。这个联盟与 1993 年开始的欧盟的生态管理和审计计划(EMAS)有关,它由欧盟公司和环保团体组成。[15] EMAS 管理各个公司环保进展记录,并向公众公布。欧盟的公司在承担向公众公布的义务之后,和环保领域的非政府组织一起游说,要求美国和亚洲的公司也采用相同的标准。最终,它们的活动获得了成功,国际标准化组织(ISO)在 1996 年采纳欧洲标准作为全球标准。[16] 与此类似,在 90 年代中期反对转基因生物体的斗争中,绿色和平组织和其他环保和消费者领域的非政府组织赢得了来自各方的广泛和压倒性的支持。非政府组织在它们的斗争中发现了一些令人惊讶的盟友,包括由职业农业组织委员会—农业合作社总联合会(COPA-COGECA)代表的欧洲农民,以及由欧洲消费者合作社(Eurocoop)和欧洲商会(EuroCommerce)代表的欧洲零售业。[17] 欧盟的常规农业部门反对转基因生物体并且避免在耕作中使用该技术。零售业部门大致出于对公众反对的回应,也反对转基因生物体。欧盟在这些关键的利益攸关方的游说下,于 2003 年通过了两项法规,一项是建立对转基因生物体的追溯和认定的制度,另一项是监管采用转基因技术的食品。[18]自从 2003 年以来,这些不同利益集团的合作关系一直延续着,共同对欧盟委员会保持压力,禁止所有未经授权的转基因食品。[19]

与此类似,法规背后的这种双重目的常常帮助来自左右两翼的政党找到共同立场。在欧盟范围内协调之后的环境和产品安全标准使得左翼政党能保护消费者,同时也使右翼政党优先追求欧盟共同市场范围的贸易。当然,政治紧张或许依然存在,利益并不总是一致。然而,这种双重目的扩大了联合的队伍,增加了关键的利益集团从某项法规中获益的可能性,这为更严格标准的出现和达成妥协铺平了道路。在其他政治和监管背景下,这些利益集团或许会有截然不同的议程。

欧盟倾向于向上协调还因为条约的修改的推动。这些修改使得理事会可以用有效多数表决制(需要 55％的成员国以及代表至少 65％的欧盟公民),而不是全体一致表决制纳法规和指令。这种有效多数表决制的转向可以追溯到 1987 年《单一欧洲法》(SEA)的通过。这项重大的条约修改为单一市场的建成铺平了道路,而有效多数表决制在之后的每一次的条约修改中一直持续采用。[20]即使在缺乏共识的情况下也能继续立法进程,这为《单一欧洲法》生效之后重大的规则制定奠定了基础。如果成员国坚持全体一致表决制作为默认的决策规则的话,欧盟现在的雄心勃勃的监管议程能否出现就令人怀疑了。对如最低程度协调等立法技巧的依赖使得欧盟放松对于完全一致的坚持,而让各成员国在执行中有更大的灵活性,这更加促进了广泛的监管议程。

有效多数表决制使得法规的通过更加容易,因为这种表决制使落后的国家噤声,而更有抱负的国家占主导,因为它们不需要说服每个人去支持某项法案。[21]当然,财富、专长和事项的突出性也很重要。那些渴望在许多政策领域提高监管标准的成员国往往来自更富裕的北欧地区,它们拥有和它们的经济成功相关的更大的政治能力。例如,北欧的高增长率和有竞争力的经济使得这些国家更有能力倡导不损害经济目标的环境法规。这些国家也往往具有更大的说服力,这种权威来自它们早已在国内监管某个领域的经验。这些高监管国家也具有更强的动机将它们的标准欧洲化，以避免其本国企业在欧洲市场竞争时处于不利地位。关于理事会投票的研究确实显示事项的突出性甚至比简单的投票权更能解释结果。[22]小国更有可能选择性地介入，在对于它们特别要紧的事项上倡导它们的立场，使其立场更可信和更有影响力。[23]

支持监管的成员国也通过它们更具专长的能力，设法去影响欧盟的决策。委员会在发展监管政策时非常依赖专家小组，从各国政府那里招募了大约一半的专家。[24]考虑到支持监管的成员国已经在国内监管有关政策领域，它们往往有更多的技术专家可供调遣，这样它们就有了更多的资源优势。在政策制定的初期，这些专家可以被派去影响欧盟委员会。

例如，德国和荷兰都以在环境监管方面的进步立场而出名。它们通过提供人力和专业知识对欧盟的环境政策制定发挥了重大影响。德国环境部有900名雇员，德国联邦环境署另外有850名专家。荷兰环境部门雇用了大约1 500人。[25]因此并不奇怪德国和荷兰的专家遍布于欧盟各个机构的环境委员会和听证会，包括在欧盟委员会、欧盟理事会、欧洲议会、欧盟经济与社会委员会和欧盟地区委员会等。这些资源使得德国和荷兰专家在欧盟各个机构涉及环境政策制定的委员会工作中担负具有影响力的角色。

最后，一揽子协议（也被称为议题联结）提供了另一种技巧，可以在成员国或者政党间有分歧时促进监管规则的制定。一揽子协议指的是把多项立法提案放在一起决定，这样做有利于从广泛的利益团体那里赢得对这些提案的支持。由于欧盟需要谈判协商的政策领域很广，这样的讨价还价在欧盟往往比较可行。一些反对某项监管的成员国仍有可能被说服去支持这项政策，因为可以获得诸如在共同农业政策下的更多的地区补贴或额外资金转移作为回报。[26]拉娅·卡尔达舍瓦（Raya Kardasheva）的一项研究探究了欧洲议会和欧盟理事会之间利用多项立法提案的议题联结的一揽子协议。[27]卡尔达舍瓦发现在1999年5月到2007年4月间完成的欧盟立法中，有25%的立法是通过一揽子协议达成的。[28]议题联结在预算领域最常用，在环境立法以及健康保障和消费者保护方面也有运用。[29]经过多轮的扩员,欧盟新成员国的加入进一步加深了欧盟机构对于一揽子协议的依赖,因为欧盟机构需应对越来越多的政策偏好。[30]这样,欧盟的监管密度有了一种制定更有抱负的规则的效果,因为不太情愿的成员国通过在其他政策领域的让步被拉了进来。

<h1 style="text-align:center">欧盟委员会对监管议程的支持</h1>

前面的讨论表明欧盟高标准的监管性议程的动力常常来自那些推动在欧盟层面向上协调的支持监管的成员国,同时也强调了欧盟委员会通过高标准监管在推动一体化中发挥着中心角色。虽然委员会能不时发挥独立的监管权威作用,但是它在立法行动中需要获得欧盟理事会和欧洲议会的批准。这赋予了这些机构在建立和扩展欧洲监管权力的过程中扮演重要角色。但是欧盟的法规终究是在委员会内部提议和拟定的,因此,委员会的这种议程制定角色使仔细探究其权力和偏好变得尤其必要。

委员会总体的任务是推动欧盟的整体利益,这使它成为欧洲深入一体化的主要推动者。这样,委员会理所当然在不断提高欧盟层面监管标准的过程中总是扮演关键角色。每当有几个成员国通过采纳严格的国家标准而率先自行开展监管时,委员会很快就能在欧盟层面倡导一个协调的方案。每当委员会发觉单一市场有变得分割化的风险时,它会被迫采取行动。例如,委员会对于环境监管领域的先行国家的要求做出了回应,因为它担心这些先行国家严格的国家标准会扭曲成员国间的贸易,从而阻碍单一市场的运行。[31]

欧盟委员会对于欧洲一体化有着强烈的意识形态上的执着和制度上的偏好。[32]由于越多的监管一般意味着更深入的一体化,不断增加的监管议程明显地符合委员会深化欧洲一体化的基本目标。布鲁塞尔效应对于这一目标至关重要。可以这么说,布鲁塞尔效应有助于欧盟委员会打造公平的国际竞赛环境,这样就减轻了欧盟公司对于其全球竞争力的担忧,这也有助于为欧洲一体化赢得更广泛的支持。另外,由于布鲁塞尔效应,欧盟越发成为一个全球标准的制定者,这提高了其标准在欧盟内外的合法性和影响力。

布鲁塞尔效应通过提高欧盟委员会监管活动的影响力也加强了委员会的官僚利益。监管者通常有动机增加而不是减少监管,因为他们的成功是以他们的议程完成的程度来衡量的。[33]在欧盟的各个机构中,特别是欧盟委员会被广泛地描绘成"权力最大化者"。它不断地伺机在政策制定中扩大其权力和增加其影响力。而委员会往往是通过监管去寻求扩大其权力。[34]

在很大程度上,委员会倾向于利用监管来进行治理,这出于欧盟预算太少的原因。欧盟预算大约只有其国内生产总值(GDP)的1%左右,主要来自成员国的转移支付。[35]和同类数字作比较,美国联邦政府支出通常超过其GDP的20%。[36]这种紧张的预算压力限制了委员会寻求在欧盟层面的大规模工业政策、创新政策或就业创造等直接支出项目的能力。相反,不存在能够限制委员会公布法规和指令的数量的"监管预算"[37]。委员会甚至不需要很多的资金去实施其法规,因为它可以通过把实际贯彻执行下放到成员国的办法,动用成员国的资金来执行。因此,对于委员会来说,唯一不需要大量财政资源而又能扩大其影响力的方法就是参与监管活动,因为法规的实施不需要依赖该共同体各机构可获得的税收收入。

就像詹多梅尼科·马约内(Giandomenico Majone)注意到的:"由于(欧盟委员会)缺乏独立的征税和支出的权力,它只能通过发展成几乎是纯监管权力来增加它的能力。"[38]在马约内的欧盟监管供求关系的模型中,由于委员会的立法提案权,它成为供给侧的主要行动者。[39]从历史上看,赋予委员会如此大的监管权可能是无意之举,成员国本想通过严格的预算纪律来限制委员会的权力。然而,委员会在缺乏传统国家的征税和支出(更别提发动战争)的权力下,建立起了一个法律和规章的帝国,在此过程中将其影响力最大化。[40]

监管性政策(包括其通过布鲁塞尔效应的延伸)使得欧盟委员会追求自己的目标时几乎没有成本,因为遵守这些法规的实际成本落在了法规所指向的公司和个人身上。另外,执行成本则由成员国政府承担,它们的任务是实施这些法规。[41]以新的数据保护法规《通用数据保护条例》(GDPR)为例(第五章将对此作详细讨论),因为有了这一监管范围广泛的监管工具,委员会能够命令各家公司重新设计它们的产品以及重新制定它们的隐私政策。对于欧盟机构而言,这些命令是没有成本的。与此类似,《通用数据保护条例》并不是由委员会而是由各成员国的数据保护机构来执行的。这些机构的人员和执行预算由成员国政府财政负担,这使得实际执行成为成员国而不是欧盟的预算事务。

布鲁塞尔效应也提供了一种重要的外交政策工具,可以补偿欧盟委员会在对外事务中缺乏的权力。委员会在共同商业政策之外代表其成员国在外交和安全相关事务领域行动的法律权力极其有限。[42]比如,实施经济制裁需要欧洲理事会全体一致通过,这样的表决制使得某项决定很容易受制于任何一个成员国的否决权。[43]但是,委员会被授予了为建立和保持单一市场所采取必要手段的实质性权力。[44]在布鲁塞尔效应下,委员会拥有有力的工具,可以在不需要理事会全体一致同意的情况下,去塑造全球市场和国际监管环境。

虽然委员会在向欧盟之外推广欧洲监管型国家过程中是主要的机构,但其他欧盟机构,特别是欧洲议会和欧盟法院也很关键。随着时间的推移,它们角色的重要性在不断增加。这些机构也从欧盟监管议程通过布鲁塞尔效应的外溢中获益。比如,马克·波拉克(Mark Pollack)认为委员会支持一体化的议程也被其他机构认同。波拉克分析了六个案例,都涉及成员国之间对于委员会和欧洲法院自由使用裁量权的冲突。这些案例代表了自由市场和社会政策的混合产物。[45]他发现委员会、法院和欧洲议会在这些案例中几乎毫无例外的以能力最大化者行为处事。这些机构倾向于对条约赋予欧盟机构的目标和权力,包括单一市场的监管,作宽泛的解读。根据波拉克的观点,这是由于和成员国不同,它们具有"共有的对于欧洲进一步一体化的组织性偏好"[46]。

这显示了布鲁塞尔效应类似于符合委员会利益一样也符合欧洲议会和法院的利益。例如,如果欧洲议会关心个人数据和隐私保护的话,正如其对《通用数据保护条例》的强力支持所表明的那样,当《条例》进入全球市场,使得欧盟的隐私规范成为一种全球的规范,欧洲议会的利益将会扩大。诚如在 2017 年 10 月出版的一本小册子《欧洲的未来:欧洲议会确立它的愿景》中,欧洲议会强调了它的"输出欧洲标准的目标"。这份文件提到了欧洲议会 2017 年关于国际贸易影响的决议,这份决议详细说明了欧盟可以向海外输出、监管和执行其政策的一些机制。[47]

与此类似,欧盟法院支持一体化的倾向也有可能被布鲁塞尔效应强化。该效应创造了以市场为基础遵守欧盟规则的动机,包括遵守法院旨在执行这些规则的判决。这种强化的遵守更有助于维护欧盟的权威和正当性。在最近的一些判决中,包括一个至今未有定论的关于被遗忘权(right to be forgotten)是否可以扩展到全球域名的案例中,欧洲法院被明确地请求考虑其裁决的外部效应。[48] 2009 年的《里斯本条约》为欧洲法院提供了考虑对外政策的宪法基础,授权它可以不局限于单一市场。[49] 条约架构的这些变化使欧洲法院更加意识到其裁决的外部效应,并且使法院更有能力做出超出欧盟边界之外效应的裁决。不管欧洲法院能多大程度地推进欧盟的对外力量,多数评论家同意欧盟的所有机构都从在全世界确立它们的监管重点中获得极大的收益。

新兴的对外监管议程

起初,建立欧盟的超国家监管体系是为了建立和监管欧洲的统一、自由和竞争的市场。因此欧洲监管权力是对于由基本是内向型的政治议程导致的内部挑战的回应。在最初的几十年里——从 20 世纪 60 年代一直延续到 21 世纪前 10 年——欧盟的对外影响可以被合适地看作是其内部动机的副产品。但是最近,欧盟出现了一个有意识的对外议程来补充其内部监管议程,这一变化和 20 世纪 90 年代早期的更宏阔的全球发展有关。当时各国的监管政策的外部效应开始占据了全球贸易议程。以各种形式更加努力地参与"全球治理"导致了进一步的监管合作和多边标准制定。各种国内的法规越来越被看作是非关税壁垒,促使多边的努力去消弭它们。这些谈判最终导致 1995 年世界贸易组织的建立。部分是由于这个原因,欧盟监管政策的外部效应在欧盟内外都成了一个突出议题。

内部动机:单一市场

传统上,欧盟将其法规外溢时,并没有特意地去塑造除了自身之外的市场。只需制定法规加强其单一市场,而出现的外部效应只是这一内部目标的无意间的副产品。就如之前提到的,成员国之间不一致的法规被看作对单一市场的威胁,这促使欧盟需要实施法规来协调成员国之间的法律。例如,环境领域实施的许多法规具有两重目的:通过协调环境标准既保护环境也促进单一市场[50],与其说欧盟旨在提供全球环境标准,它更关心单一市场项目的有效运行和正当性。[51]单一市场的进展也为欧盟机构的行动提供了一个坚实的法律基础,为需要欧盟层面而不是国家层面的监管提供了一个理由。

例如,在推行本书第六章详细讨论的《关于化学品注册、评估、许可和限制规定》(REACH)时,欧盟内部市场的逻辑是核心。[52]在欧盟委员会 2001 年的白皮书中指出,欧盟新化学政策的主要目标之一是"防止内部市场的碎片化"[53]。2003 年《关于化学品注册、评估、许可和限制规定》立法提案的第一次背景陈述提到:"第一,物质本身的自由流动,包括在准备中的和制成品中的,是内部市场的基本问题。它不仅对于化工行业的竞争力,而且对于消费者和工人的健康和福祉以及社会和经济利益都有重要影响。第二,只有当成员国间对于物质的要求差异不太大的时候,共同体范围关于物质的内部市场的有效运行才能实现。"与此类似,欧盟理事会在 2005 年讨论上述规定的目的和范围时,其共同立场中的政治协议声明,"这份法规的目的是确保健康和环境的高等级保护水平,以及在提升竞争力和创新的情况下,内部市场物质的自由流动"[54]。

欧盟关于数据保护的法规同样出于建立单一市场的目标,以便在共同市场内实现数据的自由流动。欧盟各个机构早期的声明没有提到数据保护的外部问题,而是提到各国不同的措施对于单一市场的负面影响。[55]比如,欧盟委员会 1981 年关于个人数据自动处理的政策建议书中提到[56]:

　　欧共体成员国之间不同的数据保护法导致数据处理条件的差异化。数据处理共同市场的建立和运行,要求对在欧洲层面的数据处理及数据保护条件实施广泛的标准化。数据保护之类的措施是亟须的,这样数据和信息可以跨境自由流动,从而避免共同市场的不平等竞争以及扭曲竞争结果。

　　其他一些预备性研究也确认欧盟数据保护法规的一个主要目标一直是渴望"充分释放单一市场的潜力"[57]。欧盟委员会 1994 年的《欧洲与全球信息社会》白皮书强调了与"隐私保护规则水平不一致"相关的风险。这种风险是指"成员国当局可能为保护个人数据而限制一系列新服务的自由流动"[58]。

　　欧盟委员会 2010 年关于个人数据保护的通信文件同样提醒:"各成员国法律在执行欧盟指令中的差异有悖于该指令的一个主要目标,即确保个人数据在内部市场的自由流动。"文件承认私人利益攸关者已经在抱怨由于缺乏各成员国间法律的协调所导致的行政成本。[59]《通用数据保护条例》的立法历史依然强调单一市场,强调在欧盟单一市场中消除"法律环境分割"所带来的"成员国间规则的巨大差异"以及消除"对于个人的不确定性和不平衡的保护"。[60]

　　这些声明令人对批评者的观点产生质疑。这些批评者认为欧盟是一个"监管帝国主义者",有意识地寻求单一市场的外部影响。[61]欧盟的这些文件表明,它并没有一个有针对性的对外议程,欧盟的规则制定很大程度上来自保护单一市场完整性的内部目标。尤其在最初的时候,欧盟机构完全出于市场一体化的目的,单一市场的外部效应最多是它们的事后想法。欧盟的这种由内部驱动而被动外溢的规则特别有效。这是因为欧盟机构必须在欧盟计划的核心目标上达成共识,那就是欧洲一体化和建立单一市场。欧盟规则的外溢往往是作为这一使命的副产品。造成这种外溢的不是欧盟的各个机构而是市场参与者,他们需要遵守欧盟的规则,因此常常决定在全球应用欧盟的规则。

外部动机:制定全球规范

　　虽然欧洲监管活动的主要目标显然是建立单一市场,但是这一活动额外的效应是把欧盟变成了一个全球监管霸权。当包括美国在内的贸易伙伴表达了单一市场可能增加第三国成本的忧虑时,欧盟单一市场的这种外部属性才得以完全实现。[62]当然,欧盟从这种与单一市场有关的"附带的外部性"中获益,欧盟的内部动机与其塑造全球监管环境和寻求全球影响力的外部动机并不矛盾。[63]比如,欧盟委员会可能乐见欧盟新获得的外部监管权力,哪怕是无意中得来的。另外在欧盟寻求制定其监管政策的过程中,欧盟的内部目标似乎已经逐渐被包括内部与外部的一整套的更多方面的目标所取代。

虽然欧盟委员会在其通信文件中表明其一贯重视加强内部市场,但仔细审视这些文件可以发现随着时间的推移,委员会有逐渐重视单一市场对外影响的趋势。在委员会讨论单一市场的一般文件中,大约从 2007 年开始逐渐提到其外部效应,自此,出了好几份文件专门讨论这个问题。这与 1985 年的白皮书和 1996 年的委员会关于单一市场的通信文件相比发生了重大变化,因为那两份文件几乎只关注对内效应[64],这显示了委员会不仅能力在增强,而且越发意识到需要让欧盟规则外溢。

在其 2007 年题为《单一市场外部维度回顾》的工作文件中,欧盟委员会承认:"欧盟正作为一个全球规则制定者出现,其单一市场的架构和欧盟广泛的经济与社会模式越来越多地成为第三国及全球和地区论坛中的参照物。"[65]委员会也发现"它有着推动全球方案的机会之窗。欧盟处于一个有利位置,可以带头在国际上推广它的现代监管架构"[66]。在另一份文件中,委员会强调了"欧盟是如何在许多领域成为全球标准的制定者的,这些领域包括产品安全、食品安全、环境保护、公共采购、财务法规和会计等"[67]。这些声明表明欧盟不断意识到它在单一市场之外塑造全球监管环境的能力。

在欧盟委员会越发地意识到这种机会的同时,它开始强调其全球影响力的潜质。比如,在其 2007 年题为《一个为了公民的单一市场》政策文件中,欧盟委员会展望了欧盟及其内部市场在国际上作为标准制定者的前景[68]:

（欧盟）推动了在诸如产品安全、环境、国家安全和公司治理等领域的规则和标准的发展,这启发了全球标准设定。这给了欧盟塑造全球规范和确保公平规则应用于全世界贸易与投资的潜力。未来的单一市场应该是宏大的全球议程的发射台。

与此同时,欧盟委员会相对于其之前的关于数据保护法规的文件作出了一个明显的改变,它也开始强调推动欧盟数据隐私法作为全球标准的基准的重要性。比如,委员会在它的 2009 年通信文件中提到:"欧盟必须成为发展和推广个人数据保护的国际标准以及达成双边和多边工具的驱动力。"[69]这些评论与委员会早先单纯强调需要协调标准以便确保数据在共同市场更顺畅流通的声明形成对比。委员会在 2010 年的通信文件为其严格的标准辩护,提到"欧盟内部高水平、统一的数据保护是向全球倡导和推广欧盟数据保护标准的最佳方式"[70]。委员会还呼吁根据欧盟规范建立普世原则:

> 数据处理已经全球化,这就要求发展涉及个人数据处理的个人保护的普世原则。欧盟数据保护的法律架构往往被第三国在监管其数据保护时当作标杆。其效应和影响在欧盟内部和外部都极其重要。因而欧盟必须保持作为个人数据保护的国际法律和技术标准发展和推广的驱动力。这些法律和标准要建立在欧盟和欧洲其他的相关数据保护工具基础之上。[71]

这种欧盟向全世界提供基准的愿景影响了《通用数据保护条例》的拟定。在《条例》生效前一年(即 2017 年),负责数据保护的欧盟委员会司法专员薇拉·朱罗娃(Vera Jourova)明确宣布:"我们要设定全球标准。"[72]

渐渐地,欧盟也开始更明确表明要通过贸易协定推广其监管偏好的目的。[73]现在欧盟理事会讨论欧盟贸易政策的网页就表明,"除了保护欧洲的商业和消费者之外,欧盟贸易政策的一个最重要的方面就是推广欧盟的原则和价值观",其中提到了人权和环境监管的案例。[74]欧盟最近的条约变化也反映了欧洲这种朝向更强调对外的思维倾向。例如 2007 年《里斯本条约》赋予欧盟明确的授权,向外推广其内部的规范和价值观,强调这些价值观在欧盟与外部世界关系中的重要性。[75]

总之,这些声明表明欧盟不断地意识到单一市场的外部效应,并且认识到这种情况给予欧盟的机会。欧盟内部的目标没有消散,而其外部的动机似乎在补充而不是取代占据极其重要地位的欧盟各个机构的内部议程。虽然能很好理解欧盟加强单一市场背后的根本理由,但是对于欧盟为什么如此上心要成为全球标准设定者不太清楚。到底欧盟能从成为监管改革的全球领导者,为全世界的规则和标准设定基准中得到什么呢?[76]

为欧洲产业确保公平竞争环境和保护其竞争力的这种经济目标或许比较能解释欧盟将其监管议程外部化的意愿。如果不能向其他国家输出其标准,欧盟企业将会处于不利的竞争地位。[77]而当欧盟以全球监管者行事时,它能够在不损害其自身各个行业竞争力的情况下,维护自己的社会偏好。如果外国公司在欧洲市场遵守欧盟的规范,欧盟参与进口竞争的行业就能确保有一个公平的竞争环境。如果欧盟的规范能进一步向第三国传播,欧盟就同时能确保它的出口导向的公司不会处于不利地位。能影响全球标准就会将欧洲公司的调整成本降到最低,这样就能使欧洲公司按照它们本国市场的规则在外国市场运作。

欧盟除了担心欧洲产业的竞争力外,它可能还有其他的动机向欧盟之外投射其监管权力。其中一个,即欧盟的动机还可能是源于通过向全球推广其规则来获得更多的合法性。如果外国公司和政府支持欧盟的标准,这些标准就会被看作有更广泛的吸引力,从而就更有合法性。[78]如果这些标准早已在全球被复制,其具体收益就是欧盟的贸易伙伴不太会在世界贸易组织这样的机构挑战欧盟标准的合法律性(legality)。成为全球标准设定者还有比较无形的收益,即在欧盟内外扩展其软实力及使其监管议程生效。

欧盟的动机还可能源于其在欧盟之外复制其治理模式和监管经验的渴望。欧盟受自身建立共同市场的成功经验的鼓励,寻求建立一个基于同样规则基础的全球体系。欧盟内更多的监管意味着更多的可预测性和稳定性。这使得人们相信,同样需要一个广泛的监管体系来保护全球公共产品。欧盟持有的信条是在没有同步政策协调的情况下,贸易自由化不会达到其经济目标。对欧盟来说,这种信条为经济和政治一体化提供了最有效率和普适的模式[79],并且有潜力成为向外复制其经验的有力的理由。

近年来,更大的地缘政治背景或许为欧盟提供了额外的动机去扮演全球标准设定者的角色。自从 1995 年乌拉圭回合谈判结束以来,世贸组织变得越来越无法正常运作。今天它无法有效地解决贸易的监管性壁垒留下的真空,使得欧盟处于极佳的位置去填补这个真空。另外美国政府也越发从国内监管和国际制度层面退却,美国领导力在这一领域的缺失给了欧盟额外的动力去行动。像斯诺登泄密案等丑闻揭露的美国政府在全世界的监控行为或许更增加了欧盟的决心,以个人数据和隐私权的全球卫士身份去行动。最后,欧盟意识到它在世界经济中的地位在下降,而亚洲经济的地位在上升。这同样使得欧盟更渴望趁自己还有能力这么做的时候,在全球加强它的规则。

最后,能够在全球设定规范使得欧盟能向它的反对者证明它依然是一个全球经济强权。欧盟完全致力于成为一个监管霸权的角色,强化了它的身份,提升了它的全球地位,即便在其效力和相关性不断受到质疑的危机时期也是如此。如果欧盟想要发挥影响,它只能依靠它所拥有的手段。欧盟缺乏传统的权力手段,它最大的全球影响力是通过它拥有的推广规范的能力获得的。在缺乏军事力量和不受限制的经济力量的情况下,欧盟只能通过为世界其他地方完善行为标准来行使其真正的单边力量。[80] 在这个世界上,美国通过其军事和贸易战中的接触战略投射其硬实力,中国通过它的对外贷款和投资施展它的经济力量,而欧盟则通过它所拥有的发挥全球影响力的最有效的工具——监管。

注 释

1. 参见 Margot Horspool & Matthew Humphreys,European Union Law 39—70 (6th ed. 2010)(providing an overview of the various institutions of the European Union);另见 Council Eur. Union,https://www.consilium.europa.eu/en/european-coun-cil/(last visited August 10,2019)[https://perma.cc/97RY-QDL5];Eur. Commission,https://ec.europa.eu/commission/index_en(last visited August 10,2019)[https://perma.cc/S8D3-K7T9];Eur. Parliament,http://www.europarl.europa.eu/portal/en(last visited August 10,2019)[https://perma.cc/H9PG-W2MJ]。

2. Case C-26/62,Onderneming van Gend & Loos v. Neth. Inland Revenue Admin.,1963 E.C.R. 3;Case C-6/64,Flaminio Costa v. E.N.E.L.,1964 E.C.R. 585.

3. Chad Damro, *Market Power Europe*, 19 J. Eur. Pub. Pol'y 682, 687(2012).

4. Case C-120/78, Rewe-Zentral AG v. Bundesmonopolverwaltung für Branntwein, 1979 E. C. R. 00649; Stephen Weatherill, *"Preemption, Harmonisation and the Distribution of Competence to Regulate the Internal Market,"* in The Law of the Single European Market, Unpacking the Premises(Catherine Barnard & Joanne Scott eds., 2002).

5. David Vogel, The Politics of Precaution: Regulating Health, Safety, and Environmental Risks in Europe and the United States 244 (2012)[hereinafter Vogel, Politics].

6. 参见 Henrik Selin & Stacy D. Van Deveer, *Raising Global Standards: Hazardous Substances and E-Waste Managementinthe European Union*, Environment, Dec.2006, at 6, 10—11。

7. Vogel, Politics, *supra* note 5, at 244.

8. Abraham L. Newman, Protectors of Privacy: Regulating Personal Data in the Global Economy 11(2008).

9. 参见 Ian Manners, *Normative Power Europe: A Contradiction in Terms?*, 40 J. Common Market Stud. 235(2002); 参见 Vogel, Politics, *supra* note 5, at 237—241。

10. 例如参见 Christian Zacker, *Environmental Law of the European Economic Community: New Powers Under the Single European Act*, 14 B.C. Int'l & Comp. L. Rev.249, 264(1991)。

11. Daniel P. Gitterman, *European Integration and Labour Market Cooperation: A Comparative Regional Perspective*, 13 J. Eur. Soc. Pol'y 99, 106—109.

12. Treaty on European Union (Maastricht, Feb. 7, 1992), Protocol on Social Policy, 1992 O.J.(C 191) 196, https://europa.eu/european-union/sites/europaeu/files/docs/body/treaty_on_european_union_en.pdf[https://perma.cc/FD3P-GYLZ].

13. *Id.*

14. 参见 David Vogel, Trading Up: Consumer and Environmental Regulation in a Global Economy 67(1995)。

15. 参见 Regulation(EC) 1221/2009 of the European Parliament and of the Council of 25 November 2009 on the Voluntary Participation by Organisations in a Community Eco-Management and Audit Scheme(EMAS), art.1, 2009 O.J.(L 342) 1(replacing the original EMAS Regulation 1836/93); Walter Mattli & Ngaire Woods, *In Whose Benefit? Explaining Regulatory Change in Global Politics*, in The Politics of Global Regulation 1, 35(Walter Mattli & Ngaire Woods eds., 2009)。

16. 参见 Mattli & Woods, *supra* note 15; Magali A. Delmas, *The Diffusion of Environmental Standards in Europe and in the United States: An Institutional Perspective*, 35 Pol'y Sci.91, 91(2002)。

17. Paulette Kurzer, *Biased or Not? Organized Interests and the Case of Food Information Labeling*, 20 J. Eur. Pub. Pol'y 722(2013); Yves Tiberghien, The Battle for the Global Governance of Genetically Modified Organisms: The Roles of the European Union, Japan, Korea, and China in a Comparative Context 2016, https://www.sciencespo.fr/ceri/sites/sciencespo.fr.ceri/files/etude124.pdf[https://perma.cc/Y62H-JKJ3].

18. Regulation(EC) No.1829/2003 of the European Parliament and of the Council of

22 September 2003 on Genetically Modified Food and Feed，2003 O. J.（L 268）1；Regulation(EC) No 1830/2003 of the European Parliament and of the Council of 22 September 2003 Concerning the Traceability and Labelling of Genetically Modified Organisms and the 292 *Notes to pages 13—16* Traceability of Food and Feed Products Produced from Genetically Modified Organisms and Amending Directive 2001/18/EC，2003 O.J.(L 268) 24.

19. 例如参见 Letter from Friends of the Earth Europe，ARGE，Coop Italy，EuroCoop，Greenpeace EU，VLOG，to Tonio Borg Commissioner Health and Consumer Policy，European Commission(July 8，2013)，https://gmwatch.org/en/news/archive/2013/14644-keep-zero-tolerance-of-unapproved-gmos[https://perma.cc/2P2C-6N47]。

20. UK House of Commons，The Extension of Qualified Majority Voting from the Treaty of Rome to the European Constitution，2004，https://researchbriefings.parliament.uk/ResearchBriefing/Summary/RP04-54[https://perma.cc/Y6HH-JBUN]。

21. Daniel Kelemen，The Rules of Federalism：Institutions and Regulatory Politics in the EU and Beyond 29—30（2009）；参见 R. Daniel Kelemen et. al.，*Wider and Deeper? Enlargement and Integration in the European Union*，21 J. Eur. Pub. Pol'y 647，657(2014)。

22. 参见 Gerald Schneider et al.，*Bargaining Power in the European Union：An Evaluation of Competing Game-Theoretic Models*，58 Pol. Stud. 85，98—99(2010)。

23. 参见 Andreas Warntjen，*Do Votes Matter? Voting Weights and the Success Probability of Member State Requests in the Council of the European Union*，39 J. Eur. Integration 673，676(2017)。

24. 参见 Åse Gornitzka & Ulf Sverdrup，*Access of Experts：Information and EU Decision-making*，34 West Eur. Pol.48，64(2011)。

25. *The Ministry：Tasks and Structure*，German Ministry for the Environment，Nature Conservation and Nuclear Safety(last updated Mar.25，2019)，https://www.bmu.de/en/ministry/tasks-and-structure/[https://perma.cc/HVK6-9UC2]；*About Us*，Umwelt Bundesamt(last updated Mar.7，2018)，https://www.umweltbundesamt.de/en/the-uba/about-us[https://perma.cc/TZU3-E4QP]；*About RIVM*，Dutch National Institute for Public Health and the Environment(last updated May 13，2019)，https://www.rivm.nl/en/about-rivm/rivm[https://perma.cc/83JF-6XE2]。

26. 例如参见 Vogel，Politics，*supra* note 5，at 242。然而，谈判失败的反例也存在。例如参见 Paul Copeland，*The Negotiation of the Revision of the Working Time Directive*，*in* EU Enlargement，the Clash of Capitalisms and the European Social Dimension 72，87—93(2014)。

27. 参见 Raya Kardasheva，*Package Deals in EU Politics*，57 Am. J. Pol. Sci.858，858(2013)。

28. 参见 *Id*. at 861。

29. *Id*.

30. 参见 Manuele Citi & Mogens Justesen，*Measuring and Explaining Regulatory Reform in the EU：A Time-Series Analysis of Eight Sectors*，1984—2012，53 Eur. J. Pol. Res. 709，723(2014)。

31. Tanja Börzel，*Pace-Setting*，*Foot-Dragging*，*and Fence-Sitting：Member State*

Responses to Europeanization，40 J. Common Mkt. Stud. 193，200(2002).

32. Simon Hix，*The European Union as a Polity*，*in* Handbook of European Union Politics，141(Knud Erik Jørgensen et al. eds.，1st ed. 2006)；Mark A. Pollack，The Engines of European Integration：Delegation，Agency，and Agenda Setting in the EU 384—385(2003). 但是，例如参见，Simon Hug，*Endogenous Preferences and Delegation in the European Union*，36 Comp. Pol. Stud. 41，67(2003)。

33. Giandomenico Majone，*Fromthe Positive to the Regulatory State：Causes and Consequences of Changes in the Mode of Governance*，17 J. Pub. Pol'y 139，157(1997) [hereinafter Majone，*Causes and Consequences*].

34. Giandomenico Majone，*The European Commission as Regulator*，*in* Regulating Europe 61，64(Giandomenico Majone ed.，1996)[hereinafter Majone，*Commission as Regulator*]；James A. Caporaso et al.，*Still a Regulatory State? The European Union and the Financial Crisis*，22 J. Eur. Pub. Pol'y 889，901(2015).

35. 参见 *Fact Check on the EU Budget*，Europa，https：//ec.europa.eu/info/about-european-commission/eu-budget/how-it-works/fact-check_en(last visited May 15，2019) [https：//perma.cc/RA53-4EFR]；*EU Budget 2017：Strengthening the Economy and Responding to Migration Challenges*，Europa，http：//ec.europa.eu/budget/library/biblio/documents/2016/factsheet-on-eu-％20budget-2017_en.pdf(last updated Dec.10，2016)[https：//perma.cc/TCW5-Y8ZC]。

36. 参见 *Graphics*，Congressional Budget Office，https：//www.cbo.gov/publication/most-recent/graphics(last visited Oct.14，2018)[https：//perma.cc/5FSU-XN7T]。

37. Majone，*Causes and Consequences*，*supra* note 33，at 150—151.

38. *Id*，at 150.

39. Majone，*Commission as Regulator*，*supra* note 34，at 64.

40. 参见 Giandomenico Majone，*The Rise of the Regulatory State in Europe*，17 W. EUR. POL. 77，85，98(1994)。

41. Majone，*Commission as Regulator*，*supra* note 34，at 63—64；Giandomenico Majone，*From Regulatory State to a Democratic Default*，52 J. Common Mkt. Stud. 1216，1217(2014).

42. Consolidated Version of the Treaty on the Functioning of the European Union arts. 23—25，Mar.30，2010，2010 O.J.(C 83) 47，58[hereinafter TFEU].

43. *Id*.

44. *Id*. art.3(3)；Single European Act art.6，Feb.17，1986，1987 O.J.(L 169) 1.

45. Pollack，*supra* note 32，at 14—15.

46. *Id*. at 384—385.

47. European Union，European Parliament，Future of Europe：European Parliament Sets Out Its Vision(2017)，https：//www.europarl.europa.eu/resources/library/media/20171023RES86651/20171023RES86651.pdf[https：//perma.cc/8XSG-YXP7].

48. Case C-507/17，Google v. CNIL，Request for a Preliminary Ruling from the Counseil d'État(France)，2017 O.J.(C 347) 22.

49. 例如参见 Consolidated Version of the Treaty on European Union art.3，¶5，May 9，2008，2008 O.J.(C 115) 13[hereinafter TEU]。

50. Case C-300/89，Comm'n v. Council(Titanium Dioxide Case)，1991 E.C.R.

I-02867；Case C-155/91，Comm'n v. Council(Directive on Waste—Legal Basis)，1993 E.C.R. I-00939.

51. 参见 Vogel，Politics，*supra* note 5，at 237。

52. Council Regulation 1907/2006 of Dec.18，2006，Concerning the Registration，Evaluation，Authorisation，and Restriction of Chemicals(REACH)，and Creating a Chemicals Agency，2006 O.J.(L 396).

53. *Commission White Paper：Strategy for a Future Chemicals Policy*，7，COM (2001) 88 final(Feb.27，2001).

54. Political Agreement for a Council Common Position(EC) No.15921/2005 of Dec. 19，2005，art.1，2005，http://ec.europa.eu/environment/chemicals/reach/pdf/background/political_agreement_council.pdf[https://perma.cc/QM2Q-H754].

55. Gloria González Fuster，The Emergence of Personal Data Protection as a Fundamental Right of the EU 126(2014).

56. Commission Recommendation 81/679 of July 29，1981，Relating to the Council of Europe Convention for the Protection of Individuals with Regard to Automatic Processing of Personal Data，recital 3，1981 O.J.(L 246/31).

57. *Communication from the Commission to the European Parliament and the Council：A European Data Protection Framework for the 21st Century*，at 8，COM (2012) 43 final(Jan.25，2012).

58. *Commission White Paper：Europe and the Global Information Society*，at 22 (June 24，1994)，http://aei.pitt.edu/1199/1/info_society_bangeman_report.pdf[https://perma.cc/B7RC-YL76].

59. *Proposal for A Comprehensive Approach on Personal Data Protection in the European Union*，at 3—4，10，COM(2010) 609 final(Apr. 11，2010)，https://eur-lex.europa.eu/legal-content/GA/ALL/?uri＝CELEX%3A52010DC0609[https://perma.cc/K7NH-5SG8].

60. *Commission Staff Working Paper and Executive Summary of the Impact Assessment on the General Data Protection Regulation*，at 2，SEC(2012) 73 final(Jan. 25，2012)，https://eur-lex.europa.eu/legal-content/EN/TXT/PDF/?uri＝CELEX：52012SC0073 & from＝EN[https://perma.cc/F3NB-UQLD].

61. 参见第九章，讨论管制帝国主义和对布鲁塞尔效应的其他批评。

62. 参见 Sieglinde Gstöhl，*Political Dimensions of an Externalization of the EU's Internal Market* 4—5(Dep't of EU Int'l Relations & Diplomacy Studies，EU Diplomacy Papers No.3/2007，2007)，http://aei.pitt.edu/9593/1/EDP_3-2007_Gst%C3%B6hl.pdf [https://perma.cc/B2FX-ZJ7F]。

63. 根据民意调查,70％的欧洲人希望欧洲承担这一角色。参见 Benita Ferrero-Waldner，European Comm'r for External Relations & European Neighbourhood Pol'y，Speech at George Bush Presidential Library Foundation and Texas A&M University EU Center of Excellence：The European Union：A Global Power? (Sept.25，2006)，http://europa.eu/rapid/pressReleasesAction.do?reference＝SPEECH/06/530&format＝PDF&aged＝1&language＝EN&guiLanguage＝en[https://perma.cc/JWT3-RMN6]；另见 European Comm'n，Taking Europe to the World 59(2004)；Alasdair R. Young & John Peterson，*The EU and the New Trade Politics*，*in* The European Union and the New

Trade Politics 1，2(John Peterson &. Alasdair R. Young eds.，2007)。

64. 参见 *Commission White Paper：Completing the Internal Market*，at 22 COM (85) 310 final(June 28，1985)，https：//eur-lex. europa. eu/legal-content/EN/ALL/?uri ＝CELEX％3A51985DC0310 [https：//perma. cc/SXF6-GYS3]；*Commission on The Impact and Effectiveness of the Single Market*，COM(96) 520 final(Oct.30，1996)，https：//publications. europa. eu/en/publication-detail/-/publication/84e25462-8584-43db-bcca-da3aee83522f/language-en[https：//perma.cc/P6YR-VB69]。

65. *Commission Staff Working Document on The External Dimension of the Single Market Review*，at 5—6，SEC(2007) 1519(Nov.20，2007).

66. *Id*. at 8.

67. *Communication on A Single Market for 21st Century Europe*，at 7，COM(2007) 725 final(Nov.20，2007)[hereinafter *A Single Market for 21st Century Europe*].

68. *Communicationon A Single Market for Citizens*，at 7，COM(2007) 60 final(Feb. 21，2007)；另见 *Reducing Emissions from the Aviation Sector*，Eur. Comm'n，http：// ec. europa. eu/clima/policies/transport/aviation/index _ en. htm (last updated Nov. 13，2012)[https：//perma.cc/X69S-F3GW]。

69. *Communication on An Area of Freedom，Security and Justice Serving the Citizen*，at 9，COM(2009) 262 final(June 10，2009)。

70. *Communication on A Comprehensive Approach on Personal Data Protection in the EU*，at 19，COM(2010) 609 final(Nov.4，2010).

71. *Id*. at 16(original emphasis removed).

72. Mark Scott and Laurens Cerulus，*Europe's New Data Protection Rules Export Privacy Standards Worldwide*，Politico (Jan. 31，2018)，https：//www. politico. eu/ article/europe-data-protection-privacy-standards-gdpr-general-protection-data-regulation/ [https：//perma.cc/PKM3-BA3V].

73. European Commission，Trade for All—Towards a More Responsible Trade and Investment Policy，14 October 2015，https：//publications. europa. eu/en/publication-detail/-/publication/84e25462-8584-43db-bcca-da3aee83522f [https：//perma. cc/48EY-35SX].

74. European Council，*Promoting EU Value Through Trade*(last updated Nov.14，2017)，http：//www. consilium. europa. eu/en/policies/trade-policy/promoting-eu-values/ [https：//perma.cc/B6X3-XAW9].

75. 参见 TEU art.3 ¶5，art.21 ¶1。

76. *A Single Market for 21st Century Europe*，*supra* note 67，at 3.

77. 例如参见 Emma Tucker，*Plastic Toy Quandary that EU Cannot Duck*，Fin. Times，Dec.9，1998，at 3。

78. Vogel，Politics，*supra* note 5，at 13.

79. 参见 Jan Zielonka，*Europe as a Global Actor：Empire by Example?* ，84 Int'l Aff. 471，475(2008)。

80. 参见 Zaki Laïdi，*The Unintended Consequences of European Power* 5 (Les Cahiers Européens de Sciences Po. No.5，2007)，http：//www. cee. sciences-po. fr/erpa/ docs/wp_2007_5.pdf[https：//perma.cc/V5MK-SFNW]。

第二章

布鲁塞尔效应

只有大型经济体才有可能成为全球标准的来源，然而，仅凭市场规模并不能赋予一个司法管辖区以全球监管能力。否则，"华盛顿效应"或"北京效应"就可能会与布鲁塞尔效应并存。相反，单边监管力量的形成需要大的经济体作出明确的政策选择。欧盟之所以成为一个全球监管者，不仅是因为它内部市场的规模，而且还因为它建立了一个制度架构，使得它能将它的经济规模转化成有形的监管影响力。欧盟内部的主要利益攸关者进一步接受严格的监管，作为通向更美好社会的关键。这给予欧盟雄心勃勃的监管议程关键的政治支持。但是，欧盟不能在每一个它期望的领域发挥全球监管力，因为市场力量只是成功地将欧盟的某些法规（而不是全部）全球化，这就限制了布鲁塞尔效应。

本章为布鲁塞尔效应奠定理论基础，它将厘清一个独立司法区域的标准外化的条件和机制。对于单边监管权威的仔细考察表明，有五个机制导致布鲁塞尔效应，即市场规模、监管能力、严格的标准、无弹性的目标和不可分割性。现有文献把市场规模作为重点，将它等同于一个独立司法区域针对外国实体行使监管权威的能力。[1]大的市场规模确实是单边监管全球化的前提条件，但该独立司法区域还必须拥有足够的监管能力去处理全球监管权威。这就需要现有的制度架构能够有效地采用和执行其法规。另外，这些监管机构必须颁布严格的监管标准，得以反映该独立司法区域内主要利益攸关者的偏好。一个全球的监管权威还需要选择监管无弹性目标，比如消费者市场，而不是更具体的弹性目标，比如资本市场。只有当严格的标准针对无法逃离该独立司法区域的目标时，才能确保某国的法规不会受到市场力量或其他独立司法区域的监管反应的制约。最后,只有当遵守单一的全球标准获得的收益大于利用宽松的独立司法区域的宽松标准获得的收益时,单边标准才能成为全球标准。换言之,只有当该目标的运作或生产在全球市场不能分割时,该效应才可能发生。

布鲁塞尔效应的发生必须具备所有这五个标准。有些条件(如市场规模)深深地根植于独立司法区域的历史遗产,而不是依赖政治机构或者市场参与者的决定。监管能力和颁布严格标准的意愿通常反映了实施监管的独立司法区域的政治经济情况,因而也反映了政治机构作出的一种肯定性选择的功能。进一步说,监管对象的无弹性或者法规的不可分割性是嵌入在全球经济本质中的条件。它们是由私营公司的商业考量所驱动的,因而它们大致上在监管者本身的影响之外。这显示布鲁塞尔效应来自被赋予的市场规模、政治决策和驱动公司行为的市场力量共同作用的结果。

支撑布鲁塞尔效应的这五个因素是产生单边监管力量的一般条件,能够解释任何独立司法区域有(或无)能力单独监管全球市场。但是,本章要说明在这些条件下,欧盟如何成为现今最重要的监管主体,并且解释为什么是欧盟而不是其他对象,比如美国,能够在一系列政策领域发挥单边影响力。

市　场　规　模

一国在全球经济中的实力和该国国内市场相对规模成正相关。[2]现有的关于全球监管影响力的文献强调把市场规模作为经济力量的代表性指标的重要性。丹尼尔·德雷兹纳认为,全球监管结果是国家实力的函数,国家的实力来自它们国内市场的规模和多样性。大规模的市场对于生产商有着引力效应,将他们推向在这些国家所盛行的监管标准。[3]查德·达姆罗(Chad Damro)同意这种观点,他把欧盟视作一种"市场力量",认为欧盟的身份"和其市场一体化的经历极其相关"[4]。单一市场为欧盟奠定了基础,是它能向欧洲以外推广其监管措施的关键。[5]

市场规模是一个相对的概念。任何一国市场力量的程度都有赖于相对其替代市场的消费市场的吸引力。以消费品为例,潜在的消费者数量和富裕程度决定了市场准入的收益。放弃这些消费者的机会成本也同样重要。当公司所在的国内市场或者其他第三国市场的需求有限时,这些成本就尤其高昂。因此,进口国的市场相对于出口国的市场越大,公司根据进口市场所在的独立司法区域的标准作出调整的可能性就越大。[6]换句话说,向该司法管辖区的出口相对于在本国或第三国市场销售的比率越大,布鲁塞尔效应发生的概率也越高。同时,出口商向第三国市场出口或者增加在其本国市场的需求的能力越强,布鲁塞尔效应发生的可能性就越低。

当公司感到进入某个市场拥有高价值时,该独立司法区域的市场力量就得到提升。外国公司对这种价值进行评估时,会把消费市场的吸引力与进入该市场的调整成本相比较。调整成本包括最初的设置成本(比如更换在产品中使用的关键部件)和经常性的合规成本(比如为了遵守更严格的环境标准而产生的更高的生产成本)。只要进入市场的收益大于调整成本,外国公司就有动机遵守进口方独立司法区域的严格标准。调整成本相对于进入市场的成本越低,生产商就越有可能根据进口国的标准进行调整,从而进入该国市场。[7]

如果只关注市场规模,有一些国家有潜力成为全球标准设定者。欧盟是世界上第二大经济体,国内生产总值(GDP)超过 17 万亿美元。[8]欧盟占全球国民总收入(GNI)份额的 20％以上。[9]它也是第二大货物进口方和最大的服务进口方。[10]当然,美国、中国和日本也拥有足够大的国内市场,可以将其用作有力的工具。以某些标准来看,它们甚至拥有比欧盟更大的经济规模。美国的经济规模超过 19 万亿美元,使它成为世界第一大经济体。中国是 GDP 达 12 万亿美元的世界第三大经济体,而日本的经济规模接近 5 万亿美元。[11]

欧盟可以说是全世界最重要的消费者市场。它拥有高比率的富裕的消费者,因此大量的生产商有赖于这些消费者,向他们提供产品和服务。欧盟拥有 5.16 亿人口,人均 GDP 是 40 900 美元。美国相对更富裕一些(其人均 GDP 为 59 500 美元),但是它的消费者市场要小一些

（其人口是 3.27 亿）。另一方面，中国有更大的消费者市场（其人口为
14 亿），但是其消费者相对没有那么富裕（人均 GDP 是 16 700 美元）。
印度人口几乎与中国相当，但是它的人均 GDP 要低很多（7 200 美
元）。[12]随着像中国和印度这样的市场的重要性继续增加，生产商或许
会逐渐将它们的出口向那里分散。然而由于这些市场现在的消费者购
买力相对较小，很少有国际性公司能够放弃欧盟市场而从其他地方弥
补相应的收入。故进入欧盟市场拥有的明显的高价值，解释了为什么
许多生产商哪怕承担极高的调整成本也要保持它们向欧盟销售货物和
服务的能力。

随着新成员国的加入，进入欧盟内部市场的价值在过去几十年里
也显著地增加。随着 1995 年欧盟的扩大，欧盟增加了 2 200 万人口以
及 3 830 亿美元的 GDP。随着 2004 年的扩大，欧盟增加了 7 500 万人
口及 6 850 亿美元的 GDP。2007 年的扩大则增加了 3 000 万人口和
2 670 亿美元的 GDP，而 2013 年的扩大又增加了 400 万人口和 810 亿
美元的 GDP。[13]欧盟的各种联系协定将它的法规延升到像格鲁吉亚、
摩洛哥和土耳其等邻国，进一步增加了欧盟实际上的市场规模。[14]这些
国家大致将它们的法规向欧盟靠拢，这样就增加了欧盟监管标准覆盖
的总 GDP 和消费者基数，又进一步提升了（公司）遵守欧盟标准的
收益。

虽然欧盟扩大进程似乎必然增加其市场的力量，但它在确保不断
接收新成员增加其市场规模的同时，又不降低其市场规模影响力方面
的能力是相当有限的。阿尔贝托·阿莱西纳（Alberto Alesina）和恩里
科·斯波拉雷（Enrico Spolaore）在他们关于国家最优规模的研究中突
出了国家规模和其公民的偏好多样性之间的折中现象。[15]市场越大，公
共产品的供给就越便宜。例如，当有新的国家加入欧盟，在单一市场交
易的机会就会增加，这样就提升了共同市场的价值。与此同时，每当加
入新的成员，欧盟成员国之间的偏好差异性也会增加。这就使关于最
优法规的决策变得复杂并且限制了欧盟的政策选择。这样，虽然一个
更大的联盟似乎能提升欧盟的市场力量，但是实际上存在着一个平衡
点。一旦超过这个平衡点，随着反对进一步一体化和更多法规的成员

国阻碍相关政策制定,欧盟的市场力量就开始消退。这样就会出现一个"次优大市场"的事物,在这种情况下,市场影响监管的能力实际上就无法随着市场规模而增加。从这个意义上看,欧盟不断增加的内部分歧表明,欧盟通过其规模得到的影响力或许确实已经达到(或者超过)其峰值。

但是不管怎样,甚至是对于欧盟现在的市场规模最静态的观点也表明,欧盟对于今天很大部分的外国生产商而言是一个重要的销售目的地。当然,具体的国家、行业和公司对于欧盟市场的依赖程度不同。比如,欧盟对于俄罗斯、南非、中国、美国、印度和巴西的出口商来说是一个重要市场,分别占这些国家出口的 43%、31%、22%、21%、19%和 18%。相反,欧盟对于加拿大和澳大利亚等国家来说不是太重要的目的地,它们向欧盟市场的出口分别仅占它们总出口的 9%和 7%。[16]欧盟是俄罗斯、南非、印度和美国的最大出口市场,是中国、加拿大和巴西的第二大出口市场,是日本和韩国的第三大出口市场。

欧盟市场的重要性对于每个国家内部的具体行业也不尽相同。比如,美国 87%的药品和 36%的有机化学品出口是以欧盟为目的地的。欧盟也是其他许多商品的重要出口目的地,比如印度纺织品(占该国纺织品出口的 45%)、中国玩具(40%)、韩国药品(78%)、俄罗斯矿物燃料(65%)、加拿大飞行器(24%)、巴西咖啡(51%)、南非水果和坚果(74%)、日本玩具(50%)以及澳大利亚的各种种子和水果(64%)。[17]对于这些生产商以及其他各地类似的生产商来说,欧盟的市场准入是极有价值的,因而欧盟的市场规模对于这些生产商的活动具有极强的制约。

欧洲市场对于许多美国商业巨头来说尤其重要。在电子行业特别是这样,美国企业"高度依赖欧盟市场,而且对于美国经济极其重要。它是美国向欧盟(出口的)第三大出口部门"[18]。欧盟也是许多美国高科技公司最重要的出口市场。脸书(Facebook)在欧盟拥有 2.77 亿活跃的用户,这使它在欧盟的用户超过在美国的用户。来自欧洲的广告也占了脸书全球广告收入的 24%。来自欧洲的这一收入在 2017 年增长 41%,这是该公司在全球任何地区最快的增长率。[19]再举数例,谷歌占欧盟搜索引擎市场的比率超过 90％,而多数评估显示其在美国的占比约为 67％—75％。[20]谷歌还报告,2017 年来自 EMEA 地区(即欧洲、中东和非洲)的广告收入占了 33％。另外,仅德国和英国就为亚马逊的纯销售收入贡献了 280 多亿美元,占其总纯销售收入的 16％。[21]所有这些数字表明欧盟的市场规模是布鲁塞尔效应的基础。

诚然,欧盟能够利用其市场规模对这些公司和行业的多方面的经济生活进行监管。但是对于一些货品而言,欧盟并不是不可或缺的目的地时,它的市场力量就比较有限。在这种情况下,布鲁塞尔效应不会发生。比如,日本的武田药品工业公司(Takeda)在它艰难地获得欧盟的营销授权之后,决定不再继续为欧洲市场研发治疗失眠的雷美替胺(Ramelteon)。[22]该公司没有寻求获取更多的临床数据以便达到欧洲的监管要求,反而在 2008 年撤销了在前一年向欧洲药品署递交的营销授权的申请。与此同时,武田公司将该治疗失眠的药品以诺泽雷姆(Rozerem)的别名继续在美国和日本销售。该公司分别于 2005 年和 2010 年获得这两个国家的必要的监管许可。[23]因此,遵守严格的欧盟标准带来的高成本不时地使一些公司完全放弃欧盟市场,而不是根据欧盟标准调整它们的全球生产。

另外有害性废弃物管理的案例也表明欧盟向他国输出其标准的失败。[24]有害性废弃物的非法转移一直很普遍,因为生产者有极大的动机通过寻找那些没有执行废弃物管理标准的独立司法区域来规避成本高昂的法规。废弃物是可以移动的,因此生产者有能力和动机将其丢弃于欧盟之外。这说明当目标是限制向特定第三国出口,而不是限制向本国进口的时候,监管强权难以向外投射力量。[25]

在一些领域,欧盟的市场规模完全无用,故布鲁塞尔效应不会发生。首先,欧盟对于不受市场准入制约的监管对象没有什么办法。比如人权,这是欧盟拥有监管能力和寻求高层次保护的具有强烈偏好的领域。但是,欧盟在向北非和中东输出其人权规范或者民主价值时都没有特别成功。这两个地区都在欧盟的直接势力范围之外。[26]比如签署一份人权条约可以成为与欧盟达成贸易协定的条件[27],但执行这份条约则是另外一回事。对于欧盟来说,拒绝一种没有达到其标准的产品进入其市场要比监督没有踏足欧盟市场的个人的国际行为要容易得多。毕竟,欧盟的力量来自它提供的对于其巨大且高价值的市场的有条件准入。因此,一个独立司法区域利用其巨大市场规模的能力一直是支撑布鲁塞尔效应的根本条件。

监 管 能 力

单单是大的市场规模无法解释一国向他国投射其监管偏好的能力。不是所有拥有巨大市场的国家都能成为全球标准的来源。成为一个监管性力量是一个国家有意识的选择,而不是其市场规模原本就有的。这个国家必须致力于建立机构,并且给予它们将该国市场力量转化为有形的监管性影响力的能力。[28]监管能力指的是一个独立司法区域颁布和执行法规的能力。这要求它具有监管知识和监管资源。没有这种能力,一个国家是无法在其司法管辖范围内向市场参与者有效施加权威的。监管能力的一个要素是在发生不遵守规定的情况下能够施加制裁的权威。只有那些有能力将不遵守规定的公司排除出市场而使它们承受重大损失的独立司法区域,才能够促使(那些公司)进行规范调整,推动其遵守规则。[29]

监管能力往往和另一个条件密切关联,即颁布严格规则的倾向性,因为有政治意愿采用严格法规的独立司法区域也往往有同样的政治意愿去建立强有力的监管机构。但是也有一些情况是某个独立司法区域或许希望在某个特定政策领域行使监管,但是它又缺乏技术专长或财政资源去建构必要的监管能力。因此对于严格监管的偏好应该被看作是导致布鲁塞尔效应发生所需要的一个独立条件。[30]

监管能力的程度大小是一国发挥全球监管权威的重要制约因素。比如,许多亚洲经济体正以惊人的速度增长,但是它们的 GDP 增长要转化成监管经验和制度能力从而能对(特别是外国)对象施加影响的话,尚需时日。[31]中国的案例非常明显。尽管该国拥有巨大的资本储备和各类美国资产,但是它对于全球金融监管的影响有限。其有限性可以部分归结为它缺乏有效和独立的官僚机构去监管这一领域的国内市场规则。[32]因此,我们承认需要有复杂的监管机构去激活大规模的国内市场的能力,这意味着除了美国或欧盟之外,今天很少有独立司法管辖区有能力成为全球层面的监管者。[33]在美国,行政机构颁布和执行规则的能力已经建立完全。与此类似,欧盟作为监管力量的角色也在上升,因为随着单一市场创建而发展的机构赋予欧盟实质的监管能力。[34]

特别是自从1986年《单一欧洲法》(SEA)实施以来,欧盟业已建立起广泛的监管能力。《单一欧洲法》启动了旨在到1992年建成单一市场的远大议程。就如第一章所讨论的,为了贯彻完成单一市场的目标,成员国给予欧盟机构极大的权力去制定和执行市场法规。这种颁布规则和确保执行的能力有赖于欧盟机构重要的监管专长、政策制定的连贯性和广泛的执法权威。[35]欧盟有意识地努力建立起广泛的监管性架构,这一努力由深化一体化进程和完成单一市场的需要所驱动,这些基本通过监管来完成。

从此,欧盟内部的监管能力持续增长。欧盟所有主要机构如委员会、理事会和欧洲议会都逐渐经历过重大的官僚扩张。到2016年,欧盟机构雇用了39 715名雇员。自从这些机构成立以来,这个数字以平均每年5.2%的速度增长。[36]这种情况在欧盟各大机构从1959年以来一直延续,直到2011年才结束。当时欧盟机构开始裁员以应对2008年金融和预算危机带来的精简压力。但是,除去这次危机的影响,欧盟公务员的人数一直持续增长。在欧洲经济共同体成立初期的1959年,欧盟*共有2 591名雇员,其中欧盟委员会**有1 930人,欧洲议会有315人,理事会有264人。到2016年,委员会的员工人数最多(24 044人),其次是议会(6 762人),最后是理事会(3 040人)。[37]另外,这三家机构员工的年平均增长率差不多,委员会是5%,议会是6%,理事会是4.7%。

虽然历年来欧盟官僚队伍不断地扩大,但是相对欧盟职权的宽广领域和欧盟现已增加到超过五亿的人口而言,其员工人数还是相对较

＊ 原文如此。应指当时的欧共体。——译者注
＊＊ 原文如此。应指当时的欧共体最高局。——译者注

低的。和美国联邦官僚队伍相比,欧盟的相对规模似乎更加有限。美国联邦政府在行政、立法和司法部门雇用了超过 400 万人。[38]根据美国人事管理办公室的报告,联邦行政部门在 2017 财年共有 187 万名雇员。这个数字反映的是全职的文职雇员(不包括邮政服务员工和正式的军事雇员)。[39]例如,仅仅是农业部和交通部就分别有超过 73 000 名和 53 000 名员工。[40]从人均角度看,美国联邦政府的相对规模甚至大于人口更多的欧盟。

当然,直接比较美国联邦和欧盟的官僚队伍的员工人数有些误导。由于欧盟成员国本身就被赋予贯彻和执行欧盟法律的重要责任,这间接但极大地增加了欧盟的官僚能力。欧盟将许多重要法规,比如《通用数据保护条例》(GDPR)的执行授权给了成员国。欧盟委员会更被授权对于没能完全贯彻执行欧盟法的个别成员国提起侵权诉讼。这样,委员会就能确保成员国有动机去遵守命令,因此有效促进了欧盟的监管能力。

另外,不管用什么办法衡量,仅仅通过欧盟员工数量是无法获知欧盟机构所蕴含的监管能力的程度的。欧盟官僚队伍的质量也同样重要。欧盟委员会能够将其能力一以贯之,得益于其极高水准和具使命感的官僚队伍。它拥有受过高等教育并且持有欧洲一体化使命感的官僚。不少于 70% 的委员会官员拥有研究生学位,而 58% 的人有不止一国的学习经历。这部分解释了为什么委员会常常被看作是由具备全球视野和良好教育经历的精英所组成的。[41]委员会官员还拥有重要的技术专长,这给了他们规则制定时额外的合法性,并增加了他们客观和中立的色彩,从而提升了权威性。[42]

委员会员工共有的使命感进一步扩大了他们的规则制定能力。利斯贝特·胡格(Lisbet Hooghe)最近主持的一项对于委员会官员的调查指出,72% 的受访者声称"投身欧洲"是他们加入委员会的一个动机,总体上超国家主义者以二比一的比例超过国家中心主义者。[43]早先的一份调查发现,"委员会的高级官员明显表现出比成员国精英或公共舆论更支持欧洲"[44]。更令人惊讶的是,胡格的调查发现,超过 40% 的欧洲人认为他们仅具有国家认同,然而该调查中没有任何一个欧盟委员会员工这样回答,而有超过80％的员工有某种程度的欧洲认同。[45]委员会的文化"围绕着对于欧盟的一种愿景,这种愿景是目的论的,它把更深入的一体化看作是取得更大政治目标的手段"[46]。这种对于其使命鲜明的同质性使得委员会能够用相对清晰和连贯的愿景去运用其能力,避免政治内斗,这为更广泛的规则制定铺平了道路。

委员会还通过过去二十年来建立的各种欧洲监管机构,尤其是在它的自由裁量权和监管权有限的领域,很有技巧地提升了其专长和资源。委员会用这种办法就能够用这些欧洲监管机构去扩大而不是挑战它自己在监管单一市场中的角色。[47]另外,委员会没有按传统的办法授予这些机构普遍的规则制定的权力,这样就很好地维护了它自身的规则制定的特权。因此,多数的欧洲监管机构为委员会提供了额外的专长、人员、信息或者必要时的资金。这样在没有损害委员会对于政策制定的权力和控制的情况下,增加了委员会拥有的监管能力。[48]

欧盟监管能力的一个主要特色是它广泛的制裁权威,这产生了一种有效的威慑并且促使(被监管对象)遵守欧盟法规。[49]如果某种产品或服务达不到欧盟的监管要求,作为一种终极的制裁手段,欧盟委员会可以通过禁止在其疆域内从事产品销售来拒绝其进入欧盟市场。另外,欧盟还有权威可以对没有遵守法规的公司处以严厉的罚款。比如,欧盟《通用数据保护条例》之所以如此有力,是因为若某公司不遵守欧盟法规,各成员国的欧洲数据保护局可以征收高达该公司营业额(收入)4％的罚款。[50]违反竞争法的处罚甚至更高,委员会可以征收高达年度总营业额的10％的罚款。就如最近对谷歌进行50亿、27亿和17亿美元的多次罚款展示的那样,委员会也反复表现出使用这项惩罚权威的意愿。[51]

随着历年来欧盟机构权力的显著增加,欧盟的历史进一步地记录着不断扩大的监管议程。[52]欧盟是从一个专注于偏僻领域的机构起家的,它统合了西欧国家的钢铁和煤炭工业,以致力于消除各国互相发动战争的能力。然而,关税同盟的建立和内部贸易壁垒的消除很快随之发生。自此,欧盟的权力不断增加,包含一系列的领域,从环境和消费者保护到社会政策、交通、公共卫生、隐私和刑事司法等,不一而足。

　　有若干理由可解释欧盟的监管权限随时间推移而显著增加。1986年《单一欧洲法》施行之后,经济自由化的议程增加了。争取那些对议程持怀疑态度的成员国的支持,大致上是通过广泛的社会保护来平衡自由经济议程,以此抵消快速经济一体化的任何负面效应。[53]因而,在如何维护内部消费者权益和保护环境等采取的各项措施与保证共同市场内经济自由之间取得平衡,欧盟成员国意见不一致,而这正是欧盟广泛的监管权限所能产生的地方。解决这些政治分歧的最简单方法不是在一个经济欧洲和一个社会欧洲之间进行强行选择,这样做迎合了一些国家,但是不会满足其他国家,而是要扩大欧盟的权限将两者都包括进去。[54]

　　欧盟条约的各种修正案以及欧洲法院对于这些条约的司法解释也类似地为欧盟更广泛的权限和监管议程铺路。比如,欧盟的“协调条款”,即《欧盟运行条约》第114条赋予欧盟协调成员国法律的权限,以此深化单一市场的建立和运行。这常常为监管行动提供法律基础,这样就赋予欧盟机构相对广泛的权限去采取行动。例如,欧洲法院在2016年发现虽然公共卫生监管处于欧盟权限之外,但只要各国不同的烟草广告阻碍内部市场的运行,这项协调条款就可以使欧盟通过监管烟草广告来拓展其监管范围。[55]与此相关,欧盟机构用各种方式坚定地行使它们拥有的权限。比如,虽然《欧盟条约》并没有授权委员会在企业税领域采取行动,但是委员会通过在《欧盟条约》有关国家补贴条款下拥有的广泛权力而一直紧盯着一些公司(如苹果公司和星巴克等)的税务安排。[56]这些条款禁止成员国有选择地给予特定公司金融优势。[57]这一点将在第四章进一步讨论。

　　欧盟机构的投票规则的改动对于拓展欧盟监管能力也很关键。历年来,理事会颁布法规的能力得到了扩展,尤其现在大量法规是根据有效多数制而不是全体一致进行表决。[58]例如,环境政策自从1992年《马斯特里赫特条约》之后仅仅需要有效多数投票表决。[59]这样通过相关法案就容易多了,这进一步扩大了欧盟的监管范围。欧盟机构获得这些增加的权力是由于需要进一步整合共同市场,以及将深入整合的收益最大化。欧盟的几轮扩大增加了欧盟成员的差异性,这对全体一致的决策机制带来前所未有的挑战。因此采用有效多数表决的趋势对立继续进行监管行为是至关重要的。

另一项机构变化也促进了欧盟监管能力的提升,那就是欧洲议会获得逐步授权。自从 1986 年的《单一欧洲法》和 1992 年的《马斯特里赫特条约》以来,欧洲议会已经增加在欧盟立法过程中的影响。[60]《马斯特里赫特条约》尤其值得一提,因为它引入了共同决策程序,授权欧洲议会和理事会一起立法。《里斯本条约》将共同决策程序定为立法的默认方式。[61]由于担忧欧盟的民主赤字问题,就通过给予欧洲议会更重要的角色,来加强这个由欧洲公民直接选举的机构,从而谋求用深化欧盟决策的合法性来解决这个问题。欧洲议会以其支持监管的立场为人所知,特别是支持加强环境监管和消费者保护,以此部分地显示它渴望履行其服务于欧洲公民利益的使命。欧洲一体化的深化也往往会加强包括欧洲议会在内的欧盟超国家机构的角色,这又进一步解释了欧洲议会支持一体化的倾向。[62]

欧洲法院还帮助扩展了欧盟机构的权限,并在此过程中增强了它们的监管能力。[63]欧洲法院就经常被描绘成是一个"活动家"法院,它用其裁定寻求"司法一体化",赋予欧盟原本在条约中没有的权力。[64]欧盟法中的许多核心概念,包括优先效力原则[65]和直接效力原则[66]都来自欧洲法院的裁定。欧洲法院支持一体化的偏向也常常保护了委员会的特权,并且扩展了欧盟权力的范围和深度。当政治过程陷入僵局时,也就是当成员国之间对于更深入的一体化缺乏共识时,欧洲法院还是能发挥其作用,或者说大概正是这种时刻它能发挥其作用。欧洲怀疑论的声音指责欧洲法院越权,并因而威胁到了超国家主义和成员国主权之间的微妙平衡。[67]有一些迹象表明,欧洲法院在社会政策等领域从原先的积极姿态退却,这也许是欧洲法院对于现有的(或者是预期的)反弹所作出的部分回应。[68]但是,无论欧洲法院的批评者还是支持者都认同其扩张主义的法律哲学在过去几十年里,在许多领域加强了欧盟机构的权力,维护了法规,这为更深入的欧洲一体化铺平了道路。

这种从成员国到欧盟逐步的,但是具有决定性的监管权力的转移对欧洲监管力量的兴起至关重要。如果各个成员国还是各自为政的话,欧洲现有程度的监管能力将不会存在。根据詹多梅尼科·马约内(Giandomenico Majone)的观点,布鲁塞尔当局制定的指令和法规数量"每年几乎呈几何级数的增长",而"政策制定的欧洲化"是导致这种情况的关键。[69]欧盟通过不同方法把它的广泛的监管权力合法化,包括坚持清晰的立法目标、透明度、公众参与,以及在监管决策过程中遵循合适的条款。这减轻了人们对欧盟存在过度监管的担忧,欧盟在不损害其合法性的基础上实现了其监管权力最大化。[70]

但是,欧盟的监管能力在不同政策领域不尽相同。说到底,欧盟只能在成员国授权给它的领域有监管权限。[71]多年来,欧盟已经在和单一市场有关的所有领域获得广泛的监管权,而恰恰是这些领域的法规具有将它们向欧盟以外推广的特质。相对于分享权限或者辅助角色的领域,欧盟的监管力量在它专享监管权限的领域(比如竞争法领域)最为强大。[72]在这些欧盟专享权限的领域,成员国不被允许自行立法。但是仍然存在着一些欧盟成员国没有转移权力到欧盟的领域,包括企业税收、文化或者教育等。欧盟的全球监管力量很自然地局限于成员国完全或者部分让渡给欧盟监管权限的政策领域。在这些领域,欧盟享有必要的监管权限,能够发挥单一市场的力量并且把它转换为具体的监管影响力。

严 格 的 法 规

欧盟主要机构,特别是委员会具有的机构权限和专长构成欧洲监管力量的基础。但是,即便是一个有显著监管能力的大市场也无法保证其对外的监管影响力,除非加上有发挥这种影响力的政治意愿。因此,布鲁塞尔效应的产生要求某独立司法区域具有颁布严格监管标准的倾向。

对于严格监管的国内偏好更有可能出现在高收入国家。[73]比较富裕的国家能更好地负担寻求环境和消费者保护的成本,甚至以该国公司利润为代价。而比较贫穷的国家对于监管的成本还是较敏感,因为这会限制商业活动,从而制约经济增长。这种对于严格监管规则成本的低容忍,再加上它们缺乏监管能力,解释了为什么新兴市场不太可能在短期内去行使规则制定的力量,从而与它们不断增长的市场规模相匹配。

但是即使较富裕国家,它们在监管干预的倾向上也不尽相同。直到 20 世纪 80 年代末,美国还在设定消费者和环境保护的全球规范,促使欧洲公司根据美国的高标准作出调整。[74] 当时美国的法规还被欧洲的活动分子作为标杆,用来批评欧盟的落后,比如在汽车排放、燃料的铅含量或者对臭氧层有害的化学物的监管方面。[75] 自从 20 世纪 90 年代以来,双方互换了位置。欧盟越发采用更严格的消费者和环境保护标准,而美国则没有跟上欧盟的步伐。[76] 对于美国来说,超越欧盟标准的唯一方法是采用更高的标准,但是它认为这不会提升(本国)福利,因而不符合其利益。

戴维·沃格尔解释了 20 世纪 90 年代的这种变化,这是由于公民风险意识的变化和决策者有更强意愿去回应对于更高监管的大量诉求。[77] 欧洲人把商业造成的健康、安全和环境风险看作有据可依,且政治上不可接受。这种公共风险意识在广度和重要性上的增加可以部分地追溯到那些"触发者"(triggers)。他们提升了公众对于其所面临的风险的意识。而美国人从 60 年代到 90 年代接收到大量这类关于各种风险的令人不安的消息,包括从受污染的蔓越莓、沙利度胺、受水银污染的鱼或是大规模的石油泄漏等。对于这些警报存在的大量广为人知的认知分歧侵蚀了这些事件的重要性,这在 90 年代前淡化了人们寻求更多法规的诉求。与此相对照,在欧盟,这样的警报一直没停,甚至更为强烈,比如对北海的死海豚的担忧、英国的"疯牛"病、法国受艾滋病毒污染的血液、切尔诺贝利核灾难之后的放射性废弃物,或者大规模化学品泄漏,其毒素造成莱茵河变红等。[78] 这些培养出一种"预防风险的文化",并且在公众视野中提升了监管的需求。

公众的这种认知变化很重要,但是它不太可能是造成欧盟超越美国成为全球主导的监管者的唯一原因。另一种解释强调这是欧盟的有意识的决定,是为了加速它的一体化进程,启动其心意已决的政策,即在 90 年代初通过监管以完成单一市场。欧盟在 1986 年通过《单一欧洲法》,其目标是到 1992 年底建立欧洲单一市场,这激励了一体化项目。《单一欧洲法》成为监管改革和深入一体化的关键催化剂。[79]欧盟监管的实质性政策领域得到扩大,新领域包括环境和社会政策。欧盟为了有助于实施《单一欧洲法》,给予其机构更大的权力,用有效多数制批准法规。考虑到单一市场计划带来的收益,甚至较为持欧洲怀疑论的国家,包括英国,也同意限制它们的主权,而支持特定有效表决机制。[80]这些 90 年代初的变化为远大的议程设定铺平了道路,那就是要寻求严格的法规去服务于更广阔的一体化议程。

除了利用严格的监管议程作为推动更宏大的欧盟一体化目标,还有另外两个很关键的因素可以解释欧盟为什么明确地寻求严格的规则。那就是欧洲人更信任依靠政府而不是市场去获得公平和有效率的结果(意识形态),以及在欧洲公共监管相对于私人诉讼的重要性和在不确定性情况下监管者干预的门槛较低(程序)。这些将会依次讨论。对于任何特定的监管政策来说,这些因素的突出性或许会各有不同。它们的相对重要性也可能随时间和因关键决策者不同而不同。另外,还存在推动高标准出台的特定政策因素。这些都会在第二部分进行讨论。因此,对于意识形态和程序这两个关键因素的讨论只针对一般的背景性的规范,用来解释欧盟在许多不同政策领域颁布严格标准的总体倾向。在探讨完这两个因素之后,本书会提供一些反例,讨论缺乏监管倾向的情况下,布鲁塞尔效应会受到限制。

意识形态:市场还是政府

欧洲人一般对于市场较少信任,而对于政府干预感觉更舒服。欧盟国家享有更多的公众信任,因而能够在监管市场方面承担更重要的角色。[81]与此相对照,美国人较倾向接受亲商业的、自由市场导向的资本主义版本。在美国,民众(特别是保守选民)具有保护各州权利不受联邦政府侵犯的政治意愿,所以联邦政府的广泛监管很难获得公众的支持。当然在欧美两边都有例外的情况,但是一般来说,美国对于监管行动的成本一向更敏感,而欧盟则更强调监管不作为的代价。这些差异往往导致更严格的法规来自欧盟。[82]

欧盟政策制定者对于严格监管的偏好反映了他们对于社会市场经济和可持续发展的投入。《里斯本条约》第三条列出了欧盟的目标，声明如下：

> 欧盟要建立一个内部市场。它要致力于均衡经济增长和物价稳定基础上的欧洲可持续发展。它要致力于一个有高度竞争力的社会市场经济，旨在促进充分就业和社会进步。它要致力于环境质量的高度保护和完善。它要推动科学和技术的进步。

这里提到的"可持续发展""均衡经济增长""社会市场经济""充分就业和社会进步"同"环境质量的高度保护和完善"揭示了欧盟的价值观。它期待政府能出色地担负起处理市场结果的角色。这些目标的实现要求政府持续的干预，因为单靠市场力量无法达到。这些价值抓住了支撑单一市场监管哲学的实质。它们为具有高度的监管活动特征的欧洲政策制定提供了宪法基础。

这种支持监管的意识形态在大多数欧盟成员国的经济政策中根深蒂固。法国和德国等有影响力的成员国有青睐政府干预经济的悠久历史。[83]历史地看，法国与长期的统制经济政策有密切联系，其经济治理中有很重的国家干预痕迹。德国是 20 世纪 50 年代社会市场经济起源的国家，并且自那时起该国就执着于对市场经济收益进行再分配。[84]丹麦、芬兰和瑞典等北欧国家还有荷兰也类似地欣然接受强政府，作为它们投身福利国家的一部分。[85]这些国家加上德国，从 70 年代就把环境保护纳入其政策中。[86]政府的突出角色也很自然地出现在曾经属于共产主义的许多东欧国家，并且在它们加入欧盟之后，也继续让国有企业影响经济生活。[87]英国相比欧洲其他国家具有突出的更支持市场导向的政治氛围，但是英国也常常支持监管来消除单一市场的贸易障碍。英国也曾是欧盟内应对气候变化的最重要支持者之一，领导了欧盟的碳排放交易。当然，在担心过度监管方面，英国依然是最接近美国的。英国对于欧盟"官僚作风"的不满最终也成为该国于 2016 年投票退出欧盟的主要原因之一。

因此，多数欧盟成员国支持政府干预，以便确保财富在公民之间更公平地分配，尽管导致这种情绪的历史原因不尽相同。若从有影响的有关"资本主义分类"的研究来分析,多数欧洲国家更多表现出一种"协调的市场经济",而不是"自由市场经济"。[88]一般来说,协调的市场经济为政府监管和非市场机构保留了更大的角色空间。[89]除了英国和爱尔兰等普通法独立司法区域更多体现自由市场经济外,大多数欧盟成员国拥有的经济结构能使它们分配更多权力给国家而非个人。[90]

欧洲人对于市场的较少信任也许更多源于意识形态,但是在一些监管领域也是因为市场实际运作的功能需要。比如,欧盟竞争法反映的信条是,只让市场本身的机制去运作的话可能会失败,而政府的干预能改善结果。相反,美国的反垄断法反映了对于市场自我修正能力更多的信任。这部分是因为欧盟的资本市场没有美国发展得好,使得市场准入更难。[91]美国资本市场的情况恰恰相反,一般更容易获得融资和促进市场准入,这就使得新的市场进入者能更有效制约市场中原有行为者违反竞争的行为。这部分解释了欧盟相对依赖竞争监管,而美国依赖市场,将其作为保持市场竞争的主要手段。

欧盟的政治环境也有利于广泛的规则制定。欧洲的政治精英相比他们的美国同行在意识形态上分歧较少,因而能更好地回应公众的要求去提供更严格的监管。[92]在政治谱系上的各个政党或许在支持监管的程度上有所不同,但是它们对于监管型市场经济,包括社会保障,有共同信念。[93]欧盟委员会主席让-克洛德·容克(Jean-Claude Junker)代表了保守的欧洲人民党,他在向欧洲议会作候选人演讲时保证说:"我不会为了自由贸易的信条,去牺牲欧洲的安全、健康、社会和数据保护标准或者我们的文化多样性。"[94]这一席话很说明问题。所以说,即使是最支持市场的中右翼政党也支持欧盟的监管议程,以平衡自由贸易和对其公民的广泛保护。

程序:行政规则制定的偏好和预防的倾向

规则制定程序也促成欧盟的监管环境,从而导致其采用严格的法规。这个观点存在两个维度。首先,欧盟和美国不同,没有依赖私人诉讼和侵权责任规则去防止公司把不安全或有害的产品投放市场。相反,欧盟依靠政府颁布然后执行的事前预防法规。其次,欧盟行政规则制定依靠一种更为谨慎的方式来保护环境和消费者。这和美国的行政程序形成对照,后者更依靠成本—收益分析,这样就使美国不太具有在预防性手段基础上颁布法规的能力。

欧盟倾向用严格的标准来应对各种监管风险,这部分源于它依靠事前的政府监管,而不是通过私人诉讼的事后的强制执行。在美国,有力的侵权法可以将制造商置于可能的重大责任风险之下,这就使生产者不敢把有害产品投放市场。因而侵权法就可以替代监管制度,这样就减少了对机构的规则制定和公共执法的需要。[95]欧洲缺乏使私人部门进行诉讼的类似激励机制。在这种情况下,欧盟建立起的行政制度更多地依靠严格的监管标准来达到对于有害行为必要的威慑。欧盟依靠委员会和各种国家机构颁布和执行监管规则,这样它就选择依靠技术机构的专长甚于一般法院的裁决。法院往往缺乏健康和安全事务的专门知识,而这是对事实进行科学评估所必要的。[96]委员会运用相对庞大的职员队伍,分配到各个专门的总司,这些总司各自专注于具体的政策领域。这使得官员在他们各自监管的领域发展出合适的专长。比如,人们甚至或许没有意识到由于暴露在致癌物中他们正在面临一些有害的健康后果,由于缺乏相关知识,他们甚至不知道要对生产含有这些物质的产品的制造商提起责任诉讼。[97]在欧盟把监管权交给委员会后,它就减轻了私人诉讼者发起侵权责任诉讼时的一些信息制约。极大的规模经济也使得欧盟能高效地掌握知识,为保护共同市场内五亿多消费者的权利而准备、颁布和执行法规。[98]

各国是依靠私人侵权诉讼还是公共监管来组织它们的监管制度,主要看它们的法律和行政制度的总体特点。比如,美国式的侵权制度的有效运行要求有广泛的举证规则,具备集体诉讼,以及实质性货币补偿。从历史上看,举证和集体补救都很有限。与美国诉讼者能获得的三倍赔偿等补偿相比,在欧盟,当过错被证实的情况下,货币赔偿也不多。这些情况降低了在欧盟提起诉讼的动机,使侵权法不太可能成为公共行动的可替代方法。

此外,相比美国,欧盟在意识形态上对公共机构所实施的"社会指令"式行政监管更易于接受。[99]依靠私人的警戒对于多数欧洲国家比较陌生,国家始终在欧洲监管市场上扮演关键角色。美国则持相反的观点。它习惯于限制政府实施社会控制的能力,倾向于为私人诉讼者保留更大的角色空间。私人行动更契合美国的个人主义传统和诉讼文化。当然美国也认识到政府监管可以分担无害活动,因为这样可以使侵权制度仅限于发生实际伤害的案例,这就使侵权制度更有吸引力。[100]

最后,事前监管也与欧洲人更合拍,因为欧洲人对于许多健康和环境风险容忍度很低,因而常常采取预防监管去消除哪怕是遥远或不确定的风险。而侵权制度具有一个内在特点,它需要等到伤害实际发生才可以采取行动。[101]这一特点和欧洲盛行的更具预防性的态度不相容,这使得欧盟接受监管者在伤害发生前就采取行动的预防性控制。虽然欧盟的监管程序的运作在开始时比较慢,监管性干预还是被设计成在风险发生前就能预防性地实施。

上面提到的这些理由揭示了欧盟为什么主要依靠官僚的规则制定,而不是法官通过侵权诉讼来形成威慑。当然,行政规则制定在美国法律的许多领域发挥了重要作用,而法院在欧盟也不是无关紧要。欧洲法院的许多重要裁决源自成员国法院的初步参考意见,因而是由私人诉讼者发起的。[102]而且随着欧盟的发展,私人诉讼可能会变得更加重要。欧盟委员会在 2018 年提议寻求引入欧盟范围的消费者保护案件的集体诉讼制度。[103]这份新指令会把集体诉讼制度扩展到欧盟监管的某些领域,包括消费者保护、产品责任、环境、金融监管、健康、旅游、乘客权利和数据保护。但是即使经过这些改革,许多提议的内容,比如要求消费者必须“选择加入”,而不能“选择不加入”赔偿令,比较有限的举证权利,以及不情愿支付胜诉后的律师分成费等,将使美国式的集体侵权诉讼短期内不太可能在欧盟出现。同样,集体诉讼也不太会导致欧盟委员会在未来收敛其规则制定和颁布不太严格的法规。

欧盟强调行政规则的制定甚于侵权诉讼不是导致欧盟出台严格法规的唯一的由程序性驱动的理由。欧盟严厉的监管还因为成本—收益分析和预防原则在监管过程中扮演的与美国不同的角色。欧盟和美国如今都有在一项新法规实施之前进行监管行动的成本—收益分析的行政文化。但是,欧盟采用成本—收益分析(或被称为"影响力评估"[impact assessment])是最近的事,因而在欧盟的根基不深。当监管的风险不明确,因而很难精确量化时,欧盟更乐意仅仅依据预防原则就进行干预。这些理由解释了欧盟在总体上一直更关注"漏判"而不是"误判"。前者指它错误地没有干预致使损害发生,后者指在可能发生或可能不发生的潜在风险情况下,为保护其公民而进行错误干预,从而限制了有益的经济活动。

在美国,成本—收益分析可以追溯到里根总统1981年的行政令,它要求所有新规则在签发前必须通过成本—收益测试。[104]自那以后的每一任总统,不管来自民主党还是共和党,都支持某种类型的成本—收益分析。成本—收益分析迫使美国所有的监管机构要详细说明干预的收益大于其成本。[105]这一义务适用于合规成本超过一亿美元或者会引起新的重大政策问题的所有法规。[106]在所有这些情况下,任何风险必须先量化并且被认为大到不合理的时候,监管性干预才算通过论证。[107]

影响力评估在欧盟是最近的事,它于2002年被正式引入。[108]欧盟要求对委员会所有可能会有"重大经济、环境或社会影响"的动议作影响力评估。[109]欧盟影响力评估采用的方法与美国不同。[110]成本—收益分析要求美国的机构对于某项监管和其替代方案的预期成本和收益提供一份主要是量化的评估,而欧盟委员会则采用一种更全面的方法。它融合了各种不同类型的事前政策评估,比如成本—收益分析、成效分析和多标准分析。它也对政策要求作更质性的分析,包括总体影响和分布影响,这些都不易量化。委员会还必须对关于欧盟基本人权的任何提案作影响力评估。[111]欧盟影响力评估必须由监管审查委员会(Regulatory Scrutiny Board)审核。欧盟监管审查委员会的审核集中在影响力评估是否反映了高质量的分析,而美国的类似机构信息和监管事务办公室(OIRA)另外还要审核法规是否与总统的议程一致,这对审核程序又加了一道政治控制。[112]

欧盟的影响力评估和监管审查委员会正逐渐接近它们美国的同类制度和机构。[113]比如,虽然监管审查委员会最初不能否决没有通过成本—收益分析的提案,但到 2010 年它获得了这种权力。因此,过于夸大美国和欧盟的差异,以及把欧盟相对严格的标准归结为双方在成本—收益分析上的不同都是错误的。尽管如此,公允而论,总体上欧盟采用较灵活的成本—收益分析,这使监管者有更多空间用严格标准进行干预。

欧盟和美国在面对不确定的情况时,它们在寻求科学证据和预防监管上的侧重也不同。[114] 自从 20 世纪 90 年代以来,美国有影响力的学者、商业精英、智库和媒体开始逐渐对他们认为的主导规则制定的过度预防问题提出质疑。他们的观点是,这个问题已经导致执行过于繁杂的健康和安全法规。[115] 这也导致公众认知的变化,对于是否需要(更多)监管变得更加怀疑。[116] 部分由于这种变化,美国机构从 90 年代开始在其监管决策中作严格的科学评估。[117] 在美国,严格要求执行成本—收益分析并收集可信的科学证据,否则会在规则制定上面临司法挑战,这样就提高了美国机构颁布所有法规的行政门槛。

与此对照,在欧盟,虽然科学证据依然在监管风险中至为关键[118],但是它被在欧盟范围采用的"预防性原则"大为淡化。这一原则规定,即使缺乏对风险有绝对和可量化的确定性,只要有合理的理由可以担忧潜在的危险后果可能与选择的保护水平不一致的时候,预防性监管行动都是妥当的。[119] 预防性原则源于瑞典和德国 20 世纪 60 年代的环境法[120],《马斯特里赫特条约》于 1992 年在欧盟层面正式采纳了这一原则[121],它基本上反映了德国致力于把欧盟环境政策"德国化"的努力。[122] 预防性原则的额外推动力来自各种食品安全和环境丑闻,这使普通民众期盼用预防性监管来预先制止监管风险。随着公众对预防性原则支持的增加,所有欧盟机构都期望利用这一点,通过支持预防性原则在民众面前赢得更大的合法性。[123]

欧盟委员会通过强调科学作为风险监管的基础的重要性,寻求减少对于预防性原则的过度依靠,因为一些成员国以预防为借口限制来自其他成员国的贸易。[124] 与此同时,委员会有明确的意愿去保持在面对欧盟贸易伙伴时捍卫欧盟层面的风险法规的能力。在这种情况下,委员会实施监管以应对"潜在的风险"或是基于"不确定的"或"不精确的"证据。比如,委员会在 2000 年的通信文件中保留了欧盟在面临"公众认为风险达相当程度"时采取行动的能力[125],这样就是认可把公民的担心作为监管干预的合法基础。

在实际操作中,预防性原则已成为欧盟监管问题决策的中心要件。它被系统纳入关键政策文件[126],为许多法规奠定了基础,比如化学品法规(REACH)、荷尔蒙牛肉法规和转基因生物体。[127]欧盟的法院通过授予委员会极大的自由裁量权[128]表达其一贯支持这项原则。[129]欧洲法院甚至在其磷脂质(Artegodan)案裁决中把预防性原则上升到欧盟法中的"普遍性原则"[130],这进一步显示了欧洲法院对于预防性标准的强力支持。这与美国的法院形成鲜明的对照,美国的法院在审核机构的监管措施时采取比较严格的审查方式。

本书第二部分详细描述了经过选择的布鲁塞尔效应出现的许多政策领域。这些领域有一个共同特征是欧盟都展示出了对严格监管的明确偏好。这包括竞争政策和数据保护,以及急迫地限制网上仇恨言论。另外还包括保护消费者和公民的健康和安全的政策以及环境保护政策。这些领域反映了欧洲一个普遍的观点,即市场无法带来最优结果,导致政府必须介入。它们也反映了预防性原则的观点,即欧盟已准备好即使在预防的问题上出错,也要防止伤害的发生。这些政策领域的另一共同点是欧洲公民和政策制定者对于干预的收益和严格制定规则的高度一致的认可。

然而,值得注意的是,欧盟在一些政策领域并没有成为全球标准的来源,因为在这些领域它缺乏高标准的监管偏好,或者其他经济体偏好更高的标准。在有些领域,所有或者多数欧盟成员国共同偏好低水平的而不是高水平的监管。但是,欧盟缺乏监管倾向大多数时候反映了成员国之间的偏好差异性。网上博彩就是这样一个成员国之间协调失败的案例。[131]因为英国主张将网上博彩合法化,而德国和法国等国家为了保护它们对于博彩的国家垄断而反对这项主张。[132]在欧盟内部缺乏足够的共识意味着它无法取得共同的监管立场并向外输出。[133]

欧盟在协调企业税问题上也存在分歧,比如爱尔兰(其企业税率为12.5%)反对任何举措的税收协调,而法国(其企业税率为33%)等国支持共同的税务规则。[134]由于这一领域采用全体一致表决的要求,欧盟要成功地协调税率或者设定某种最低企业税水平都不太可能。欧盟认识到协调税率的难度,正积极考虑一项关于共同加强企业基准税建议(CCCTB)的提案。[135]CCCTB提案的目的是把大公司如何计算应纳税利润以及这些公司如何将这些利润分配到它们业务各部门的做法标准化。[136]这会减少这些公司参与激进的税务计划的能力,否则它们会将其利润转移到低税率的独立司法区域。[137]尽管这项CCCTB提案依然会让各成员国决定其实际的企业税率,它还是面临来自爱尔兰等国的阻碍。爱尔兰担心本国现有的应纳税利润未来可能会分配到其他欧盟国家,这会转移该国的税收收入,损害爱尔兰作为低税率独立司法区域的吸引力。[138]

在其他国家偏好更高标准的情况下,欧盟的全球监管能力也会比较有限。比如,虽然欧盟一般来说对于食品监管比较严格,但是美国要求对于所有动物奶和奶制品进行杀菌消毒,而欧盟允许销售、营销和分销未经杀菌的奶。[139]美国也在欧盟之前自从2018年开始就采取行动监管食品中的反式脂肪,以及禁止部分氢化油[140],而欧盟还处在为这一领域制定法规的准备阶段,正在开展影响力评估和咨询。[141]

类似的还有美国2002年的《萨班斯-奥克斯利法》(Sarbanes-Oxley Act),它致力于完善安然事件后的企业责任。该法被广泛看作是建立了企业治理的全球最高标准。[142]美国对于严格金融监管的偏好的另一表现是2010年的《多德-弗兰克华尔街改革和消费者保护法》。[143]当美国选择采用最高标准,且单边监管全球化的条件都满足的前提下,美国就会成为全球标准的来源。美国最近的监管努力基本集中在金融业,但因资本具有弹性特质,这些规则不大可能成为全球标准。事实上,人们已经在讨论,《萨班斯-奥克斯利法》的效应到底是在全世界提高金融监管标准,还是美国证交所会面临外国公司的退市。[144]不管怎样,证据表明欧盟能否单独设定全球规则总是取决于它是否偏好最高标准。

或许还存在一些情况,某个独立司法区域在一项监管的某一方面最严格,但是另一个国家在另一方面最严格。在这种情况下,欧盟标准没法包括其他所有标准来确保全世界范围的遵守。在公司无法分割各国市场的情况下，它们或许会遵照比单一监管者要求更高的标准。冲突地区的矿物监管提供了一个相关案例，欧盟和美国都采取了严格的，但是有些不同的标准。冲突地区的矿物指的是从冲突地区开采并进行交易以使参与争斗的武装团体受益的矿物。美国法规比较严格是因为除了直接的进口商，它还把责任延伸到下游从业者。与此对照，欧盟法规仅包括进口商。[145]然而，欧盟法规的地理范围预计最终会更广[146]，包括来自全世界所有"受冲突影响和高风险区域"的矿物。[147]欧盟法规也提出了更广泛的尽职调查要求。[148]因此在这种情况下，涉及该领域的跨国公司一般只能遵守至少两种不同的监管主体的要求，它们严格要求的重点不同，这样跨国公司才能确保自己遵守全球的标准。

另外一个同样情况的案例来自数据保护。印度新提议的数据保护法规参照了欧盟《通用数据保护条例》中包含的许多条款，但是在有些方面又比《条例》更进一步。比如，如果实施的话，印度法律加入一项普通责任条款，要求用公平合理的方式处理个人数据，尊重个人隐私。[149]这个要求是符合该项草案中把数据控制方定义为"数据受托人"的情况。[150]对于数据控制方来说，他们在处理个人数据中要担负的法律义务比起欧盟《通用数据保护条例》规定的数据控制人要更多。印度草案还包含一项通用的数据本土化要求。[151]根据这项要求，"数据受托人必须把至少一份个人数据副本存储在位于印度的服务器或者数据中心"。另外，印度政府还会决定数据分类，对于某些类别的数据，必须在印度处理。[152]

上面这些案例展示出在多种情况下，公司或许面临多种累积的监管标准，这可能迫使它们遵守由不同独立司法区域提供的最严格的法规的组合。结果，这可能导致一种最强类型的单边监管的全球化，也就是全球规则的累积增加是通过不同独立司法区域提供的各种法规的互动，而不是仅仅通过欧盟的法规。这种放大版的布鲁塞尔效应进一步强调了相对严格的法规的核心地位，它能解释哪个独立司法区域最终为全球市场设定规则。

无 弹 性 对 象

严格的国内法规只有在瞄准无弹性（而不是弹性）对象时才能成为全球标准。[153]"无弹性对象"指的是那些不会回应监管变化，因而固定在某一监管主体的产品或生产商。比如，当欧盟监管消费者健康和安全的时候，那些法规的对象就是销售给欧盟市场上的消费者的产品。欧盟内消费者所处的位置，而不是制造商所处的位置决定了欧盟法规对于目标产品的适用性。消费者市场的无弹性特点决定了生产商无法对于独立司法区域作出选择。它们不能"选购"有利的司法区域而又不失去进入被监管的那个市场的机会。这就使目标生产商无弹性，或者用另一个词表示就是无法移动。欧盟主要监管无弹性消费者市场，比如食品安全或者数据隐私。

为了说明弹性和无弹性对象的区别，我们可以考虑一下资本市场和消费者市场的情况。弹性监管对象，比如资本，更具有移动性，因而可以很容易地转移到不同的独立司法区域。与此对照，食品的消费者或者拥有隐私的数据主体一般来说无法移动。食品制造商或者数据控制者无法选择把哪一套规则运用到它们的消费者或者数据主体，这使得它们无法规避欧盟标准。每当一家公司想将产品销售给超过5亿的欧盟消费者时，它需要遵守欧盟的消费者保护法规，因为这些消费者不能简单地被转移到一个对该销售产品的消费者保护比较宽松的独立司法区域。

本书讨论的布鲁塞尔效应的案例都是有关无弹性对象的，这些对象很难脱离欧盟监管的区域。比如关于化学品安全的法规《关于化学品注册、评估、许可和限制规定》不关心哪一家公司生产某种受限化学品或者这种化学品在哪里生产。只要这种产品在欧盟销售，该法规就适用。[154]许多欧盟的环境法规也遵循这一逻辑。比如，限制有害物质指令（RoHS）限制了有害物质在电子产品中的使用，只要这些电子产品在欧洲市场销售。[155]制造商的所处位置与之不太相干，即使转移到一个新的位置也无法使该制造商在不失去欧盟市场准入的情况下规避

RoHS 指令。欧盟的竞争法也类似,它对于受监管公司的国籍或者违反竞争法行为的发生地不关心。只要公司的行为对欧盟市场造成后果,欧盟竞争法就适用。同样,不管这些数据处理发生在哪里或者处理数据的公司位于哪里,只要这些公司处理的是居住在欧盟的数据主体的个人数据,欧盟的数据保护机制《通用数据保护条例》就适用于所有这些公司。[156]因此,这些公司就无法通过将其数据控制者或者处理者转移到欧盟之外来规避欧盟的规则。在以上这些案例中,欧盟都能有效地针对市场参与者实施监管权威,而不用担心其监管对象通过转移到另一个独立司法区域来规避监管。

这些情况与有些情况如公司法等形成鲜明对照。根据公司法,一家全球性公司有很大的自由来决定进驻哪一国籍,而不会失去其全球市场的准入。另一个案例是海洋法。根据海洋法,一家船运公司可以选择挂某一国的旗帜,而不会失去国际港口的准入。在这些情况下,监管主体由公司总部所处位置或者公司法人所在地决定,因而公司可以选择适用什么法规。在这些案例中,弹性监管对象,即此处的公司法人,有能力且事实上也有动机在提供最有利监管环境的独立司法区域进行法人注册。比方说,法人注册的地点对于决定该公司适用的税务主体是相关的。与此类似,一家准备首次公开募股(IPO)的公司可以从超过一百家股票市场中选择募股。因为 IPO 目的地决定了该公司募股以及之后的证券交易所适用的规则和要求,所以有关的独立司法区域的监管负担是做该决定的适当的考虑因素。

监管股票市场的挑战说明了对如资本这样的弹性对象实施司法管辖是多么困难。尼基尔·卡扬普尔(Nikhil Kalyanpur)和亚伯拉罕·纽曼(Abraham Newman)研究了 2002 年《萨班斯-奥克斯利法》实施以后美国股票市场摘牌的数量。该法对于上市公司会计和投资人保护引入了更严格的标准。[157]有许多外国公司对于新的严格规则表现出"无弹性行为",即保留它们在美国股票市场的上市地位,因为相对于监管的负担,退出的成本太过高昂。但是,有大量欧盟的公司用"弹性行为"进行回应,把上市地点转移回欧盟。欧盟公司的这种行为不仅是由欧盟市场规模所推动,而且还因为欧盟可信赖的管理市场的制度架构,包括引入共同的会计准则和发行以欧元标价的公债的能力。这显示了资本确实是具有弹性的,只要存在可信的退出机会,它就可以移动。

场外交易市场金融衍生产品(在美国被称为"掉期交易"[swaps])的监管提供了另外一个关于处理高度弹性对象的金融监管的案例。在金融危机之后,欧盟和美国都通过要求实行集中清算制度来着手监管金融衍生市场。这种依靠中央对手方(CCPs)而不是私人双边合约清算的做法把市场风险集中在清算所。改革者认为,这些专业的公司相比分散的市场参与者更容易被监管。[158]金融衍生清算依靠的是与具体独立司法区域分离的金融架构,也就是说,这种清算可以发生在合约各方居住的任一独立司法区域或者合约各方所选择受其管辖的任一独立司法区域。根据耶沙·亚多夫(Yesha Yadov)和德莫特·图灵(Dermot Turing)的一项研究,信托金融衍生合约(即信用违约互换)的交易者与它们在其他司法区域的交易对手做的业务是与它们在本国的交易对手的四倍。[159]这两位学者用下面的案例说明了这种灵活性:

> 一家瑞士银行参与了一项以英镑标价作为名义本金额的固定—浮动利率的掉期交易,而它的对手是一家日本银行的纽约分行。这样的交易可以由在纽约法律部门存档并且由包括德国政府公债在内的抵押物支持。德国公债是由欧洲清算所处理的(该所位于比利时并依据比利时法律运作)。[160]

在某家特定清算所和交易参与方之间必要的地理联系的缺失意味着参与方可以选择在哪里进行它们的清算活动。[161]这种高度的弹性显示了监管者,比如欧盟的欧洲证券和市场管理局(ESMA)面临着监管套利的严重威胁。如果欧盟法规妨碍了中央对手方以具有竞争力的地位向客户提供服务的能力,这些企业可以毫无困难地转移到不太严格的独立司法区域。[162]如果中央对手方转移到其他地方以避免监管,它们不会失去什么,因为欧盟的清算市场没有什么是不可替代的。因此,欧盟不太可能会在颁布过度严格的法规的情况下,同时保持一个活跃的市场。

这些提到的案例强化了之前的观点,即尽管资本不具有完全的弹性,但相比消费者市场,它的弹性要大得多。[163]比如,如果欧盟试图以过高的税率协调企业税的话，一些公司会逃离现处的司法区域而在其他地方注册。当然，这样的迁移不是没有代价的。但是，欧盟只能监管到监管负担少于企业转移成本的程度。与此对照，一个无弹性的消费者市场可以允许欧盟监管的程度是监管负担只要少于完全退出欧洲消费者市场的极高的成本即可。

与此类似，如果欧盟就像欧盟委员会在欧元危机之后提议的，要对金融交易征税，那么交易活动会转移到欧盟之外进行。[164] 这项征税提案会涵盖银行和其他金融机构之间广泛的金融交易，包括有价证券、公债、现金交易和金融衍生产品。[165] 这项提案在政治上是否可行还不太清楚[166]，尤其是因为欧盟认识到引入这一税种会导致位于欧盟的金融机构转移到非欧盟国家。[167] 这一现实限制了欧盟的能力，它不能像对无弹性的对象那样，成功对股票、公债或者金融衍生品的交易征税施加监管影响力。[168]

监管对象的弹性会对欧盟监管企业治理的其他方面造成类似的限制，包括欧盟已经实施的银行家的"奖金封顶"[169]。当然，企业活动不会马上对于高管酬劳的封顶措施作出反应，以转移到欧盟之外。但是欧盟的监管权受到限制，因为在某种程度上，监管会变得麻烦，使得公司有动机转移到监管较松的司法区域。

有趣的是，欧盟委员会最近在倡导一些监管措施，通过限制资本弹性而使其在实践中拥有一定的无弹性。比如，委员会已经提议一项重大的企业税改革，要将大公司分配其利润到其各业务部分的做法标准化。[170] 虽然这项改革没有改变企业税的实际水平，它还是会限制公司将其利润转移到低税收的司法区域，最终也限制了资本实际上的移动性。欧盟还在考虑一项"数字税"，它会根据数字公司实际在哪里获得广告收入而不是它们自己声称在哪里获得利润来征税。[171] 类似地，这也会消除这些公司把利润记账在低税收的司法区域的能力，迫使它们在实际创造价值或者业务产生的国家缴税。这项法案若被实施，通过把缴税责任与创造价值、获得收入，以及消费者所在的国家挂钩，此税种就会限制企业利润的弹性。

虽然多数的弹性监管对象是资本市场，但我们也可以在其他领域找到这样的案例。例如欧洲法院最近对胚胎干细胞的专利性的驳回不太可能导致一种全球性标准。[172]批评者声称，欧盟严格的监管只会把干细胞研究和企业赶出欧盟，这突出了专利保护的弹性和依靠专利的行业的易流动性。[173]干细胞研究在世界许多地方（包括在美国）都是可享有专利的。作为对欧盟严格监管姿态的回应，关键的研究活动可以很容易就转移到那些可享专利的地方。[174]另外一个案例是关于欧盟对废弃物管理的监管。欧盟废弃物处置的高标准对于其生产商来说成本高昂，因此生产商在欧盟处置和再循环废弃物回报甚少。[175]废弃物是可移动的，有害废弃物的非法转移一直相当普遍，因为生产商有动机通过寻找没有实施废弃物管理标准的司法区域去规避严格的法规。[176]

对于监管对象的弹性和无弹性特征的讨论与监管竞赛和司法管辖竞争的文献密切相关。[177]早期的文献认为全球化导致"逐底竞争"，致使各国降低各自的监管标准以便吸引公司和资本。根据这种观点，可移动的资本利用监管差异套利，转移到它可以获得最高回报率的司法区域。当公司不受高企业税率或者严格的劳动和环境保护标准之累时，这些回报将更高。接着其他国家的回应是通过降低它们各自的监管标准以避免资本外流。[178]理论上，这种竞赛的结果是监管标准在最低水平的融合。然而，之后的经验研究对于逐底竞争实际发生的程度提出质疑。[179]有影响的文献进一步出现，认为经济全球化反而造成"逐顶竞争"。各国提升各自的监管标准以回应先行一步采用严格监管标准的监管者。[180]

虽然实际情况很少支持全球的逐底竞争的观点，但是多数人会同意，当公司可以自由选择其监管的司法区域（比如股票上市），而不需要在实际上将它的生产设施转移到另一个司法区域的时候，公司迁移的情况就很可能发生。[181]最近的研究表明在这些案例中并没有发现逐顶或逐底竞争，而是出现了"蒂博特选择"（Tiebout sorting）的情况。各个公司根据它们的成本结构、偏好差异和市场区隔来选择司法区域。[182]一些公司可能偏好较低的监管标准，而其他公司实际上偏好较高的监管标准。在此前提下，（一些）有弹性的对象可能转移到较宽松的司法区域，而其他的则留在较严格的司法区域，吸纳高出的成本。根据这种选择发生的程度,某些监管对象通过外移到较宽松的市场或者威胁要这么做,能够限制布鲁塞尔效应。

关注监管对象的无弹性有助于进一步说明我们为什么能更普遍地观察到"布鲁塞尔效应"而不是"华盛顿效应"。最近几十年来,美国监管的努力集中针对更具有弹性的金融行业,这使得美国不太会成为全球标准的来源。与此对照,欧盟对于消费者市场和环境的关注强化了它作为全球标准设定者的角色,因为它的法规不会受到其无弹性监管对象的损害。从这个意义上说,各国政府一般无法影响到其监管对象的弹性和无弹性。弹性是该对象本身就具有的特点,比如资本具有典型的弹性,而消费者市场具有典型的无弹性。然而政府还是保留了它们可以决定对哪种对象进行监管的影响力。与欧盟不同,美国选择监管有弹性的对象,这无意中带来了一个未曾预料的结果,它无法依靠市场将它的法规外化到它的司法区域之外。

不 可 分 割 性

上面讨论的条件只确保严格的司法区域能够进行域外监管。欧盟满足这些条件并不意味着严格的标准真的就能在全球推广。跨国公司调整其产品或者商业运作以便遵守欧盟标准之后,当它决定将这种新标准运用到它在全世界的产品或者运作时,布鲁塞尔效应才能被激发。换句话说,只有当公司自愿选择把最严格的监管者的监管要求扩展到它们在全球的运作时,全球标准才会出现。

只要一家公司的生产或运作在不同市场是不可分割的,它就有最大的动机去采用一种全球标准。不可分割性(non-divisibility)指的是在不同司法区域对生产或商业运作进行标准化,而不是量身定制,因而就用一种统一的标准来管理该公司的全球运作。基于规模经济效应,当统一标准的益处超过放弃在宽松市场较低的成本的损失的时候,这种情况经常会发生。比如,只遵守一种监管标准使得一家公司只保持一种生产程序,这比将它的生产量身定制去遵守不同的监管标准成本要低。[183]当一家公司选择标准化时,它会进一步偏好遵守那种"领先标

准"[184]，这通常是由代表该公司重要市场的某一主要司法区域实施的
要求最高的标准。这种领先标准极具吸引力，因为它通常也吸收其他
的标准，可以确保遵守该公司营运的所有市场的要求。

　　简单说明一下不可分割性，想象一下某人主持一场晚宴，邀请了八
位客人。其中两人不吃红肉。另一位客人偏好红肉，但是只要不含麸
质，吃什么都行。这位主人可以为每个人专门准备餐食，提供有红肉或
没有红肉，含有麸质或不含麸质的选择。但是，主人很可能会选择鱼并
且要每份菜都不含麸质，以便减少因为针对每人的不同的膳食偏好而
为晚宴量身定制所需要的时间、麻烦和费用。最终，当面对一系列的膳
食限制，最严格的那种安排胜出，即提供一份不含麸质和不含肉的菜。
同样原因，各个学校往往用不可分割性的眼光制定它们的政策。虽然
某个学校可能只有几个学生对花生过敏，但是整个学校会采用无坚果
的政策，以便顺应少数人较严格的需求。

　　这个原则同样适用于为许多不同市场服务的全球性生产者，特别
是当它们无法经济地或者事实上无法为每个市场量身定制的时候。由
于布鲁塞尔效应鼓励公司将生产标准化，这也不可避免地限制了市场
可提供的产品种类。在这个过程中，(决定)公司能生产的产品类型的
情形，最早被乔尔·瓦尔德福格尔(Joel Waldfogel)称为"市场暴
政"[185]。瓦尔德福格尔认为当固定的成本限制公司可以经济地生产某
种产品种类时，市场不能导致有效率的结果。在这些情况下，只有多数
人的偏好才会得到满足。瓦尔德福格尔比较了市场驱动的结果与政治
过程所产生的结果。在政治过程中"多数人的暴政"决定了选举结果。
这挑战了亲市场的观点，即认为市场总是带来最有效率的结果。因此
市场具有的缺陷和政治选举的缺陷类似。另外，随着国际贸易的增长，
在全球市场运作的国内生产者会调整它们的生产模式，以便适应可能
主要由外国消费者构成的多数人的偏好，我们或许越发会看到"异域多
数人的暴政"。

　　布鲁塞尔效应部分验证也部分挑战了这种理论。布鲁塞尔效应和
"市场暴政"不同，它不认为仅仅是市场决定了全球标准，而是市场和政
府的合力导致了统一化的生产。布鲁塞尔效应不专注于市场行为者和

固定的成本对于产品种类的限制，而是强调政府监管等多重因素，如法律、技术和经济等也是不可分割性的驱动力，并因此会减少产品种类。这种区别显示了什么是"政府暴政"，同样也区分了什么是"市场暴政"。

　　每当生产者在全球仅仅提供欧盟类型的产品时，市场确实似乎没有为所有消费者带来最优的结果。比如，对于许多美国人来说，布鲁塞尔效应或许代表了一个"异域多数人的暴政"的案例，因为欧盟能决定他们可以得到的产品。然而，从全球来看，布鲁塞尔效应或许也可以被看作是体现了"少数异域监管者的暴政"而不是代表了全球的多数人，这进一步与"市场暴政"的观点渐行渐远。生产者提供的产品种类可以被看作反映了政府监管的严格性，而不仅仅是消费者的选择。即使市场力量在全球范围限制生产者的选择时很关键，上述观点仍然成立。不管结果如何，布鲁塞尔效应对于为什么公司放弃产品种类，而主要满足监管程度最高的司法区域的消费者的问题提供了一种不同以往的解释。

　　接下来的讨论把布鲁塞尔效应是否应该被看作某种"暴政"这一规范性问题放在一边，先集中说明各种不同类型的不可分割性。一家公司的产品或运营的不可分割性有三种主要的类型：法律上的不可分割性、技术上的不可分割性和经济上的不可分割性。其中，最后一种是驱动布鲁塞尔效应的最普遍的类型。下面的讨论回顾各种不可分割性的内在逻辑，并且举例说明这一特征导致各家公司在全球市场把它们的生产标准化。

法律上的不可分割性

　　法律上的不可分割性，指的是法律上的要求和补救措施作为统一标准的驱动力。它通常以溢出效应的方式表现出来，即由公司遵守最严格的司法区域的法律所产生。企业的全球合并是很能说明问题的案例，因为这些合并在一个接一个司法区域的基础上完成。相反，由最严格竞争法的司法区域来决定这项交易在世界范围的命运。[186] 比如，欧盟要求一家公司将其资产分拆作为批准合并的条件，例如下令剥离生产工厂，这种剥离无法只在欧盟就能完成。同样的原因，每当欧盟禁止一项反竞争合并案时,这项交易就在世界范围被禁止了。面对欧盟的禁令,继续推进合并的唯一办法就是要求各方从交易中撤出足够的资金以便使欧盟对这件合并案失去司法管辖权。由于欧盟市场的重要性,这样的交易重组往往会要求从欧盟市场完全退出,这样一来合并的商业理由也就不存在了。这就使得限制欧盟的司法管辖实际上变得不可能。

反卡特尔措施也往往有类似的全球效果。欧盟制定的宽恕制度激励垄断参与者作为"吹哨人"来打破企业垄断联盟,这样常常能将横跨各个司法区域的垄断联盟瓦解。[187] 因此,即使欧盟委员会执行宽恕制度的目的是抓获干预欧洲(市场)价格的合谋,与委员会的合作也可能揭露其他市场的合谋,因为维系垄断联盟中各参与公司之间的信任会随着某家公司的叛离而土崩瓦解。与此类似,若委员会通过自己的调查(而不是通过宽恕制度下的申请)发现并追责一个垄断联盟,联盟的参与者可能会在世界范围放弃它们的合谋。联盟参与者清楚委员会的调查将可能提醒其他国家的当局,在它们的市场可能也会有这样的垄断合谋。这样每当一个主要的独立司法区域,比如欧盟,采取行动打破垄断联盟的时候,这使得这个垄断联盟的实际运作变得不可分割。

由违法造成的法律风险也会促使各个公司采用内部政策来管理公司的全球运作,虽然这算不上是纯粹的法律上的不可分割性。这些公司范围的政策通常反应的是最高要求的司法区域通行的法律标准。比如,即便在一些市场的价格垄断不受监管因而对公司可能有利,但是在这些市场多数公司还是避免参与垄断合谋。跨国公司通常会执行一份全球法律守则,不管涉及哪个司法区域都会禁止与竞争者讨论价格。这就确保在对于价格垄断有严格监管的市场上经营的工作不会出现违法情况,因为这会使公司面临法律责任。当公司管理层对公司在各个市场的政策是否一致进行内部监督后,风险调整后的守法成本就比较低了。对于上市公司来说,更需要将违法降到最低,因为其股票价格不仅受到上市的司法区域产生的法律风险的影响,任一司法区域的法律责任都有可能打乱公司在世界范围的运作,从而对其股价造成负面影响。

使用标准化的合约的倾向同时显示了法律上和经济上不可分割性的力量。[188]当某家公司在多个市场在其经销合约中使用标准化条款，内部的监控过程就精简优化了，这样违法情况减少而效率也增加了。比如，一家全球性公司不太会在每个市场和众多的被授权人或经销商逐一就许可协议或经销合约进行谈判。相反，这些协议一般会高度标准化。

法律上的不可分割性还可能来自某家公司对于注册地点的选择，因为这会在所选司法区域的法律要求下，扩大其整体的业务运作。欧盟的数据保护法规提供了这种可能的案例。因为脸书的总部位于爱尔兰，因此欧盟《通用数据保护条例》适用于作为爱尔兰公司架构一部分的所有脸书实体。[189]直到最近，美国以外的多数非欧盟用户还是受该爱尔兰公司实体的管理。因此，脸书通过选择在爱尔兰注册也承担了向欧盟之外的数据主体提供欧盟隐私保护的法律义务。这就使得欧盟之外的脸书用户享有的权利和欧盟内脸书用户享有的权利在法律上具有不可分割性。有趣的是，就像第五章要讨论的，脸书为了应对《通用数据保护条例》，已经修改了公司条款和条件，把其在亚洲、非洲、澳大利亚和中东的用户从欧盟的法律中移除，放置到了美国的法律架构中。这使得脸书引入了可分割性，限制了非欧盟用户向位于爱尔兰的数据保护官员投诉其违反外国数据保护的权利。[190]

技术上的不可分割性

"技术上的不可分割性"原则指的是由于技术原因而难以把公司在多个市场的生产或服务分离开来。它通常适用于数据隐私的监管。比如，谷歌为了在欧盟运作，必须修改其数据存储和其他商业做法以便符合欧洲数据保护标准。由于很难确定某一用户就是"欧洲数据主体"，谷歌没法轻易地单独为欧盟储存数据。结果，谷歌采用的战略是将其全球运作调整到最严格的欧盟标准。[191]

随着《通用数据保护条例》的生效，各家公司被迫在产品设计时把欧盟的监管要求考虑在内。就如第五章会讨论到的，这些公司（包括微软和苹果）通过把《通用数据保护条例》的要求纳入其产品的初期技术设计中来遵守这一原则。这从一开始就代表消费者制定了保护隐私的连贯性技术解决方案。很显然，要想把这种技术上内嵌的数据保护在不同司法区域分割是非常困难的。作为"数据主体"的消费者，在欧盟或者在第三国操作产品时，一般是用到在开发阶段就内置在产品中的默认设置。因此，《通用数据保护条例》第25条的"隐私设计"原则不断地确保产品根据一种标准设计，由作为最严数据监管者的欧盟决定默认设置。

欧盟食品安全的通用法规，特别是对转基因生物体的监管，是技术上的不可分割性的一个非常不同的案例。[192]这项法规已经导致农业的标准化生产，在这一行业会发生跨作物间的污染。比如，如果一些农场主也打算为欧洲生产非转基因作物，他们就不敢使用转基因技术（为别的市场生产农作物），因为与异花授粉有关的风险及其导致的在周边农田生长的非转基因作物会受到转基因的"偶然残留"的污染。如果生产者在不经意间没能将转基因类产品从非转基因类分开，那么这种类型的污染在农业生产的生长、储存运输阶段都会发生。[193]同样的逻辑也适用于农业中使用的农药和其他化学品。由于技术上无法阻止异花授粉，要确保一块田里使用的农业不会影响附近农田的作物往往是困难的。与此类似，饲养动物的农民或许会把同一动物的不同部位的肉销售到多个地方的市场，这样欧盟的肉类安全和卫生标准就会影响到所有市场，因为很明显生产者不可能把生长激素和特定杀菌方法限定在动物的某个部位。

经济上的不可分割性

公司往往能找到技术办法，使得它们可以为不同的市场生产不同的产品类型。但是基础经济学原理，特别是和统一化生产有关的规模经济的重要性，可以使这种分割在实际中不太可行。这种"经济上的不可分割性"也许是制造商选择全球标准的最普遍的理由，并且最通常地表现在各个公司对于欧盟的卫生、环境和产品标准作出的反应。一个具有说明性的案例是欧洲化学法规，它适用于所有致力于进入欧盟市场的公司。[194]大量的美国制造商在发现为不同消费者市场开发不同产品太过昂贵的情况下,会选择根据欧盟标准进行它们的全球化生产。[195]因此,由单一全球生产过程带来的规模经济往往能使欧盟有效地决定全球生产标准。经济上的不可分割性的其他重要驱动力与品牌和声誉有关。

规模经济带来的益处常常能解释可观察到的对于统一化生产的偏好。当一家公司为其国内市场和(可能多个)出口市场生产大量的标准化产品类型的时候,它会节约大量成本。[196]标准化使得它可以大量购买生产部件,这就极大地降低了单位采购成本。当该公司不需要为不同产品类型调整制造程序和设备时,生产成本会进一步降低。在固定成本较高的情况下,规模经济尤为重要,因为这样的成本通常会导致更高的最优规模,从而促进标准化努力以覆盖这些成本。比如,大公司能够更容易地开展复杂的研发工作。医药业是高度依赖研发的主要行业的案例,会激励各个公司通过融合以便把它们的研发开支转嫁到更大的销量中去。这导致医药公司有更强的动机去为全球更大规模的市场进行标准化生产。[197]

我们也期望看到统一化生产出现在资本密集型行业,或依靠高度整合的全球供应链的行业与技术领域接受外商直接投资(FDI)的行业。比如,多数发展中国家汽车行业的外商直接投资来自跨国公司,它们也在高度监管的发达国家市场运作。这些跨国公司不太会改变它们为遵守在主要发达国家市场通行的更严格标准而设置的生产程序。这就使它们可以利用生产的规模经济效应,把类似的技术标准置于它们在全球或者地区的制造网络中。[198]这有助于解释为什么许多在欠监管的发展中市场销售的汽车也往往达到在以严格监管标准为特征的领先市场通行的安全和环境标准。

汽车行业也倾向于使用跨国流水安装线,即组成一部整车的不同部件在总装之前分别在多个国家生产。在不同市场协调的标准使得制造商取得更大的规模经济,因为相同的部件和技术可以用在多个市场销售的汽车上。[199]这个案例被首次用来说明"加利福尼亚效应",指的是20世纪90年代加州汽车排放标准的出现成为事实上美国全国所有汽车制造商的标准。加利福尼亚效应的发生恰恰是因为对于汽车制造商来说根据一种标准生产所有的汽车比较便宜。因为这样就把遵守加州标准的成本分散到在美国所有州的生产,包括那些对于标准的环境价值毫不在意的州。[200]另外一个案例来自欧洲,是关于其严格的安全规则。那些欧盟法规迫使通用汽车把它在肯塔基州的科尔维特汽车工厂重新改造,因为仅仅为了欧洲市场设计和生产特殊零部件,这在成本上是划不来的。[201]

经济上的不可分割性也与制造和提供服务的简化有关,这会带来额外的成本节约和更安全的产品。[202]遵循一种单一的全球标准提高了产品质量,因为公司可以把其资源集中到生产一种产品(或小范围的产品)上,专注于完善该产品的各个方面。这减少了经营的复杂性,降低了出错成本。不管是产品设计、研发、测试、库存管理、储存、营销或是配送,统一的产品标准简化了这些程序,并且降低了与所有这些阶段有关的成本。[203]与质量控制有关的规模经济的重要性已经驱动从全球香蕉贸易到新药制造等各个不同行业的全球生产格局和公司规模。[204]

农业部门提供了另外的案例,说明为什么公司出于经济原因选择统一的标准。比如,欧盟禁止其市场出现使用激素的牛肉,这使得美国肉类生产商同时生产含激素和不含激素的牛肉变得不太经济合算,因为在其现有的分销系统中配送不含激素的牛肉的成本会极其昂贵,导致亏本。[205]与此类似,一些从事国际销售的美国食品加工业者拒绝购买转基因玉米或大豆以回应欧盟对于转基因生物体的严格监管。[206]若不这么做,他们必须仅仅为了欧洲市场准备特别的批次,这样做经济上不合算。由于保持欧洲市场准入的重要性,这些食品加工业者无法做到忽视欧盟标准,以服务于接受转基因产品的国家。比如,因为上述原因,伊利诺伊州农业部请求农场主不要种植一种来自孟山都公司的、未得到欧盟批准的玉米。[207]

对于偏爱协调全球供应的公司还有其他的规模优势,这促使它们在协调达成之后,继续保持这种协调。比如,每当不同市场间的需求发生波动时,若只有单一产品,公司可以很容易地把出口转到其他市场。因此,向不同市场提供一种标准化产品就不太需要精确预测每个市场的需求。如果一个国家需求停滞,可能是由于经济萎靡不振、消费者偏好变化、配送链出问题、经济制裁或其他什么原因,公司可以把它的一些产品转销到另一个市场,只要它在那个市场销售的是同一种产品。比如,通用汽车对其每个市场都有一个不同的产品类型,当它决定从印度、俄罗斯和南非退出时,它在这些国家的投资就变成沉没成本。[208]相反,向多个市场提供同一种汽车的话,该公司就可以把原来为那些市场准备的产能转移到其国内或其他出口市场。因此,根据一种全球标准生产赋予公司一种根据市场变化条件调整的能力。

除了规模带来的优势以外,单一标准也可以推动维护一种全球品牌和声誉。[209]标准化提供了一种统一的品牌和广告战略,降低了必须参与不同市场的大量广告营销的成本。比如,百事可乐使用共同的全球品牌每年节省了数以百万美元的成本。[210]一个统一的品牌名称也可以在配送、库存和包装中节省成本。[211]对于品牌和统一质量的信任使得消费者消除不确定感,在一个新市场作产品选择时减少搜索成本。比如,一个经常出差的商务旅客由于对品牌的熟悉,或许会忠实于在世界各地的同一连锁酒店。这就是希尔顿酒店不管在哪里其客房都相似的理由之一,其提供的服务在不同市场也大致标准化。[212]这给旅客营造了一种宾至如归的感觉,因为客房和设施在不同目的地保持一致。这一特点维护了消费者的忠实度,使其在不同司法区域选择同样的产品。

许多全球性的公司甚至在没有法律义务要求它们这么做的情况下,在欧盟之外也选择遵守欧盟的法规以便保护它们的全球品牌和声誉。[213]谷歌公司把欧盟的隐私保护规则扩大到美国用户,给了自己机会去提升其全球品牌的价值,因为这表达了它在隐私保护上对待美国用户和对待欧洲用户一样严肃。一个相反的战略则可能导致美国用户的不满,因为他们会觉得谷歌公司故意把美国用户置之一旁,不给予其足够的保护,即便它有能力和意愿在其他地区提供这种保护。与此类似,如果某家公司利用一些外国司法区域宽松的儿童保护标准或在环境方面的惯常做法,这可能会招致其用户放弃该产品,即使这些做法没有发生在该公司所在的本国司法区域,这家公司的品牌也可能会在全球受到损害。比如糖果业巨头雀巢公司深陷西方媒体对于其在非洲和南美的供应链中雇用童工报道的麻烦之中。[214]

活动家的压力给了公司进一步的激励,从而使它们在经营的所有市场去遵守最严格的标准,生产消费品(如家用品或化妆品)的行业通常会受到这一压力。在受关注的监管失败的情况下或者每当某个品牌被牵涉进来时,消费者的意识往往会进一步提升,因为公众会把这些产品联系起来。在这些情况下,消费者和活动家能很轻易地点名某家公司,指其试图利用监管差异套利,利用一些市场宽松的要求而图利。非政府组织和活动家的公众活动能有效地揭露跨国公司的双重标准,比如,它们在世界其他地方继续使用或生产已经不在欧盟使用或生产的化学品。[215]结果,许多化妆品公司通过在世界范围遵守欧洲标准保护它们高能见度和高价值品牌的声誉。[216]

虽然有多种压力导致标准化,许多产品或者经营方法还是能分割的,这就限制了布鲁塞尔效应。当产品不要求统一的标准时,欧盟最多可以做到让企业遵守其标准,但是无法让这些标准全球化。想想在监管劳工标准方面的努力吧。只要规模经济不要求生产者把生产集中在单一的生产地点,劳动市场就是可分割的。比如,在不同司法区域遵守同一种全球的最低工资标准不需要规模经济。因此一家公司可以毫不困难地在不同司法区域保持不同的标准,从工作时间和假期政策到退休计划和集体劳工策略等。[217]

还有其他几种产品在不同市场可以分割,因而避开了布鲁塞尔效应带来的全球监管。数码影像(DVD)有不同的区域号,这使得电影发行商可以分割发行日期,根据地区区分内容限制和制定不同的价格。书籍和杂志在不同司法区域以不同语言出版。之前讨论的专利保护也是可分割的。欧盟对于人体细胞的专利性(patentability)实施其规则的能力受到限制,因为不仅研究机构是可移动的,而且这些机构有能力在其他司法区域继续申请专利。另一个案例来自竞争法。欧盟在2007年启动了一项反垄断调查,出于微软对其视窗软件仅提供一个其所拥有的 Internet Explorer 网络浏览器的做法是否构成垄断表达出忧虑。作为回应,微软提供了视窗 7E,即不带有网络浏览器的专门的视窗欧洲版。[218]与此类似,为了应对欧盟竞争(法)裁决禁止谷歌在其搜索结果中把其自身的(而不是其对手的)购物比较服务放在显著的位置,谷歌把在欧洲的购物比较服务剥离成为一个单独的单位,这样就把所采用的补救措施仅仅限制在欧洲市场。[219]最后,谷歌决定避开遵守西班牙国内新的版权法,它要求谷歌向西班牙媒体支付费用。相反,谷歌决定简单地把其在西班牙的谷歌新闻服务关闭,从而将特定的西班牙信息来源从谷歌的总新闻服务中移除。[220]该公司可以在不关闭谷歌新闻在其他司法区域的服务的情况下做到这一点。

有时,消费者偏好的差异会限制标准化的好处。比如,在食品行业,由于不同司法区域对于众多产品的管辖[221],消费者偏好呈现极度碎片化。比如,可口可乐在不同市场对于同一产品有不同的含糖水平。[222]与此类似,麦当劳具有高度统一的品牌,但是一直在不同市场量身定制其产品和菜单。[223]这与为治病而开发的药品的生产形成鲜明的对比,因为消费者很少会对各种药品有不同偏好,这使得同一种药可以供应所有的市场。[224]另外,虽然如之前所讨论的,汽车业一般受益于标准化大规模生产,但还是有反例显示该行业必须保持一定程度的针对本地偏好的定制。[225]

这些讨论的案例说明每当在某行业产品多样化的成本不高或者产品类别区别不明显,以及定制生产的受益可观的话,欧盟标准的全球化就不太可能发生。在这些案例中,可以预料各家公司都会使其生产可分割,并利用欧盟之外通行的较低标准。[226]然而,即使消费者偏好不同使公司生产不同类型的产品,公司也往往从标准化"生产平台"中获益。它们或许在生产的某个方面引入多种类型,但是在不同类型中继续共享标准化的零部件和程序。这种策略降低了复杂性风险和库存的需求量,因而也降低了与生产有关的成本。[227]

之前的讨论认为单一监管的司法区域有能力提供全球标准,只要具备五个条件,即巨大的国内市场、足够的监管能力、对于严格标准的偏好、监管无弹性对象的倾向和生产的不可分割性。所有这些条件必须具备,才能出现单边监管的全球化。比如,若没有巨大的市场规模,公司可以放弃严格监管的市场,并把贸易转移到其他地方。在这种情况下,即便有广泛的监管能力和其他剩下的条件也无济于事。与此类似,如果某个司法区域缺乏监管能力或者无法颁布最严格的标准,不管是否具备其他条件,其他司法区域都可能用它们自己的标准取而代之。最后,如果被监管对象具有弹性或者企业运作可分割的话,跨国公司可能会选择转移到不太麻烦的司法区域,或者放弃全球标准而针对不同市场定制标准,这样不管其他条件多强都会削弱布鲁塞尔效应。

虽然这些都是必要条件,它们在不同政策领域的相对重要性可能会有所不同。比如,一些政策领域的监管比较复杂,包括竞争行为的监督或者技术公司的数据处理操作,这在理论上突出了监管能力的重要性。一些条件在不同政策领域可能不太会变,比如市场规模或监管能力,而另外一些条件则可能有变化,包括不可分割性,它依赖一些具体的行业和公司的因素。最后,前面三个条件一般来说是相关联的而不是绝对的。重要的是与其他大型经济体相比的相对市场规模、相对监管能力和相对监管的严格程度如何。比如,没有绝对的市场规模可以激发布鲁塞尔效应。相反,重要的是企业能否承受放弃某个大规模市场,这不仅要看那个市场的规模,而且要看可能会为其产品和服务提供替代目的地的其他消费者市场的规模。

虽然提出这些条件是为了解释布鲁塞尔效应和欧盟作为全球监管霸权的角色,但本章讨论的这些条件具有普遍性,而不是仅适用于欧盟,因而这些条件可以解释任一司法区域单边地为全球市场提供规则的能力。在这个意义上,这些条件将超越欧盟的监管霸权,并且还有助于我们解释这样的霸权是否及何时可能走到尽头,或者被另一全球单边监管者所取代。因而,这些条件也可以解释已经提到的"加利福尼亚效应"和"北京效应",只要美国或中国同时具有市场力量、监管能力和制定严格法规的政治意愿,以及针对在不同司法区域不可分割的无弹性目标的强烈愿望。

就如将在讨论布鲁塞尔效应的未来的第九章中要解释的,每一个条件还会被某些不同的外力所维持或者挑战,逐渐地影响这些条件的持久性。比如,欧盟的市场力量会在未来几十年受到中国和其他新兴经济强国崛起的限制。如果欧盟内部分歧加深的话,未来要达成颁布严格法规的共识将比较困难。同时,随着英国退出欧盟,要达成严格的规则可能会变得更为容易,因为英国经常反对欧盟广泛的规则制定。最后,由于技术的进步,生产有可能变得更具有可分割性。这进一步说明每个条件都能单独解释布鲁塞尔效应的产生或持续。

注 释

1. 例如参见 Daniel W. Drezner, *Globalization*, *Harmonization*, *and Competition*: *The Different Pathways to Policy Convergence*, 12 J. Eur. Pub. Pol'y 841, 847(2005) [herein-after Drezner, *Different Pathways*];另见, *e.g.*, David A. Wirth, *The EU's New Impact on U.S. Environmental Regulation*, 31 Fletcher F. World Aff. 91, 96 (2007)。

2. 参见 Drezner, *Different Pathways*, *supra* note 1, at 843。

3. Daniel W. Drezner, All Politics is Global: Explaining International Regulatory Regimes 33—62(2008).

4. Chad Damro, *Market Power Europe*, 19 J. Eur. Pub. Pol'y 682, 683(2012).

5. *Id.* at 687.

6. 参见 David Vogel & Robert A. Kagan, Dynamics of Regulatory Change: How Globalization Affects national Regulatory Policies 13(David Vogel & Robert A. Kagan eds., 2004)。

7. 参见 Alasdair R. Young, *Political Transfer and "Trading Up"? Transatlantic Trade in Genetically Modified Food and U.S. Politics*, 55 World Pol.457, 459(2003)。

8. *European Union*, CIA World Factbook, https://www.cia.gov/library/publications/the-world-factbook/geos/ee.html(last visited Sept. 24, 2018)[https://perma.cc/23LD-7NEU]. The GDP figure is the nominal GDP.

9. *GNI*, *Atlas Method*(*Current US*$), The World Bank, https://data.worldbank.org/indicator/NY.GNP.ATLS.CD? locations = EU-1W(last visited Sept. 24, 2018)[https://perma.cc/GK32-68NU].

10. *Country Comparison*: *Imports*, CIA World Factbook, https://www.cia.gov/library/Publications/the-world-factbook/rankorder/2087rank.html(last visited Sept.24, 2018)[https://perma.cc/4RZ9-RCQZ]. 参见 *International Trade in Services*, Eurostat, https://ec.europa.eu/eurostat/statistics-explained/index.php?title=International_trade_in_services(last visited Sept.24, 2018)[https://perma.cc/RAQ5-VR5R]; *U.S. Imports of Services by Major Category*, U.S. Census Bureau, https://www.census.gov/foreign-trade/Press-Release/current _ press _ release/exh4.pdf(last visited Sept. 24, 2018)[https://perma.cc/QC6K-WCRN]。

11. *United States*, CIA World Factbook, https://www.cia.gov/library/publications/the-world-factbook/geos/us.html(last visited Sept.24, 2018)[https://perma.cc/4CYP-SC63]; *China*, CIA World Factbook, https://www.cia.gov/library/publications/the-world-factbook/geos/ch.html(last visited Sept. 24, 2018)[https://perma.cc/B9YW-6X6E]; *Japan*, CIA World Factbook, https://www.cia.gov/library/publications/the-world-factbook/geos/ja.html(last visited Sept. 24, 2018)[https://perma.cc/E5SG-

J8U8]. GDP 数据指的是名义 GDP。

    12. *European Union*，*supra* note 8；*United States*，*supra* note 11；*China*，*supra* note 11；*India*，CIA World Factbook，https://www.cia.gov/library/publications/the-world-factbook/geos/in.html（last visited Sept. 24，2018）［https://perma.cc/CAR8-PYX9］.

    13. *Statistics Relating to Enlargement of the European Union*，Wikipedia，https://en.wikipedia.org/wiki/Statistics_relating_to_enlargement_of_the_European_Union（last visited Sept.24，2018）［https://perma.cc/XFT5-XY3W］.

    14. 参见 *Negotiations and Agreements*，European Commission，http://ec.europa.eu/trade/policy/countries-and-regions/negotiations-and-agreements/（last visited Sept. 24，2018）［https://perma.cc/F2Y9-YUGP］。

    15. 一般参见 Alberto Alesina &. Enrico Spolaore，The Size of Nations(2003)。

    16. *Bilateral trade between European Union（EU 28）and United States of America*，ITC，https://www.trademap.org/Bilateral_TS.aspx?nvpm＝1｜｜14719｜842｜｜TOTAL｜｜｜2｜1｜1｜1｜2｜1｜1｜1｜1（last visited Sept.24，2018）［https://perma.cc/N795-4LSR］；*Bilateral trade between European Union（EU 28）and Russian Federation*，ITC，https://www.trademap.org/Bilateral_TS.aspx?nvpm＝1｜｜14719｜643｜｜TOTAL｜｜｜2｜1｜1｜1｜2｜1｜1｜1｜1（last visited Sept. 24，2018）［https://perma.cc/P5F4-K7F］；*Bilateral trade between European Union（EU 28）and South Africa*，ITC，https://www.trademap.org/Bilateral_TS.aspx?nvpm＝1｜｜14719｜710｜｜TOTAL｜｜｜2｜1｜1｜1｜2｜1｜1｜1｜1（last visited Sept.24，2018）［https://perma.cc/AS76-E5GL］；*Bilateral trade between European Union（EU 28）and China*，ITC，https://www.trademap.org/Bilateral_TS.aspx?nvpm＝1｜｜14719｜156｜｜TOTAL｜｜｜2｜1｜1｜1｜2｜1｜1｜1｜1（last visited Sept.24，2018）［https://perma.cc/KJ9R-FAAU］；*Bilateral trade between European Union（EU 28）and Canada*，ITC，https://www.trademap.org/Bilateral_TS.aspx?nvpm＝1｜｜14719｜124｜｜TOTAL｜｜｜2｜1｜1｜1｜2｜1｜1｜1｜1（last visited Sept.24，2018）［https://perma.cc/P663-8XA6］；*Bilateral trade between European Union（EU 28）and Japan*，ITC，https://www.trademap.org/Bilateral_TS.aspx?nvpm＝1｜｜14719｜392｜｜TOTAL｜｜｜2｜1｜1｜1｜2｜1｜1｜1｜1（last visited Sept. 24，2018）［https://perma.cc/2SER-6HFN］；*Bilateral trade between European Union（EU 28）and India*，ITC，https://www.trademap.org/Bilateral_TS.aspx?nvpm＝1｜｜14719｜699｜｜TOTAL｜｜｜2｜1｜1｜1｜2｜1｜1｜1｜1（last visited Sept. 24，2018）［https://perma.cc/5JJK-6CP7］；*Bilateral trade between European Union（EU 28）and Brazil*，ITC，https://www.trademap.org/Bilateral_TS.aspx?nvpm＝1｜｜14719｜076｜｜TOTAL｜｜｜2｜1｜1｜1｜2｜1｜1｜1｜1（last visited Sept.24，2018）［https://perma.cc/689M-BNEY］；*Bilateral trade between European Union（EU 28）and Australia*，ITC，https://www.trademap.org/Bilateral_TS.aspx?nvpm＝1｜｜14719｜036｜｜TOTAL｜｜｜2｜1｜1｜1｜2｜1｜1｜1｜1（last visited Sept.24，2018）［https://perma.cc/P9LS-QDCA］；*Bilateral trade between European Union（EU 28）and Korea，Republic of*，ITC，https://www.trademap.org/Bilateral_TS.aspx?nvpm＝1｜｜14719｜410｜｜TOTAL｜｜｜2｜1｜1｜1｜2｜1｜1｜1｜1（last visited Sept.24，2018）［https://perma.cc/R6PD-D7EG］.

    17. *United States*，*supra* note 16；*Russia*，*supra* note 16；*China*，*supra* note 16；*India*，*supra* note 16；*Brazil*，*supra* note 16；*Canada*，*supra* note 16；*Australia*，

supra note 16；*Korea*，*supra* note 16；*Japan*，*supra* note 16；*South Africa*，*supra* note 16.

18. Sorin Burnete & Pilasluck Choomta，*The Impact of European Union's Newly-Adopted Environmental Standards on Its Trading Partners*，10 Stud. in Bus. & Econ. 5，11(2015)*quoting* Jan Ahlen，The "EU Effect" and the Export of Environmental Standards to the U.S.，(2009)(unpublished MA thesis，University of North Carolina)，https://cdr.lib.unc.edu/indexablecontent/uuid:5045f331-b321-4b5b-991b-596dc0d74b06 [https://perma.cc/HJ3H-5HAX].

19. Facebook，Inc.，Annual Report(Form 10-K) 35—38(Feb.1，2018).

20. Robinson Meyer，*Europeans Use Google Way*，*Way More Than Americans Do*，Atlantic(Apr. 15，2015)，https://www.theatlantic.com/technology/archive/2015/04/europeans-use-google-way-way-more-than-americans-do/390612/[https://perma.cc/Y6RN-JSNG].

21. Alphabet，Inc.，Annual Report(Form 10-K) 32(Feb.5，2018)；Amazon.com，Inc.，Annual Report(Form 10-K) 70(Feb.1，2018).

22. Kevin Grogan，*Takeda Gives Up on Getting European OK for Sleep Drug*，Pharma Times(Oct.7，2011)，http://www.pharmatimes.com/news/takeda_gives_up_on_getting_european_ok_for_sleep_drug_980275[https://perma.cc/MTU2-CB5E].

23. *Id.*

24. Kate O'Neill，*The Changing Nature of Global Hazardous Waste Management*：*From Brown to Green?*，*in* Dynamics of Regulatory Change，156，156—58(David Vogel & Robert A. Kagan eds.，2004).

25. 参见 *id.* at 156—158。

26. 参见 Jan Zielonka，*Europe as a Global Actor*：*Empire by Example?*，84 Int'l Aff. 471，477—480(2008)。

27. 参见 Emilie M. Hafner-Burton，*Trading Human Rights*：*How Preferential Trade Agreements Influence Government Repression*，59 Int'l Org. 593(2005)。

28. 参见 David Bach & Abraham L. Newman，*The European Regulatory State and Global Public Policy*：*Micro-Institutions*，*Macro-Influence*，14 J. Eur. Pub. Pol'y 827，831(2007)。

29. 参见 *id.* at 832。

30. 参见 David Bach & Abraham L. Newman，*Domestic Drivers of Transgovernmental Regulatory Cooperation*，8 Reg. & Governance 395(2014)。

31. 参见 Colin Kirkpatrick & David Parker，*Infrastructure Regulation*：*Models for Developing Asia* 40—41(Asian Dev. Bank Inst. Discussion Paper No.6，2004)，https://www.adb.org/sites/default/files/publication/156701/adbi-dp6.pdf[https://perma.cc/9C9L-GSEF]；参见 Xiaoye Wang，*Highlights of China's New Anti-Monopoly Law*，75 Antitrust L.J. 133，145(2008)。

32. 参见 Nikhil Kalyanpur & Abraham L. Newman，*Mobilizing Market Power*：*Jurisdictional Expansion as Economic Statecraft* 8(International Organization 2018)，https://www.cambridge.org/core/services/aop-cambridge-core/content/view/880511974FC84FF93C95403A11788147/S0020818318000334a.pdf/mobilizing_market_power_jurisdictional_expansion_as_economic_statecraft.pdf[https://perma.cc/8J8R-36VZ]。

33. 参见 Sophie Meunier & Kalypso Nicolaïdis, *The European Union as a Conflicted Trade Power*, 13 J. Eur. Pub. Pol'y 906, 907—908(2006)。

34. 参见 Giandomenico Majone, *The Rise of the Regulatory State in Europe*, in A Reader on Regulation 77, 83—101(1998)。

35. 参见 Bach & Newman, *supra* note 28, at 831。

36. 参见 Andreja Pegan, *The Bureaucratic Growth of the European Union*, 13 J. Contemp. Eur. Res. 1208—1234, 1210(2017)。

37. 参见 *id*. at 1210。

38. Office of Mgmt. & Budget, Exec. Office of the President, Analytical Perspectives: Budget of the U.S. Government Fiscal Year 2018, 62(2018), https://www.gpo.gov/fdsys/pkg/BUDGET-2018-PER/pdf/BUDGET-2018-PER.pdf[https://perma.cc/8BYG-9Q8M].

39. Office of Personnel Mgmt., Exec. Office of the President, Sizing Up the Executive Branch: Fiscal Year 2018, 6 (2018), https://www.opm.gov/policy-data-oversight/data-analysis-documentation/federal-employment-reports/reports-publications/sizing-up-the-executive-branch-2016.pdf[https://perma.cc/426U-UB5T].

40. *Id*.

41. Hussein Kassim, John Peterson & Michael W. Bauer, The European Commission of the Twenty-First Century 39(2013).

42. Antonis A. Ellinas & Ezra Suleiman, The European Commission and Bureaucratic Autonomy 10—11(2012).

43. 参见 Liesbet Hooghe, *Images of Europe: How Commission Officials Conceive Their Institution's Role*, 50 J. Common Mkt. Stud. 87, 101(2012)。

44. 参见 Liesbet Hooghe, *Several Roads Lead to International Norms, but Few via International Socialization: A Case Study of the European Commission*, 59 Int'l Org. 861, 874(2005)。

45. *Id*.

46. 参见 Antonis Ellinas & Ezra S. Suleiman, *Supranationalism in a Transnational Bureaucracy: The Case of the European Commission*, 49 J. Common Mkt. Stud. 924, 941(2011); Jeremy Richardson, *The Onward March of Europeanization: Tectonic Movement and Seismic Events*, in Constructinga Policy-Making State? Policy Dynamics in the EU 334, 340(Jeremy Richardson ed., 2012)。

47. 参见 Berthold Rittberger & Arndt Wonka, *Introduction: Agency Governance in the European Union*, 18 J. Eur. Pub. Pol'y 780, 782 (2011); Mark Thatcher, *The Creation of European Regulatory Agencies and its Limits: a Comparative Analysis of European Delegation*, 18 J. Eur. Pub. Pol'y 790, 801—802(2011); Daniel Kelemen, *The Politics of "Eurocratic" Structure and the New European Agencies*, 25 W. Eur. Pol.93(2002); David Levi-Faur, *Regulatory Networks and Regulatory Agencification: Towards a Single European Regulatory Space*, 18 J. Eur. Pub. Pol'y 810, 813(2011)。

48. John Peterson, *The Commission and the New Intergovernmentalism*, in The New Intergovernmentalism: States and Supranational Actors in the Post-Maastricht Era 185, 197(Bickerton et al. eds., 2015).

49. 参见 Bach & Newman, *supra* note 28, at 832。

50. Regulation(EU) 679/16, art.83, 2016 O.J.(L119) 1.

51. European Commission Press Release IP/17/1784, Antitrust: Commission Fines Google €2.42 Billion For Abusing Dominance as Search Engine by Giving Illegal Advantage to Own Comparison Shopping Service (June 27, 2017), https://europa. eu/rapid/press-release_ IP-17-1784 _ en. htm [https://perma. cc/BEX2-FPRZ]; European Commission Press Release IP/18/4581, Antitrust: Commission Fines Google €4.34 Billion for Illegal Practices Regarding Android Mobile Devices to Strengthen Dominance of Google's Search Engine(July 18, 2018), https://europa. eu/rapid/press-release _ IP-18-4581 _ en. htm [https://perma. cc/BEX2-FPRZ]; European Commission Press Release IP/19/1770, Antitrust: Commission Fines Google €1. 49 Billion for Abusive Practices in Online Advertising(Mar.20, 2019), http://europa. eu/rapid/press-release_IP-19-1770_en. htm [https://perma.cc/8L6C-PD2J].

52. Lorna Woods & Philippa Watson, Steiner & Woods EU Law 51(12th ed. 2014).

53. R. Daniel Kelemen, *Law*, *Fiscal Federalism*, *and Austerity*, 22 Ind. J. Global Legal Stud. 379(2015).

54. Case C-438/05, Int'l Transp. Workers' Fed'n v. Viking Line ABP, 2007 E.C.R. I-10779; 参见 Darren G. Hawkins, David A. Lake, Daniel L. Nielson & Michael J. Tierney, *Delegation Under Anarchy: States, International Organizations, and Principal-Agent Theory*, *in* Delegation and Agency in International Organizations 3—38(Darren G. Hawkins et al. eds., 2006)。

55. Case C-376/98 Germany v Parliament and the Council("Tobacco Advertising I"), 2000 E. C. R. 8419 and Case C-380/03 Germany v Parliament and the Council ("Tobacco advertising II"), 2006 E.C.R. 11573.

56. 参见 Philip Blenkinsop, *EU Takes Ireland to Court for Not Claiming Apple Tax Windfall*, Reuters(Oct.4, 2017), https://www. reuters. com/article/us-eu-apple-taxavoidance-court/eu-takes-ireland-to-court-for-not-claiming-apple-tax-windfall-idUSKCN 1C913I [https://perma. cc/B27G-RUH3]; Simon Bowers, *Starbucks and Fiat Sweetheart Tax Deals with EU Nations Ruled Unlawful*, Guardian(Oct. 21, 2015), https://www.theguardian. com/business/2015/oct/21/starbucks-and-fiat-tax-deals-with-eu-nations-ruled-unlawful[https://perma.cc/F8PT-KLMY]。

57. Consolidated Version of the Treaty on the Functioning of the European Union, June 7, 2016, 2016 O.J.(C202) 59[hereinafter TFEU], arts. 107, 108, 109.

58. Stephen C. Sieberson, *Inching toward EU Supranationalism—Qualified Majority Voting and Unanimity under the Treaty of Lisbon*, 50 Va. J. Int'l L. 919 (2010).

59. Elisa Morgera, *Environmental Law*, *in* Eur. Union Law 657(Barnard & Peers eds., 2014).

60. 例如参见 Single European Act art.6, Feb.17, 1986, 1987 O.J.(L 169) 1; Treaty on European Union art. G, Feb.7, 1992, 1992 O.J.(C 191) 1, 5—44; Treaty of Lisbon Amending the Treaty on European Union and the Treaty Establishing the European Community, Dec.13, 2007, 2007 O.J.(C 306) 1[hereinafter Treaty of Lisbon]。

61. TFEU art.294.

62. George Tsebelis & Geoffrey Garret, *Legislative Politics in the European*

Union, 1 Eur. Union. Pol. 9(2000); Oliver Costa & Nathalie Brack, *The Role of the European Parliament in Europe's Integration and Parlamentarization Process*, in Parliamentary Dimensions of Regionalization and Globalization 45, 45—69(2013).

63. Renaud Dehousse, The European Court of Justice: The Politics of Judicial Integration(1998).

64. R. Daniel Kelemen & Susan K. Schmidt, *Introduction—the European Court of Justice and Legal Integration: Perpetual Momentum?*, 19 J. Eur. Pub. Pol'y 1(2012); Judicial Activism at the European Court of Justice(Mark Dawson et al., 2013).

65. Case C-6/64, Flaminio Costa v. E.N.E.L., 1964 E.C.R. 585.

66. Case C-26/62, Onderneming van Gend & Loos v. Neth. Inland Revenue Admin., 1963 E.C.R. 3.

67. Duncan Robinson & Alex Barker, *EU's top judge defends ECJ against charges of integration agenda*, Financial Times(Nov.22, 2016), https://www.ft.com/content/0e132ef8-af0c-11e6-a37c-f4a01f1b0fa1(on file with author); 参见 Keleman & Schmidt, *supra* note 64。

68. 例如参见 Case C-333/13, Dano v. Jobcenter Leipzig, 2014 E.C.R. 2358。

69. 参见 Giandomenico Majone, *From the Positive to the Regulatory State: Causes and Consequences of Changes in the Mode of Governance*, 17 J. Pub. Pol'y 139, 144 (1997)。

70. 参见 *id.* at 163。

71. *Compare* TFEU, *supra* note 57, arts. 3—4, *with id.* art.6.

72. 参见 TFEU, 2016 O.J.(C202) 59, arts. 3, 4, and 6。

73. J. Luis Guasch & Robert W. Hahn, *The Costs and Benefits of Regulation: Implications for Developing Countries*, 14 World Bank Res. Observer 137, 138(1999); 另见 Euel Elliott, James L. Regens & Barry J. Seldon, *Exploring Variation in Public Support for Environmental Protection*, 76 Soc. Sci. Q. 41(1995)。

74. 例如参见 Ragnar E. Löfstedt & David Vogel, *The Changing Character of Regulation: A Comparison of Europe and the United States*, 21 Risk Analysis 399, 400—401(2001)。

75. 参见 David Vogel, The Politics of Precaution: Regulating Health, Safety, and Environmental Risks in Europe and the United States 10 (2012)[hereinafter Vogel, Politics]。

76. 参见 R. Daniel Kelemen & David Vogel, *Trading Places: The US and the EU in International Environmental Politics*, 43:4 Comp. Pol. Stud. 427。

77. 参见 *supra* note 75 at 22—42。

78. 参见 *supra* note 75 at 34—42, 235—236。

79. Single European Act, Feb.17, 1986, 1987 O.J.(L169)[hereinafter SEA].

80. 参见 Ian Bache & Stephen George, Politics in the European Union 160(1st ed. 2006)。

81. Mitchell P. Smith, Environmental and Health Regulation in the United States and the European Union: Protecting Public and Planet 2(2012).

82. Paulette Kerzer, *Transatlantic Risk Perceptions*, *Public Health*, *and Environmental Concerns: Coming Together or Drifting Apart?*, in The State of the European Union

Vol. 7: With US or Against US? European Trends in American Perspective(2006).

83. Ben Clift, *Comparative Capitalism, Ideational Political Economy and French Post-Dirigiste Responses to the Global Financial Crisis*, 17 J. New Pol. Econ. 565 (2012); Ulrich Witt, *Germany's "Social Market Economy": Between Social Ethos and Rent* 参见 *king*, 6 Indep. Rev.365(2002)。

84. 参见 Clift, *supra* note 83, at 565; Witt, *supra* note 83, at 365。

85. Stein Kuhnle, *The Beginnings of the Nordic Welfare States: Similarities and Differences*, 21 Acta Sociologica 9(1978).

86. Veit Koester, Nordic Countries' Legislation on the Environment with Special Emphasis on Conservation—A Survey(1979); Konrad Adenauer Stiftung, History of Energy and Climate Energy Policy in Germany: CUD Perspectives 1958—2014(2014).

87. *Commission Institutional Paper on State-Owned Enterprises in the EU: Lessons Learnt and Ways Forward in a Post-Crisis Context*, No.31, COM(July 2016), https://ec.europa.eu/info/sites/info/files/file_import/ip031_en_2.pdf[https://perma.cc/QSC8-83ZZ].

88. 参见 Peter A. Hall & David Soskice, Varieties of Capitalism: The Institutional Foundations of Comparative Advantage(2001)。

89. Treaty of Lisbon, *supra* note 60, art.1(4).

90. Katharina Pistor, *Legal Ground Rules in Coordinated and Liberal Market Economies*, ECGI—Law Working Paper No.30/2005(2005), https://ecgi.global/sites/default/files/working_papers/documents/SSRN-id695763.pdf[https://perma.cc/FW5U-Z98N].

91. Kira Brecht, *How US and EU Capital Markets are Different*, Open Market (Oct. 29, 2015), http://openmarkets.cmegroup.com/10431/how-u-s-and-eu-capital-markets-are-different [https://perma.cc/2K4Y-BUB7]; Ines Goncalves Raposo & Alexander Lehmann, *Equity Finance and Capital Market Integration in Europe*, European Union(Jan.2019), http://bruegel.org/wp-content/uploads/2019/01/PC-2019-03.pdf[https://perma.cc/B5XV-SMYJ].

92. 参见 Jonathan B. Wiener & Michael D. Rogers, *Comparing Precaution in the United States and Europe*, 5:4 J. of Risk Research 317, 336(2002), https://scholarship.law.duke.edu/cgi/viewcontent.cgi?article=1985&context=faculty_scholarship[https://perma.cc/Z2HJ-DWJC]。

93. Andreas Ladner, *The Polarization of the European Party System—New Data, New Approach, New Results* 7(Sept.5, 2014)(paper presented in panel P361—"The Methodological Challenges of Designing Cross-National Voting Advice Applications" at the ECPR General Conference), https://ecpr.eu/Filestore/PaperProposal/f989009a-d679-465d-aff7-f6573671fd16.pdf[https://perma.cc/W4UQ-PBQU].

94. Jean-Claude Juncker, Candidate for President, Eur. Comm'n, Opening Statement in the European Parliament Plenary Session, A New Start for Europe: My Agenda for Jobs, Growth, Fairness and Democratic Change § 6(July 15, 2014).

95. Susan Rose-Ackerman, *Regulation and the Law of Torts*, 81 Am. Econ. R. 54, 54(1991).

96. 参见 W. K. Viscusi, *Structuring an Effective Occupational Disease Policy:*

Victim Compensation and Risk Regulation，2 Yale J. Reg.53(1984)；Richard Posner，*Regulation（Agencies）versus Litigation（Courts）：An Analytical Framework*，in Regulation vs. Litigation：Perspectives from Economics and Law 11，20(2011)。

97. 参见 Steven Shavell，*Liability for Accidents*，in Handbook for Law and Economics 142，176(Vol.1，2007)。

98. 参见 Steven Shavell，*Liability for Harm versus Regulation of Safety*，13 J. L. Stud. 357，369(1984)[hereinafter Shavell，*Liability for Harm*]。

99. 参见 *id*. at 57。

100. 参见 Posner，*supra* note 96，at 14。

101. 参见 W. Kip Viscusi，*Toward a Diminished Role for Tort Liability：Social Insurance，Government Regulation，and Contemporary Risks to Health and Safety*，6 Yale J. Reg.65，71(1989)[hereinafter Viscusi，*Tort Liability*]。

102. 参见 R. Daniel Kelemen，Eurolegalism：The Transformation of Law and Regulation in the European Union 28(2011)。

103. European Commission Press Release IP/18/3041，A New Deal for Consumers：Commission Strengthens EU Consumer Rights and Enforcement(Apr.11，2018). This proposed legislation would replace the EU's 2009 Injunctions Directive，which allows for representative actions to obtain injunctive relief but does not recognize collective redress. 参见 Directive 2009/22/EC of the European Parliament and of the Council of 23 April 2009 on Injunctions for the Protection of Consumers' Interests，2009 O. J.(L 110) 30。

104. 参见 Vogel，Politics，*supra* note 75，at 257。

105. 参见 3 C.F.R. 215。

106. 参见 Exec. Ord. No.12，866，3 C.F.R. 638(1994)；Unfunded Mandates Reform Act of 1995，Pub. L. No.104—4，§§201—202 109 Stat.48[codified at 2 U.S. C. §§15031—15032(2014)]。

107. 例如参见 Indus. Union Dep't，AFL-CIO v. Am. Petroleum Inst.(*The Benzene Case*)，448 U.S. 607，642—646(1980)；另见 Exec. Order No.13，563，3 C.F.R. 215，215(2011)。另见 Cass R. Sunstein，The Cost Benefit Revolution 4(2018)。

108. *Communication from the Commission on Impact Assessment*，COM(2002) 276 final(June 5，2002).

109. *Commission Staff Working Document，Better Regulation Guidelines*，at 15，SWD(2017) 350 (July 7，2017)，https://ec. europa. eu/info/sites/info/files/better-regulation-guide-lines.pdf[https://perma.cc/Q8TL-ENG2]。

110. 参见 Richard Parker & Alberto Alemanno，*Comparative Overview of EU and US Legislative and Regulatory Systems：Implications for Domestic Governance & the Transatlantic Trade and Investment Partnership*，22 Colum. J. Eur. L.，61，85—89 (2016).

111. *Commission Staff Working Paper：Operational Guidance on Taking Account of Fundamental Rights in Commission Impact Assessments*，SEC(2011) 567 final(May 6，2011)，http://ec.europa.eu/smart-regulation/impact/key_docs/docs/sec_2011_0567_en.pdf[https://perma.cc/Y2PL-HA5D]。

112. 参见 *id*. at 87。

113. 参见 Jonathan Wiener & Alberto Alemanno，*Comparing Regulatory Oversight*

Bodies Across the Atlantic：*The Office of Information and Regulatory Affairs in the US and the Impact Assessment Board in the EU*，*in* Comparative Administrative Law(Susan Rose-Ackerman & Peter Lindseth eds.，2010)。

114. 参见 Vogel，Politics，*supra* note 75，at 261—266。了解另一种观点，参见 Swedlow et al.，*A Quantitative Comparison of Relative Precaution in the United States and Europe*，*1970—2004*，*in* The Reality of Precaution：Comparing Risk Regulation in the United States and Europe 377，378—379(Jonathan Wiener et al. eds.，2011)。

115. 参见 Vogel，Politics，*supra* note 75，at 4。

116. 参见 Vogel，Politics，*supra* note 75，at 261—266。

117. 参见 *id*. at 259。

118. 例如参见 *Communication on the Precautionary Principle*，at ¶1，COM(2000) 1 final(Feb.2，2000)。

119. 例如参见 *id*.；另见 Sarah Harrell，*Beyond "REACH"?：An Analysis of the European Union's Chemical Regulation Program Under World Trade Organization Agreements*，24 Wis. Int'l L. J. 471，481—489 (2007)。参见 Case T-13/99，Pfizer Animal Health SA v. Council，2002 E.C.R. II-3318，¶142。

120. Ragnar E. Löfstedt，*The Swing of the Regulatory Pendulum in Europe：From Precautionary Principle to(Regulatory) Impact Analysis*，28 J. Risk & Uncertainty 237，243—244(2004).

121. Maastricht Treaty：Treaty on European Union，art.1，7 February 1992，1992 O.J.(C191) 1，31 I.L.M. 253.

122. 参见 Löfstedt，*supra* note 120，at 243—245。

123. 参见 Yves Tiberghien，*Competitive Governance and the Quest for Legitimacy in the EU：The Battle over the Regulation of GMOs since the mid-1990s*，31 J. Eur. Integration 389，404—405(2009)；Giandomenico Majone，*Political Institutions and the Principle of Precaution*，*in* The Reality of Precaution：Comparing Risk Regulation in the United States and Europe 377，414(Jonathan Wiener et al. eds.，2011)。

124. *Communication from the Commission on the Precautionary Principle*，COM (2000) 1 final(Feb.2，2000)；The Precautionary Principle in the 20th Century：Late Lessons from Early Warnings 5(Harremoes et al. eds.，2013).

125. 参见 Vogel，Politics，*supra* note 75，at 268—269。另见 Giandomenico Majone，Dilemmas of European Integration 125—126(2005)。

126. 参见 David Vogel，*The Hare and the Tortoise Revisited：The New Politics of Consumer and Environmental Regulation in Europe*，33 Brit. J. Pol. Sci. 557，566 (2003)。

127. 参见 Vogel，Politics，*supra* note 75，at 271。

128. 参见 Kenisha Garnett & David Parsons，*Multi-Case Review of the Application of the Precautionary Principle in European Union Law and Case Law*，37 Risk Analysis 502，511(2017)。

129. 例如参见 Case T-70/99，Alpharma v. Council，2002 E.C.R. II-3506；Joined Cases T-74，T-76，T-83，T-84，T-85，T-132，T-137，T-141/00，Artegodan GmbH v. Comm'n，2002 E.C.R. II-4948；Case T-13/99，Pfizer Animal Health，2002 E.C.R. II-3318。

130. Joined Cases T-74, T-76, T-83, T-84, T-85, T-132, T-137, T-141/00, Artegodan GmbH v. Comm'n, 2002 E.C.R. II-4948, ¶184.

131. 关于欧盟（14 个国家）适用的不同制度的概述，参见 *European Online Gambling Outlook 2017*, Gambling Compliance(Jan.17, 2017), https://gamblingcompliance.com/premium-content/research_report/european-online-gambling-outlook-2017［https://perma.cc/TF5K-X65N］。

132. Loi 2010-476 du 12 mai 2010 relativeàl'ouvertureàla concurrence etàla régulation du secteur des jeux d'argent et de hasard en ligne［Law 2010-476 of May 12, 2010 on the Opening Up to Competition and Regulation of the Online Gambling Industry］, https://www. legifrance. gouv. fr/affichTexte. do? cidTexte = JORFTEXT 000022204510［https://perma. cc/MY8J-LNA4］; Taylor Wessing, *Gambling Law in Germany*, Lexology（June 7, 2017）, https://www. lexology. com/library/detail. aspx? g = 6111b061-3533-4573-97a9-70bfd7f46d2b［https://perma.cc/9B8G-UJLV］.

133. 当欧盟开始出口其偏好的监管前，必须获得一定程度对外监管时，类似的问题就会出现。例如参见 AR Young, *Europe as a Global Regulator : The Limits of EU Influence in International Food Safety Standards*, 21 J. Eur. Pub. Pol'y 904(2014)。

134. 参见 Stephen Castle, *Europeans Introduce Corporate Tax Plan*, N. Y. Times, Mar.17, 2011, at B5; *EU Corporate Tax Plan Deals Blow to Irish*, EurActiv. com（Mar.16, 2011）, https://www. euractiv. com/section/euro-finance/news/eu-corporate-tax-plan-deals-blow-to-irish/［https://perma.cc/M7SM-EKRM］; 另见 *Tax Wars : New Versus Old Europe*, Economist, July 24, 2004, at 61。

135. 参见 *Common Consolidated Corporate Tax Base*（CCCTB）European Comm'n, https://ec. europa. eu/taxation_customs/business/company-tax/common-consoli-dated-corporate-tax-base-ccctb_en［https://perma. cc/GK4W-VQV6］; Press Release, European Comm'n, Commission Proposes Major Corporate Tax Reform for the EU(Oct. 25, 2016）, http://europa. eu/rapid/press-release_IP-16-3471_en. htm［hereinafter Tax Reform Press Release］［https://perma.cc/NW46-Q8TN］。

136. Jim Brunsden, *Brussels Proposes Europe-Wide Corporate Tax System*, ft. com（Oct.25, 2016）, https://www. ft. com/content/4bfe986c-9ac4-11e6-b8c6-568a43813464（on file with author）.

137. Tax Reform Press Release, *supra* note 135.

138. Pat Leahy, *Michael Noonan Attacks EU Body Over Corporate Tax Plans*, Irish Times（Feb.28, 2017）, https://www. irishtimes. com/business/economy/michael-noonan-attacks-eu-body-over-corporate-tax-plans-1. 2991443［https://perma. cc/JHJ5-KWN9］.

139. 21 C. F. R. § 1240. 61（2018）; Corrigendum to Regulation 853/2004 Laying Down Specific Hygiene Rules for Food of Animal Origin, 2004 O.J.(L 226) 22.

140. Final Determination Regarding Partially Hydrogenated Oils, 80 Fed. Reg.34650（June 17, 2015）.

141. European Comm'n, Report From the Commission to the European Parliament and the Council Regarding Trans Fats in Foods and in the Overall Diet of the Union Population, COM(2015) 619 final(Dec.3, 2015）, https://ec. europa. eu/food/sites/food/files/safety/docs/fs_labelling-nutrition_trans-fats-report_en. pdf［https://perma.cc/F965-

VHGR]；European Comm'n，*Open Public Consultation on the Initiative to Limit Industrial Trans Fats Intakes in the EU*，https：//ec.europa.eu/info/consultations/open-public-consultation-initiative-limit-industrial-trans-fats-intakes-eu_en[https：//perma.cc/BDE4-WWFD].

142. Sarbanes-Oxley Act of 2002，Pub. L. No.107—204，116 Stat. 745[codified at 15 U.S.C. § § 7201—7266(2006)]. 参见 Abraham L. Newman，Protectors of Privacy：Regulating Personal Data in the Global Economy，146(2008)。

143. Dodd-Frank Wall Street Reform and Consumer Protection Act，Pub. L. No. 111—203，124 Stat. 1376(codified as amended in scattered sections of 12，15，22，and 26 U.S.C.).

144. 例如参见 Bob Sherwood，*Long Arm of the US Regulator*，ft. com(Mar.9，2005，6：37 PM)，https：//www.ft. com/content/be157b6a-90c6-11d9-9980-00000e2511 c8(on file with author)；另见 John C. Coffee，Jr.，*Racing Towards the Top?：The Impact of Cross-Listings and Stock Market Competition on International Corporate Governance*，102 Colum. L. Rev.1757(2002)。

145. Regulation 2017/821 of the European Parliament and of the Council Laying Down Supply Chain Due Diligence Obligations for Union Importers of Tin，Tantalum and Tungsten，Their Ores，and Gold Originating from Conflict-Affected and High-Risk Areas，2017 O.J.(L 130)，1[hereinafter Regulation 2017/821]. The substance of the regulation will enter into force in 2021 per Regulation 2017/821，Art.20(3)。

146. 参见 Sue Miller，Nate Lankford &. Quinnie Lin，*3 Ways EU Conflict Minerals Rule Differs from US Approach*，Law360(Mar.20，2017，5：26 PM)，https：//www. law360. com/articles/903845/3-ways-eu-conflict-minerals-rule-differs-from-us-approachl [https：//perma.cc/G4B3-CRFZ]；Cydney S. Posner，*European Parliament Approves Conflict Mineral Rules for EU*，Cooley PubCo(Mar.20，2017)，https：//cooleypubco. com/2017/03/20/european-parliament-approves-conflict-minerals-rules-for-the-eu/[https：//perma.cc/VH3G-MUNF]。

147. 这些领域仍然必须由欧盟委员会来界定。Regulation 2017/821，Art.14(2).

148. 美国法规将进口商的尽职调查义务限制在最初的"合理调查国"测试范围内，根据该测试，公司只有在知道或有理由相信其在生产中使用的违规矿产来自法规涵盖的国家时，才必须进行尽职调查。相比之下，欧盟要求欧盟法规涵盖的所有进口商进行尽职调查。

149. The Personal Data Protection Bill 2018(Draft)(India)，art.4，https：//meity. gov.in/writereaddata/files/Personal_Data_Protection_Bill％2C2018_0. pdf[https：//perma.cc/8ZTN-6YAX].

150. *Id*. at art 3(13).

151. *Id*. at art 40.

152. *Id*. at art 40.

153. 请注意，本书在使用"弹性"和"无弹性"概念时有一些自由，并在一定程度上偏离了它们在经济学中的传统用法，例如使用需求弹性概念(指商品的需求对价格等其他经济变量的变化有多敏感)。

154. Regulation(EC) 1907/2006，of the European Parliament and of the Council of 18 December 2006 Concerning the Registration，Evaluation，Authorisation and

Restriction of Chemicals(REACH)，Establishing a European Chemicals Agency，2007 O.J.(L 136) 3[hereinafter REACH]．

155. Directive 2002/95/EC, of the European Parliament and of the Council of 27 January 2003 on the Restriction of the Use of Certain Hazardous Substances in Electrical and Electronic Equipment，2003 O.J.(L 37) 19[hereinafter RoHS Directive]．

156. Regulation 2016/679，of the European Parliament and of the Council of 27 April 2016 on the protection of natural persons with regard to the processing of personal data and on the free movement of such data，and repealing Directive 95/46/EC(General Data Protection Regulation) 2016 O.J.(L 119) 32，33[hereinafter GDPR]．

157. Kalyanpur & Newman，*supra* note 32．

158. Paul L. Davies，*Financial Stability and the Global Influence of EU Law*，*in* EU Law Beyond EU Borders: The Extraterritorial Reach of EU Law(Marise Cermona & Joanne Scott eds. 2019)．

159. Yesha Yadav & Dermot Turing，*The Extraterritorial Regulation of Clearinghouses*，2 J. Fin. Reg.21，22(2016)．

160. *Id*. at 23．

161. *Id*．

162. *Id*. at 26．

163. 国际资本流动取决于许多因素，并假定外汇管制以及外国公司和个人参与外国直接投资和投资外国股票市场的能力有限。

164. *Commission Proposal for a Council Directive on a Common System of Financial Transaction Tax and Amending Directive 2008/7/EC*，COM(2011) 594 final (Sept.28，2011)．

165. 参见 Joshua Chaffin et al.，*Business Lashes Outat Trading Tax Plans*，Fin. Times(London)，Sept. 29，2011，at 1. Press Release, European Comm'n, Common Rules for a Financial Transaction Tax—Frequently Asked Questions(Sept. 28，2011)，http://europa. eu/rapid/pressReleasesAction. do? reference ＝ MEMO/11/640[https://perma.cc/9A4V-AG63]。

166. Boris Groendahl & Alexander Weber，*Austria Says EU Financial Transaction Tax is on Wrong Track*，Bloomberg(Sept. 5，2018)，https://www. bloomberg. com/news/arti-cles/2018-09-05/austria-says-europe-s-push-for-transaction-tax-is-on-wrong-track(on file with author)．

167. 参见 European Comm'n，*supra* note 165。金融交易税是布鲁塞尔效应的其他条件也缺失的一个例子：欧盟目前缺乏征收该税的监管权限(或能力)；由于一些成员国反对该提案，所需的监管能力也缺失。贸易活动也有其他市场，降低了欧盟的杠杆作用。最后，税收也是可分割的，因为所有司法管辖区不必适用相同的税收，而是保留其监管司法管辖区贸易的自主权。

168. 然而，德国和法国在 2018 年提出的一项基于法国实施的税收的范围较窄的提案，在 2019 年初的一次相关财政部长会议上显示出了希望。参见 Alexander Weber，*Germany*，*France Try to Jump-Start EU Financial-Transaction Tax*，Bloomberg(Dec. 3，2018)，https://www. bloomberg. com/news/articles/2018-12-03/germany-france-try-to-jump-start-eu-financial-transaction-tax(on file with author)。

169. Parliament and Council Directive 2013/36/EU，On Access to the Activity of

Credit Institutions and the Prudential Supervision of Credit Institutions and Investment Firms，2013 O.J.(L 176) 338.

170. Jim Brunsden，*Brussels Proposes Europe-Wide Corporate Tax System*，Fin. Times (Oct. 25， 2016)，https：//www. ft. com/content/4bfe986c-9ac4-11e6-b8c6-568a43813464(on file with author).

171. Mehreen Khan et al.，*Google*，*Facebook and Apple Face "Digital Tax" on EU Turnover*，Fin. Times(Mar. 15，2018)，https：//www. ft. com/content/e38b60ce-27d7-11e8-b27e-cc62a39d57a0 (on file with author)；*Commission Proposal for a Council Directive on Laying Down Rules Relating to the Corporate Taxation of a Significant Digital Presence*，COM(2018) 147 final(Mar.21，2018).

172. Case C-34/10，Brüstle v. Greenpeace eV.，EUR-Lex62010CJ0034 (Oct. 18， 2011).

173. 参见 *Scientists Fear Stem Cell Ruling Deals Blow to EU Research*，EurActiv. com (Oct. 19，2011)，https：//www. euractiv. com/section/health-consumers/news/scientists-fear-stem-cell-ruling-deals-blow-to-eu-research/[https：//perma.cc/275L-3M9Z]。

174. Mary Beth Warner，*"German Reasoning Won Out" in Stem Cell Ruling*，Spiegel (Oct. 19，2011) http：//www. spiegel. de/international/the-world-from-berlin-german-reasoning-won-out-in-stem-cell-ruling-a-792721. html [https：//perma. cc/E4UB-M2ZR].

175. 直到最近，中国接收并重新利用了欧盟约 14％的纸张垃圾和 20％的塑料垃圾。参见 Paola Tamma，*China's Trash Ban Forces Europe to Confront its Waste Problem*，Politico(Feb. 21，2018)，https：//www. politico. eu/article/europe-recycling-china-trash-ban-forces-europe-to-confront-its-waste-problem/[https：//perma.cc/ARB9-634U]。

176. Eur. Envtl. Agency Report，Movements of Waste Across the EU's Internal and External Borders (2012)，*EU Exporting More Waste*，*Including Hazardous Waste*，Eur. Env't Agency(Nov.6，2012)，https：//www.eea.europa.eu/highlights/eu-exporting-more-waste-including [https：//perma. cc/96PT-J9G8]；Sandra Laville，*UK Worst Offender in Europe for Electronic Waste Exports—Report*，Guardian(Feb.7，2019)，https：//www. theguardian. com/environment/2019/feb/07/uk-worst-offender-in-europe-for-electronic-waste-exports-report[https：//perma.cc/XAJ7-WAHJ].

177. 关于此文献的概要，参见 Bruce Carruthers & Naomi Lamoreaux，*Regulatory Races：The Effects of Jurisdictional Competition on Regulatory Standards*，54 J. Econ. Lit. 52(2016)；Vogel & Kagan，*supra* note 6。

178. Daniel Drezner，*Globalization and Policy Convergence*，3 Int'l Studies Rev.53，57—58(2001)[hereinafter Drezner，*Globalization and Policy*].

179. *Id*. at 69，75.

180. Vogel & Kagan，*supra* note 6.

181. Bruce Carruthers & Naomi Lamoreaux，*supra* note 177，at 89—90.

182. *Id*. at 54. 另见 Charles M. Tiebout，*A Pure Theory of Local Expenditures*，64 J. Pol. Econ. 416(1956)。

183. 参见 Drezner，*Different Pathways supra* note 1，at 844—845；David Lazer，*Regulatory Interdependence and International Governance*，8 J. Eur. Pub. Pol'y 474，476—478(2001)。

184. *Oracle's Use of Potentially Harmful Substances*, Oracle, http://www.oracle. com/us/products/applications/green/harmful-substances-185039. html（last visited Oct. 21, 2018），［https://perma.cc/7UW7-S8QW］.

185. 参见 Joel Waldfogel, The Tyranny of the Market: Why You Can't Always Get What You Want(2007)。

186. 参见 Anu Bradford, *Antitrust Law in Global Markets*, in Research Handbook on the Economics of Antitrust Law 283, 308—311(Einer Elhauge ed., 2012)。

187. 参见 US Dep't of Justice, Corporate Leniency Policy(1993), https://www. justice. gov/atr/file/810281/download ［https://perma. cc/3X5L-89NB］; *Leniency*, European Commission, http://ec. europa. eu/competition/cartels/leniency/leniency. html (last visited Oct.22, 2018)［https://perma.cc/N2CT-2DJS］。

188. 一般参见 on the benefits of standardized contracts in Marcel Kahan and Michael Klausner, *Standardization and Innovation in Corporate Contracting（Or "The Economics of Boilerplate")*, Virginia L. Rev., Vol,83, May 1997 No 4。

189. GDPR, *supra* note 156, at 48.

190. David Ingram, *Exclusive: Facebook to Put 1.5 Billion Users Out of Reach of New EU Privacy Law*, Reuters(Apr.18, 2018), https://www. reuters. com/article/us-facebook-privacy-eu-exclusive/exclusive-facebook-to-change-user-terms-limiting-effect-of-eu-privacy-law-idUSKBN1HQ00P［https://perma.cc/BX7R-B998］.

191. 参见 Ryan Singel, *EU Tells Search Engines to Stop Creating Tracking Databases*, Wired(Apr.8, 2008), http://www. wired.com/threatlevel/2008/04/eu-tells-search/［https://perma.cc/ZH4T-S3QW］。

192. 例如参见 Regulation(EC) 1829/2003 of the European Parliament and of the Council of 22 September 2003 on Genetically Modified Food and Feed, 2003 O.J.(L 268)。

193. 例如参见 Case C-442/09, Bablok v. Freistaat Bayern, EUR-Lex 62009CJ0442, at 8（Sept. 6, 2011）; Charles E. Hanrahan, Congr. Research Serv., RS21556, Agricultural Biotechnology: The U.S. -EU Dispute 5(2010)。

194. 参见 REACH, *supra* note 154, arts. 5—7, at 37—38。

195. Wirth, *supra* note 1, at 102—103; Joanne Scott, *From Brussels with Love: The Transatlantic Travels of European Law and the Chemistry of Regulatory Attraction*, 57 Am. J. Comp. L. 897, 908—920, 939—940（2009）; Vogel, Politics, *supra* note 75, at 169, 204, 217; Henrik Selin &. Stacy D. Van Deveer, *Raising Global Standards: Hazardous Substances and E-Waste Management in the European Union*, Environment, Dec.2006, at 7, 14.

196. 参见 Theodore Levitt, *The Globalization of Markets*, Harv. Bus. Rev., May 1983, at 39—49, https://hbr. org/1983/05/the-globalization-of-markets［https:// perma.cc/42XS-ENV7］; Simón Teitel, *Economies of Scale and Size of Plant: The Evidence and the Implications for the Developing Countries*, 13 J. Common Mkt. Stud. 92, 94(1974)。

197. *Economies of Scale and Scope*, Economist（Oct. 20, 2008), https://www. economist.com/node/12446567［https://perma.cc/UMC5-2ZFW］.

198. Richard Perkins &. Eric Neumayer, *Does the "California Effect" Operate Across Borders? Trading- and Investing-Up in Automobile Emission Standards*, 19 J.

Eur. Pub. Pol'y. 217，232(2012).

199. 若要了解与 Perkins & Neumayer's *California Effect Across Borders* 相反观点的话，参见 KPMG International，The Transformation of the Automotive Industry: The Environmental Regulation Effect(2010)。

200. Lazer，*supra* note 183，at 490.

201. Brandon Mitchener，*Rules*，*Regulations of Global Economy are Being Set in Brussels*，Wall St. J.(Apr.23，2001)，https://www.wsj.com/articles/SB1019521240262845360(on file with author).

202. Alan Schwartz，*Statutory Interpretation*，*Capture and Tort Law: The Regulatory Compliance Defense*，2 Am. L. & Econ. Rev.1，17.

203. Nat'l Research Council，State and Federal Standards for Mobile-Source Emissions 140(2006)，https://www.nap.edu/read/11586/chapter/7♯140；另见 Fiona Miller，*The Advantages of Selling a Standardized Product* Bizfluent(Sept.26，2017)，https://bizfluent.com/info-8788551-advantages-selling-standardized-product.html[https://perma.cc/FF9P-6BWX]。

204. Mark Casson，Multinationals and World Trade 56—57(2012).

205. Lazer，*supra* note 183，at 477.

206. Wirth，*supra* note 1，at 104.

207. 参见 Mitchener，*supra* note 201。

208. 参见 Mike Colias，*General Motors Will Stop Selling Cars in India*，Wall St. J.(May 18，2017)，https://www.wsj.com/articles/general-motors-will-stop-selling-cars-in-india-1495092601[https://perma.cc/QY5E-SGW8]。

209. Vogel，Politics，*supra* note 75，at 16.

210. Warren J. Keegan，*Multinational Product Planning: Strategic Alternatives*，33 J. Marketing 58，59(1969).

211. Aref A. Alashban et al.，*International Brand-Name Standardization/Adaptation: Antecedents and Consequences*，10 J. Int'l Marketing 22，29(2002).

212. 参见 Marriott Set To Standardize On HSIA，Hotel Business(Dec.7，2002)，https://www.hotelbusiness.com/marriott-set-to-standardize-on-hsia/[https://perma.cc/T6XM-3ZAR]。

213. Vogel，Politics，*supra* note 75，at 16.

214. 例如参见 Joe Sandler Clarke，*Child Labour on Nestle Farms: Chocolate Giant's Problems Continue*，Guardian(Sept.2，2015)，https://www.theguardian.com/global-develop-ment-professionals-network/2015/sep/02/child-labour-on-nestle-farms-chocolate-giants-problems-continue[https://perma.cc/NH69-6H6Z]。

215. Scott，*supra* note 195，at 923.

216. Vogel，Politics，*supra* note 75，at 217.

217. 当然，劳工标准可以通过其他方式成功地出口到其他司法管辖区。这里的论点只是，在可分割的范围内，劳工标准不符合布鲁塞尔效应。例如参见 Brian Greenhill et al.，*Trade-Based Diffusion of Labor Rights: A Panel Study*，*1986—2002*，103 Am. Pol. Sci. Rev.669，678—680(2009)。

218. 参见 Emil Protalinski，*Windows 7 to Be Shipped in Europe Without Internet Explorer*，Arstechnica(June 11，2009，2:57 PM)，http://arstechnica.com/microsoft/

news/2009/06/windows-7-to-be-shipped-in-europe-sans-internet-explorer. ars〔https://perma.cc/TY63-UTY5〕。

219. Aiofe White, *Google to Create Shopping Service Unit to Satisfy EU*(Sept.26, 2017), https://www.bloomberg.com/news/articles/2017-09-26/google-said-to-split-off-shop-ping-service-to-meet-eu-demands(on file with author)。

220. Vlad Savov, *Google News Quits Spain in Response to New Law*, The Verge (Dec.11, 2014), https://www.theverge.com/2014/12/11/7375733/google-news-spain-shutdown〔https://perma.cc/FL2M-D9YF〕。

221. *European Commission Report on The Single Market Review: Impact on Competition and Scale Effects, Economies of Scale*, at 15(1997)(on file with the author)〔hereinafter *EU Single Market Review*〕。

222. 参见 Daniel Schwartz, *Why Coke is Lowering its Sugar Levels in Canada*, CBC News(Mar.1, 2015), https://www.cbc.ca/news/health/why-coke-is-lowering-its-sugar-levels-in-canada-1.2961029〔https://perma.cc/7FGB-JFFN〕。

223. *EU Single Market Review*, *supra* note 221, at 15; Maria Doriza Loukakou &. Nampungwe Beatrice Membe, Product Standardization and Adaptation in International Marketing: A Case of McDonalds(2012)(Master's thesis in Business Administration, University West), http://hv.diva-portal.org/smash/get/diva2:543563/FULLTEXT01.pdf〔https://perma.cc/AWH4-PD8Y〕。

224. *EU Single Market Review*, *supra* note 221, at 15.

225. 例如参见 KPMG Int'l, The Transformation of the Automotive Industry: The Environmental Regulation Effect 16(2010)。

226. Vogel, Politics, *supra* note 75, at 284.

227. Knowledge@Wharton, Why Companies Are Increasingly Moving Towards Standardization 4 (2013), http://d1c25a6gwz7q5e.cloudfront.net/papers/sponsor_collaborations/KW_Wipro_Future_of_Industry_Anand_Sankaran.pdf〔https://perma.cc/N8B7-YCFP〕。

第三章

不同情境下的布鲁塞尔效应

当然，布鲁塞尔效应不是欧盟施加全球监管影响的唯一方式。事实上，欧盟通过多种不同渠道塑造规范定制权，包括通过贸易协定和参与国际机构和跨国政府网络。无论是通过立法借鉴、复制欧盟机构形式、借鉴欧洲法院制定的法律概念和原则，还是在欧盟先采取行动的情况下参与"模仿"诉讼，许多国家和地区组织也以其他方式采纳欧盟的法规。由于欧盟被视为"规范力量"，即使没有任何市场效应或欧盟不主动推广，欧盟规范同样可以通过趋同效应发挥核心影响。

本章首先回顾欧盟全球监管影响力的各种途径，试图为第二章讨论的事实上的布鲁塞尔效应提供一个背景。本章还研究为什么欧盟法律提供了如此有吸引力的供效仿的模板，以各种形式促进了法律上的布鲁塞尔效应。然后，本章评估与条约驱动的协调（harmonization）相比，市场驱动的协调具有的相对优势和劣势，并关注这些影响途径何时可能补充、扩大或取代布鲁塞尔效应。

欧盟的全球监管影响机制

事实上的布鲁塞尔效应是指欧盟从其市场获得的单边监管权力。然而，布鲁塞尔效应并不是欧盟单边影响的唯一表现。欧盟还通过治外法权或监管领土范围延伸等立法手段对外国行为者施加单边影响。通过这些工具，欧盟寻求将其自身的法规直接适用于外国行为者。这些手段不同于与布鲁塞尔效应相关的市场驱动的协调，也不同于欧盟通过条约驱动的协调以推广其规范的努力，这将在本章进行讨论。

首先,作为一个门槛问题(threshold matter),布鲁塞尔效应应与其他单边影响机制区别开来。一些欧盟法规具有治外法权,因为它们对与欧盟没有领土联系的个人施加义务。[1]例如,欧盟竞争法适用于外国当事人,即使他们的行为发生在国外。只要欧盟消费者受到影响,欧盟就可以对这些外国行为方实施法律影响,以恢复欧盟内部的竞争。欧盟对金融衍生品的监管提供了有关治外法权的一个案例。它载有一项反规避条款,规定"在一个或多个第三国(非欧盟国家)间设立的两个实体之间签订的合同必须履行义务,以防止规避该条例的规定"[2]。

然而,欧盟并不仅仅依赖这种明确的治外法权或基于效果的管辖权。[3]欧盟还使用了一种被乔安妮·斯科特(Joanne Scott)称为"领土延伸"(territorial extension)的立法手段,通过这种手段,国外的某些行为或环境与欧盟建立了领土联系。[4]领土延伸允许欧盟去规范"发生在国外但对欧盟或全球共享资源也有负面影响的活动"[5]。例如,欧盟"碳排放交易机制"中的航空法规可被视为这种特征下的领土延伸行为,因为这些法规考虑了在欧盟以外飞行所产生的碳排放量,以及第三国监管航空碳排放的措施。[6]

刚刚提到的这些机制虽然反映了不同的动机,但为欧盟单边塑造全球监管环境提供了布鲁塞尔效应以外的途径。此外,欧盟还可以通过如双边或多边条约的合作机制,在全球范围巩固其规范。欧盟通过谈判达成一系列广泛的经济和政治协议,这些协议以最强硬的形式规定了欧盟贸易伙伴必须采取的监管类型,以确保进入欧洲单一市场。这些条约义务有时会导致欧盟法律被直接移植到国外。欧盟也可以通过参与国际机构、标准制定机构和跨政府网络来塑造全球规范。最后,欧洲法院通过发布判决作为外国法院的模板,为欧盟法规的外化作出了贡献。所有这些机制为欧盟的规范和条例提供了互补和显著的途径来塑造全球监管的环境。[7]

条约和机构

欧盟通过双边经济和政治协定系统输出其标准,这在入盟协定和伙伴关系条约中表现得最为明显[8],但它也可以从各种对外优惠贸易协定中看到。鉴于采用欧盟规范和标准作为市场准入条件的现象,索菲·默尼耶(Sophie Meunier)和卡里普索·尼古拉季斯(Kalypso Nicolaidis)不仅将欧盟描述为一支贸易力量(power in trade),还将其描述为一支通过贸易而实现的力量(power trough trade)。[9]实质上,欧盟以其市场准入换取贸易伙伴承诺采用双边或地区贸易协定中的特定标准。利用贸易关系作为工具,欧盟能够促进对方经济开放,同时也能通过促进对方民主、法治和其他管治贸易伙伴内部市场的特定监管标准来实现"欧盟方式"(the EU-way)。

当外国寻求加入欧盟时,欧盟用这种有条件的市场准入进行讨价还价的能力最强。迄今为止,欧盟已经从最初的 6 个成员国扩大到 28 个成员国*,正与 6 个候选国进行入盟谈判。[10]作为加入欧盟的一个条件,未来的成员国必须证明遵守所有欧盟法规,有效而全面地实施欧盟法律。这样做需要在 35 个广泛的政策领域(也称为"章节")进行详细的谈判,例如包括竞争、发展、能源、环境、基本权利和运输等。在所有这些特定政策领域的谈判中,欧盟几乎拥有所有的讨价还价的权力,因为它控制着欧盟成员资格的最终决定权,允许它从入盟国家那里施加几乎任何它想施加的条件。

欧盟自己就认为扩大是"欧盟最成功的外交政策工具"[11]。一些学者将欧盟扩大描述为"有史以来由国际行为体实施的最成功的民主促进计划",能够在欧盟规范的推动下,在入盟国的"国家行动的各个方面"进行"系统性的永久改变"。[12]同时,入盟国家在加入过程中从欧盟获得的承诺能持续多久还不清楚。加入欧盟后,欧盟立即失去了高度不对称的讨价还价能力。虽然有许多成功的扩大的案例,但最近在匈牙利、波兰和罗马尼亚等国家发生的法治倒退事件表明,一旦一个成员国被接纳并成为欧盟制度结构的一部分,欧盟在实施谈判承诺时就会面临困难。这些案例说明欧盟在入盟过程中施加影响的局限性。

除了利用入盟程序对潜在成员国实施监管影响之外,欧盟还与第三国通过谈判建立广泛的经济伙伴关系和联系协定,以加强双方经济

＊　因英国"退欧",目前有 27 个成员国。——译者注

和政治合作。通过这些协定,欧盟寻求建立一个更加稳定、和平和繁荣的世界。迄今为止,它已经完成49个经济伙伴关系协定、23个联系协议和18个其他类似协议,如全球协议和关税同盟等。[13]欧盟在与南部和东部邻国的交往中特别积极,通过输出其共同体成果来追求实现邻国采用类似欧盟的立法。[14]起初,这是通过在其入盟协定和伙伴关系及合作协议中加入的软义务来实现的。后来,对于那些没有申请加入欧盟但寻求与欧盟建立更紧密经济和政治关系的国家,欧盟于2004年制定"欧洲邻邦政策"(ENP)。[15]该政策共覆盖从摩洛哥到阿塞拜疆等16个国家。

欧盟各类条约一贯认为输出欧盟规范和价值观是欧盟建立与更广阔世界关系的核心。[16]《里斯本条约》进一步赋予欧盟机构在与欧盟邻国关系中获得"转型赋权"(transformative mandate)。[17]特别是欧洲邻邦政策,其依据的理念是欧盟要么向这些国家输出稳定,要么从这些国家输入不稳定。[18]这一确保更大区域范围的稳定的政治环境的需要,要求欧盟深度介入这些国家的经济和政治体系。在实践中,这需要与欧洲邻邦政策有关的国家建立更密切的经济和政治关系,以换取"展示共同价值观的具体进展及政治、经济和制度改革的有效实施,包括使这些国家立法与欧盟法律保持一致"[19]。因此,尽管欧盟没有兑现让这些国家成为欧盟实际成员国的承诺,但入盟谈判过程仍然高度不对称,这让欧盟的邻国别无选择,只能遵从欧盟现有成员国的要求。

然而实际上,欧洲邻邦政策的许多目标仍未实现。欧盟在促进民主、法治、尊重人权和社会团结方面的记录令人失望,在某些人看来,甚至是"彻底失败"[20]。欧洲邻邦政策设想的这些国家的政治、社会和体制改革基本没有实现。一些与欧洲邻邦政策有关的国家(包括利比亚、叙利亚和乌克兰)在暴力冲突和内战中四分五裂,而其他国家(如埃及)则经历了军事政变。该地区许多国家的腐败现象依然普遍,法治改革力度不大或根本不存在。鉴于这些国家面临持续深刻的内外挑战,有些评论者得出结论,认为欧盟在很大程度上未能通过欧洲邻邦政策传播其价值观或保护其利益。[21]

欧盟试图通过与邻近地区以外的国家签订双边贸易协定,以实现输出其监管模式的目的。欧盟完成了一系列广泛的优惠贸易协定谈判,这些协定影响着贸易伙伴为确保进入欧盟单一市场而必须实施的监管类型。迄今为止,欧盟已签署 50 多个各种形式的优惠贸易协定[22],及各种其他的经济和政治伙伴关系条约。其条约伙伴包括大小各类经济体,既有日本和加拿大这样的经济强国,也有莱索托和法罗群岛这样的较小经济体,还包括从阿尔巴尼亚和马其顿等欧洲国家到智利和马达加斯加等地球另一端的国家。与日本和美国等其他贸易大国相比,欧盟的优惠贸易协定网络要大得多,日本和美国分别只签署了 18 个和 14 个优惠贸易协定。[23]

欧盟谈判达成的条约义务导致欧盟法规或多或少的外化(externalization),这取决于条约伙伴。尤其对于相对实力较弱的贸易伙伴,欧盟可利用其巨大的市场规模作为不对称的谈判筹码,使其能够要求条约伙伴的国内监管制度发生重大变化,包括其环境政策、发展目标、竞争法和人权等各方面。[24]欧盟在过去十年中开展优惠贸易协定谈判,在协定中要求伙伴广泛承担监管义务,这突出反映了这种贸易议程的特征。[25]此外,由于欧盟的大多数优惠贸易协定遵循相同的模板,一个协定也是其他协定的典范[26],这进一步扩大了欧盟的影响。

欧盟通过优惠贸易协定输出的监管标准实质上种类繁多。例如,欧盟未能建立一个关于全球森林治理的多边条约框架,导致它依赖双边贸易协定来输出其关于森林管理战略的监管规范。[27]其他类型的优惠贸易协定条款包括采纳或维护某些人权和劳工标准的义务。要求伙伴国通过国内竞争法的条款今天也理所当然地被纳入欧盟的各类优惠贸易协定。然而,欧盟并不总是要求其贸易伙伴采用部分欧盟法律作为市场准入的条件。[28]通常,欧盟使用优惠贸易协定来传递一般规范性原则或国际监管标准,而不是欧盟的具体法规。[29]鉴于实施许多此类改革的难度,欧盟针对较弱的贸易伙伴,通常会向其提供技术专业知识或财务支持,使伙伴国实施监管改革。然而,尚不清楚这些一般性条款是否促使贸易伙伴在实际上实现了监管的持久变化。在最好的情况下,欧盟在促进接受国监管变革方面的记录好坏参半,这将在本章下文进一步讨论。

除了这些涵盖大部分经济内容的一般性贸易协定之外,欧盟还与附近各国签订了各种部门协定。例如,欧盟主要与非洲国家缔结了几个"可持续渔业伙伴关系协定"(SFPAs)。[30]根据这些协定,欧盟获得在这些国家水域的剩余捕鱼权,而这些国家得以获得欧盟的财政和技术支持,以加强这些水域的资源保护和渔业可持续发展。欧盟与其邻国的部门协定通常旨在实现相互更深层次的一体化。欧盟成员国和巴尔干国家间的一些部门协定明确要求后者执行欧盟部分相关法律。例如,"对外航空政策""意味着(欧盟)邻国需采用包含欧洲航空规则的法律"。[31]同样,《能源共同体条约》"涉及在该条约的所有缔约国执行部分共同体法律"[32]。建立运输共同体的条约同样基于在相关法律基础上使运输市场逐步一体化。[33]这些条约往往具有一个明确的目标,即寻求将第三国纳入受监管的共同市场。

欧盟在许多国际机构中也具有显著的各不相同的影响力,有时它只能通过成员国或欧洲中央银行(ECB)行使权力。[34]例如,欧盟成员国在国际货币基金组织(IMF)和世界银行(WB)中拥有相当大的投票权,并且传统上欧盟选择国际货币基金组织的总裁。在世贸组织(WTO)中,欧盟历来能够与美国和日本等其他贸易大国一起推进优先立场。然而,随着世贸组织成员的增加,相对权力在更多的成员间扩散,欧盟施加影响和推进其立场就变得较为困难。

欧盟作为一个代表机构,或通过其成员国,能在任何特定机构中独自行使权力并施加影响。在世贸组织中,欧盟代表其成员国行事,因为贸易政策属于欧盟的专属权能。相比之下,在联合国,欧盟仅仅是一个观察员,它只能通过其成员国正式代表欧盟,欧盟可以寻求协调这些成员国的行动以形成共同立场,不过这种协调并不总是成功。在一些组织中,欧盟及其成员国共享舞台。比如,在非正式的二十国集团(G-20),一个由世界发达经济体组成的论坛,旨在协调政策以促进金融稳定和可持续增长,欧盟与法国、德国、意大利和英国的领导人一样占有一席。在由35个成员组成的经合组织(OECD)中,有21个欧盟成员国是其正式成员,但欧盟也享有完全参与者地位,这使其能够在成员国未达成共识的情况下,直接参与并影响经合组织的工作。[35]在巴塞尔银行监管委员会(BCBS)、欧洲央行和欧盟单一监管委员会(Single Supervisory Board)中,欧盟与9个欧盟成员国一样拥有正式成员资格,另外欧盟委员会和欧洲银行业管理局(EBA)(在上述组织中)也拥有观察员地位。

欧盟还对专注于不同市场监管领域的标准制定的国际机构施加影响。例如,联合国粮农组织(FAO)和世界卫生组织(WHO)成立了食品法典委员会,以推行全球食品标准。[36]从历史上看,欧盟与其成员国一道向国际机构申请并获得成员资格后,成功捍卫了机构内许多有争议政策立场,如预防原则在制定上述法典时的作用。[37]欧盟在其法典中的广泛影响至少部分归因于欧盟在规范食品安全方面的长期经验。[38]作为欧盟的一个政策领域,食品安全是早在20世纪60年代就建立起来的一个单一市场,这使欧盟积累了宝贵的专业知识,它经常利用这些知识来影响法典委员会制定食品标准。如今,欧盟和食品法典委员会的标准有一些特定的重叠,表明双向的监管协调经常发生。例如,食品法典委员会采用了欧盟1999年的食品辐射检测标准[39],而2008年欧盟食品添加剂规范采用了与食品法典委员会几乎相同的添加剂定义。[40]这种协调有助于国际贸易,也是食品法典委员会作为标准制定机构的主要目的之一。[41]

有许多案例表明,欧盟通过国际组织成功地将其监管规则传递给了国外司法管辖区。欧盟能够通过联合国的欧洲经济委员会(UNECE)将其机动车排放控制标准出口到广大欧洲邻国,还出口到阿根廷、巴西、中国、印度、秘鲁和泰国这些遥远的国度。[42]因此相关的"欧洲"标准获得广泛采用,而不是采用类似美国的"分级"标准,尽管许多人认为美国标准更有效,且许多采用欧洲标准的国家甚至不向欧盟出口汽车。在这种情况下,外国生产商缺乏效仿欧盟标准的市场准入动机,这是这种影响与布鲁塞尔效应的不同之处。因此,欧盟在出口其标准方面的成功可以部分解释为其更具普遍吸引力的政策设计,与美国标准相比,其政策设计可能更适合不同的市场环境,而美国标准的设计考虑了美国市场的特质。此外,由于联合国的欧洲经济委员会主要由欧洲国家组成,因此强烈倾向于采用欧洲标准。而且,欧洲经委会还积极与其他欧洲外国家参与的国际组织合作,利用这一网络,欧洲国家可以在欧洲以外推广欧盟标准。

国际海事组织(IMO)对单壳油轮的禁令提供了一个稍有不同但十分有趣的案例。[43]与更安全的双壳设计相比,单壳油轮在碰撞时更有可能导致漏油。继阿拉斯加海岸1989年埃克森瓦尔迪兹号灾难性漏油事件之后,美国于1990年单方面禁止单壳油轮。然而,美国在全球化规范方面做得很少。相反,欧盟成功地将最初源自美国的双壳安全标准实现了全球化。欧盟在2000年效仿美国标准,开始通过国际海事组织将该标准国际化。国际海事组织同意在2001年逐步淘汰单壳油轮,作为其推进海上安全更广泛议程的一部分。在许多方面,这一国际标准源于美国的单边主义,因为在美国的禁令下,危险的船只被转移到欧盟水域。因此,欧盟有动力针对这种外部带来的问题进行监管,由此更广泛地传播双壳标准。因此,即使欧盟不是追求某个标准或法规的首个行动者,这个案例表明国际组织作为欧盟施加影响力的工具相当重要。

桑德拉·拉文尼克斯(Sandra Lavenex)曾强调欧盟是如何通过其监管者的专长和特定部门的对外联系而不是传统外交而将其规则扩展到国外。[44]这种政策传播渠道强调了政府网络的作用,它是对布鲁塞尔效应的补充。[45]欧盟通过跨政府网络推广规则通常相当于拉拢人心,而不是实施强制影响。这种做法尤其发生在欧盟委员会(和欧洲监管机构)积极参与技术援助和能力建设活动的背景之下。在这一过程中,欧盟代表不仅提供他们的专业知识,还经常有意无意地宣传欧盟的监管方法是"最佳实践"[46]。然而,跨政府网络很少提供单边政策输出的途径,而是旨在通过合作和对话实现更紧密的监管协调。

这些网络提供了补充布鲁塞尔效应的重要影响渠道。例如,第四章中讨论的欧盟各类竞争法不仅通过布鲁塞尔效应传播,而且通过委员会在跨政府网络(如在国际竞争网络[ICN]和与不同监管机构间的双边合作协议)中的积极作用传播。[47]同样,在第六章中讨论的与欧盟化学品监管规则(REACH)相关的强大的布鲁塞尔效应,也因欧盟化学机构欧洲化学品管理局(ECHA)与其外国同行的科技合作而放大。[48]欧盟还利用其他促进 REACH 监管的正式国际组织,如经合组织、联合国环境规划署、世卫组织和联合国粮农组织及非正式网络如国际统一化学信息数据库和化学物质信息全球门户等传播相关规范。[49]

欧洲法院和外国诉讼当事方

欧洲法院也在输出欧盟规范方面发挥作用,通过其"支持一体化"的裁决放大布鲁塞尔效应。有时,法院在解释源自欧盟立法或行政程序的法规时,对欧盟立法做出超越本土的解释(extraterritorial expression)。例如,在著名的"被遗忘权"原则被纳入欧盟《通用数据保护条例》(GDPR)之前,欧洲法院(ECJ)在其就"谷歌西班牙"(Google Spain)对马里奥·科斯特哈(Mario Costeje),C-131/12(谷歌西班牙)案的判决中宣布了该原则。此后,该原则被欧洲以外法院的原告引用,并被若干法院确认。欧洲法院宣称的权利至少在阿根廷、巴西、智利、哥伦比亚、以色列、墨西哥、尼加拉瓜、日本、韩国和中国香港地区的法律诉讼中出现过。[50]俄罗斯甚至在 2015 年将被遗忘权编入法典。[51]

除了这种有助于传播欧盟法规的解释功能,欧洲法院还为其他地区法院提供了制度模板。根据卡伦·奥尔特(Karen Alter)的说法,目前世界各地有 11 个仿照欧洲法院的法院。[52]这些法院总共发布了 2 000 多份具有约束力的裁决,使它们成为活跃的法院,而不是那些只存在于协议中的形同虚设的机构。[53]这些法院对欧洲的模仿在拉丁美洲和安第斯共同体(玻利维亚、哥伦比亚、厄瓜多尔和秘鲁组成的区域组织)中体现得尤为明显。1969 年的《卡塔赫纳协定》(Cartagena Agreement)模仿《罗马条约》,基于此成立了安第斯共同体,它还设计了一个非常类似于欧盟的治理结构。1984 年,安第斯法院(ATJ)就成了共同体机构的一部分。[54]安第斯法院在设计特点和法律理论方面都严格模仿欧洲法院。[55]就其发布的裁决数量而言,它是当今第三大活跃的国际法院,仅次于欧洲法院和欧洲人权法院。[56]

安第斯法院复制了欧洲法院的许多制度特征,包括初步咨询程序,该程序允许成员国的国家法院在需要解释共同体法律的案件中征求安第斯法院的意见。安第斯法院还确立了安第斯共同体法律高于国家法律的优先理论,这援引了欧洲法院受理的标志性案件 Costa/Enel 一案,该案确立了欧盟优先的理论。[57]安第斯法院在许多其他标志性案件中也引用了欧洲法院判决[58],包括涉及共同体法的直接影响的 Van Gend 诉 Loos 案件[59],及有关内部市场运作的重要案例。[60]然而,尽管广泛效仿欧洲法院,安第斯法院并没有"盲目模仿"欧盟[61],而是进行选择性模仿,以更好地满足该地区的特殊需要。[62]

鉴于创始条约和机构的相似性,安第斯法院高度效仿欧洲法院也许并不奇怪。此外,作为负责为安第斯共同体评估最佳司法模式的机构,拉丁美洲和加勒比一体化研究所的专家建议将欧洲法院作为模板。当中不少专家与欧盟及欧洲法院有着深厚联系,了解这些机构。他们或曾就读于欧洲的大学,与欧盟重要的学者共事过,并参加了欧洲各类支持一体化的学术活动。[63]安第斯共同体的成员还咨询过欧洲专家,如欧洲法院法官皮埃尔·佩斯卡托雷(Pierre Pescatore)和欧盟委员会法律事务助理总干事杰拉德·奥利维尔(Gerard Olivier)教授等[64],这进一步增加了欧洲法院模式成为被效仿对象的可能性。

此外,一些外国法院援引欧洲的法院和其他机构判决,以后者作为更加成熟的司法系统的案例,来支持自己的司法判决,例如,哥伦比亚宪法法院(CCC)在一个关于使用草甘膦除草剂根除某些非法作物的案件中,以两种方式求助于欧盟法律和机构。首先,它征求了欧洲食品安全局关于草甘膦使用风险的官方意见。其次,在分析此事的预防性原则时,它援引了欧盟普通法院(General Court)的做法。[65]在另一个关于转基因生物争议的案例中,欧盟气候委员会指出:"欧盟已经采取明确的立场,并根据其 2003 年第 1829 号决议,成为打击(转基因生物)的国际参照,该决议还规定了此类产品的标签。"[66]此外,在另一个涉及健康和安全问题的案例中,哥伦比亚宪法法院在裁定人类乳头瘤病毒(HPV)疫苗是否导致未成年人患上某些疾病时,表现出了对欧盟观点的尊重。在决定此事时,哥伦比亚宪法法院援用欧盟做法,并考虑到如下事实,即在欧洲药品管理局事先批准的基础上,欧盟委员会赞同该疫苗的商业化。[67]

其他外国机构和法院也经常援引欧盟竞争法,通常是为了支持它们对国内竞争规则的解释。例如,印度最高法院在决定某些实体是否属于其国内竞争法条款的反竞争协议范围时,参考了欧盟法律[68],印度马德拉斯(Madras)高等法院在关于某些特定解决方案的许可性的裁决中,援引了欧盟的卡特尔解决程序。[69] 此外,印度竞争管理机构(CCI)在其裁决中参考了欧盟条约、法院和委员会各类白皮书[70],使之成为援用"成熟"的欧盟竞争机制的范本。

　　然而,仅根据机构的效仿或援用,很难衡量欧洲法院的实际影响力。首先,还不清楚这些裁决在当地有多大影响,包括它们实际上是由政府执行还是对私人的强制执行。其次,评估欧洲法院的相对影响力还需要了解这些法院援引其他国外法院——如美国最高法院——的程度。无论如何,值得承认的是,欧盟的法院可能在向国外的司法管辖区传播了欧盟法规方面发挥了关键作用,从而进一步巩固了法律上的布鲁塞尔效应。

　　欧盟对外影响力的另一个表现是,当有些做法(如反竞争行为)的影响涉及多个国家市场的情况下,一些国家的司法机构倾向于效仿欧盟实施"模仿"诉讼。这方面的一些案例在关于竞争法的第四章中进行讨论,包括韩国对微软的调查,该调查高度模仿欧盟委员会和欧盟的普通法院,后者基于欧盟竞争法,审理了一个非常类似的案件。有几个原因可以解释这一现象。首先,欧盟调查具有信息价值,提醒其他国家司法管辖区的政府和私人原告注意需要采取强制行动的行为。其次,依靠欧盟的调查可能会让其他机构依靠欧盟收集的证据,从而降低资源较少的司法管辖区的执法成本。这可能使这些机构征收罚款,并加强自己的执法记录,而不会产生大量的执法费用。最后,模仿诉讼可能是由欧盟要求协助其自身调查而引发的。例如,如果一些关键证据位于外国管辖区,就可能发生这种情况。一旦为欧盟收集了相关证据,外国机构可以决定在自己的独立诉讼中使用相同的证据。

　　不过从经验来看,我们并不能证明国外司法机构同时或随后进行的调查或诉讼就构成对欧盟的效仿。即使没有欧盟的执法行动,外国司法机构也会采取相关行动,这一点是有道理的。然而,当事方经常在向机构或法院提交的申诉和呈文中明确提及欧盟,表明欧盟的做法至少在涉外案件中获得考虑。观点或最终补救办法与欧盟的相似之处，可能也表明欧盟的判决已成为其他国家原告、诉讼当事人、代理机构或法院的灵感来源。

外国政府或法院并不是在执行自己的法律法规时效仿欧盟的唯一行为体。许多外国公司也在战略上求助于欧盟委员会或欧洲法院作为它们首选的解决争议和进行诉讼的场所。如第四章将述，欧盟竞争法一直是欧盟监管领域对外国原告特别有吸引力的地方。外国公司经常向欧盟机构投诉其在自己国家竞争对手的行为，因为它们知道，与本国国内竞争法相比，在欧盟的严格标准下，它们更有可能获得有利的裁决。例如，在欧盟针对谷歌的竞争问题的调查中，微软是一个关键性原告。同样，欧盟对英特尔的竞争裁决源于英特尔对其美国竞争对手AMD的投诉。

刚才提到的案例说明了欧盟司法程序通过如下方式实现欧盟法规的对外推广：解释欧盟法规和通过赋予其特别的含义而植根于外国法律；提供一个可在国外复制的制度模板；发布被外国法院引用甚至复制的裁决；或为选择接受欧盟司法管辖的外国当事人提供诉讼场所。然而，正如已经指出的那样，虽然这种影响在某些情况下可能非常具体和真实——包括欧盟机构针对外国当事方的诉讼或裁决的案例——但在其他情况下可能不太确定，包括在国外法院引用欧盟裁决的情况下，欧盟的影响事实上是深是浅不太清楚。

为何欧盟法律表现为一个模板

有若干原因可解释外国效仿欧盟法律的倾向。首先，欧盟的市场规模及其利用市场准入作为获得监管调整工具的能力，仍然是解释继事实上的布鲁塞尔效应后的法律上的布鲁塞尔效应的关键的结构因素。如前所述，事实上的布鲁塞尔效应通过改变外国司法管辖区的政治和经济条件，为法律上的布鲁塞尔效应铺平了道路，在此，跨国公司成为当地采用欧盟规范的倡导者。同样，欧盟利用其市场力量推动监管变革的能力，解释了欧盟通过贸易条约和经济伙伴关系施加监管影响力的原因。于此，因为市场准入吸引力所产生的激励这种潜在动力，与布鲁塞尔效应没什么区别,但监管调整是由基于条约的双边主义而非市场驱动的单边主义所带来的。

此外,欧盟通过国际组织和跨政府网络影响全球监管能力,取决于欧盟的整体政治影响力、讨价还价能力,以及其经验、专业知识和提供技术援助和参与能力建设的意愿。与此同时,在布鲁塞尔效应的情形之外,尚不清楚为何外国法院会援引欧盟的裁决,或为何会发生立法借用。有鉴于此,以下讨论提供了外国立法机构、政府和法院自愿模仿欧盟规则的另外两个原因:一个由实用主义所驱动,另一个由监管观念所驱动。

效仿欧盟规则的一个务实的理由是,欧盟法规很容易被复制。欧盟的民法传统通常比美国等国家的普通法传统所颁布的内容更精确和详细。这些定义清晰的规则增强了法律的确定性和可预测性,有益于促进欧洲一体化。欧盟成员国一般不太喜欢美国法律传统中根深蒂固的不太可预测的逐案处理方法。[71]竞争法是一个很好的案例,《欧盟运行条约》(TFEU)的第 101 条和第 102 条比美国的对应法律《谢尔曼法》第 1 条和第 2 条要精确得多。这一详细的条约模板,加上具有支持性意义的欧盟委员会法规、解释和指导方针,使得欧盟竞争规则更容易被复制,也更容易被传播。[72]同样,欧盟《通用数据保护条例》很容易被模仿,也是其获得全球传播的部分原因。《通用数据保护条例》覆盖全面,涵盖所有经济部门,也适用于私营和政府机构,与美国相关法律只涵盖特定部门,或数据隐私法规的分散性比较,欧盟《通用数据保护条例》更容易被国外的司法机构效仿。[73]特别是,欧盟法律规定明确,更容易在行政和司法系统不太成熟的发展中国家获得效仿。在这些低收入国家,已有的详细编纂好的法律规范文本可以替代人力资本,比那些灵活的标准更受青睐。[74]这种详细的规则减少了酌情处理的要求,并使那些需要复杂的逐案决策但缺乏技术经验和培训的机构能更直接地执行规则。

欧盟规则不仅更为精确,作为范本也更容易获取,而且因具有英语、法语和西班牙语多种语言版本而具有获得传播的特别优势,这为外国复制欧盟法律提供了便利,尤其是在拉丁美洲和非洲法语区。此外,与欧洲有密切文化和历史联系的第三国(或前殖民地)倾向于从欧盟成员国的法律中寻求指导。例如,拉丁美洲的环境法规与欧盟相似,很大程度是因为拉丁美洲和欧洲之间存在强大的文化和语言纽带,以及欧盟自身积极的对外拓展和技术援助。[75]非洲的法院倾向于模仿欧洲法院,同样至少部分是因为英语国家和法语国家分别与英国和法国有着密切的语言和教育联系。[76]同样,拉丁美洲前殖民地与西班牙和葡萄牙的密切联系也促进了那里对欧洲法院裁决的模仿。如本书第四章将述,厄瓜多尔几乎一字不差地照搬了西班牙的竞争法,提供了别国照搬欧盟立法的具体案例。[77]由于西班牙竞争法反过来在很大程度上源自欧盟法律,厄瓜多尔这样做是间接地借鉴了欧盟竞争法。由于欧盟法律和机构的分层结构特点产生的间接影响作用,扩大了欧盟的监管影响范围。另一种间接形式的影响是通过非洲和拉丁美洲的区域组织产生的,包括安第斯共同体、西非国家经济共同体(WAEMU)和东部和南部非洲共同市场(COMESA)等。[78]这些组织直接以欧盟机构为模范设立其机构,在此过程中间接将欧盟规则嵌入其成员国的法律体系。[79]

最后,欧盟法律结合了精确性和起草的灵活性。欧盟法规旨在适用于内部许多不同的法律体系,其目标是在拥有不同法律传统和政治制度的各个成员国间建立一个有凝聚力的单一市场。条例的起草过程反映了成员国不同的利益,并考虑到了广泛的法律传统。这种平衡需要在保持一定程度主权的同时实现统一的立法途径。例如,许多欧盟法规是以指南的形式起草的,这些指南设定了明确的目标,但允许各国在实施过程中保留差异。欧盟法规中蕴含的这种灵活性为其扩展到外国司法管辖区提供了更好的模板,这些司法管辖区具有与欧盟不同的特征。

这些务实的缘由和容易复制的特点可能会导致更大规模的效仿,至少在制定成文法律的时候会这样。然而,这种效仿是否最终有效,并导致市场行为者行为的实际变化,则是另一个问题。一个国家采用欧盟风格的监管规则,可能是因为这些规则是以一种其能懂的语言起草的,而该国是否完全实施这些规则就不一定了。若这种复制后来会经过深入的国内辩论,实际上有选择性地采纳欧盟规则,能更加有力地解释外国采用类似规则的真正动机。因此,由于事实上的布鲁塞尔效应,国内商业利益的偏好发生了变化,这可能为监管改革提供了更持久的基础。

然而,欧盟规则并不仅仅因为其内容翔实和语言版本多样而成为全球模板。有些评论家还强调了欧盟规则的"规范吸引力"(normative appeal),这增加了它们作为效仿对象的魅力。若这种吸引力存在的话,欧盟的影响力还取决于其观念质量及其规范的说服力。伊恩·曼纳斯(Ian Manners)提出了"规范力量的欧洲"(normative power Europe)的概念,以获取欧盟通过说服施加影响的能力。[80]曼纳斯认为,欧盟最好被视为一个规范力量,它赋予欧盟"观念力量"和塑造国际关系中的规范的能力。[81]这种力量可以说导致了欧盟一体化的目标和价值观(的形成),以及欧盟对民主、法治、人权和基本自由的承诺。这些原则的吸引力意味着欧盟树立了一个"良性榜样",导致其规范在全世界传播。

欧盟规则的规范吸引力可以解释即使在没有发生布鲁塞尔效应的情况下,为何外国法院愿意援引和仿效欧盟法律和欧洲法院的判决。在分析欧盟机构影响其他区域性组织(包括其法院)的原因时,米歇尔·莱维·科拉尔(Michel Levi Coral)则强调肉眼可见的欧盟一体化的成功,从而赋予欧盟的做法以显著的可信度。[82]阿马德奥·阿里纳(Amadeo Arena)得出了相同的结论,认为欧盟原则对欧洲产生的益处显著,可以作为其他追求更深入一体化的区域的范例。[83]

除欧盟模式的规范吸引力之外,有些评论家注意到欧盟也积极促进其体制结构被外部复制。[84]欧盟向许多执行其规则的第三国提供法律、技术专业知识及财政支持。[85]值得注意的是,关于欧盟对外国法院的影响的研究表明,这一支持基于劝说而非强迫,规范接受者已欣然接受欧盟模式,将效仿欧洲法院视为加强法律合规性的途径,并将此类法院运作作为一种促进其所在地区一体化的方式。[86]根据艾伦·泰瑟姆(Alan Tatham)的说法,参考欧洲法院的裁决,有助于外国法院减轻外部对其司法行动的批评,通过参照"卓越的一体化地区的法院",赋予当地支持一体化的裁决以合法性。[87]

然而,另外有些人认为,欧盟可能会被描绘成一个"规范优越"的模式,供"较小的司法管辖区"效仿,这种想法可能会引起不满。第八章将探讨这些批评,它们通常与欧盟是一个监管性帝国主义者的看法有关,认为其作为一个"仁慈的霸权"输出规范,实际上是一种新型殖民主义。欧盟最近所斗争的对象,从金融危机到法治倒退,也让人质疑欧盟是否还能声称其一体化项目是一个适合海外复制的"良性榜样"。

比较布鲁塞尔效应与其他形式的效应

正如之前讨论所示,监管趋同有多种不同的路径。这些路径包括布鲁塞尔效应和其他影响机制,每一路径都可以在不同的政治经济条件下被证明是最优的。它们可以同时发挥作用或先后产生影响,相互放大或彼此支持。比如,欧洲法院的影响力常常通过将欧盟机构的规范能力延伸到新的政策领域来补充布鲁塞尔效应。法院也可能以更易于传播的方式解释欧盟法规的内容。在事实上的布鲁塞尔效应之前,欧盟监管影响力通过条约和国际机构的扩散变得更加容易,因为当某种程度的监管互动已经发生时,共识往往更容易达成。然而,欧盟有时会利用这些由条约驱动的机制来替代事实上的布鲁塞尔效应,尤其是在布鲁塞尔效应不存在或不受欢迎的情况下。

本节讨论市场驱动的协调较之于条约驱动的协调具有的相对优势和劣势。还将解释这两种形式的影响如何相互作用。于此,"市场驱动的协调"一词指的是由事实上的布鲁塞尔效应产生的更被动的、由市场驱动的监管标准协调。"条约驱动的协调"是指通过谈判或国际机构实现的更积极的、由共识驱动的监管协调。

布鲁塞尔效应中由市场驱动的协调的优势

作为一种市场驱动的协调,较之于条约驱动的协调,布鲁塞尔效应对欧盟来说有着明显的优势:它带来了更低的合同成本和较少的执行成本。在依靠市场传递其法规的过程中,欧盟没有被迫寻求其他国家的同意。这避免了集体行动问题、昂贵的转移支付或针对不愿加入条约或机构的国家而采取的昂贵的强制措施。欧盟也可以远离与条约批准程序相关的不确定性。欧盟未能成功恢复陷入僵局的世贸组织的谈判，也未能带头推动联合国主导的全球森林公约谈判进程，这暴露了多边合作的困难。[88]这些进程需要大量的政治资本和外交努力，且有时也毫无结果。

如果各国不同意全球标准的好处，由条约驱动的协调就特别困难。此外，即使大多数国家原则上同意实现统一标准的可取性，多边标准的制定也是困难的。各国往往对最佳的特定标准有不同的看法。不同观点的聚合往往带来不同的分配结果，使得一些国家更喜欢一种标准而非另一种标准。[89]而市场驱动的协调解决了这一协调的问题——最严格的规则是各类观点的聚合。若各国都认为欧盟会不计代价地保留其标准，故在情况没有变化的条件下，标准就不会改变，这就提供了一个可预测和稳定的均衡。

使多边合作充满挑战的现有分歧似乎只会越来越大。国际法学者越来越多地哀叹这种"国际法的停滞"或"共识的衰退"。[90]通过这些术语，评论者表示传统条约结构越来越无力为国际秩序面临的现代挑战提供有效的解决办法，这种机制越来越让位于单边行动和非正式的国际立法。[91]约斯特·波韦林（Joost Pauwelyn）和他的合著者基于由40多名学者和30个案例组成的一个为期两年的研究项目的结果，认为正式的国际法在数量和质量上都停滞不前。他们认为，这种停滞表现在新多边条约的谈判急剧下降，以及达成这些条约背后的共识越来越少。[92]最近，美国脱离全球性机构进一步加深了这种不稳定性，在某些情况下，这损害了这些机构的运作能力。

条约不仅很难缔结，而且执行起来也很困难，成本很高。当一项严格的全球标准成为一项国际条约的预期产物时，没有办法能保证该条约会得到实施或强制执行。有关世界海洋渔业的条约是众多经谈判达成的全球标准未能实现其目标的案例之一。该条约未能成功解决过度捕捞问题，也未能推动鱼类资源的可持续管理。[93]尽管有许多经谈判达成的国际劳工组织（ILO）公约，其劳工标准在实践中也很难执行。[94]那些在难以执行的国际条约中加入的全球标准没法生效，这种案例并不少见。事实上,有评论者指出,产生"有效执行国际标准的条约是例外而非常规"[95]。

相反,市场驱动的协调往往提供了最有效的监管全球化的形式,因为它依赖企业自身利益在全球范围执行欧盟规范。欧盟的单边监管议程要求愿意在欧盟市场开展交易的外国公司进行合作,而不要求外国主权的合作。市场驱动的协调允许欧盟将游说工作外包给外国公司,这些公司在承担了欧盟合规成本后,在自己的本土市场倡导更高的标准,而不是通过缓慢且经常不确定的外交手段来认可其标准。这样,在没有积极努力而将其规则外化的情况下,欧盟不仅会看到事实上的布鲁塞尔效应,最终也会看到法律上的布鲁塞尔效应,而后者无需花费任何政治资本来说服外国政府采纳其规则。

证交会(SEC)和美国国务院执行有关美国内幕交易法规的努力提供了一个有益的对比。因外国(尤其是瑞士)基于国内银行保密法而不愿与美国合作,使美国上述机构实施美国规则的努力变得复杂。美国不得不花费大量的政治资本说服瑞士当局与其合作。考虑到瑞士银行持有全球大约一半的私人资产,这种努力被认为是值得的。[96]如果美国不能确保外国国内规则的改变,其遏制本国内幕交易的能力将会受到损害,而仅仅激励在美国经营的外国公司配合美国监管不足以实现这一目标。

如前所述,即使欧盟能有效将其标准和法规植入国际贸易条约,也不清楚这些条款是否会导致贸易伙伴实际的监管操作的持久变化。欧盟在促进接受国监管变革方面的记录充其量喜忧参半。造成这种情况的一个原因可能是,条约条款有时写得含糊不清,要求各国"尽最大努力"遵守标准,而非对实际结果有所要求。例如,尼古拉斯·A.J.克罗凯(Nicolas A.J. Croquet)声称,欧盟与韩国贸易协定中有关环境的条款写得含糊不清,导致这些条款在实践中失效。[97]

然而,条约的执行问题往往不止起草上的模糊不清,也反映在后续的行动不足、监管不力和执行不到位。阿克塞尔·马克斯(Axel Marx)和贾迪尔·索尔斯(Jadir Soares)关于贸易协定中劳工权利条款的实证研究,对作为输出规范和标准的工具的贸易协定的有效性提出了深刻的质疑。[98]作者研究了 13 个国家的两项具体劳工权利——结社自由和集体谈判权,欧盟与这些国家签订的伙伴贸易协定(PTA)中包含了强有力的劳工条款。他们的分析表明,尽管有条约义务,但随着时间的推移,伙伴国对这些权利的保护在逐步下降。虽然作者很谨慎,没有提出强有力的因果关系解释,但对贸易协定用于加强外国司法管辖区的劳工保护的效果提出了疑问。[99]

即使是监管和执行单边贸易的工具,如普惠制(GSP),也可能难于实施。普惠制方案旨在为发展中国家的商品提供优惠的市场准入,以便通过贸易促进它们的经济增长。美国和欧盟都安排了普惠制方案,将各种贸易对象的国内改革作为扩大这种优惠的条件,而违反这些条件会导致普惠制的单方面撤销。然而,对欧盟普惠制方案的审查表明,接受国很少执行优惠所附带的承诺。尽管欧盟对普惠制接受国(所有这些国家都是发展中国家)拥有相当大的经济权力,但它很少中止普惠制这一优惠,即使有报道称接受国违反了普惠制条件。

劳拉·贝克(Laura Beke)和尼古拉斯·哈切兹(Nicolas Hachez)关于缅甸的案例研究解释了这一动机,它表明即使存在取消普惠制优惠的威胁,也未能促使普惠制标准得到有效实施。[100]事实上,欧盟仅在少数情况下暂停优惠,包括 2007 年 1 月对缅甸、2007 年对白俄罗斯、2010 年对斯里兰卡及 2011 年对柬埔寨。这导致有人批评说,"在所有欧盟制裁措施中,撤销普惠制的成功记录最差"[101],且"至今没有一个遵守的案例"[102]。就普惠制条款在促进监管变化方面的无效,存在几种解释,包括直到最近,欧盟委员会还没有撤销普惠制的专属权能,它需要将有争议的决定提交给理事会(通常不会同意)。[103]目前尚不清楚最近的 2014 普惠制+(GSP+)改革方案(强调报告和监管)是否会提高该工具的有效性。[104]

所有这些都表明,通过贸易协定出口标准的有限性主要不在于最初条约缔结时的内容,而是与执行起来的困难有关。然而,由于谈判往往旷日持久,每一项贸易协定都有相当大的签约成本。在欧盟与强大的贸易伙伴谈判的情况下,实施标准也相当困难。此外,缔约成本高昂不仅是因为欧盟与其贸易伙伴之间的分歧,也是因为欧盟内部的分裂。

现代贸易协定通常包含将自身转化为"混合协定"的条款,这表明缔结条约的谈判能力并不完全取决于欧盟,还需要成员国的批准。[105]例如,最近的欧盟和加拿大的综合经济和贸易协定(CETA)由于欧盟内部的多个否决而几乎失败,仅仅在比利时,它就需要七个不同省份、地区和社区机构的批准。[106]另一个失败案例是《反仿冒贸易协定》(ACTA),由于欧盟议会拒绝批准该协定,该协定未能生效。[107]

在有关条约义务的谈判和执行中所存在的相关困难揭示了一个具有挑衅性的结论:市场驱动的协调导致公司改变其行为,而外国政府不一定改变其法律;而条约驱动的协调可能导致政府改变其法律,但公司不一定改变其行为。当然,在现实中,布鲁塞尔效应往往是不完全的,条约驱动的机制也不总是注定失败。如果条约驱动的合作没有结果,欧盟很可能早就放弃了多边主义和条约驱动的合作,不过欧盟对多边主义和国际机构的承诺依然坚定。

多边主义与条约驱动的合作持续存在的原因

平心而论,欧盟没有也可能从未想过为了单边主义而完全放弃国际合作和基于共识的工具。考虑到市场驱动的协调蕴含的诸多好处,欧盟对双边条约和多边机构的持续依赖(如果可选择的话)可能令人惊讶。在某些情况下,单边主义是不可行或不可取的,这促使欧盟寻求外国政府积极采纳欧盟规范。自然,当单方面协调的关键条件不存在时,就不会发生布鲁塞尔效应,无论是事实上的还是法律上的。在这种情况下,国际合作往往是实现监管全球化的唯一途径。

除了必要性之外,多边主义也可能是积极选择的产物。欧盟本身就是多边主义的产物,维护多边主义作为管理其国际关系的基础对欧盟有着持久的利益。多边主义有一定的优势,欧盟有时非常善于利用这些优势为自己谋利。尽管前面讨论过缔结和执行条约成本很高,欧盟在国际论坛上利用它们仍取得了许多成功。欧盟及其主要成员国仍然是自由主义国际秩序的主要建筑师,也是构成这一秩序基础的制度的主要支持者。因此,欧盟在这一秩序的恢复和延续方面有着巨大的既得利益。

当然,有时欧盟对条约驱动的协调的偏好,反映出它追求更广泛经济和政治目标的企图,这点很是明显。例如,欧盟渴望实现周边更广大区域的稳定,它试图通过入盟谈判和欧洲睦邻政策来实现这一目标。欧盟与这些地区的国家有着更深层次的政治联系,而这需要比布鲁塞尔效应本身的经济和政治联系更为紧密。即使是优惠贸易协定(PTAs)也可以成为更紧密的政治接触的工具,并为外交进程开辟道路,为更广泛的合作议程铺平道路,它最终会触及诸如国家安全等议题,这些议题具有深刻的政治色彩,不在任何市场驱动机制的范围之内。

但即使欧盟的目标只涉及监管协调的情况,多边主义也能为标准制定的合作提供一个可行且有吸引力的渠道。欧盟有时非常成功地将其标准纳入国际组织,使得单边主义相对多边主义的好处不甚明显。欧盟本身就是政府间合作的产物,在促进让其他国家采纳其规则方面有着丰富的经验。欧盟也善于利用其作为国家和联邦混合体的体制结构为自己谋利。在国际谈判中,它可以利用 28 个国家作为谈判力量,也可能因作为同等数量国家的代表而显示出其局限性。由于内部存在大量否决的可能,欧盟只能签署部分政策。[108]因此,出于特定议题上政治机的考虑,欧盟可能更喜欢追求条约驱动的协调而非让布鲁塞尔效应来完成这项工作。

布鲁塞尔效应背后的理论预测了欧盟何时可能追求条约驱动的协调,而不是依赖市场来传输其标准。例如,该理论认为,当布鲁塞尔效应未能影响到欧盟企业重要出口市场时,欧盟应依赖合作工具。由于缺乏公平的竞争环境,欧盟的出口导向型企业很难打入某些市场。因此,当欧盟是某种产品的净出口地而不是净进口地时,欧盟会更关心出口市场而非进口市场的标准。因此,在这种情况下,布鲁塞尔效应最不可能提高标准,因为那些欧盟产品的净进口国在欧盟的商品存在较少。因此,欧盟更有可能在它是净出口地的领域花费外交努力来谈判多边标准,而在它是净进口地的领域依赖市场。

同样,该理论表明,在欧盟监管效能有限且规则制定能力较弱的领域,欧盟更有可能追求条约驱动的协调。在实践中,由于需要内部一致同意,欧盟在监管有害的税收竞争和避税方面取得的成功有限。因此,它在公司逃税问题上积极寻求国际合作。例如,它会根据经合组织的建议制定具有法律约束力的规则,并与国际伙伴合作跟踪不合作的税务管辖区。[109]

类似地,在有其他主要国家比它更倾向于实施高标准的领域,欧盟也有动力就国际标准进行谈判。在这些情况下,布鲁塞尔效应无法支持欧盟偏好的外化,因为它不是最严格的标准。那么,欧盟的最佳选择是说服其他司法管辖区对欧盟自己的标准提供"相互承认",这样欧盟就可以继续坚持自己的首选标准,同时实现国际贸易。例如,欧盟和美国对衍生品强制清算的交易场所有不同的规定。2017 年,经过长时间的谈判,根据确保《商品交易法》(CEA)这一新的欧盟法律要求,美国商品期货交易委员会(CFTC)对欧盟授权的交易工具予以豁免。[110]

特别是在金融监管领域,由于资本的弹性,布鲁塞尔效应受到限制,这使得国际标准制定成为监管全球化的唯一可行路径。欧盟寻求更强有力的国际金融监管,以限制金融市场中的监管套利和不稳定性,特别是在 2008 年金融危机之后。[111]例如,制定管理全球资本市场的国际标准的国际证券委员会组织(IOSCO)为欧盟提供了一个平台,以对证券监管的国际标准施加影响。[112]在国际证券委员会组织中,欧盟通过欧洲证券和市场管理局(ESMA)和欧盟委员会等机构代表其成员国进行金融监管。[113]同样,通过其成员国和欧洲央行,欧盟对巴塞尔银行监管委员会(BCBS)制定的全球银行规范施加了显著的影响。[114]考虑到全球金融市场的相互联系和弹性,通过单边影响将永远无法实现通过多边标准制定所实现的目标。

欧盟也有动力寻求通过条约驱动的协调以加强其自身标准的效果。例如,当一标准呈现出网络效应特征时,即随着更多国家采用相同标准,这会促进欧盟相关利益增加,欧盟就有更大动机参与条约制定以利用该网络效应。[115]推动 5G 或"第五代"电信系统的全球实施证明了这一点,欧盟委员会认为这对未来十年的数字经济和社会至关重要。[116]因此,委员会"强烈支持国际合作以实现全球的互操作性",并于 2011 年初与巴西、中国、日本和韩国签署了 5G 联合声明。[117]

出于道德需求,欧盟也可能鼓励第三国采用其标准。若欧盟希望

在全球范围用道德诉求（如促进人权）去改变别人的行为，在全球运用
单边行动远远不够。欧盟内部存在寻求输出意识形态或道德信念的有
影响力的政治团体，当国外道德问题变得突出，且他们在乎建立普世行
为标准时，上述情况尤其可能发生。[118]在这些政策领域，欧盟通常无法
利用其市场准入加以实现。[119]欧盟无法在全球范围废除酷刑、释放政
治犯、解决移民危机、实现核裁军或通过利用其市场准入控制全球能源
供应。在这些非市场问题上，条约驱动的协调，尽管常常不完整或无
效，但仍然是唯一的途径。

追求条约驱动的协调的另一个原因是通过全球化使欧盟规范获得
更大的合法性。如果外国公司和政府认可欧盟标准，这些标准可能会
被视为具有更广泛的吸引力，从而具有更大的合法性。[120]这种合法性
具有一个重要好处，即如果这些标准已在全球被复制，欧盟贸易伙伴就
不太可能在世贸组织这样的论坛上质疑欧盟标准的合法性。不太明显
的是，成为全球标准制定者有利于扩大欧盟的软实力，并在国内外验证
其监管议程。单边行动的全球实施，即使是由市场而非积极的政府措
施所驱动的行动，也可以被视为强制性的，因为欧盟在输出其规则时不
会有压力去寻求外国政府的同意。这可能会招致国外的不满，甚至被
指责为"监管帝国主义"，这一点在前面已经阐述，并将在第八章中进一
步讨论。用条约驱动的协调来补充布鲁塞尔效应，可能会缓解对欧盟
单边主义的批评。

条约驱动的协调不一定是布鲁塞尔效应的替代方案。相反，即使
在布鲁塞尔效应可能已经存在的情况下，它也可能提供一个重要的补
充机制。例如，在其他国家的行动（或不作为）对外部产生负面冲击，对
欧盟利益产生不利影响的情况下，欧盟可能会鼓励外国采用某些标准。
这一动机可以部分解释欧盟努力寻求双边条约、监管合作协议，以及通
过国际机构和政府网络进行合作，以鼓励竞争法的传播。[121]如果反竞
争行为在其他地方仍然有利可图，欧盟竞争法的威慑效果可能会大打
折扣。如果卡特尔成员有能力通过在无法控制其串通行为的市场中获
取超竞争利润来抵消欧盟的任何罚款，就可能出现这种情况。气候变
化提供了另一个案例，假如中国未能限制其温室气体（GHG）排放，会

直接损害欧盟阻止气候变化的努力。[122] 尽管在某些条件下,布鲁塞尔效应可以通过限制中国进口到欧盟的产品而减少温室气体排放,但布鲁塞尔效应对在中国的碳排放不起任何作用,反而引发全球问题。

此外,在某些情况下,欧盟可能会追求条约驱动的协调,以便通过制度化来"锁定"某些市场驱动的欧盟标准。这可能是一种精明的方式,可以先发制人,让市场准入成为一种不太有效的施加影响的工具。欧盟知晓,随着亚洲和其他地区消费市场的规模和财富继续增长,其相对经济影响力在未来将不可避免地减弱。法律上的布鲁塞尔效应比事实上的布鲁塞尔效应更不容易受到这些经济变化的影响,这为欧盟寻求将其规则嵌入条约而不是依赖市场无限期维持规则提供了理由。

最后,市场驱动和条约驱动的协调也可依次进行。在有限的布鲁塞尔效应已经发生的地方,欧盟也许能够更成功地将其标准制度化。在一些外国公司或政府已经遵循欧盟法规的情况下——无论是出于事实上还是法律上的布鲁塞尔效应的结果——欧盟能够更好地达到必要的临界点,以在国际谈判中打破平衡而实现欧盟偏好。因此,布鲁塞尔效应可以促进欧盟努力就国际标准达成一致,这些标准虽然以欧盟规则为范本,但会被纳入条约,并视之为国际共识。布鲁塞尔效应也可能通过改变潜在的谈判动机为多边合作铺平道路。例如,利用国际共识,通过"国际航空碳抵消和减排机制"(CORSIA)来管理航空中的温室气体排放,其中,欧盟单边主义威胁是一个重要因素[123],这点将在第七章中进行讨论。参与国之所以在很大程度上同意上述机制,是因为在没有国际协定的情况下,欧盟将单方面监管该行业。这个案例说明了欧盟有时是如何利用单边主义来促进多边主义的。

"布鲁塞尔效应"是众多机制中欧盟规则改变全球企业行为和监管机制中的一种。作为一种被动但强大的市场驱动机制,布鲁塞尔效应往往胜过欧盟施加监管影响的其他更主动的机制。然而,布鲁塞尔效应有其局限性:它可能不同程度地存在缺失与不完整性,或者有时是一种无效的施加影响的方式。最终,所选择的监管影响的确切机制可能会因政策领域甚至时间而存在差异,比如当市场驱动的协调让位于通过条约和制度施加的更积极的监管时,欧盟会显得与众不同,与许多其他司法管辖区不同,市场驱动和条约驱动机制可以共存,甚至相互放大,最大限度地扩大欧盟规范对全球市场结果的影响。

注　释

1. Joanne Scott, *Extraterritoriality and Territorial Extension in E.U. Law*, 62 Am. J. Comp. L. 87, 88—90(2014).

2. *Id.* at 94.

3. *Id.*

4. *Id.* at 90.

5. *Id.* at 124.

6. *Id.* at 98.

7. 当然,这里讨论的三种影响形式并不是欧盟规则在欧盟之外影响深远的唯一方式。例如参见 Katerina Linos, *Diffusion Through Democracy*, 55 Am. J. Pol. Sci. 678 (2011);另见 Charles F. Sabel &. Jonathan Zeitlin, *Learning from Different*: *The New Architecture of Experimentalist Governance in the European Union*, 14 Euro. L.J. 271 (2008); Jonathan Zeitlin, Extending Experimentalist Governance?: The European Union and Transnational Regulation(2015)。

8. 参见 *Communication from the Commission to the Council and the European Parliament*: *Wider Europe—Neighbourhood*: *A New Framework for Relations with Our Eastern and Southern Neighbours*, at 5, COM(2003) 104 final(Mar.11, 2003)。

9. Sophie Meunier &. Kalypso Nicolaidis, *The European Union as a Trade Power*, *in* International Relations and the European Union 275, 279(Christopher Hill &. Michael Smith eds., 2011).

10. 参见 *EU Enlargement Factsheet*, European Commission, https://ec.europa.eu/neigh-bourhood-enlargement/sites/near/files/pdf/publication/factsheet_en.pdf[https://perma.cc/Q3CF-YCGD]。

11. 参见 *Communication from the Commission to the Council and the European Parliament*: *Wider Europe—Neighbourhood*: *A New Framework for Relations with Our Eastern and Southern Neighbours*, at 5, COM(2003) 104 final(Mar.11, 2003)。

12. 参见 Sophie Meunier &. Kalypso Nicolaides, *The European Union as a Conflicted Trade Power*, 13:6 J. EU Pub. Pol'y 906, 913(2006)。

13. *Negotiations and Agreements*, European Commission, *available at* http://ec.europa.eu/trade/policy/countries-and-regions/negotiations-and-agreements/[https://perma.cc/BAS2-QNTA]。

14. 一般参见 Legislative Approximation and Application of EU Law in the Eastern Neighbourhood of the European Union: Towards a Common Regulatory Space? (Peter van Elsuwge &. Roman Petrov eds., 2014); Nariné Ghazaryan, The European Neighbourhood Policy and the Democratic Values of the EU(2014)。

15. "European Neighbourhood Policy(ENP)," European Union External Action(21 Dec.2016, 4:25 PM), https://eeas.europa.eu/diplomatic-network/european-neighbourhood-

policy-enp/330/european-neighbourhood-policy-enp_en[https://perma.cc/NZ6J-NFT2].

16. Consolidated Version of the Treaty on the Functioning of the European Union arts. 3(5) & 21(1), Mar.30, 2010, 2010 O.J.(C 83) 47, 88—89[hereinafter TFEU].

17. 参见 Treaty of Lisbon Amending the Treaty on European Union and the Treaty Establishing the European Community, Dec. 13, 2007, 2007 O. J. (C 306) 1, art. 8 [hereinafter Treaty of Lisbon]; Christophe Hillion, *The EU Neighborhood Competence under Article 8 TEU*, in Thinking Strategically about EU's External Action 204(Elvire Fabry ed., 2011)。

18. Johannes Hahn, First Vice President of the European Commission (2010—2014), Address at Chatham House Conference: Beyond Berlin: What Does the Next Decade Hold for the Western Balkins? (July 10, 2018).

19. *Communication from the Commission to the Council and the European Parliament: Wider Europe—Neighbourhood: A New Framework for Relations with our Eastern and Southern Neighbours*, at 10, COM(2003) 104 final(Mar.11, 2003).

20. Eduard Soler i Lecha & Elina Villup, *Reviewing the European Neighbourhood Policy: A Weak Response to Fast Changing Realities*, Barcelona Centre for Int'l Affairs (June 2011), https://www.cidob.org/en/publications/publication_series/notes_internacionals/n1_36/reviewing_the_european_neighbourhood_policy_a_weak_response_to_fast_changing_realities[https://perma.cc/U84X-79LT].

21. Judy Dempsey, *Judy Asks: Is the European Neighborhood Policy Doomed?*, Carnegie Europe (May 20, 2015), https://carnegieeurope.eu/strategiceurope/60138?lang=en[https://perma.cc/FLF3-QZ7M].

22. Euro Comm'n, Report on Implementation of EU Free Trade Agreements 7(2018).

23. Raymond J. Ahearen, Europe's Preferential Trade Agreements: Status, Content, and Implications, Congressional Research Service 2(2011), https://fas.org/sgp/crs/row/R41143.pdf[https://perma.cc/22UG-R8TW].

24. Emilie M. Hafner-Burton, *Trading Human Rights: How Preferential Trade Agreements Influence Government Repression*, 59 Int'l Org.593(2005); Sophie Meunier & Kalypso Nicolaidis, *supra* note 9.

25. Billy A. Melo Araujo, The EU Deep Trade Agenda: Law and Policy 2(2016).

26. Todd Allee & Manfred Elsig, *Are the Contents of International Treaties Copied-and-Pasted? Evidence from Preferential Trade Agreements* 11—12 (NCCR Working Paper No.8, 2016), https://www.wti.org/research/publications/998/are-the-contents-of-international-trea-ties-copied-and-pasted-unique-evidence-from-preferential-trade-agreements/[https://perma.cc/2JB4-W9YR].

27. Annalisa Savaresi, *The EU External Action on Forests: FLEGT and the Development of International Law*, in External Environmental Policy of the European Union: EU and International Law Perspectives 149(Elisa Morgera ed., 2012).

28. Billy A. Melo Araujo, The EU Deep Trade Agenda: Law and Policy 226(2016).

29. *Id*.

30. *Fisheries: Bilateral Agreements With Countries Outside the EU*, European Commission, https://ec.europa.eu/fisheries/cfp/international/agreements_en[https://

perma.cc/2XRB-L939].

31. *External Aviation Policy—A Common Aviaion Area with the EU's neighbours*, European Commission, https://ec.europa.eu/transport/modes/air/international_aviation/external_aviation_policy/neighbourhood_en[https://perma.cc/5Y47-CCRS].

32. *The Energy Community Treaty*, EUR-Lex, https://eur-lex.europa.eu/legal-content/EN/LSU/?uri=CELEX:32006D0500[https://perma.cc/NQ53-XFST]; Council Decision 2006/500, 2006 O.J.(L 198) 15(EC).

33. Treaty establishing the Transport Community, art.1, 2017 OJ(L 278) 3.

34. 例如,欧盟不是国际货币基金组织的成员,但它协调其成员国的立场。参见 Joachim A. Koops & Dr. Dominik Tolksdorf, *The European Union's Role in International Economic For a Paper 4: The IMF*, European Parliament 44(2015), http://www.europarl.europa.eu/RegData/etudes/STUD/2015/542193/IPOL_STU(2015)542193_EN.pdf[https://perma.cc/94GN-Y8E9]。

35. *The OECD and the EU*, European External Action Service(Jun.23, 2016, 1:52 AM), https://eeas.europa.eu/delegations/paris-oecd-and-un_en/12350/The%20OECD%20and%20the%20EU[https://perma.cc/ZJH3-SNVS].

36. Food and Agriculture Org. of the United Nations, Understanding Codex 15(5th ed. 2018).

37. 参见 Sara Poli, *The European Community and the Adoption of International Food Standards within the Codex Alimentarius Commission*, 10 Euro. L.J. 613(2004)。

38. 对欧盟委员会卫生和食品安全总司司长萨比娜·于歇尔(Sabine Juelicher)的当面采访(2018 年 7 月 18 日)。*Food: Legislation*, European Commission, https://ec.europa.eu/food/safety/bio-safety/irradiation/legislation_en[https://perma.cc/4NTZ-WJHL].

39. *Food: Legislation, European Commission*, https://ec.europa.eu/food/safety/biosafety/irradiation/legislation_en[https://perma.cc/4NTZ-WJHL].

40. Pasqualina Lagana et al., *The Codex Alimentarius and the European Legislation on Food Additives*, in Chemistry and Hygiene of Food Additives 27(Maria Eufemia Gioffré, Salvatore Parisi & Santi Delia eds., 2017).

41. *Codex and the International Food Trade*, Food and Agriculture Organization of the United Nations, http://www.fao.org/3/w9114e/w9114e06.htm[https://perma.cc/N8J2-2YNV].

42. Bill Canis & Richard K. Lattanzio, *US and EU Motor Vehicle Standards: Issues for Transatlantic Trade Negotiations*, Congressional Research Service(2014).

43. Mathieu Rousselin, *The EU as a Multilateral Rule Exporter*, (Kolleg-Forschergruppe(KFG) The Transformative Power of Europe, Working Paper No.48, 2012), http://userpage.fu-berlin.de/kfgeu/kfgwp/wpseries/WorkingPaperKFG_48.pdf[https://perma.cc/H8TA-5MTK].

44. Sandra Lavenex, *The Power of Functionalist Extension: How EU Rules Travel*, 21 J. of EU Pub. Pol'y 885(2014).

45. Anne-Marie Slaughter, A New World Order(2004).

46. David Bach & Abraham L. Newman, *Governing Lipitorand Lipstick: Capacity, Sequencing, and Power in International Pharmaceutical and Cosmetics*

Regulation，17 Rev. Int'l. Pol. Econ. 665，672(2010).

47. 参见 Anu Bradford，*Antitrust Law in Global Markets*，in Research Handbook on the Economics of Antitrust Law 283，314—316(Einer Elhauge ed.，2012)。

48. Sandra Lavenex，*supra* note 44，at 894.

49. *Id*.

50. Giancarlo F. Frosio，*The Right to Be Forgotten*：*Much Ado about Nothing*，15. J. on Telcomm. & High Tech. L. 307，310(2017)；Arie Reich，*The Impact of the EU Court of Justice on the Israeli Legal System* (Bar Ilan University Faculty of Law Research Paper，No.18—24，2018).

51. 参见 Frosio *supra* note 50，at 6。

52. Karen J. Alter，*The Global Spread of European Style International Courts*，35 W. Eur. Pol.135，139(2012).

53. *Id*. at 140.

54. Agreemen02ton Andean Subregional Integration，art.29，May 26，1969，8 I.L.M. 910；Karen J. Alter & Laurence Helfer，Transplanting International Courts：The Law and Politics of the Andean Tribunal of Justice 10(2017).

55. Alter & Helfer，*supra* note 54.

56. Karen J. Alter et. al.，*Transplanting the European Court of Justice*：*The Experience of the Andean Tribunal of Justice*，60 Am. J. of Comp. L.，629，631(2012).

57. 参见 ATJ Case 2-IP-1988 point 2，at 2—3(May 25，1988)。

58. 例如参见，ATJ Case 2-IP-1988(May 25，1988)；ATJ Case 3-AI-1996(Mar.24，1997)；ATJ Case 2-AI-1997(Sept.24，1988)；ATJ Case 3-AI-1997(Dec.8，1997)；ATJ Case 7-AI-1998(Nov.12，1999)；ATJ Case 16-AI-1999(Mar.22，1999)；ATJ Case 51-AI-2000(Nov.16，2001)；ATJ Case 53-AI-2000(Apr.24，2002)；ATJ Case 89-AI-2000 (Sept.28，1001)；ATJ Case 93-AI-2000(Jan.22，2002)；ATJ Case 1-AN-1997(Feb.26，1998)；ATJ Case 3-AN-1997 (Mar.9，1998)；ATJ Case 4-AN-1997 (Aug.17，1998)；ATJ Case 24-AN-1999(Feb.2，2000)；ATJ Case 23-AN-2002(Aug.19，2003)；ATJ Case 214-AN-2005(Nov.17，2006)；ATJ Case 3-AN-2006(Mar.21，1997)。

59. 参见 ATJ Case 3-AI-1996(Mar.24，1997)。

60. 例如参见 ATJ Case 2-AI-1997 (Sept. 24，1998) (citing Case 2-282/96 Commission v Fr. Republic，1997 E.C.R. I-2929(E.C.J.) and Case 293/96 Irish Farmers Ass'n and Others v Minister for Agric.，Food and Forestry，Ir. and Attorney General，1997 E.C.R. I-01809(E.C.J.)。

61. Alter，*supra* note 56，at 640.

62. *Id*. at 633.

63. *Id*. at 644.

64. *Id*. at 645.

65. Corte Constitucional[C.C.][Constitutional Court]，abril 21，2017，Sentencia T-236/17(Colom.)，[http://www. corteconstitucional. gov. co/relatoria/2017/T-236-17. htm].

66. Corte Constitucional [C. C.][Constitutional Court]，septiembre 8，2015，Sentencia C-583/15(Colom.)，[http://www. corteconstitucional. gov. co/relatoria/2015/c-583-15.htm].

67. Corte Constitucional[C. C.][Constitutional Court], junio 2, 2017, Sentencia T-365/17(Colom.), [http://www.corteconstitucional.gov.co/relatoria/2017/t-365-17.htm].

68. Competition Comm'n of In. v. Co-ordination Comm. of Artists and Technicians of W. B. Film and Television, C.A. 6691 of 2014, Supreme Court of India, 2014.

69. Tamil Nadu Film Exhibitors Ass'n v. Competition Comm'n of India,(2015) 2 LW(Mad.) 686, 695.

70. 参见 In Re Surinder Singh Barmi and Board of Control for Cricket in India, C.A. 61 of 2014, Supreme Court of India，2014。

71. 例如参见 Roger Van den Bergh, *The Difficult Reception of Economic Analysis in European Competition Law*, in Post-Chicago Developments in Antitrust Law, 34, 46—50(Antonio Cucinotta et al. eds., 2002). *Compare with Antitrust Guidelines for the Licensing of Intellectual Property*, U. S. Department of Justice and Federal Trade Commission(Jan. 12, 2017), https://www.ftc.gov/system/files/documents/public_statements/1049793/ip_guidelines_2017.pdf[https://perma.cc/X42M-Z2AZ]; *and* Commission Regulation 772/2004, 2004 O.J.(L 123) 11. *Contra* Damien Geradin & Einer Elhague, Global Antitrust Law and Politics, 208—232(2007)。

72. 参见 Rafael la Porta et. al., *The Economic Consequences of Legal Origin*, 46 J. Econ. Literature 285(2008)；另见 Holger Spamann, *Contemporary Legal Transplants: Legal Families and the Diffusion of (Corporate) Law*, 6 BYU L. Rev.1813(2009)。

73. 参见 Brazilian Internet Law(Law No.13, 709 of Aug. 14, 2018)(Braz.)；另见 Paul M. Schwartz, *Global Data Privacy: The EU Way*, 94 NYU L. Rev.(forthcoming 2019), 27—29, https://papers.ssrn.com/sol3/papers.cfm?abstract_id=3338954[https://perma.cc/Z86X-P37E]。

74. Hans-Bernand Schafer, *Rules versus Standards in Rich and Poor Countries: Precise Legal Norms as Substitutes for Human Capital in Low-Income Countries*, 14 Sup. Ct. Econ. Rev.113(2006).

75. Madeleine B. Kadas & Russel Fraker, *Chapter 20: Central and South American Overview: Emerging Trends in Latin America*, in International Environmental Law 366 (Roger R. Martella, Jr. & J. Brett Grosko eds., 2014).

76. Allan Tatham, "Judicial Variations on the Theme of Regional Integration": Diffusing the EU Model of Judicial Governance 10(Sant' Anna Legal Stud. STALS Res. Paper 6/2015, 2015), http://www.stals.sssup.it/files/Tatham%20stals_rechecked.pdf [https://perma.cc/K7X6-HDL9].

77. 例如，将《市场力量控制和监管法》第 27 条和《西班牙竞争保护法》第 3 条或《市场力量管制和监管法》第 11 条与《欧盟运行条约》第 101 条或《西班牙竞争保护法》第 1 条进行比较。

78. 例如参见 Hailegabriel G. Feyissa, *European Influence on Ethiopian Antitrust Regime: A Comparative and Functional Analysis of Some Problems*, 3 Mizan Law Review 271, 275 (2009)；另见 Gabriela Mancero-Bucheli, *Intellectual Property and Ruleson Free Movement: A Contradiction in the Andean Community(ANCOM)*, 4 L. & Bus. Rev. Am. 125(1998)。

79. 西非经货联盟(WAEMU)不仅效仿了欧盟的反垄断法，而且其法院还认为，《达喀尔条约》(建立西非经货联盟条约)的解释应参考欧洲共同体的创始条约《罗马条约》和欧盟法院的判例。参见 Advisory Opinion 3/2000/CJ/UEMOA(June 27, 2000)。

80. Ian Manners, *Normative Power Europe: A Contradiction in Terms?*, 40 J. of Common Market Stud. 235, 236(2002).

81. *Id.* at 239, 240—241, 244.

82. Michel Leví Coral, *La Unión Europea y la nueva integracion latino Americana parámet-ros de comparación aplicados en diferentes estudios sobre los procesos de integración*[The European Union and the New Latin American Integration: Comparison Parameters Applied in Different Studies About Integration Processes], 11 Revista del Centro Andino de Estudios Internacionales 217, 223(2011).

83. Amadeo Arena, *Primacy: Three (Not So) Unshakable Certainties About a Foundational Principle of EU Law*, Conference at Columbia University(Nov.8, 2017).

84. Leví Coral, *supra* note 82, at 224. 另见 Samuel Fernandez Illanes, *El proceso de inte-gración europeo: ¿Un ejemplo para otras regiones?* [The European Integration Process: An Example for Other Regions?], 5 Instituto de Ciencias Sociales y de la Comunicacion 36(2009), http://www.ubo.cl/icsyc/wp-content/uploads/2011/09/2-Fern%C3%A1ndez.pdf[https://perma.cc/VV4F-C2DL]。

85. Alter &. Helfer, *supra* note 54, at 5.

86. Alter, *supra* note 52, at 145.

87. Tatham, *supra* note 76, at 11.

88. 关于这些谈判失败的文献和评论不胜枚举。例如参见 Megan Dee, *Tackling the EU's Emerging Irrelevance in the Doha Round*, Commentary for the European Council on Foreign Relations "EU Performance Scorecard 2012" (2012); Jeremy Rayner, Alexander Buck &. Pia Katila(eds.), Embracing Complexity: Meeting the International Forest Governance Challenge(2011); Editorial Board, *Global Trade After the Failure of the Doha Round*, N. Y. Times(Jan.1, 2016), https://www.nytimes.com/2016/01/01/opinion/global-trade-after-the-failure-of-the-doha-round.html(on file with author)。

89. 参见 Anu Bradford, *International Antitrust Negotiations and the False Hope of the WTO*, 48 Harv. Int'l L.J. 383, 413—422(2007)。

90. 参见 Nico Krisch, *The Decay of Consent: International Law in an Age of Global Public Goods*, 108 Am. J. Int'l L. 1(2014); 另见 Joost Pauwelyn et al., *When Structures Become Shackles: Stagnation and Dynamics in International Lawmaking*, 25:3 Eur. J. Int'l L. 733(2014)。

91. Pauwelyn et al., *supra* note 90.

92. *Id.*

93. 参见 Christopher J. Carr &. Harry N. Scheiber, *Dealing With a Resource Crisis: Regulatory Regimes for Managing the World's Marine Fisheries*, 21 Stan. Envtl. L.J. 45, 53, 62, 76—79(2002)。

94. Frank Hendrickx et al., *The Architecture of Global Labor Governance*, 155:3 Int'l Lab. Rev.339(2016).

95. 参见 David Vogel &. Robert A. Kagan, *Introduction* to Dynamics of Regulatory Change: How Globalization Affects National Regulatory Policies 23 (David Vogel &. Robert A. Kagan eds., 2004)。

96. 参见 Jonathan R. Macey, *Regulatory Globalization as a Response to Regulatory Competition*, 52 Emory L.J. 1353, 1367—1369(2003)。

97. 参见 Nicolas A.J. Croquet, *The Climate Change Norms under the EU-Korea Free Trade Agreement*: *Between Soft and Hard Law*, in Global Governance through Trade: EU Policies and Approaches 124(Jan Wouters et al., 2015)。

98. 参见 Axel Marx &. Jadir Soares, *Does Integrating Labor Provisions in Free Trade Agreements Make a Difference? An Exploratory Analysis of Freedom of Association and Collective Bargaining Rights in 13 EU Trade Partners*, in Global Governance through Trade: EU Policies and Approaches 158(Jan Wouters et al. eds., 2015)。

99. 另见 Billy Melo Araujo, *Labour Provisions in EU and US Mega-Regional Trade Agreements: Rhetoric And Reality*, 67:1 Int'l &. Comp. L. Quart.233(2018)。

100. Laura Beke &. Nicolas Hachez, *The EU GSP: A Preference for Human Rights And Good Governance? The Case of Myanmar*, in Global Governance through Trade: EU Policies and Approaches 185(Jan Wouters et al. eds., 2015).

101. Clara Portela, European Union Sanctions and Foreign Policy: When and Why Do They Work?, 160(Routledge 2010).

102. Clara Portela, Enforcing Respect for Labour Standards with Targeted Sanctions, 7(2018).

103. Laura Beke &. Nicolas Hachez, *supra* note 100, at 207.

104. Commission Report on GSP 2016—2017, 19 January 2018, COM(2018) 36 final.

105. Opinion Procedure 2/15, Request for an Opinion pursuant to Article 218(11) TFEU—Conclusion of the Free Trade Agreement between the European Union and the Republic of Singapore—Allocation of competences between the European Union and the Member States, 2017 E.C.R. I-376.

106. *Belgium Walloons Block Key EU CETA Trade Deal with Canada*, BBC News (Oct.25, 2016), https://www.bbc.com/news/world-europe-37749236[https://perma.cc/8247-ESSQ]; Eric Maurice, *Belgium Green Lights Unchanged CETA*, EU Observer (Oct.28, 2016), https://euobserver.com/economic/135717[https://perma.cc/3M9S-K6GL].

107. *ACTA: Controversial Anti-Piracy Agreement Rejected by EU*, BBC(July 4, 2012), https://www.bbc.com/news/technology-18704192 [https://perma.cc/5R37-4Q7Q].

108. 参见 Sabrina Safrin, *The Un-Exceptionalism of U.S. Exceptionalism*, 41 Vand. J. Transnat'l L. 1307, 1324—1327(2008)。

109. Press Release, European Comm'n, New EU Rules to Eliminate the Main Loopholes Used in Corporate Tax Avoidance Come Into Force on 1 January(Dec.30, 2018), https://europa.eu/rapid/press-release_IP-18-6853_en.htm[https://perma.cc/RE76-PAVE].

110. Press Release No.7656-17, U.S. Commodity Futures Trading Comm'n, CFTC Approves Exemption from SEF Registration Requirement for Multilateral Trading Facilities and Organised Trading Facilities Authorized Within the EU(Dec.8, 2017),

https：//www. cftc. gov/PressRoom/PressReleases/pr7656-17［https：//perma. cc/673X-DBNP］；另见 Shanny Basar, *US and EU Equivalence Works Well*, Markets Media（Sept. 26，2018），https：//www. marketsmedia. com/us-and-eu-equivalence-works-well/［https：//perma.cc/GL3Y-LJMD］。

111. *A Global Financial Market*, European Commission，https：//ec. europa. eu/info/business-economy-euro/banking-and-finance/international-relations/international-cooperation-financial-regulation-and-capital-movements_ en［https：//perma. cc/RRU6-C2K8］.

112. Pierre-Henri Conac, *The European Union's Role in International Economic Fora Paper 6：The IOSCO*, European Parliament：Directorate General for Internal Policies 12, 37(2015).

113. *Id.* at 24.

114. Stefan Ingves，Chairman，Basel Committee on Banking Supervision，Keynote Speech at the Institute for Law and Finance Conference：Basel III Are We Done Now？（Jan.29，2018）.

115. 参见 Vogel & Kagan, *supra* note 95, at 13。

116. 参见 *Towards 5G*, European Commission（last updated Mar. 14，2019），https：//ec.europa. eu/digital-single-market/en/towards-5g［https：//perma.cc/36GS-CZNK］；另见，*e.g.*，David E. Sanger et al.，*In 5G Race With China*, *U.S. Pushes Allies to Fight Huawei*，N.Y. Times,（Jan.26，2019）（on file with author）。

117. *International Cooperation on 5G*, European Commission（last updated Mar. 8. 2019），https：//ec.europa.eu/digital-single-market/en/5G-international-cooperation［https：//perma.cc/4JPJ-DF7X］.

118. 参见 Macey, *supra* note 96, at 1369。

119. Lavenex, *supra* note 48, at 895.

120. David Vogel，The Politics of Precaution：Regulating Health, Safety, and Environmental Risks in Europe and the United States，13(2015).

121. Bradford, *supra* note 89, at 408.

122. 例如参见 *A Large Black Cloud：Rapid Growth Is Exacting a Heavy Environmental Price*, Economist(Mar.15，2008)，at 13，17。

123. *Historic Agreement Reached to Mitigate International Aviation Emissions*, International Civil Aviation Organization(ICAO)(Oct.6，2016)，https：//www. icao.int/Newsroom/Pages/Historic-agreement-reached-to-mitigate-international-aviation-emissions. aspx［https：//perma.cc/4VVC-6B8J］.

第二部分：案例研究

第二部分导言

第二部分将会运用前一部分的理论框架,以观察四个不同政策领域的实践,从而作为验证布鲁塞尔效应的主要案例。第四章关注市场竞争,讨论欧盟通过其事实上的和法律上的竞争法规对全球产生的影响。第五章关注数字经济,揭示欧盟如何对数字公司的全球数据保护实践及其平台上的仇恨言论政策施加影响,并推动国外的监管改革。第六章转向风险监管,以揭示欧盟监管消费者健康和安全(特别是有关食品安全和化学品安全)的努力是如何影响全球市场的。最后第七章采用控制有害物质和电子废弃物、保护动物福利和减缓气候变化的案例,来考察欧盟环境法规的全球影响。这些章节中提到的政策问题有时可能会有所重叠,许多问题可以很容易地在其他政策领域相关话题中进行考察。例如,虽然化学品安全的管理和转基因生物的管理都在第六章有关消费者健康问题时进行了讨论,但它们同样可以作为第七章讨论环境管理的一部分而得到运用。

选择这些政策领域——市场竞争、数字经济、消费者健康和安全及环境——是因为它们都属于重要的欧盟政策领域,也揭示了布鲁塞尔效应在实践中发挥的作用。这些政策案例有许多共同特征,包括它们都源于欧盟层面的监管要求,但也表现出重要的差异性。其中一些案例代表了传统的且成熟的欧盟监管领域(如食品安全),而另一些案例则代表了最新的监管创新(如网络仇恨言论监管)。有些政策主要由内部动机驱动(如电子产品中的危险物质监管),而有些则是从一开始就考虑到内部和外部动机(如碳排放量交易)。在许多领域,欧盟法规由强制性规则组成(如化学品安全),而有些则依赖自愿监管工具(如网络仇恨言论)。有些政策领域表现出欧盟委员会参与执法的特点(如竞争政策），而有些案例则显示执法授权给了成员国（如数据保护）。所有上述监管领域都受到布鲁塞尔效应的影响，尽管程度不一。它们既揭示了布鲁塞尔效应的强度，也偶尔揭示了其局限性，这些案例体现出在大多数情况下决定布鲁塞尔效应是否起效的理论上的具体特征。

为使表述清晰，第四章将通过一个标准研究模式来阐述这四个案例，以努力对那些密集的监管材料进行解析。每个案例研究首先会介绍该领域的主要欧盟立法，然后简要讨论立法背后的政治经济学因素。接着会讨论和事实上的和法律上的布鲁塞尔效应的案例，并提到那些受欧盟全球监管范围影响的特定的公司、行业和国家。在每个案例研究中，对事实上的布鲁塞尔效应的讨论将解释其发生的条件。第二章通过实际的有关公司案例的讨论分析这些条件，这些公司已根据欧盟法规调整了它们的全球行为或生产，文章也分析了这些公司没有受到欧盟影响的原因。在每一个案例研究中，在对布鲁塞尔法律效力进行讨论时，本章提供了外国政府正式采用欧盟式法规的案例。从经验上看，很难将导致法律上的布鲁塞尔效应的各种动机进行区分。因此，案例研究将采用不太严格的法律上的布鲁塞尔效应的定义，并在讨论相关实际案例时，会不太关注这些案例是否关涉事实上的布鲁塞尔效应、还是第三章中讨论过的各种替代机制或是两者的结合。

案例研究没有系统检验第二章中概述的事实上的布鲁塞尔效应的基本条件，也没有论证其他的影响机制（如消费者压力）不会像布鲁塞尔效应一样影响公司行为。然而，这些案例研究将从经验上说明，布鲁塞尔效应如何在被确定为布鲁塞尔效应驱动因素的条件存在的情况下，塑造了各种商业行为，包括：市场规模、监管能力、严格的标准、无弹性的目标和（市场的）不可分割性。有些案例研究将有助于进一步对条件进行完善，例如阐明它们在解释布鲁塞尔效应是否发生时的相对重要性。

举例来说，案例研究都证明了欧盟市场规模在进行理论解释时具有相关性。在最依赖欧盟作为主要出口市场的公司和国家中，布鲁塞尔效应的案例总是最容易找到，因此布鲁塞尔效应的多个案例表明它影响了非洲农民的食品安全实践、日本和韩国电子产品制造商的产品设计,以及硅谷信息技术(IT)公司的隐私政策。虽然布鲁塞尔效应影响澳大利亚的公司的案例也存在,但考虑到欧盟很少是这些公司的主要出口目的地,因此(布鲁塞尔效应)并不普遍。

此外,这些案例研究揭示了布鲁塞尔效应背后的三个额外条件——强大的监管能力、对严格规则的偏好和监管的无弹性本质——的差异很小。虽然欧盟是在不同时期获得其监管能力的,并且是各政策领域不同政治进程的结果,但这些案例研究表明,布鲁塞尔效应发生在欧盟对有关监管政策拥有专属权能或与成员国共享权能的政策领域。若欧盟委员会享有相当大的自主权(如在竞争监管方面),得到欧洲监管机构专业知识的支持(如在化学安全或食品安全方面),或者其他监管大国(如美国)的监管能力特别弱,这会增强欧盟的相对监管能力(如在数字经济方面),布鲁塞尔效应就会进一步放大。

所有案例研究中的布鲁塞尔效应都源于欧盟对严格规则的偏好,这通常不仅存在于可预见的支持监管的委员会内部,还包括欧洲消费者、公民、活动家、代表该行业的一些关键行为体,以及在某领域存在监管活跃分子的一批有影响力的成员国。显然,在包括金融监管在内的一些政策领域,其他司法管辖区往往倾向于制定更加严格的规则。而在这些情况下,布鲁塞尔效应不会发生。这些案例研究发现了一个例外,即在网络仇恨言论的监管方面,包括中国在内的其他一些主要司法管辖区对网络言论的监管更加严格,但全球性的公司监管方面还是追随("政治上可接受的最严格的")欧盟规则。

特别是,欧盟严格的法规包含其他司法管辖区不太严格的标准。监管标准很少相互矛盾,没有一个国家命令公司制造电子垃圾、在玩具中添加有害化学物质、培育转基因生物、与竞争对手定价或侵犯数据隐私等。因此,通过遵守欧盟的保护性法规,跨国公司通常可以确保全球范围的合规性。然而,案例研究表明,在有限的政策领域,其他管辖区的标准可能确实与欧盟的标准不一致。在这种情况下,例如讨论欧盟禁令和中国要求对化妆品进行动物试验的案例研究,则表明公司遵守欧盟的严格标准并不表明其就能遵守欧盟以外其他市场的规则。在此,一个更有限或部分的布鲁塞尔效应发生了,因为公司可能在大多数外国市场应用欧盟标准,但保留一个单独的生产线,以满足中国的(具有和欧盟)相冲突的标准。案例研究还揭示了一些(罕见的)可能出现"布鲁塞尔效应"的案例(如在数字经济监管中)。欧盟可能在某一方面的规定更加严格,但其他一些司法管辖区可能在另一个方面更加严格。在这种情况下,更强烈的布鲁塞尔效应可能会发生,因为公司只有通过遵守这些(两个或更多)最严格标准的组合才能在全球范围进行商业操作。

所有这些案例研究进一步强调了"无弹性"作为布鲁塞尔效应核心驱动因素的重要性,所讨论的政策领域都是各种形式的消费者市场监管,这使得通过市场转移或其他公司战略规划来规避欧盟监管的难度会增加,因为消费者在欧盟的位置决定了欧盟监管的适用性。因此,在下列案例研究中,无弹性是一个基本而简单的条件:在针对消费者市场的监管政策中,这一条件几乎没有变化。相比之下,案例研究显示的具有各种多样性的布鲁塞尔效应的条件最终可归结为不可分割性。不可分割性通常是解释布鲁塞尔效应发生差异的最显著因素。这一点尤其体现在关于竞争监管、数字经济和食品安全的案例研究中,这些案例揭示了许多足以防止布鲁塞尔效应发生的产品或服务可分割性的案例,即使该理论背后的所有其他条件都存在。说明布鲁塞尔效应局限性的另一有用的案例研究是欧盟的碳排放交易体系(ETS)和欧盟将该体系扩展到国际航空业基本上没有成功的尝试。这也是外国政府成功遏制布鲁塞尔效应的罕见反例之一。

这些案例研究汇总了来自非洲、亚洲、拉丁美洲、中东、俄罗斯和美国的众多案例,揭示了被大大低估的法律上的布鲁塞尔效应的全球影响,这补充了广泛的事实上的布鲁塞尔效应。它们表明,有多少国家表现出了特别强烈的效仿欧盟的意愿,一些国家明确承认将欧盟作为本国立法的范本(如韩国),而另一些国家则更有选择性地效仿欧盟(如日本)。案例研究还表明,布鲁塞尔效应不是二元的,而是一种或大或小的力量,这取决于监管的类型和仿效欧盟监管的特定司法管辖区。例如,关于《限制有害物质指令》(RoHS)的案例研究表明,法律上的布鲁塞尔效应可能在一个市场(韩国)以强烈的形式存在,而同时在另一个市场(日本)以较弱的形式存在。一些国家很少希望被视为抄袭欧盟，大概是因为它们不希望被视为受其他大国过度影响的规则制定者，尤其是如果它们本身就是大国的话。例如，美国在有关法律上的布鲁塞尔效应的案例研究中不占多少地位，尽管事实上的布鲁塞尔效应对美国公司有着广泛影响。与此同时，法律上的布鲁塞尔效应在美国各州中较为普遍。最后，案例研究揭示了存在于纸面的法律上的布鲁塞尔效应，在实践中可能是有限的。这提醒我们，法律上的布鲁塞尔效应的实际效力很难精确衡量。

虽然没有专门针对不会产生任何布鲁塞尔效应的领域进行单独案例研究(这些都是简要的案例研究)，但重要的是要记住一点，当布鲁塞尔效应的基础条件薄弱或不存在时，布鲁塞尔效应在本质上是有限的。当欧盟不是外国公司重要出口市场的情况下就是如此。若欧盟没有采取行动的监管能力，没有颁布最严格的标准，监管也是有弹性的，或公司行为或生产是可分割的，那么该效应就很弱。因此，第二部分中的案例研究并不代表经济监管的全部领域。虽然布鲁塞尔效应已经渗透到经济的许多部门，但仍有许多监管领域并非来自布鲁塞尔，欧盟也没有在这些领域制定全球标准。此外，所讨论的案例研究并不代表具有布鲁塞尔效应特征的监管政策的全部。尽管没有专门的案例研究，但还有其他一些政策领域也产生了布鲁塞尔效应。出于这些原因，第二部分可能被视为夸大或低估了布鲁塞尔效应的普遍性。然而，即使有这些局限，接下来的研究仍能提供一系列不同的案例，阐明第一部分提出的理论主张，并展示布鲁塞尔效应正在推动当今全球监管议程的广阔而多样的领域。

第四章
市 场 竞 争

竞争法是欧盟全球监管霸权最突出的案例之一。2018 年,欧盟委员会在一起涉及谷歌安卓操作系统的竞争法案件中对谷歌罚款 50 亿美元。[1] 在此之前的 2017 年,对谷歌罚款 23 亿美元,因为欧盟委员会认定谷歌操纵搜索结果,以形成针对竞争对手的服务优势。[2] 欧盟委员会针对谷歌的第三起案件,重点针对该公司 AdSense 在线广告计划,这导致它在 2011 年被罚款 17 亿美元。[3] 欧盟在过去几年中的其他执法目标还包括两家总部位于美国的科技巨头高通[4] 和苹果[5]。这些经常针对美国公司的案件并不是新现象。在过去 20 年中,欧盟对包括英特尔[6]、微软[7] 和通用电气[8] 在内的美国大公司做出过一系列众所周知的裁决。在所有这些案例中,这些公司也受到了美国机构的调查。然而,与欧盟形成鲜明对比的是,美国监管机构要么处罚较轻,要么没有任何处罚。然而,不管美国采取什么监管措施,都无力约束欧盟的决定,欧盟实施的补救措施导致这些公司在欧盟及有时在国外(包括美国)的行为发生显著变化。

除了通过域外执行自己的竞争法来塑造全球市场外,欧盟在向国外输出其监管方面也非常成功。今天,130 多个司法管辖区有国内竞争法,使竞争法成为世界上最广泛的经济监管形式之一。[9] 仔细研究这些法律可以发现,其中大多数法律的起草非常类似于欧盟竞争法。[10] 这种法律上显著的布鲁塞尔效应导致了一种局势,即实际上,大多数全球市场都受到欧盟竞争法的保护。

以下讨论将首先介绍欧盟竞争法的主要内容,然后解释为什么欧盟选择在这一领域建立广泛的监管能力,并说明竞争法是如何成为欧盟更广泛的单一市场计划的重要内容。之后,本部分将举例说明与竞争监管有关的事实上的和法律上的布鲁塞尔效应。

主 要 立 法

欧盟竞争法颁布于 1957 年,是欧盟创始条约的一部分。《欧盟运行条约》(TFEU)第 101 条明确禁止公司之间的反竞争协议。[11]这种被禁止的协议包括,如相互竞争的公司签订限价卡特尔或供应商为其分销商规定价格的分销协议。《欧盟运行条约》第 102 条则禁止滥用支配地位。[12]这一条款针对的是拥有巨大市场支配力并做出削弱市场竞争行为的公司。这种滥用行为的案例包括占主导地位的公司拒绝向某些竞争对手提供产品,或掠夺性定价行为,以试图将竞争对手逐出市场。《欧洲合并控制条例》(EMCR)于(竞争法颁布)约 30 年后的 1990 年首次颁布,并于 2004 年进行了修订。[13]《欧洲合并控制条例》对超过某一审查门槛的所有兼并和收购引入了预先通知义务,并授权欧盟委员会在相关交易损害共同市场中的竞争时可附加约束条件或禁止交易。

欧盟竞争法比美国竞争法颁布要晚得多。美国主要的竞争法包括 1890 年的《谢尔曼法》(Sherman Act)[14],该法对反竞争协议和垄断进行监管;以及 1914 年监管兼并问题的《克雷顿法》(Clayton Act)。[15]欧盟和美国的竞争法有许多相似之处,但也有重大差异。两个司法管辖区都认为有些类似行为可能会违反竞争,并围绕以下类别制定法律:(1)反竞争协议;(2)垄断;(3)对兼并的控制。此外,欧盟竞争法对非法的国家援助进行监管,非法的国家援助指的是国家当局给予某些(并非所有)公司选择性优势。[16]欧盟和美国在容忍市场支配力的程度上有所不同,因此对处于支配地位的公司的行为进行干预的程度也不同。欧盟更有可能认定一家公司在市场上具有"支配地位",一旦认定某公司具有支配地位,就更有可能发现其滥用其支配地位。[17]在下列情况下,当欧盟监测与供应商或经销商有关的纵向协议时,它通常显得更加严格。对合并监管的理解是历史上长期具有分歧的领域,欧盟通过兼并监管条例的时间大大晚于美国。然而,今天,虽然关于兼并的实质性规则基本一致,但欧盟更倾向于挑战特定的纵向兼并或联合兼并。

除了这些实质性差异之外,每种制度的体制特征和补救措施甚至存在很大的差异。例如,尽管美国机构在寻求禁令或其他补救措施时不得不求助于法院,但欧盟委员会拥有巨大的行政权力采取行动而无需诉诸法院。[18]然而,在确定存在竞争侵权时,欧盟可以被视为在可支配的补救措施方面落后于美国。与美国不同,欧盟不征收刑事罚款,而是完全依靠行政罚款和其他民事补救措施。[19]美国还规定了相当大的损害赔偿(包括三倍损害赔偿),鉴于非官方诉讼权的盛行,这很常见。非官方措施(private enforcement)在美国很普遍,但在欧洲要有限得多。直到最近,欧盟才颁布了一项指令,为成员国法院更大程度的非官方措施铺平了道路。[20]

尽管欧盟无力采取刑事补救措施,但很少有人会质疑它作为世界上最严格的竞争执法者的角色。鉴于管辖权在这一法律领域的运作方式,这一点尤其重要。竞争法在经济监管领域有一个独特之处,它允许几个司法管辖区对同一交易或同一公司进行干预,只要它们的市场受到"影响"。因此,同一行为经常同时受到多个国家的调查。在这种情况下,最激进的监管者通常会战胜更为宽松的监管者。换句话说,当不同的法律和监管机构之间存在冲突时,往往是最严格的竞争法胜出。例如,如果美国政府批准一项全球并购,但欧盟禁止完全相同的交易,则该并购会在全球范围被禁止。面对一个司法管辖区的禁令,寻求并购的公司有两种选择:放弃并购或放弃在质疑并购的司法管辖区的业务。如果监管最积极的司法管辖区的市场相对不重要,公司可能会选择后者。然而,如果这个市场很大,放弃它往往不是一个现实的选择。[21]在国际层面,欧盟竞争法往往是最严格的。[22]欧盟是很大且很重要的消费市场,公司不能放弃。出于这个原因,欧盟竞争法经常成为事实上的全球竞争标准,更宽松的美国反垄断法经常必须屈服于这些标准。[23]

政 治 经 济 学

美国和欧盟在竞争领域的监管差异出于多方面原因,这反映出两个司法管辖区不同的政治经济条件。在最根本的或哲学的层面说,欧盟竞争主管机构天生怀疑市场提供有效结果的能力,因此更倾向于通过监管程序进行干预。[24]欧盟更担心不干预的有害影响(所谓假阴性[false negatives],即欧盟可能缺乏监管导致反竞争行为),但美国主管机构通常更关注低效干预的有害影响(所谓假阳性[false positives],美国可能错误地限制有利竞争的做法)。[25]这种差异部分解释了为什么欧盟通常准备更频繁、更积极地进行干预。

欧盟和美国监管反应的差异在某种程度上反映了欧洲人和美国人不同的意识形态。欧洲人更信任政府,而美国人更信任市场。同时,这也反映了过去不同的市场运作经验。欧洲人对市场的自我监管能力仍持怀疑态度,部分原因是许多欧洲经济体长期以来保存有大量国有企业。一旦这些公司私有化,它们会继续享有市场支配力,这就需要进行竞争监管,以确保这些公司的现有特权不会扭曲市场竞争。[26]此外,欧盟的资本市场不如美国发达,这使得筹集进入欧洲市场所需的资金更加困难。因此,仅靠新进入者的威胁并不总是能对现有的市场参与者提供足够的制衡性,这使得政府干预成为必要。

欧盟竞争法有两个主要目标:保护消费者福利和推进单一市场。因此,竞争法旨在最大限度地提高欧洲消费者的福利,并确保共同市场保持开放和竞争。这种将竞争法与欧盟更广泛的市场一体化议程联系起来的长期趋势,也许是欧盟竞争法最显著的特点。[27]正如欧洲议会的一份文件所描述的那样:"欧盟竞争规则的基本目标是防止竞争扭曲。然而,这本身并不是目的。相反,这是实现自由和充满活力的内部市场的一个条件。"[28]从这一角度来看,竞争法是贸易自由化的一个重要补充,颁布竞争法是为了确保私人的反竞争行为不会抵消成员国之间因消除关税和配额等公共壁垒而取得的经济收益。

毫无疑问,竞争法一直是促进消费者福利而不只是促进市场一体化的一种机制。[29]更多的竞争会推动公司有效地分配资源,从而为消费者带来价格更低而质量更高的产品。[30]虽然欧盟在过去几十年里越来越多地将消费者福利作为竞争法的主要目标,但它也一直着眼于更广泛的其他政策目标,即使这些目标不是政策核心。[31]例如,通过其竞争政策,欧盟推进了诸如公平[32]、保护中小企业[33]、保护市场结构及竞争等价值观。[34]这些多重目标使欧盟与美国有所不同,美国传统上只是很狭隘地关注经济目标,诸如消费者福利或经济效率。[35]总之,欧盟竞争法背后的这些更广泛的目标也为更多的干预奠定了基础,与美国法律相比,欧盟竞争法扩大了竞争执法范围,而美国法律只允许在消费者受损这一狭窄范围内进行干预。[36]

除上述既定目标外,更多对欧盟竞争法的怀疑在于,欧盟竞争政策是一项政治工具,不仅被用来为消费者谋福利,而且被用作保护主义工具。[37]保护主义竞争政策本身可以表现为一种有偏见的执行战略,例如,各机构对外资公司的收购比对本地公司的收购适用于更严格的标准。同样,机构可能对国内卡特尔或国内垄断企业的滥用行为视而不见,而在外国公司采取同样行为时会进行追究。

欧盟委员会于2001年决定阻止通用电气以420亿美元收购霍尼韦尔(美国司法部批准的合并案),这可能是欧盟受到保护主义指控案例中最著名的一个。[38]例如,在通用电气与霍尼韦尔做出(并购)决定后,美国财政部长保罗·奥尼尔(Paul O'Neill)称欧盟委员会的决定"离谱",是"专制的",美国司法部首席反垄断执法官员则指出欧盟委员会"背离"了"反垄断法保护竞争而非竞争者"的原则[39],美国国会议员明确指责欧盟委员会"利用其并购审查程序,以牺牲美国竞争对手,作为保护和促进欧洲产业的工具"[40]。

通用电气与霍尼韦尔案例并非孤例,自那以后类似担忧一再浮出水面。在竞争法名义下,欧盟委员会一再阻止或强迫涉及众多知名美国公司的重大并购重组,包括波音、美国世界通信公司(MCI World-Com)、时代华纳和UPS等。[41]欧盟对这些公司的高调干预引起人们的关注,认为欧盟委员会正利用其并购审查权来推进保护主义产业政策,而不是促进竞争。例如,美国驻欧盟前大使博伊登·格雷(Boyden Gray)在十多年前指出:"(美国)现在认识到,欧盟正在积极输出它们的方法——这往往有利于它们自己的本土公司。"[42]

如今,美国商界的主要担忧是欧盟委员会对美国高科技公司(包括苹果、谷歌和高通)进行越来越多的竞争调查,批评者称,这反映了欧盟试图抵消美国的技术优势,并使市场向更弱的来自欧洲的竞争对手倾斜。[43]苹果公司的一名首席律师指责欧盟委员会选择苹果作为"受头条新闻驱动的欧盟反垄断负责人的简易目标"[44]。2015年,奥巴马总统将欧盟对谷歌和脸书的竞争调查描述为反映了欧洲服务提供商无法与美国同行竞争,暗示调查的动机是欧盟需要"瓜分它们的一些商业利益"。[45]2018年,特朗普总统对谷歌50亿美元的竞争罚款作出反应,抱怨"美国企业在欧洲处于劣势"[46],且"(欧洲人)确实利用了美国,但不会持续太久!"[47]犹他州共和党参议员奥林·哈奇(Orrin Hatch)的推文进一步抓住了美国许多人的共同情绪:"欧盟有参与监管、税收和竞争行动的历史,这些行动和提案不成比例地打击了美国科技公司。这一决定让人质疑这些行为是否仅仅是一系列歧视性的巧取豪夺。"[48]

　　然而,正如第八章将详述的,对欧盟保护主义的指责可能是错误的,有若干理由可以怀疑保护主义正在推动欧盟的竞争政策议程的说法。首先,欧洲公司很少是欧盟委员会执法行动的主要受益者。在大多数情况下,是其他美国公司(相对于欧洲公司)从欧盟限制其美国竞争对手的行为中受益。例如,当谷歌被迫改变其商业模式时,欧洲竞争对手没有能够获得任何直接的优势。此外,大量案例表明,欧盟竞争法也对欧盟公司施以重拳。例如,在2016年涉及全球最大和第二大啤酒制造商的并购案中,欧盟委员会要求比利时收购方百威英博(Anheuser-Busch InBev)实际出售其在英国的整个啤酒业务,作为批准它以超过1 000亿美元收购南非米勒啤酒公司(SABMiller)的条件。[49]

　　当然,保护主义往往难以察觉,更不用说系统地衡量了,而且直到今天,大部分讨论都依赖于双方的街谈巷议。超越这些街谈巷议的最实质性努力和以实证来研究欧盟并购控制背后的保护主义动机,来自哥伦比亚大学进行的一项分析。[50]该研究依赖于原始数据,包括自1990年(欧盟进行并购控制立法的年份)至2014年向欧盟委员会申报的所有5 000多个并购案例。分析显示,没有证据表明欧盟委员会系统地利用其权力以实现保护主义目的。如果有什么不同的话,分析表明,欧盟委员会不太可能挑战涉及外国并购者的交易。显然,不能排除保护主义在欧洲并购审查案件中偶尔发挥作用的可能性。然而,这项研究表明,不存在系统性影响欧盟委员会并购执法结果的偏见。

其他作者也比较研究了欧盟和美国针对卡特尔的执行情况,同样未能发现欧盟委员会对美国公司的任何偏见。[51]作者比较了美国和欧盟监管机构对欧盟、美国和世界其他地区公司,即非美国和非欧盟的公司施加卡特尔罚款的趋势。研究者发现,与美国公司相比,欧盟更有可能对内部(欧盟)公司和世界其他地区公司进行罚款,而且罚款的金额不会因国籍而异。相比之下,美国似乎特别针对世界其他地区公司,对外国公司(不管是世界其他地区公司还是欧盟公司)征收的罚款比国内公司高得多。这一发现进一步对先前的假设——即保护主义动机正在推动欧盟的竞争政策——提出了挑战。

这些研究得出的结论是,欧盟是一个严格的竞争监管机构,而且一视同仁地采取严格措施,无论是针对美国公司、欧盟公司或世界其他地区的公司。欧洲公司不能因为自己的国籍就能在欧盟委员会的调查中获得优势而感到安慰。最近,欧盟委员会拒绝了两个最强大的成员国德国和法国要求批准德国西门子公司和法国阿尔斯通公司的铁路合并案。这一合并若实现,将创造一个欧洲领军公司[52],有能力与外国(包括强大的中国)对手竞争。[53]这表明,欧盟竞争法是被用作控制欧盟成员国保护主义倾向的工具。与此同时,观察这一政策目标在不久的将来是否会发生变化将是一件有趣的事情。由于西门子与阿尔斯通合并案被否决[54],来自法国和德国的政治家呼吁,鉴于当今的地缘政治现实,应重新评估欧盟的竞争政策。[55]他们认为,这将包括承认创造"欧洲领军公司"应是欧盟竞争法的合法目标。迄今为止,这一努力尚未引起欧盟委员会的共鸣。最近,欧盟竞争委员会委员玛格丽特·维斯特格(Margarethe Vestager)拒绝了推进形成"欧洲巨人"以更好与中国竞争的要求,建议欧盟应该"让中国人做中国人。我们(那样做只)会成为糟糕的中国人。他们在这方面做得更好"[56]。

事实上的布鲁塞尔效应

布鲁塞尔效应背后的大部分条件——市场规模、监管能力、严格的标准、无弹性的目标和不可分割性——在竞争法的案例中明显存在。对许多跨国公司而言，欧盟是一个重要的市场，它们不能放弃向大量相对富裕的欧洲消费者销售它们的产品和服务。像谷歌这样在欧盟拥有大量用户的公司，鉴于欧盟的市场规模，它无法将如此大的贸易量转移到其他地方。这些公司进行的任何涉嫌反竞争的行为或交易都有可能影响欧盟市场，从而招致欧盟委员会的审查。

当然，世界各地仍有许多商业行为和公司交易不涉及欧洲市场，因此不属于欧盟竞争法的管辖范围。在这些情况下，欧盟的市场规模无关紧要。专门在拉丁美洲限定价格的卡特尔不会涉及欧盟市场，因此不会导致欧盟采取行动。同样，在欧洲收入微薄的两家非洲公司之间的纯粹地方或区域兼并也不会引发欧盟的并购审查。欧洲供应商和日本分销商之间的分销协议也不属于欧盟竞争法管辖范围，只要该分销商只向日本客户供应产品。然而，一般来说，任何超过一定规模并希望服务于欧盟市场的公司通常会得出结论，遵守欧盟竞争法的成本是值得的，因为这样可以接触到5亿多消费者。在这些情况下，布鲁塞尔效应的第一个条件即市场规模就满足了。

布鲁塞尔效应的其他几个条件也通常存在。正如上文已论述过的，欧盟已在这一领域建立了强大的监管能力。竞争法是欧盟层级权限中最成熟的领域之一，自1957年以来，欧盟委员会在执行竞争规则方面积累了丰富的经验。它在执行竞争法方面享有不同寻常的高度授权，使其能够经常在不需要其他机构参与的情况下采取行动[57]，这使得竞争法成为欧盟监管能力巨大且最少受到政治制约的领域，无论制约来自理事会、欧洲议会还是单个成员国。若有什么不同的话，那就是欧盟利用成员国的监管能力来推进欧盟竞争法的目标。欧盟竞争法与其28个成员国[*]的竞争制度并存。这些欧盟成员国不仅有权执行本国法律，还有权执行欧盟竞争规则，从而进一步增强欧盟的监管能力。[58]

欧洲法院能对欧盟委员会的决定进行司法审查（judicial review），但这些司法检查（judicial checks）比美国的司法检查要有限得多。例

---

[*] 英国脱欧后为27个成员国。——译者注

如,不像美国司法部反垄断部门需要得到联邦法院裁决才能禁止兼并,欧盟委员会有权实施补救措施,无需在欧洲法院提起诉讼。从这个意义上来说,欧盟委员会比美国同行有更低的门槛来行使其监管能力。许多批评者认为,这一程序实质上使欧盟委员会成为整个欧洲并购审查的检察官、法官和陪审团。[59]各方确实有权向欧盟普通法院并最终向欧洲法院提出上诉。然而,欧盟委员会在这一领域的决定很少遭遇上诉,由委员会审查的99%的并购案没有被提交到法庭,这使欧盟委员会成为全球有关兼并案例执法中最重要的角色。[60]

欧盟在竞争法方面的监管能力也很广泛,因为它包括对国家援助的控制。这将欧盟的监管范围扩大到欧盟成员国向某些公司提供选择性优势(补贴)的情况。例如,欧盟的国家援助规则成为引发最近爱尔兰政府和苹果公司之间有争议裁决的基础。2016年,欧盟委员会命令爱尔兰从苹果公司收回130亿欧元(150亿美元)的未付税收。根据欧盟委员会的说法,苹果公司利用了"母公司—分公司"利润分配方案,将公司从其美国之外销售中获得的利润的90%分配给苹果公司在爱尔兰的子公司,这导致苹果公司在过去十年里为其在美国境外赚取的近2 000亿美元利润只支付了4%的低税率。苹果能做到这一点,依赖的是爱尔兰税务当局早在1991年发布的一项税收裁决,该裁决被欧盟委员会认定与欧盟国家援助规则相违背。因此,欧盟委员会命令爱尔兰从苹果公司收回未付税款,理由是它给予了苹果公司不正当税收优势,从而扭曲了竞争,违反了欧盟国家援助规则。这是一个有趣的案例,因为它关系到竞争法和税法。欧盟对税收政策没有监管权,这仍然是成员国的特权,然而,欧盟却在其竞争法范围内找到了(干预)依据。

市场规模和监管能力并不能解释欧盟在竞争法方面的全球优势。美国和欧盟机构都被赋予治外法权监管能力,并对一个巨大的国内市场行使管辖权。[61]因此,并不是监管能力使欧盟成为世界上事实上的竞争执行者。相反,是欧盟对比美国更为严格的竞争法的持续偏好使其与众不同。欧盟采纳竞争法中宽泛的禁止概念,譬如前面对欧盟和美国竞争法的比较,欧盟通常更倾向于认定一家公司享有支配地位或从事反竞争行为。欧盟竞争法的相对严格性解释了为什么那些为了确保全球合规性而调整自己行为,以便适应最严格竞争规则的公司通常会向欧盟看齐。

众所周知,欧盟竞争法非常严格,其中一个表现是,对于那些寻求利用严格的欧盟竞争法规来对付自己竞争对手的外国公司来说,欧盟往往是一个首选对象(forum of choice)。这通常是因为这些公司认为欧盟更有可能干预竞争事务,或者在发现违法行为时实施更积极的补救措施。特别是,美国生产商经常求助于欧盟委员会挑战其竞争对手的做法,使布鲁塞尔成为他们有关竞争纠纷的主要法律战场。例如,总部位于美国的联合技术公司(United Technologies)是通用电气与霍尼韦尔合并案调查中的主要原告,此前该公司在收购要约中败给了通用电气,因为欧盟委员会最终在 2001 年禁止了这一合并。两家美国公司 Novell 和 Sun Microsystems 在 1998 年也在欧盟对微软提起了类似的指控[62],因为它们知道自己更有可能在欧盟获得补救,因为欧盟对反竞争行为的定义更为宽泛。有趣的是,随着形势的转变,微软于 2011 年向欧盟委员会提出了针对谷歌的竞争投诉。[63] 尽管微软最终在 2016 年与谷歌达成和解后退出,但其他美国公司,包括甲骨文、Kayak、Expedia 和 Trip Advisor[64],继续向欧盟委员会施压,要求发布针对谷歌的裁决,最终谷歌为此分别支付了 23 亿美元、50 亿美元和在最近案例中支付 17 亿美元的巨额罚款。[65] 同样,欧盟在 2000 年针对英特尔的竞争裁决源于英特尔的美国竞争对手 AMD 半导体公司的投诉。事实上,如今大多数引人注目的欧盟竞争战中的双方都涉及美国公司,且每一方都被吸引到布鲁塞尔,因为它们认为欧盟的竞争规则非常严格。

竞争法也非常缺乏弹性。只要被指控为反竞争行为,对欧盟市场产生影响,欧盟竞争法就会适用,公司的国籍倒无关紧要。因此,不可能通过在欧盟之外建立公司或迁移原公司来规避欧盟竞争规则。只要欧盟消费者受到影响,欧盟就有采取行动的基础。在并购控制中,只要并购各方在欧盟产生一定数量的营业额(收入),就会触发欧盟监管机构采取行动。[66] 同样,并购各方的总部在哪里,甚至"并购的严重性"在哪里,都无关紧要。由于这些公司不能通过地址迁移来逃避欧盟的监管,逃避欧盟监管审查的唯一方法就是从合并中分割出去足够的资产

(例如,通过剥离欧盟子公司),以便交易各方不会在欧洲产生显著收入。然而,这种交易重组通常会消除交易背后的商业理由。

在其他条件满足的情况下,布鲁塞尔效应是否会发生通常取决于可分割性问题。在这方面,不同类型的竞争——并购审查、卡特尔行为和滥用支配地位——存在显著差异。欧盟禁止跨国合并是布鲁塞尔效应的最典型案例,因为这种合并在法律上是不可分割的。然而,在许多针对占主导地位的企业的案件中,事实上的布鲁塞尔效应并没有发生,因为企业能够将其行为划分到不同的司法管辖区,并将其补救措施仅限于欧盟。接下来将依次讨论这些不同的案例。

在并购监管方面,有几个事实上的布鲁塞尔效应发生的案例,然而也有许多情况并非如此。如第二章所述,全球并购不可能在一个司法管辖区接一个司法管辖区的基础上完成。从这个意义上说,并购在法律上是不可分割的。在实践中,这需要最严格的并购审查管辖权来决定全球层面交易的命运。[67]本章前面讨论的通用电气/霍尼韦尔拟议中的并购案可以说是影响大型跨境合并的布鲁塞尔效应最著名的案例。[68]当欧盟委员会阻止并购时,与美国反垄断当局事先批准交易无关,该并购在全球范围被欧盟禁止,因为该并购在法律上是不可分割的,作为一个法律问题,不可能让并购在一个市场进行而在另一个市场禁止。

虽说通用电气/霍尼韦尔的交易案最为突出,但也还有其他几个在全球范围可反映欧盟对并购进行控制的布鲁塞尔效应的案例。在1991年,欧盟阻止了法国—意大利公司 Avions de Transport Régional 对加拿大公司 De Havilland 的收购,该收购已得到加拿大当局的批准。[69]此后不久,在1996年,欧盟禁止了南非公司 Gencor 和英国公司 Lonrho 的合并[70],尽管受不公平竞争影响最大的市场在南非。2013年,欧盟委员会阻止了总部位于美国的竞争对手 UPS 对荷兰物流公司 TNT Express 的收购。[71]尽管 TNT Express 的主要市场是欧洲,但它在60多个国家开展业务。由于布鲁塞尔效应,欧盟的决定对该公司所有相关市场运营都产生了影响。这起案件的发展也特别有趣,因为 UPS 的并购决定在2017年被欧盟普通法院推翻了,而现在它正根据该裁决向欧盟寻求 21.4 亿美元的赔偿。然而,不管 UPS 在法庭的胜算如何,UPS/TNT 快递的合并都不可能复活。另一家美国公司联邦快递(FedEx)在获得欧盟委员会批准后,于 2015 年收购了 TNT Express。[72]这个案例表明,一个被禁止的收购很快就会被另一个收购取代,这表明在欧盟委员会禁止(并购)后,这一并购通常无法起死回生。这使得欧盟委员会成为这些全球交易的最终仲裁者——布鲁塞尔效应不会被法庭推翻。

当欧盟不禁止合并,但要求合并方作出某些承诺作为批准合并的条件时,如命令合并方剥离生产工厂,这种剥离行为不能只在欧盟完成,通常会通过布鲁塞尔效应影响公司的整个全球结构。例如,2009年,作为松下和三洋合并的条件之一,欧盟委员会强制要求其中一方放弃在日本的工厂。[73]这种放弃从法律要求看是不可分割的,因此具有明显的全球影响。许多类似行为的后果在欧盟之外也同样有效。例如,在 1997 年,欧盟威胁要阻止两家美国公司波音和麦道的合并,尽管该交易已经被美国当局无条件批准。[74]最终,欧盟允许在广泛承诺的条件下进行合并[75],这些承诺包括放弃波音与美国各航空公司的独家交易合同[76],也因此,这些独家合同在全球范围变得非法。2011 年,欧盟委员会要求英特尔在全球范围拆分软件和安全解决方案,以此作为合并(其他公司)的条件。[77]它还要求英特尔在免版税的基础上向独立安全软件供应商发布与其芯片组和中央处理器相关的互操作信息。[78]这些案例进一步说明布鲁塞尔效应在并购审查中的重要性。

然而,有时看似全球性的并购补救措施的实际效果可能仅限于欧盟。例如,当欧盟在 2000 年批准美国在线服务公司(AOL)和时代华纳的合并时,它要求 AOL 首先切断与德国媒体集团贝塔斯曼股份公司(Bertelsmann AG)的所有结构性联系。[79]此前,AOL 通过两个合资企业,其中之一是作为合作伙伴的 Bertelsmann,在欧洲开展所有业务。业务剥离在全球范围有效,换言之,即使没有其他竞争管理机构要求这种业务剥离,合并后的实体也必须切断其与公司其他地区业务的联系。同时,尚不清楚这种剥离是否影响了合并后的实体在其他市场(如美国)的业务战略,因为剥离的实体仅在欧洲开展业务。

对卡特尔进行调查可能也具有全球效应,因此会受到布鲁塞尔效应的影响。每当欧盟发现一个卡特尔——无论是受欧盟委员会宽大处理计划的引导、对举报的鼓励或在它自己的调查之后所发现——这个卡特尔很可能在世界范围瓦解。如果并购案中其中一家对其他企业实行检举,并选择与欧盟委员会合作,那么这些合谋(谋求垄断的)企业间就很可能不再存在信任并维持在其他市场的卡特尔。从这个意义上说,即使在其他管辖区继续维持卡特尔在法律、技术或经济上仍然可行,但这种相互间信任不可分割。同样,如果欧盟委员会主动发现了卡特尔,其他外国机构也会很快了解到该卡特尔的存在,并可能随后开展自己的调查。这些动态往往使卡特尔调查在全球范围实际上是相互关联的。

然而,卡特尔执法很少仅仅依靠布鲁塞尔效应。在大多数引人注目的卡特尔案件中,包括航空货运案、伦敦同业拆借利率(LIBOR)与利率衍生品案和阴极射线管案,几个司法管辖区进行了联合突击搜查,以发现卡特尔的证据,或以其他方式相互配合调查。[80] 例如,在阴极射线管案中,欧盟、美国和日本几乎同时开始调查,韩国在两年后加入欧盟的调查。[81] 此外,欧盟和美国联合行动,瓦解了世界上最广泛、持续时间最长的卡特尔之一——国际维生素卡特尔。这一卡特尔持续了十多年,至少有 13 家公司在大约 12 个产品市场操纵价格。[82] 据估计,该卡特尔影响了 50 亿美元的贸易。[83] 欧盟和美国的执法工作虽然侧重于各自的市场,但最终成功地在全球范围终结了该卡特尔。[84]

在卡特尔执法过程中,布鲁塞尔效应往往不明显(甚至完全不存在),这有几方面原因。首先,如今许多卡特尔是通过宽大处理方式被发现的,该方式鼓励各方同时在多个管辖区举报卡特尔,以确保卡特尔的存在一旦被发现,它们与一个管辖区当局的合作不会导致其在其他辖区被追责。例如,这导致汉莎航空公司同时向美国、欧盟和 15—20 个其他主要管理竞争的机构披露其参与航空货运卡特尔的信息。[85] 其次,发现卡特尔通常需要在多个管辖区内发现证据。欧盟无法在自己以外的市场进行独立的"黎明突袭",这给了它参与执法合作而不是依赖单边主义行动的理由。从这个意义上说,欧盟在卡特尔事务上的监管能力与其在其他竞争事务上的能力相比也更加不完整。最后，在实施补救措施时，欧盟只计算了对自己市场的损害，其罚款无法弥补其他市场的超额收费。为了有效阻止卡特尔，其他管辖区也需进行自己的调查，否则受影响的公司可以通过在其他市场超额收费来弥补欧盟施加的罚款。外国机构发起调查也能让其获得罚款收入，即使它们在很大程度上搭乘了欧盟调查努力的便车。

尽管国际合作在卡特尔调查中可能很常见，但有时由欧盟等单一管辖区在卡特尔案件中实施的补救措施而产生全球性影响，这些案例都可能发生布鲁塞尔效应。例如，国际海运集装箱运输经常成为各国管理竞争问题的主管机构进行卡特尔调查的目标，这往往涉及多个管辖区和重叠的参与者和做法。从这些调查中得出的补救措施似乎是不可分割的，因为国际海运定价代表了单一的跨境交易，任何给定的货物都在各大洲之间运输，因此，监管交易的一方必然会监管双方。例如，2017年，欧盟与一些亚洲、欧洲和中东航运公司就开展卡特尔调查达成和解，以改变它们的定价做法。[86]这些定价做法扩展到各种航运路线，也影响了承运人出发前往欧盟的许多非欧盟管辖区。在这里，布鲁塞尔效应是由连接两个管辖区——出发地和目的地——的定价在技术上的不可分割性引发的。

除了兼并控制和进行卡特尔调查外，欧盟对占支配地位的公司实施的规则，为分析布鲁塞尔效应的运作提供了一个特别有趣的竞争法领域的案例。欧盟实施的垄断调查引起了广泛关注。欧盟委员会对包括谷歌、高通、英特尔及十多年前对微软等在内的占主导地位的美国公司实施了创纪录的罚款和行为补救措施。[87]这些案例表明，虽然欧盟有时能影响全球占主导地位的公司的行为，但在许多情况下，布鲁塞尔效应并没有发生。在后一种情况下，占据支配地位并被欧盟调查的目标能够利用可分割性，将其对欧盟规则的遵守限制在欧洲市场。

每当补救措施不可分割时，布鲁塞尔效应就可能出现。例如，2006年，欧盟委员会要求南非钻石公司戴比尔斯（De Beers）停止从俄罗斯埃罗莎（Alrosa）公司购买毛坯钻石。[88]即使南非或俄罗斯当局不要求公司遵守这样的承诺，但欧盟的决定也影响了戴比尔斯的市场，使其无法在全球范围从埃罗莎进行采购。[89]但在其他情况下,布鲁塞尔效应没有发生,因为存在可分割性。例如,2005年,可口可乐承诺实施实质性的行为约束,以解决欧盟对其分销协议中的排他性要求,以及某些回扣和搭售计划的竞争调查。[90]同时,由于百事可乐未能证明可口可乐在美国的市场具有支配力,并且可以与非欧洲经销商签订不同的经销协议,这些限制与可口可乐在美国的活动无关。[91]然而,在其他涉及较小国家类似行为的案件中,如可口可乐在以色列拥有更大的市场份额,该公司"同意限制其行为……以便适应欧盟法令的要求"[92]。

欧盟委员会最近对谷歌的调查进一步说明了补救措施的可分割性。在欧盟委员会2018年"谷歌购物"(Google Shopping)调查中,谷歌被发现违反了欧盟竞争规则,因为它优先考虑谷歌自己的购物服务,而不是其他类似的在线购物平台。[93]欧盟委员会对谷歌进行了罚款,并命令它遵守平等待遇原则,消除任何有利于自己平台的偏好。谷歌采取了可分割性的补救措施。[94]该公司成立了一个独立业务部门,在欧盟运营"谷歌购物",这个独立的部门将监管一个拍卖系统,在这个系统中,"谷歌购物"将与其他在线购物平台竞争谷歌搜索上的优先广告位置,但这仅限于欧盟。由于这一计划,"谷歌搜索"或"谷歌购物"在美国的运营则没有发生变化。[95]在地理定位技术的帮助下,谷歌设法隔离其欧洲购物业务,并确保使用非欧洲IP地址访问谷歌网站的用户将继续受以前的"谷歌购物"业务模式的管理。[96]

然而,有时可能会看到布鲁塞尔效应发生在某一具体案件的某一部分,而在这一案件的另一部分,布鲁塞尔效应并不存在。2004年的微软案例提供了一个具有解释性的例子。[97]在发现微软滥用其支配地位,非法向其竞争对手隐瞒互操作信息(交换和相互使用与工作组服务器操作系统软件产品相关的信息所必需的信息)后,欧盟委员会命令该公司披露该信息。微软在全球范围实施该披露,以维持单一的全球许可协议。[98]这是布鲁塞尔效应的经典例证。然而,在同一案例的另一个方面,布鲁塞尔效应没有实现。欧盟委员会还发现,微软一直非法将其媒体播放器(Windows Media Player)捆绑到其Windows操作系统上,从而阻止了其他媒体播放器提供商进入该市场。欧盟委员会命令该公司将 Windows Media Player 从其操作系统中分离出来,并提供一个没有预装该公司自己的媒体播放器的操作系统版本。但微软仅在欧洲实施了这一补救措施,在美国等其他市场继续提供其产品的捆绑版本。[99]这是一个同样经典的例证,说明由于存在可分割性而导致布鲁塞尔效应存在局限性。总之,这些案例显示不可分割性在决定布鲁塞尔效应最终是否发生中具有关键作用。

除了竞争法针对的这些主要类型(并购、卡特尔和占支配地位)外,欧盟积极追踪某些行为或审查某项交易的反竞争的影响,也会使企业合规计划受到布鲁塞尔效应的影响。许多公司可能会根据欧盟法律起草(通常是其全球性的)计划,因为它们寻求最大限度地减少合规错误和相关法律风险。在全球范围遵守最严格的监管(通常是欧盟的监管),能最大限度地减少相关错误及公司在不同市场保持不同合规政策时可能出现的复杂性。例如,对西门子公司商业合规指南的审查表明,其竞争条款的起草与欧盟竞争法非常相似。[100]同样,埃克森美孚公司的法律合规指南反映了几项欧盟竞争法条款,特别是其关于公司与客户互动的指南。[101]

同样,基于提高公司运营效率和使运营简单化的原因,企业倾向于在其全球分销网络或许可协议中推行标准化合同条款。国际性公司可能很少能发现它们在多个市场开展业务时,与被许可方或分销商谈判不同类型的协议是高效的。它们可能求助于高度标准化的合同条款,而不是引入和管理多元复杂的条款。在这种情况下,欧盟竞争法通常能提供一个模板,而遵守欧盟规则通常也能确保其他市场的合规性,即使该模板有时会根据法律规则的变化或不同市场的不同分销模式进行调整。例如,微软等公司与分销商和被许可方的协议主要基于欧盟竞争法,从而将欧盟法规的适用范围扩展至其全球运营中。[102]因此,对与合规计划标准化和企业承包等相关的效率收益的考虑通常会推动经济的不可分割性,由此产生布鲁塞尔效应。

法律上的布鲁塞尔效应

法律上的布鲁塞尔效应(外国立法者采纳欧盟法规)在竞争法领域

无处不在,对全球市场竞争产生重大影响。在过去三十年中,世界各地的竞争法显著增加,而这些新法律大多与欧盟竞争法非常相似。除了这种"立法借用"之外,一些司法管辖区还将欧盟的行动作为自己执法活动的参考。尤为特别的是,欧盟的几次竞争调查已引发所谓模仿诉讼,即外国司法管辖区追随欧盟脚步,对欧盟调查的同一家公司发起自己的调查。然而,有时这些外国管辖区选择不采取行动,而是更愿意搭欧盟调查的"便车",它们以此让欧盟带头并花费大量初始资源来限制某些反竞争行为,同时在反竞争交易被禁止或其他反竞争行为被修改时享受好处,当然,前提是欧盟的补救措施具有全球效应。所有这些案例都有助于使公司在全球市场的竞争规则更加欧洲化。

立法借用

今天,超过 130 个管辖区有自己的国内竞争法,从而使竞争法成为世界上最广泛的经济监管形式之一。[103]有趣的是,关注竞争问题的学者和从业者建议一些国家在起草竞争法时参考欧盟。[104]它们通常模仿实质性的欧盟竞争规则以及遵循这些规则的行政模式。对许多司法管辖区的深入分析支持了这一结论,尽管效仿欧盟的具体原因可能各有不同。下面的讨论回顾了几个国家的案例,既有大国和小国,也有发达国家和发展中国家,这表明法律上的布鲁塞尔效应已经影响到非洲、亚洲和拉丁美洲国家。

首先,南非是非洲监管竞争法最积极的司法管辖区,欧盟对该国的现代竞争法有着明显影响,其竞争法于 1998 年颁布,是该国结束种族隔离制度中一系列更广泛改革的一部分。[105]南非竞争法有几个领域几乎完全照搬欧盟立法。此外,欧洲法院判例对该国立法起草产生了影响。值得注意的是,《南非竞争法》中有争议的过高定价条款直接引自欧洲法院在"联合品牌(United Brands)案"中的裁决。[106]根据该条款,禁止占支配地位的公司收取"损害消费者的过高价格"[107]。其中"过高价格"是指它与所讨论的商品或服务的经济价值没有合理关系,并且高于其经济价值。[108]此外,欧洲法院的判例法经常被南非法院引用,例如滥用支配地位[109]和价格操纵指控。[110]

　　南非选择效仿欧盟颁布竞争法可能有几方面原因。其中,南非在起草竞争法时与欧盟委员会竞争管理局有频繁互动。[111]南非新的竞争领域立法的一些主要设计者也研究过欧盟竞争法,熟悉欧盟模板。[112]此外,南非竞争领域立法的起草者试图摆脱竞争规则的传统应用,以纠正因种族隔离造成的巨大的经济和社会不平等。[113]在这样做的时候,他们可能认为欧盟是一个合适的模式,因为欧盟愿意接受超越基于效率的狭隘目标,即使南非立法者接受的目标源于一套不同的公共政策关切。

　　几个亚洲经济体同样受到欧盟的影响。新加坡 2005 年的《竞争法》提供了一个例证。从议会辩论来看,它是以英国竞争法为蓝本[114],而英国竞争法又深受欧盟竞争法影响。此外,新加坡竞争和消费者委员会(CCCS)的指导方针概述了该委员会将如何管理和执行《竞争法》的规定,该指导方针在很大程度上是基于欧盟有关指导方针。[115]新加坡在"风格、方法和内容"方面遵循英国《竞争法》的决定,是在其大量研究了澳大利亚、加拿大、爱尔兰、英国和美国的竞争立法之后做出的。[116]尽管欧洲的影响显而易见,但新加坡并没有模仿英国/欧盟制度的所有方面。最值得注意的是,新加坡将纵向协议排除在法律范围之外,这是对英国和欧盟法律的重大背离。[117]这一决定至少部分反映了新加坡市场规模小、资源有限的现实,也解释了该国为何关注更恶劣的反竞争做法。[118]

　　新加坡模仿英国/欧盟竞争法文本的决定也使得英国和欧盟判例法成为新加坡竞争和消费者委员会执法决定的明显模板。[119]例如,在针对新加坡最大票务服务提供商"Sistic"的重大侵权决定中,上述委员会在其推理中大量援用英国和欧盟判例法。该委员会明确承认,由于新加坡采用的滥用支配地位条款是以英国法案为范本,而英国法案又以欧盟法律为范本,因此来自欧盟和英国的案例在帮助该委员会做出裁决时将是"有说服力或有用的"[120]。竞争上诉委员会同意这种方法,强调欧盟和英国法院的竞争裁决具有"高度说服力"这一权威性。[121]

　　新加坡在起草竞争法时选择效仿英国和欧盟模式有几方面原因。首先,新加坡的被殖民历史以及与英国的紧密法理联系形成效仿英国的自然趋势。[122]其次,与美国模式相比,英国和欧盟模式被认为更容易为企业和消费者所理解,而美国模式是随着时间的推移建立起来的,需要咨询众多不同的来源。[123]鉴于欧洲法院对此类案件的频繁裁决,欧盟在解释其滥用支配地位方面也积累了丰富经验[124],这一经验为将欧盟作为这一特定领域的执法模式提供了可信度。欧盟竞争法的明确性让企业如何执行新的本国法律有了更确定的预期。

布鲁塞尔对亚洲竞争法在法律上的影响的另一个案例是印度,该国2002年出台的《印度竞争法》从欧盟竞争法中得到启发。根据2001年关于竞争法案的第三次报告,印度法律参照欧盟竞争法进行了修订,称"新法案与欧盟委员会的竞争法更加一致。几乎所有法律都涉及横向和纵向协议、垄断、滥用支配地位,并受到竞争主管机构的监管"[125]。印度对滥用支配地位的规定采用了与《欧盟运行条约》第102条相似的解释性条例。[126]印度法案将"支配地位"定义为"企业在相关市场(即印度)中享有的优势地位,这种地位使其能够独立经营相关市场中的竞争力量;或对竞争对手或消费者或相关市场产生对其有利的影响"[127]。这一定义与欧洲法院在其著名的"联合品牌案"判决中提供的定义相似。[128]在"联合品牌案"中,法院引用了(现在的)《欧盟运行条约》第102条,并阐明支配地位是指"一个企业享有的经济实力地位,该地位使其能够通过赋予其在相当程度上独立于其竞争对手、客户并最终独立于其消费者的行为的权力,阻止在相关市场上维持有效竞争"[129]。印度竞争委员会在《印度时报》媒体有限责任公司(HT Media Ltd.)诉超级卡带公司(Super Cassettes)案的裁决中[130],进一步依赖欧盟"联合品牌案"的裁决,对定价过高进行三方面的检验。这些法律上的布鲁塞尔效应案例(包括南非和新加坡的案例)不仅说明了欧盟竞争法在起草时对其他国家国内法具有来自外部的影响,也说明了欧盟通过尊重欧洲法院对竞争法的解释能够对外部施加影响。

中国2008年的的《反垄断法》同样主要从欧盟竞争法中获得灵感,尽管其他几种外国模式在立法过程中也产生了影响。[131]例如,中国密切关注欧盟关键条款的措辞,包括《欧盟运行条约》关于反竞争协议的第101条和关于滥用支配地位的第102条,同时也包括欧洲对兼并控制进行的审查。[132]有趣的是,中国还参照欧盟模式,将农业排除在其竞争法的范围之外,这表明即使是这种针对特定部门的分割也可以扩散到外国管辖区。[133]欧盟似乎在中国最初通过法律之后依然具有其影响力,中国最近发布的并购规则修正案草案,也受到欧盟相关规则的重要影响。[134]

中国国家发展和改革委员会官员万江指出:"从立法借鉴的角度来看,中国借鉴欧洲竞争法制定反垄断法是一个更合理的选择。当比较中国反垄断法和欧洲竞争法的相关规定时,你可能会发现两者非常相似,其中的某些条款在使用的词语方面高度一致。"[135]中国商务部前副部长马秀红称欧盟竞争法是"世界上最有影响力的竞争法之一",并确认"中国在制定反垄断法的各个方面借鉴了欧洲竞争法的许多经验"。[136]李剑教授同样承认,中国的法律"深受"欧盟竞争法影响,他将其归因于欧盟和中国共同的民法传统。[137]尽管如此,中国并没有盲目效仿欧盟。它引入了一些反映国家在经济中不同作用的规定,并宣布促进"社会主义市场经济"是其反垄断法的目标之一。[138]

尽管存在这些针对中国的特定条款,但法律上的布鲁塞尔效应在中国的影响是广泛的。例如,欧盟委员会与中国主管竞争事务的部门进行了积极对话,提供技术援助,帮助中国主管部门建设监管能力。欧盟与负责竞争政策的所有主要机构的起草者密切合作,包括商务部、国家发展与改革委员会和工商总局[139],及国务院法制办公室等,在某种程度上,还包括一些中国法院。[140]2004年,中国商务部和欧盟委员会竞争事务总司就一项名为"欧盟—中国竞争政策对话"的关于结构性竞争的对话达成协议,这一对话的主要目标是"在中国和欧盟之间建立一个在这一领域磋商和透明的常设论坛,并加强欧盟在竞争政策领域对中国的技术和能力建设援助"[141]。此次对话为欧盟继续参与中国未来的监管发展提供了一个平台,有可能进一步巩固法律上的布鲁塞尔效应在中国的影响力。

拉丁美洲同样有许多法律上的布鲁塞尔效应的案例。厄瓜多尔是在起草国内竞争法方面紧跟欧盟的几个拉丁美洲国家之一。厄瓜多尔最近于2011年通过了一项竞争法,即《市场力量监管和控制组织法》。[142]该法律条款与西班牙竞争法条款非常接近,后者以欧盟法律为蓝本。例如,其中包括关于滥用支配地位、卡特尔和补救措施的条款。[143]此外,厄瓜多尔还复制了欧盟委员会颁布的一些软法文书,包括欧盟关于相关市场定义的指南。[144]欧盟竞争法为厄瓜多尔提供了一种有吸引力的模式,其中一个可能的原因是,欧盟倾向于在其竞争法中包含一套更广泛的公共政策目标,而不只是狭隘地注重效率。鉴于厄瓜多尔宪法承诺"促进公平和相互支持的发展",欧盟法律提供了一个更好的选择。[145]鉴于厄瓜多尔法律体系的民法渊源,欧盟也可能被厄瓜多尔视为更好的学习榜样。

刚刚讨论的这些国家为欧盟法律上的全球影响力提供了一些例证。世界上还有很多其他的案例。根据叶夫根尼·霍赫洛夫(Evgeny Khokhlov)的说法,欧盟和德国的竞争法对 2006 年《俄罗斯保护竞争法》及其后续修正案产生了重大影响。[146]海莱加布里埃尔·费伊萨(Hailegabriel Feyissa)认为,埃塞俄比亚的竞争法制度是以欧盟为范本的,欧盟的法律为该国 2003 年起草规范竞争的《贸易惯例公告》提供了"原始材料"。[147]安娜·朱莉娅·贾塔尔(Ana Julia Jatar)同样指出,许多拉丁美洲国家,包括哥伦比亚和委内瑞拉,在起草竞争法规时大量借鉴了《欧盟条约》第 101 和 102 条。[148]所有这些案例都支持这样一个结论,即欧盟竞争法原则已被广泛采用。

如前所述,没有单一原因可以解释为什么这些国家在寻找可遵循的监管模式时,主要(即使不是全部)求助于欧盟。事实上的布鲁塞尔效应可能解释了一些政府决定效仿欧盟模式的原因。世界各地的公司越是调整它们的行为以符合欧盟的竞争规则,它们就越有可能支持国内类似欧盟的改革。这些公司更喜欢统一的规则,如果它们的母国政府采用事实上已经管理它们商业行为的法律,它们将面临更少的调整成本。

竞争法作为一个领域,其他司法管辖区通过采用与欧盟相比不那么严格的竞争规则往往会获益甚少,至少进行跨国经营的公司是如此。任何地方性的、更加宽松的规则往往只会被欧盟的规则取代,到了强制执行更严格规则时,旧的监管就变得过时了。如前所述,如果欧盟禁止一项国际并购,则该并购在全球范围会被禁止,该并购是否被其他管辖区接受无足轻重。这说明为何脱离欧盟(作为最严格的司法管辖区)给其他司法管辖区带来的好处很少。对于管辖权重叠的此类国际交易,不需要法律上的布鲁塞尔效应就可以适用欧盟优先规则。然而,在没有法律上的布鲁塞尔效应的情况下,国内竞争法继续支配着纯粹地方性的市场竞争。为了让欧盟法律影响这一做法,欧盟别无选择,只能依靠法律上的布鲁塞尔效应来改变外国司法管辖区的规则。这可能部分解释了为何欧盟急于通过各种方式将其规则输出到其他司法管辖区。

其他原因进一步解释了欧盟在向国外传播其竞争法方面的影响,有些解释更具一般性,有些更针对具体的竞争政策。[149]如厄瓜多尔和南非的案例简要指出的那样,欧盟倾向于追求更广泛的目标,而不是将竞争法的目标严格限制于促进消费者福利,这使欧盟竞争法成为许多国家眼中的一个有吸引力的模板。[150]特别是发展中国家,它们发现欧盟模式更适应它们对市场运作和竞争法的分配效应的关切。与此相关,欧盟竞争法被视为自由市场运作与政府干预这些市场的合法权力之间的一种折中方案。相比之下,美国竞争法被认为更依赖于市场的自我纠正能力,减少了政府干预的必要性。[151]在这方面,许多国家在意识形态上更接近欧盟。

不仅是欧盟竞争法的内容使其成为许多司法管辖区的一个有吸引力的模板,其形式也是如此。相比诸如美国竞争法等其他著名模板,欧盟竞争法更加精确和更可预测,当(国外)新设的竞争机制寻求明确的先例规则,以指导其经验不足的机构和法院的决策时,欧盟为这些新机制提供了更详细的指南。[152]这被认为是英国与欧盟模式吸引新加坡的原因之一。[153]这一特点可能使欧盟竞争法成为对行政和司法机构能力较低的低收入国家更具吸引力的模板。[154]这些国家尤其受益于模仿精确的规则,这些规则允许缺乏参与更灵活的个案所需技术经验的机构制定更机械的规则,欧盟也经常渴望向这些管辖区提供技术援助,在此过程中输出欧盟的规则和解释方法。[155]

与欧盟成员国的语言和历史联系则进一步解释了为何一些国家在

寻求立法模板时求助于欧盟。欧盟的竞争法规以几种语言出版,这在很大程度上(如果不是有意的)便于欧盟法律在全球范围被模仿,特别是在讲西班牙语和葡萄牙语的拉丁美洲和在非洲法语区。此外,鉴于这些地区被殖民的历史,欧盟可以通过其成员国在世界各地的密切文化联系,频繁地在这些地区施加间接影响。这也有助于解释为什么厄瓜多尔几乎一字不差地照搬西班牙竞争法(从而间接照搬欧盟法律)。类似地,前英国殖民地新加坡大量照搬了英国竞争法,间接将欧盟的许多竞争条款引入其制度。

欧盟模板胜过美国模板的另一个原因是,欧盟倾向于利用其优惠贸易协定(PTA)以及其他经济和政治合作协定作为传播其监管规范的工具。[156]如第三章所述,通过向外国提供广阔的消费市场等优惠准入政策,欧盟对其贸易伙伴具有重要的议价能力,因此能够设定签订优惠贸易协定的条件,这些条件之一通常是(要求对方)通过竞争法。1995年的《欧共体—土耳其关税联系协定》提供了一个有解释力的案例。[157]该协定第39条规定:"土耳其应确保其竞争规则领域的立法与欧洲共同体的立法相一致。"通过联系协定输出竞争法的案例还包括阿尔及利亚、埃及和格鲁吉亚等国。例如,格鲁吉亚在1996年与欧盟签署《伙伴关系与合作协议》时,承诺该国未来的竞争法将与欧盟竞争法相一致。[158]

这一部分的讨论集中在欧盟发挥影响力的一些故事,及探讨了这种影响力背后的原因。然而,有可能(甚至很有可能)这些司法管辖区中的大多数也受到了一些其他司法管辖区的影响。哥伦比亚大学、加州大学伯克利分校和芝加哥大学的学者最近发表的一篇研究论文没有关注这些故事,而是使用了一组全新的竞争法规数据,更系统地衡量了欧盟的相对影响力。[159]具体而言,该论文考察了欧盟和美国的竞争制度在塑造全球监管格局方面的相对影响力。该报告使用了来自125个国家的数十项竞争法条款的数据,追溯了不同竞争机制的演变,其间包括1957年欧盟颁布竞争法到2010年美国成为世界上另一个主要竞争监管机构。具体而言,该研究分别比较了欧盟和美国竞争法中关键竞争条款的语言上的相似性。这一研究进一步实质性地评估了其他国家有关竞争法的主要内容,如反竞争协议、滥用支配地位、并购控制和补救措施方面与欧盟和美国的法律相似程度。

这项研究表明,绝大多数拥有竞争法制度的司法管辖区的法律更类似于欧盟竞争法,而不是美国反垄断法,无论是在用语还是实际内容上都是如此。更具体地说,它表明第三国对欧洲竞争法模式的模仿在20世纪90年代超过了对美国的模仿,欧盟在竞争监管领域的"影响范围"自那时以来一直在不断扩大。因此,这一更系统的分析支持了上述叙事,即欧盟竞争法确实为世界各国的竞争法提供了最常见的复制模板。

在实质上其竞争法规与美国法律更为相似的国家中,有一些国家与美国有着密切的文化和法律联系,包括澳大利亚、加拿大和新西兰,还有日本等重要的司法管辖区。然而,在世界每个地区,相比于美国的法律,与欧盟的法律更为相似的国家更多,这包括大多数主要新兴市场,如巴西、中国、印度、墨西哥、俄罗斯、南非和韩国。对法律用语的相似性检测揭示了这种相似性,如果不是完全相同的话。例如,中国、印度和墨西哥使用欧盟竞争法用语,而很少有国家(主要是普通法国家)与美国的法律用语相似。

除了照搬欧盟竞争法的语言和更广泛的实质性内容之外,大多数其他管辖区还模仿欧盟的制度模式来执行竞争法。在这种情况下,它们的执行主要依靠公共当局提起的行政诉讼,而不是对当事人提起私人诉讼。事实上,在美国以外,依靠私人执法的竞争法很少。与美国相比,公共执法制度反映了大多数国家政府在组织经济生活中的更大参与性。"私人总检察长"的概念以及与之相关的庞大、活跃的原告律师协会是除美国之外世界上大多数地方都没有的传统。[160]例如,中国的反垄断法虽然允许私人诉讼,但在很大程度上依赖于纯粹的行政执法模式。[161]

模仿诉讼

还有一个原因可以解释为何外国司法管辖区会觉得其国内竞争规则与欧盟的竞争规则相一致是有益的。效仿欧盟法律后,该司法管辖区可以搭乘欧盟调查的便车,并效仿欧盟在评估个案时的反竞争做法。通过这种方式,它能获得罚款或在国内实施其他补救措施,而无需自费精力开创一套关于有害竞争、市场定义和竞争评估的理论。那样做需花费时间、技术专长和大量资源。这种被称为"模仿诉讼"的策略对缺乏经验的机构特别有吸引力,因为它们缺乏资源和专业知识进行独立办案。尽管监管能力有限,但复制欧盟的理论和补救措施将让它们获得监管收益并效仿执行。然而,众所周知,即使是较为成熟的管理竞争的机构也会等待欧盟的决定,或者如加拿大这样的国家会等待美国的决定,然后再自行采取行动。从这个角度看,法律上的布鲁塞尔效应为搭便车提供了便利。规则的多样性显然会让搭便车变得困难,因为基于不同法律框架的独立调查可能会导致不同的监管结果,然而,复制欧盟的竞争制度会为其他国家采取欧盟同样的执法决定铺平道路。

在大多数情况下,模仿诉讼很可能反映了欧盟调查带来的纯粹的新的信息。欧盟的调查行动会提醒国外相关部门注意(本国)可能的反竞争行为,并促使它们采取行动。欧盟的调查通常会强化反竞争的危害性,甚至可能向国外竞争管理机构提供有效立案的关键证据。通过这些方式,模仿诉讼的主要好处在于,它会降低国外相关机构的执法成本,并允许资源更少的机构参与执法行动。然而,一种更为偏激的观点认为,有时国外的模仿诉讼可能会基于不同动机而模仿欧盟行动。可以想象,非欧盟司法管辖区可能会利用现有的欧盟调查为借口或掩护,对某家公司实施无理干预、出于揭露保护主义或其他不理性的调查。这样的调查可以通过模仿欧盟曾有的调查而使自身调查合法化,即使欧盟过去的调查是基于与该国不同的、更合法的理由而进行的。

当然,对外国政府来说,参与模仿诉讼只是一种看似合理的策略。一些外国司法管辖区可能会选择完全放弃执法,将执法工作完全"外包"给欧盟。这构成一个更全面的搭便车战略,外国司法管辖区可以从欧盟的执法结果中受益,这些结果与它们自己的监管框架一致,而它们不参与任何执法工作。例如,如果欧盟禁止国际合并,较小的司法管辖区通过模仿欧盟诉讼达到同样的结果不会得到什么好处。而欧盟禁令足以在全球范围阻止并购。这同样适用于欧盟能够独自发现和阻止卡特尔。如果欧盟能够解散一个全球卡特尔,其他外国机构认为花费有限的执法资源去复制同样的(多余的)结果没什么好处。然而,在现实中,卡特尔执法往往需要几个管辖区共同行动,因此很难将执法完全外包给欧盟。例如,如前所述,欧盟在计算卡特尔罚款时将外国损害排除在外,这使得其他管辖区往往有必要自己实施罚款,否则对卡特尔就没有足够的威慑力。提起自己的诉讼还能允许这些司法管辖区通过收取单独的罚款来获取金钱收益。在滥用支配地位的案件中,只要各管辖区的主管机构有着相同的对反竞争的顾虑,同时欧盟发布一项全球补救措施来缓解这些顾虑,搭便车就可能奏效。然而,只要欧盟的补救措施仅限于欧盟,外国司法管辖区就有可能遵循欧盟的主导,并参与模仿诉讼。

存在若干模仿诉讼的案例,尽管很难区分这些案例是否因为欧盟先采取了相关行动,从而另一个司法管辖区也采取行动,还是因其他原因而独立采取行动,或是否只是时间上巧合而已,还是有意密切追随欧盟调查。例如,2005 年,韩国紧跟欧盟 2004 年的裁决,谴责微软滥用支配地位,将 Windows Media Player 与其操作系统捆绑销售。这一案例被广泛认为是受到了几年前欧盟提起的类似搭售案的启发。欧盟的案件始于 1998 年,微软的竞争对手太阳微系统公司(Sun Microsystems)向欧盟提出申诉。2004 年,欧盟委员会认为微软通过其捆绑行为违反了(现在的)《欧洲共同体条约》第 102 条。[162] 作为补救措施,欧盟委员会要求微软除了在市场上提供捆绑版本外,还需提供一个没有 Windows Media Player 的 Windows 操作系统。此后不久,韩国竞争主管部门对微软展开调查,调查类似的捆绑销售指控。在微软的竞争对手如道姆通信公司(Daum Communications)于 2001 年[163] 和 RealNetworks 于 2004 年[164] 提出申诉后,韩国公平贸易委员会(KFTC)于 2005 年因微软滥用其支配地位对微软处以 330 亿韩元(约 3 200 万美元)的罚款。它裁定微软通过将 Windows Media Player 和 Windows Messenger 与 Windows 操作系统捆绑销售,构成反竞争行为。[165] 与欧盟委员会一样,韩国公平贸易委员会命令微软销售两个版本的 Windows,一个带有 Windows Media Player 和 Windows Messenger,另一个不带。[166] 鉴于韩国的补救措施与欧盟措施非常相似,韩国公平贸易委员会极有可能将欧盟的决定作为模板。该案的原告道姆通信公司在韩国裁决之前也曾明确指出:"它希望欧盟的案件影响(韩国)公平贸易委员会的裁决。"[167] 微软自己进一步将欧盟和韩国公平贸易委员会的裁决进行了比较,在其 2006 年的新闻稿中,将韩国公平贸易委员会的裁决描述为比欧盟命令的补救措施更加"严厉"。[168]

自 2010 年以来,欧盟对谷歌的多次调查引起全球的广泛关注,也导致几起明显的模仿诉讼。在欧盟展开调查后,其他司法管辖区的一些机构对谷歌的行为提出了挑战。然而,许多司法管辖区并没有明确提及欧盟的调查,因此很难明确将其称为"模仿诉讼"。但同时,这些机构不太可能无视欧盟的行动而开启自身的调查。

例如,在欧盟委员会启动正式调查程序的同时,甚至稍早,俄罗斯就对谷歌在安卓系统上的做法展开了正式调查。2015 年 2 月,俄罗斯竞争管理机构俄罗斯联邦反垄断局(Federal antimonopoly Service of Russian Federation,FAS)在谷歌最大的本土竞争对手搜索引擎 Yandex NV 提出投诉后,对谷歌在安卓方面的商业行为展开了调查。Yandex 也是欧盟对谷歌调查的原告之一。俄罗斯联邦反垄断局于 2015 年 2 月开始调查,比欧盟委员会正式启动调查程序早几个月。然而,当时众所周知的是,欧盟委员会在正式提起诉讼前已经在评估谷歌在安卓系统方面的做法。[169] 2015 年 9 月,俄罗斯联邦反垄断局发布一项决定,认定谷歌在安卓系统方面的非法做法违反了俄罗斯竞争法。此外,俄罗斯联邦反垄断局还发布针对谷歌的停止且终止令,并处以约 4.4 亿卢布(约 780 万美元)的罚款。[170] 因此,俄罗斯联邦反垄断局成为"世界上第一个对谷歌在安卓操作系统方面的做法作出负面评估的竞争主管机构"[171]。然而,一种更加怀疑的观点可能会指出,俄罗斯能够在欧盟之前完成调查的原因是,在此过程中俄罗斯压缩了谷歌应享的正当程序。不管俄罗斯更早做出决定的背后原因是什么,俄罗斯对谷歌行为的调查似乎至少部分是由欧盟同时进行的类似调查所引发的。

另一个可能的模仿诉讼案例可以从巴西对谷歌商业行为的调查中找到。2013 年 10 月，微软和当地搜索引擎 Buscapé 和 Bondfaro 向巴西竞争管理机构经济保护行政委员会（CADE）投诉谷歌。该委员会表示："它正在调查关于谷歌不公平使用竞争对手的内容、打击竞争对手的广告客户，以及在搜索结果中偏爱自己的产品列表的指控。"[172] 即使在 2015 年该委员会对谷歌提起诉讼前微软已撤诉，该委员会依然效仿了欧盟类似决定，即委员会继续其调查。[173] 虽然该委员会对谷歌的最初调查不包括谷歌在安卓系统方面的商业行为，但在欧盟于 2018 年夏天对谷歌就其安卓移动操作系统滥用支配地位而进行罚款后，这种情况发生了变化。当时，委员会主席亚历山大·巴雷托（Alexandre Barreto）表示："我们现在正在分析欧盟的决定，以确定我们是否有理由在这里采取行动。"[174] 该声明表明，委员会可能会效仿欧盟委员会发起并完成有关谷歌安卓系统的调查。

除了巴西和俄罗斯的案例外，另一可能存在的模仿诉讼案例发生在最近土耳其对谷歌的调查中。2015 年 7 月，在 Yandex 提出投诉后，土耳其竞争管理局（Rekabet Kurumu，即 TCA）对谷歌有关安卓系统的商业行为展开了调查。Yandex 表示，谷歌滥用其主导地位，强制移动设备制造商在其智能手机中预装某些谷歌应用，这违反了土耳其竞争规则。2018 年 9 月，管理局对谷歌处以 9 300 万里拉（约合 1 500 万美元）的罚款，原因是谷歌在与移动设备制造商就安卓系统达成协议方面滥用其主导地位。这一决定是在欧盟委员会因类似行为对谷歌罚款超过 50 亿美元后不久做出的。有评论者指出："管理局的决定再次表明，管理局在很大程度上仍在追随欧盟委员会的脚步，对反竞争行为进行评估，尤其是在复杂的问题上。"[175]

最后，韩国竞争管理机构公平贸易委员会对谷歌的竞争调查案进一步证明欧盟在这一领域的执法决定具有广泛影响。这提供了一个特别有趣的案例，因为韩国公平贸易委员会最初认定谷歌没有任何不当行为，但在欧盟做出决定后，它重新考虑其做法。2011 年，NHN 公司（韩国最大的互联网搜索引擎 Naver 的所有者）和道姆通信公司敦促韩国公平贸易委员会调查谷歌的反竞争行为。具体而言，这些公司声称谷歌限制在智能手机上预装某些移动搜索窗口应用程序。[176]韩国公平贸易委员会在其 2013 年的裁决中驳回了这些公司的指控,认为谷歌在韩国搜索引擎市场的份额太小,不足以威胁竞争。[177]然而,在韩国公平贸易委员会得知欧盟就谷歌与安卓系统相关的商业行为而发布"反对声明",表明欧盟怀疑谷歌存在反竞争行为后,韩国公平贸易委员会决定重新审视谷歌。这导致该委员会调查谷歌是否不公平地利用安卓系统的主导地位来限制韩国移动搜索市场的竞争。[178]2016 年,一名韩国公平贸易委员会官员承认,"鉴于欧盟调查发现谷歌违反了反垄断法,以及操作系统与搜索的市场环境发生了变化,韩国公平贸易委员会正在重新监控谷歌",并指出,"根据监控结果和欧盟的最终裁决,韩国公平贸易委员会将决定是否启动正式调查"。[179]

虽然世界各地针对谷歌的竞争调查越来越多,吸引了大多数注意力,但模仿诉讼并不局限于谷歌、高科技行业或滥用市场支配地位的案件。对并购的控制提供了有关竞争法的另一个领域,也可适用于分析模仿诉讼,特别是在涉及效仿由欧盟等主要管辖区首先实施补救措施时。

最近的一个案例来自厄瓜多尔。2015 年,在欧盟有条件批准百威英博(AB InBev)和南非米勒(SABMiller)的合并交易后,厄瓜多尔的市场权力控制监管机构(Market Power Control Superintendence)对此进行密切关注。[180]为了获得欧盟委员会的批准,百威英博提出将南非米勒在法国、意大利、荷兰和英国的所有业务剥离给第三方。然而,欧盟委员会从各方获得了额外的承诺,要求百威英博也剥离南非米勒在东欧(捷克、匈牙利、波兰、罗马尼亚和斯洛伐克)的业务。百威英博和南非米勒的合并代表了厄瓜多尔市场权力控制监管机构迄今为止必须面对的最重要交易。合并后,该公司在厄瓜多尔的市场份额超过 7%,因此干预将不可避免。厄瓜多尔当局自 2011 年以来一直在审查并购案,鉴于其经验的缺乏,它严格照搬了欧盟委员会对公司提出的要求,包括要求剥离百威英博在厄瓜多尔的部分业务。具体而言,厄瓜多尔当局在整个决议中使用了与欧盟委员会所使用的某些相同的概念和措辞,这表明欧盟的决定被用作范本。例如,为了使销售对潜在的购买者更有吸引力,并确保购买者有足够的资产进入市场并在那里有效经营,必须将某些资产或业务作为一个"包"剥离出去,这一点被加重强调。此外,厄瓜多尔当局纳入了它们以前从未使用过的某些概念,它们非常类似于履行业务的各方与欧盟委员会商定的承诺。例如,为进行资产剥离,厄瓜多尔机构要求各方执行分离承诺,以及实行管理者分离和监督受托者分离。厄瓜多尔当局要求"执行分离承诺"(Hold Separate commitment)甚至没有被翻译成西班牙语,而只是被列在"承诺第 7 条"中,其中提到了"执行分离"。[181]这一选择毫无疑问表明欧盟的决定实际上被厄瓜多尔机构作为模板直接运用。

这些案例说明为什么模仿诉讼(通常是模仿欧盟)对外国政府有吸引力的一些原因。与此同时,外国公司越来越多地向欧盟提出有关竞争的投诉,使欧盟成为当今最突出的竞争争端的全球仲裁者。通过将竞争战带到欧盟,而不是在自己的所在地进行,这些公司对法庭进行挑选,以利用欧盟更严格的规则,而这些规则被认为有利于进行干预。这使欧盟委员会成为全球竞争执法的"枢纽",即使它没有积极寻求这一作用,也没有资源处理所收到的所有投诉。本章前面简要讨论了这种做法的几个案例,包括微软在 2011 年向欧盟委员会投诉谷歌的反竞争行为,此前十多年来,两家美国公司诺勒公司(Novell)和太阳微系统公司也曾向欧盟提出类似投诉。[182]尽管选择哪一家法院和进行模仿诉讼是由不同行为者依据不同动机所驱动,但它们都具有相同效果,即通过法律上的布鲁塞尔效应的变体增加欧盟的影响力,并进一步巩固欧盟竞争规则作为全球规范的地位。

通过采用一些最显著的案例,对欧盟在竞争法中的影响所做的细致研究解释了布鲁塞尔效应,但也清楚地暴露了它的局限性。布鲁塞尔效应背后首要的四个条件——市场规模、监管能力、严格的标准和无弹性的目标,通常会渗透到所有竞争政策事务中。它们的存在就意味着欧盟竞争法具有广泛的治外法权,因此只要外国公司的行为影响到欧盟市场,这些法律就适用于外国公司。然而,仅仅这四个条件并不会引发布鲁塞尔效应,最终决定布鲁塞尔效应是否发生的条件是不可分割性。

　　本章的讨论表明不可分割性解释了布鲁塞尔效应在竞争事务中的几乎所有变化。不可分割性是促使公司自愿接受欧盟法规以管理其全球运营的起因。仔细研究竞争政策的各个领域也可以发现,不可分割性在某些竞争事务中比在其他竞争事务中更为常见。例如,禁止并购展示了不可分割性,禁止一项交易不能只在一个管辖区的基础上实现,从而引发了布鲁塞尔效应。同时,未被禁止但有条件批准的并购可能会也可能不会表现出不可分割性,这取决于这些条件是否可以在全球或局部地区实施。卡特尔调查可能是不可分割的,尤其是当欧盟的调查足以在全球范围瓦解卡特尔时。与此同时,外国机构并不总是只依赖布鲁塞尔效应。尽管欧盟的决定可能会在全球范围终结卡特尔,但这些机构可能有收取罚款的动机,而这只有在它们对自己市场的公司进行调查的情况下,才能得到罚款。滥用支配地位为验证布鲁塞尔效应提供了一个特别有趣的案例。在这些调查中,欧盟作为全球执行者的角色最近很突出,而布鲁塞尔效应或许反而不太常见。在许多个别案例中,双方能够将其补救措施仅限于欧盟市场,继续在其他市场提供不同的产品变体。例如,在过去几年里,在欧盟委员会对谷歌采取的各种补救措施中,这一直是常态。

　　虽然事实上的布鲁塞尔效应在各类竞争事务和行业中并不一致,但法律上的布鲁塞尔效应却一直存在。具有不同经济发展水平、不同法律和经济体系及不同政治联盟的国家在制定其竞争法规时都求助于欧盟。这种影响只能部分地追溯为市场力量,以及使欧盟成为一个有吸引力的效仿模式的综合因素的结果。欧盟积极向经常表现出明显愿意接受欧盟出口的司法管辖区输出其竞争法。外国司法机构热衷于模仿欧盟的执法决定,这进一步巩固了欧盟对竞争政策的全球影响力,一些司法机构发生的模仿诉讼就证明了这一点。

　　直到最近,美国一直为其在竞争执法方面的克制态度辩护,即使其他国家已经效仿欧盟的竞争法规并模仿其执法行为。然而,即使是美国也可能很快重新评估其反垄断政策,美国政府最近宣布对领先的在线平台进行广泛的反垄断调查就是证明。鉴于调查的重点是"搜索、社交媒体和一些在线零售服务",外界认为美国机构是针对亚马逊、谷歌和脸书的。[183]因此，即使是美国也可能无法长期不受法律上的布鲁塞尔效应的影响，特别是如果政治氛围已确定转向更多的监管干预。这样的发展有可能扩大法律上的布鲁塞尔效应，或者随着时间的推移，与正在出现的"华盛顿效应"相平衡。

注　释

1. European Commission Press Release IP/18/4581 Antitrust: Commission Fines Google €4.34 Billion for Illegal Practices Regarding Android Mobile Devices to Strengthen Dominance of Google's Search Engine(July 18, 2018), http://europa. eu/rapid/press-release_IP-18-4581_en. htm[https://perma. cc/L8NT-8U9W]. Google has appealed the case before the European Courts. 参见 Case T-604/18, Google & Alphabet v. Comm'n, 2018 O.J., (C 445)21。

2. Commission Decision in Case No. AT. 39740 (Google Search—Shopping), C (2017) 4444 final(June 27, 2017) *cited in* 2018 O.J. (C 9)11, http://ec. europa. eu/competition/antitrust/cases/dec_ docs/39740/39740 _ 14996 _ 3. pdf[https://perma. cc/6XA3-34ND]. Google has appealed the case before the European Courts. 参见 Case T-612/17, Google & Alphabet v. Comm'n, 2017 O.J. (C 369)37。

3. European Commission Press Release IP/19/1770, Antitrust: Commission Fines Google €1.49 Billion for Abusive Practices in Online Advertising(Mar.20, 2019) http://europa.eu/rapid/press-release_IP-19-1770_en. htm[https://perma.cc/2XSR-6Q6V]。

4. 2018 年，欧盟委员会因高通与苹果公司在电脑芯片市场的独家交易合同对高通罚款 12 亿美元。参见 Summary of Commission Decision in Case No. AT. 40220 (Qualcomm—Exclusivity Payments), 2018 O.J. (C 295) 25(No public version of the full Decision available as of Apr.13, 2019)。

5. 欧盟委员会命令爱尔兰从苹果公司收回 145 亿美元的非法国家援助。Commission Decision in Case No. SA. 38373 (Ireland/Apple State Aid), 2017 O. J. (L187)1。

6. Commission Decision in Case No.COMP/C-3/37. 990(Intel), D(2009)3726 final (May 13, 2009) *cited in* 2009 O.J. (C 227) 13. In September 2017, the European Court of Justice overturned the fine levied by the Commission in its decision. 参见 Case C-413/14 P, Intel v. Comm'n, Judgment of September 6, 2017(Grand Chamber), https://eur-lex. europa. eu/legal-content/EN/TXT/PDF/? uri = CELEX: 62014CJ0413[https://perma. cc/4UTG-NLTC]。

7. Commission Decision in Case No.COMP/C-3/37. 792(Microsoft), C(2004) 900 final, (Mar.24, 2004) *cited in* 2007 O.J. (L 32) 23.

8. Commission Decision in Case No.COMP/M. 2220(General Electric/Honeywell), 2004 O.J. (L 48)1.

9. Anu Bradford et al., *Competition Law Gone Global: Introducing the Comparative Competition Law and Enforcement Datasets*, 16 J. Empirical Legal Stud. 411(2019).

10. Anu Bradford et al., *The Global Dominance of European Competition Law*

Over American Antitrust Law(forthcoming in J. Empirical Legal Stud 2019)(on file with author).

11. Consolidated Version of the Treaty on the Functioning of the European Union, art. 101, 13 Dec.2007, 2012 O.J. (C 326) 47[hereinafter TFEU].

12. TFEU art. 102.

13. Council Regulation 139/2004 of Jan.20, 2004, on the Control of Concentrations Between Undertakings, 2004 O.J. (L 24) 1(EC).

14. Sherman Act, 15 U.S.C. §§1—7(2018).

15. Clayton Act, 15 U. S. C. §§ 12—27 (2018). 另见 Federal Trade Commission Act, 15 U.S.C. §§41—58(2018)。虽然《克莱顿法》最初与《联邦贸易委员会法》一起于 1914 年通过,但现代美国的并购控制制度始于 1976 年,当时《哈特—斯科特—罗迪诺法》引入了并购前通知程序。Hart-Scott-Rodino Antitrust Improvements Act of 1976, Pub. L. 94—435, 90 Stat. 1383.

16. TFEU arts. 107—109.

17. Michael S. Gal, *Monopoly Pricing as an Antitrust Offences in the U.S. and the E.C.: Two Systems of Belief About Monopoly?*, 49 Antitrust Bull. 343, 345—346 (2004); Eleanor M. Fox, *EU and US Competition Law: A Comparison in* Global Competition Policy 339, 344(Edward M. Graham &. J. David Richardson eds., 1997).

18. 参见 Council Regulation 139/2004 of Jan. 20, 2004 On the Control of Concentrations Between Undertakings, art. 8, 2004 O.J. (L 24)1(EC);参见 William E. Kovacic, *Transatlantic Turbulence: The Boeing-McDonnell Douglas Merger and International Competition Policy*, 68 Antitrust L.J. 805, 851(2001)。

19. 然而,一些欧盟成员国在执行其国家和欧盟竞争法时采用了刑事处罚。

20. Directive 2014/104/EU of the European Parliament and of the Council of 26 November 2014 on Certain Rules Governing Actions for Damages Under National Law for Infringements of the Competition Law Provisions of the Member States and of the European Union, 2014 O.J. (L 349)1.

21. 参见 Anu Bradford, *Antitrust Law in Global Markets*, *in* Research Handbook on the Economics of Antitrust Law 283, 310(Einer Elhauge ed., 2012)。

22. *Id.*

23. *Id.* at 309.

24. 参见 Gunnar Niels &. Adriaan ten Kate, *Introduction: Antitrust in the U.S. and the EU—Converging or Diverging Paths?*, 49 Antitrust Bull. 1, 11—15(2004)。

25. 例如参见 Deborah Platt Majoras, Deputy Assistant Attorney Gen., Antitrust Div., US Dep't of Justice, Remarks on GE-Honeywell: The U. S. Decision Before the Antitrust Law Section, State Bar of Georgia 16(Nov.29, 2001), http://www.justice. gov/atr/public/speeches/9893.pdf[https://perma.cc/7MXL-84YB]。

26. Maureen K. Ohlhausen, Federal Trade Commissioner, U.S.-E.U. Convergence: Can we bridge the Atlantic?, Remarks at the 2016 Georgetown Global Antitrust Symposium Dinner 9(Sept.19, 2016), https://www.ftc.gov/system/files/documents/ public_state-ments/985133/ohlhausen_dinner_speech_09192016.pdf[https://perma.cc/ 99DA-2LZK]; Roger D. Blair &. D. Daniel Sokol, *Welfare Standards in U.S. and E.U. Antitrust Enforcement*, 81 Fordham L. Rev.2497, 2501—2502(2013).

27. Fox, *supra* note 17, at 340；另见 Blair & Sokol, *supra* note 26, at 2502。

28. Stephanie Honnefelder, European Parliament Fact Sheet on the European Union—Competition Policy(2018), http://www.europarl.europa.eu/ftu/pdf/en/FTU_2.6.12.pdf[https://perma.cc/UYT7-RTA4].

29. Commission Guidelines on the Application of Article 81(3)of the Treaty, ¶33, 2004 O.J. (C 101)97, 102；Commission Guidance on the Commission's Enforcement Priorities in Applying Article 82 of the EC Treaty to Abusive Exclusionary Conduct by Dominant Undertakings, ¶19, 2009 O.J. (C 45)7, 9；另见 Case C-94/00, Roquette Frères SA v. Comm'n[2002] ECR I-09011, ¶42；Case C-52/09 Konkurrensverket v. TeliaSonera Sverige AB[2011] ECR I-527, ¶22。

30. Commission Guidelines on the Application of Article 81(3) of the Treaty, ¶13, 2004 O.J. (C 101) 97, 98；Commission Guidance on the Commission's Enforcement Priorities in Applying Article 82 of the EC Treaty to Abusive Exclusionary Conduct by Dominant Undertakings, ¶13, 2009 O.J. (C 45)7, 8—9.

31. Fox, *supra* note 17, at 339—340；Alexander Italianer, European Commission Director-General for Competition, Fighting Cartels in Europe and the US: Different Systems, Common Goals, Address to the Annual Conference of the International Bar Association(Oct.9, 2013), http://ec.europa.eu/competition/speeches/text/sp2013_09_en.pdf[https://perma.cc/EC8A-F3PV]；Nicholas Levy, *Mario Monti's Legacy in EC Merger Control*, 1 Competition Pol'y Int'l 99 (2005)；一般参见 Ariel Ezrachi, *EU Competition Law Goals and the Digital Economy*(Aug.2018)(BEUC Discussion Paper), https://www.beuc.eu/publications/beuc-x-2018-071_goals_of_eu_competition_law_and_digital_economy.pdf? [https://perma.cc/GN4T-H3MF]。

32. 禁止滥用支配地位的第102条在其滥用的说明性清单中提到"直接或间接施加不公平的买卖价格或其他不公平的贸易条件"(强调部分增加)(《欧盟运行条约》第102条)。反竞争协议中也提到了公平:违反《欧盟运行条约》第101(1)条禁令的公司可以通过证明其行为产生了效率,并证明客户获得了公平利益来澄清行为并不违规(强调部分增加)(《欧盟运行条约》第101(3)条)。

33. Blair & Sokol, *supra* note 26, at 2504—2505.

34. Council Regulation 1/2003 of Dec.16, 2002 on the Implementation of the Rules on Competition Laid Down in Articles 81 and 82 of the Treaty, Recitals ¶9, 2003 O.J. (L 1)1, 2(EC)；*Commission Green Paper on Vertical Restraints in EC Competition Policy*, ¶180, COM(96)721 final(Jan.22, 1997)；Case C-8/08 T-Mobile Netherlands BV v. Raad van bestuur van de Nederlandse Mededingingsautoriteit[2009] ECR I-4529, ¶38；Case C-501/06 P GlaxoSmithKline Services Unlimited v. Comm'n[2009] ECR I-9291, ¶63.

35. Fox *supra* note 17, at 340.

36. 参见 D. Daniel Sokol, *Troubled Waters Between U.S. and European Antitrust*, 115 Mich L. Rev 955, 958(2017). 另见 William E. Kovacic, U.S. Fed. Trade Comm'n Chairman, Competition Policy in the European Union and the United States: Convergence or Divergence?, Remarks at Bates White Fifth Annual Antitrust Conference(June 2, 2008), https://www.ftc.gov/sites/default/files/documents/public_statements/competition-policy-european-union-and-united-states-convergence-or-divergence/080602bateswhite.pdf [https://perma.cc/NE9D-RTR5]。

37. 参见 Anu Bradford et al., *Is E.U. Merger Control Used for Protectionism? An Empirical Analysis*，15 J. Empirical Legal Stud. 165（2018）；Anu Bradford，*International Antitrust Enforcement and the False Hope of the WTO*，48 Harv. Int'l L. J. 383(2007)。

38. Commission Decision in Case No.COMP/M. 2220(General Electric/Honeywell)，2004 O.J. (L 48)1.

39. John Wilke，*U.S. Antitrust Chief Chides EU for Rejecting Merger Proposal*，Wall St. J.（July 5，2001，12:01 AM ET），https://www.wsj.com/articles/SB99428 227597056929(on file with author).

40. *Id.*

41. Commission Decision in Case No.IV/M. 877(Boeing/McDonnell Douglas)，1997 O.J. (L 336) 16；Commission Decision in Case No.COMP/M. 1741(MCI WorldCom/Sprint)2003 O.J. (L 300)1；Commission Decision in Case No.COMP/M. 1845(AOL/Time Warner)，2001 O.J. (L 268)28；Commission Decision in Case No.COMP/M. 6570 (UPS/TNT Express)，C(2013)431 final(Jan.30，2013) *cited in* 2014 O.J. (C 137) 8.

42. Tobias Buck，*How the European Union Exports Its Laws*，Fin. Times(July 9，2007)，https://www.ft.com/content/942b1ae2-2e32-11dc-821c-0000779fd2ac（on file with author)。

43. Mark Scott，*E.U. Commission Opens Inquiry Into E-Commerce Sector*，N.Y. Times(May 6，2015)，https://www.nytimes.com/2015/05/07/business/international/european-commission-e-commerce-inquiry-american-tech-companies.html（on file with author).

44. Julia Fioretti，*Apple Appeals Against EU Tax Ruling*，Brussels Says No Cause For Lower Tax Bill，Reuters(Dec.18，2016，7:12 PM) https://www.reuters.com/article/us-eu-apple-taxavoidance-idUSKBN148007[https://perma.cc/B65D-KYPQ].

45. Interview by Kara Swisher with Barack Obama，President of the United States of America，in Standford，Cal.（Feb.15，2015），https://www.recode.net/2015/2/15/11559056/white-house-red-chair-obama-meets-swisher[https://perma.cc/Q6MQ-NYZ2].

46. Adam Satariano & Jack Nicas，*E.U. Fines Google $5.1 Billion in Android Antitrust Case*，N.Y. Times(July 18，2018) https://www.nytimes.com/2018/07/18/technology/google-eu-android-fine.html(on file with author).

47. John Cassidy，*Why Did the European Commission Fine Google Five Billion Dollars?* New Yorker（July 20，2018），https://www.newyorker.com/news/our-columnists/why-did-the-european-commission-fine-google-five-billion-dollars [https://perma.cc/9WFS-GBBM].

48. Senate Finance Committee(@SenFinance)，Twitter(Jul.18，2018，8:33 AM)，https://twitter.com/SenFinance/status/1019605981968371712[https://perma.cc/ZDN2-B2D7].

49. 参见 Commission Decision in Case No. M. 7881(ABInBev/SABMiller) C(2016) 3212 final(May 24，2016)。

50. Bradford et al.，*supra* note 37.

51. Pierre Cremieux & Edward A. Snyder，*Enforcement of Anticollusion Laws against Domestic and Foreign Firms*，59 J.L. & Econ.，775(2016).

52. 参见 Press Release，Alstom，Siemens and Alstom Join Forces to Create a European Champion in Mobility（Sept. 26，2017），https://www. alstom. com/press-releases-news/2017/9/siemens-and-alstom-join-forces-to-create-a-european-champion-in-mobil-ity［https://perma.cc/SE7T-33UT］。

53. 参见 Commission Decision of 6 February 2019 in case M. 8677 Siemens/Alstom（not yet published since last verified on Apr.14，2019）。另见 European Commission Press Release IP/19/881，Merger：Commission Prohibits Siemens' Proposed Acquisition of Alstom（Feb. 6，2019），http://europa. eu/rapid/press-release_IP-19-881_en. htm［https://perma.cc/5FQY-8TCD］；Rochelle Toplensky，*EU Blocks Planned Siemens-Alstom Rail Deal in Landmark Decision*，Fin. Times（Feb.6，2019），https://www.ft. com/content/6e344f6a-29fd-11e9-88a4-c32129756dd8（on file with author）。

54. Commission Decision of 6 February 2019 in case M. 8677 Siemens/Alstom（not yet published since last verified on Apr.14，2019）。

55. Foo Yun Chee &. John Revill，*EU Antitrust Policy Under Fire After Siemens-Alstom Deal Blocked*，Reuters（Feb 6，2019，5：51 AM），https://www. reuters. com/article/us-alstom-m-a-siemens-eu/eu-antitrust-policy-under-fire-after-siemens-alstom-deal-blocked-idUSKCN1PV12L［https://perma.cc/7CL3-HZ8N］.

56. Mehreen Khan，*A Clash of EU's Titans Over China*，Fin. Times（Apr. 2，2019），https://www. ft. com/content/abd1ef0c-54ce-11e9-a3db-1fe89bedc16e（on file with author）.

57. 参见 Council Regulation 1/2003 of December 16，2002，on the Implementation of the Rules on Competition Laid Down in Articles 81 and 82 of the Treaty，O.J.（2003）（L 1）1（EC）；and Council Regulation 139/2004 of Jan.20，2004，on the Control of Concentrations Between Undertakings，2004 O.J.（L 24）1（EC）。另见 Nicolas Petit &. Norman Neyrinck，*A Review of the Competition Law Implications of the Treaty on the Functioning of the European Union*，Competition Pol'y Int'l Antitrust J.（Jan.2010），at 7，http://www. emulation-innovation. be/wp-content/uploads/2013/09/Petit-Neyrinck-102-2-Lisbon.pdf［https://perma.cc/8SZE-5MVU］。

58. 参见 Council Regulation 1/2003 of 16 December 2002 on the Implementation of the Rules on Competition Laid Down in Articles 81 and 82 of the Treaty，O.J.（2003）（L 1）1（EC）。

59. 例如参见 *Competition Policy：Prosecutor*，*Judge and Jury*，Economist（Feb.18，2010 ），https://www. economist. com/leaders/2010/02/18/prosecutor-judge-and-jury［https://perma.cc/B5J5-A9AK］；Tom Fairless，*EU Displaces U.S. as Top Antitrust Cop*，Wall St. J.（Sept.3，2015，5：04 PM ET），https://www. wsj. com/articles/eu-displaces-u-s-as-top-antitrust-cop-1441314254（on file with author）。

60. Bradford et al.，*supra* note 37，at 191.

61. 例如参见 Foreign Trade Antitrust Improvements Act of 1982（FTAIA），15 U.S. C. § 6a(2018)；United States v. Aluminum Co. of Am.，148 F. 2d 416，444（2d Cir. 1945）；Case T-102/96，Gencor Ltd v. Comm'n，1999 E.C.R. II-759，¶¶73，92，96；另见 Eleanor M. Fox，*National Law*，*Global Markets*，*and* Hartford：*Eyes Wide Shut*，68 Antitrust L.J. 73，79—86(2000)；Damien Geradin et al.，*Extraterritoriality*，*Comity*，*and Cooperation in EU Competition Law*，*in* Cooperation，Comity，and Competition

Policy 21，24—29(Andrew T. Guzman ed.，2011)。

62. 参见 Commission Decision of 24 May 2004，Case COMP/C-3/37. 792 (Microsoft)，2007 O. J.（L 32）23；Commission Decision of 24 March 2004，Case COMP/C-3/37. 792(Microsoft)，3—4，C(2004) 900 final(Apr.21，2004)。

63. 参见 Steve Lohr，*Antitrust Cry from Microsoft*，N.Y. Times，Mar.31，2011，at B1，https://www. nytimes. com/2011/03/31/technology/companies/31google. html? mtrref = www. google. com&. gwh = A598C6EBBF881EE0FCBA67C3037A8078&. gwt = pay&. assetType = PAYWALL (on file with author)；Brad Smith，*Adding Our Voice to Concerns About Search in Europe*，Microsoft on the Issues(Mar.30，2011，9:00 PM)；https://blogs. microsoft. com/on-the-issues/2011/03/30/adding-our-voice-to-concerns-about-search-in-europe/[https://perma.cc/X8L7-357W]。

64. Vlad Savov，*What is Fair Search and Why Does It Hate Google So Much?*，The Verge (Apr. 12，2013)，https://www. theverge. com/2013/4/12/4216026/who-is-fairsearch[https://perma.cc/JE3A-W5KB].

65. European Commission Press Release IP/17/1784，Antitrust：Commission Fines Google € 2. 42 Billion For Abusing Dominance as Search Engine by Giving Illegal Advantage to Own Comparison Shopping Service(June 27，2017)，https://europa. eu/rapid/press-release_ IP-17-1784 _ en. htm [https://perma. cc/BEX2-FPRZ]；European Commission Press Release IP/18/4581，Antitrust：Commission Fines Google € 4. 34 Billion for Illegal Practices Regarding Android Mobile Devices to Strengthen Dominance of Google's Search Engine(July 18，2018)，https://europa. eu/rapid/press-release_IP-18-4581_en. htm[https://perma. cc/BEX2-FPRZ]；European Commission Press Release IP/19/1770，Antitrust：Commission Fines Google €1.49 Billion for Abusive Practices in Online Advertising(Mar.20，2019)，http://europa. eu/rapid/press-release_IP-19-1770_ en.htm[https://perma.cc/8L6C-PD2J].

66. 参见 Council Regulation 139/2004 of Jan. 20，2004，on the Control of Concentrations Between Undertakings，art. 1(2)，2004 O.J.（L 24）1(EC)。

67. 参见 Bradford，*supra* note 21，at 308—311。

68. 参见 Commission Decision in Case No. COMP/M. 2220 (General Electric/ Honeywell)，2004 O. J.（L 48）1. In contrast，for the position of US regulatory authorities,参见 Press Release，US Dep't of Justice，Justice Department Requires Divestitures in Merger Between General Electric and Honeywell(May 2，2001)，http://www.justice. gov/atr/public/press_ releases/2001/8140. pdf.［https://perma. cc/KF3G-PGPV］。

69. Commission Decision in Case No.IV/M. 053(Aerospatiale-Alenia/de Havilland)，1991 O.J.（L 334）42.

70. Commission Decision in Case No.IV/M. 619(Gencor/Lonrho)，1997 O.J.（L 11）30.

71. Commission Decision in Case No.COMP/M. 6570(UPS/TNT EXPRESS)，C (2013) 431 final(Jan.30，2013) *cited in* 2014 O.J.（C 137）8.

72. Commission Decision in Case No. M. 7630(FedEx/TNT Express)，C(2015) 9826 final(Jan.8，2016) *cited in* 2016 O.J.（C 450）12.

73. Commission Decision in Case No. COMP/M. 5421 (Panasonic/Sanyo) C(209)

7572(Sept.29，2009) *cited in* 2009 O.L.（C 322）13.

74. Boeing Co. et al.，Joint Statement Closing Investigation of the Proposed Merger，5 Trade Reg. Rep.（CCH）¶24，295（July 1，1997）.

75. Commission Decision in Case No.IV/M. 877（Boeing/McDonnell Douglas），1997 O.J.（L 336）16，36—38.

76. 参见 Kovacic，*supra* note 18，at 838—839。

77. Commission Decision in Case No. COMP/M. 5984（Intel/McAfee），C（2011）529 Final（Jan.26，2011）.

78. *Id.*

79. Commission Decision in Case No. COMP/M. 1845（AOL/Time Warner），2001 O.J.（L 268）28.

80. 参见 Commission Decision in Case No. COMP/39258（Airfreight），C（2010）7694 final（Nov.21，2001）*re-adopted in* Summary Commission Decision in Case No. AT. 39258（Airfreight），2017 O.J.（C 188）14；Commission Decision in Case AT. 39924（Swiss Franc Interest Rate Derivatives/LIBOR），C（2014）7605 final（Oct.21，2014）*cited in* 2015 O.J.（C 72）9；Commission Decision in Case AT. 39924（Swiss Franc Interest Rate Derivatives/Bid Ask Spread Infringement），C（2014）7602 final（Oct.21，2014）*cited in* 2015 O.J.（C72）14；Commission Decision in Case No. AT. 39861（Yen Interest Rate Derivatives）C（2015）432 final（Feb.4，2015）*cited in* 2017 O.J.（C 305）10；Commission Decision in Case No. AT. 39437（TV and Computer Monitor Tubes）C（2012）8839 final（Dec.5，2012）*cited in* 2013 O.J.（C 303）13。

81. 参见 Commission Decision in Case No. AT. 39437（TV and Computer Monitor Tubes）C（2012）8839 final（Dec.5，2012）*cited in* 2013 O.J.（C 303）13；South Korea，Improving International Cooperation in Cartel Investigations：Contribution to the OECD Global Forum on Competition（2011），http://www. oecd. org/officialdocuments/publicdisplaydocumentpdf/？cote＝DAF/COMP/GF/WD（2012）13&docLanguage＝En［https://perma.cc/6HPB-75TM］；*2008 Year-End Criminal Antitrust Update*，Gibson Dunn（Jan.7，2009），https://www. gibsondunn. com/2008-year-end-criminal-antitrust-update/［https://perma.cc/U3P3-G2RP］。

82. 参见 Commission Decision in Case No. COMP/E-1/37. 512（Vitamins），2003 O. J.（L 6）1。委员会的决定援引下列承诺进行解决，参见 F. Hoffmann-La Roche AG；BASF AG；Aventis SA（formerly Rhône-Poulenc）；Lonza AG；Solvay Pharmaceuticals BV；Merck KgaA；Daiichi Pharmaceutical Co. Ltd；Eisai Co. Ltd；Kongo Chemical Co. Ltd；Sumitomo Chemical Co. Ltd；Sumika Fine Chemicals Ltd；Takeda Chemical Industries Ltd；Tanabe Seiyaku Co. Ltd. *Id.* ¶1. The Decision further notes that "The products with which this decision is concerned are those bulk synthetic substances which belong to the following groups of vitamins and closely related products：A，E，B1，B2，B5，B6，C，D3，biotin（H），folic acid（M），beta-carotene and carotinoids." *Id.* ¶8。

83. Harry First，*The Vitamins Case：Cartel Prosecutions and the Coming of International Competition Law*，68 Antitrust L.J. 711（2001）.

84. First，*supra* note 83，at 711—734.

85. Howard Bergman & D. Daniel Sokol，*The Air Cargo Cartel：Lessons for Compliance*，*in* Anti-Cartel Enforcement in a Contemporary Age：Leniency Religion

301，308—311(Caron Beaton-Wells &. Christopher Tran eds.，2015)。

86. Commission Decision in Case No. AT. 39850(Container Shipping) C(2016) 4215 final(July 7，2016) *cited in* 2016 O.J. (C 327) 4.

87. *E.g.*，Commission Decision in Case No. COMP/C-3/37. 990(Intel)，D(2009) 3726 final(May 13，2009) *cited in* 2009 O.J. (C 227) 13；Commission Decision In Case No.COMP/C-3/37. 792(Microsoft) C(2004) 900 final(Mar.24，2004) *cited in* 2007 O.J. (L 32) 23；参见 Stephen Castle，*Microsoft Gets Record Fine and a Rebuke from Europe*，N.Y. Times，Feb.28，2008，at C3，https://www.nytimes.com/2008/02/28/technology/ 28soft.html(on file with author)；Editorial，*Europe v. U.S. Business*，Wall St. J.，Jan.17， 2008，at A16，https://www. wsj. com/articles/SB120053154686996085 (on file with author)；European Commission Press Release IP/18/4581 Antitrust: Commission Fines Google €4.34 Billion for Illegal Practices Regarding Android Mobile Devices to Strengthen Dominance of Google's Search Engine(July 18，2018)，http://europa. eu/rapid/press-release_IP-18-4581_en. htm[https:. cc/BEX2-FPRZ]；Alex Barker &. Mehreen Khan，*EU Fines Google Record €4.3 bn Over Android*，Fin. Times(July 18，2018)， https://www.ft.com/content/56ae8282-89d7-11e8-b18d-0181731a0340(on file with author)； Summary of Commission Decision in Case No. AT. 40220 (Qualcomm (Exclusivity Payments) 2018 O.J. (C 269) 25；*Qualcomm Fine Shows EU Antitrust Enforcers Aren't Dauntedby Intel Ruling*，MLex(Jan. 24，2018)，https://mlexmarketinsight. com/insights-center/editors-picks/antitrust/europe/qualcomm-fine-shows-eu-antitrust-enforcers-arent-daunted-by-intel-ruling[https://perma.cc/78G9-BM9Y]。

88. 例如参见 Commission Decision in Case No. COMP/B-2/38. 381(De Beers)，C (2006) 521 final(Feb.22，2006) *cited in* 2006 O.J. (L 205) 24。

89. Andrew E. Kramer，*Russia Stockpiles Diamonds*，*Awaitingthe Return of Demand*，N. Y. Times (May 11，2009)，https://www. nytimes. com/2009/05/12/ business/global/12diamonds.html(on file with author).

90. Commission Decision in Case COMP/A. 39. 116/B2(Coca-Cola)，C(2005) 1829 final(June 22，2005) *cited in* 2005 O.J. (L 253)21.

91. Pepsi Co, Inc. v. Coca-Cola Co.，315 F. 3d 101，108(2d Cir. 2002).

92. Michal S. Gal，*Antitrust in a Globalized Economy: The Unique Enforcement Challenges Faced by Small and Developing Jurisdictions*，33 Fordham Int'l L.J. 1，41 (2009).

93. European Commission Press Release IP/17/1784，Antitrust: Commission Fines Google €2. 42 Billion for Abusing Dominance as Search Engine by Giving Illegal Advantage to Own Comparison Shopping Service(June 27，2017)，http://europa. eu/ rapid/press-release_IP-17-1784_en.htm[https://perma.cc/ZN2D-4SS9].

94. Google Europe Twitter post，Sept.27 2017，https://twitter.com/googleeurope/ status/913071852146315264 [https://perma. cc/Z4RL-C6B3]；Oliver Heckmann， *Changes to Google Shopping in Europe*，Google Blog(Sept.27，2017)，https://adwords. googleblog. com/2017/09/changes-to-google-shopping-in-europe.html[https://perma.cc/ QSH6-CEXC].

95. Aoife White，*Google to Create Shopping Service Unit to Satisfy EU*，Bloomberg (Sept.26，2017)，https://www. bloomberg. com/news/articles/2017-09-26/google-said-

to-split-off-shopping-service-to-meet-eu-demands(on file with author).

96. Jeff John Roberts, *Google's $2.7 Billion Fine: What it Means and What Happens Next*, Fortune http://fortune.com/2017/06/27/google-eu-fine-faq/[https://perma.cc/29X8-3VUM]; Rochelle Toplensky & Richard Waters, *Google Changes Shopping Search to Sooth EU Antitrust Concerns*, Fin. Times(Sept.28, 2017), https://www.ft.com/content/9c9d196a-a432-11e7-b797-b61809486fe2(on file with author).

97. Commission Decision in Case No. COMP/C-3/37.792(Microsoft), C(2004) 900 final, ¶2.1(Mar.24, 2004) *cited in* 2007 O.J. (L 32) 23.

98. *Id* ¶427.

99. Nicolas Economides & Ioannis Lianos, *The Elusive Antitrust Standard on Bundling in Europe and the United States in the Aftermath of the* Microsoft *Cases*, 76 Antitrust L.J. 483, 484(2009).

100. Siemens, Business Conduct Guidelines (2009), https://new.siemens.com/global/en/company/sustainability/compliance.html(on file with author).

101. Exxon Mobil, Antitrust and Competition Law: Legal Compliance Guide 7—8 (2014), https://corporate.exxonmobil.com/-/media/Global/Files/policy/Antitrust-and-Competition-Law-Legal-Compliance-Guide.pdf[https://perma.cc/JAM5-8NLX].

102. 在布鲁塞尔采访微软副总裁约翰·弗兰克(John Frank)(2018 年 7 月 16 日)。

103. Anu Bradford et al., *supra* note 9.

104. Michal S. Gal, *The "Cut and Paste" of Article 82 of the EC Treaty in Israel: Conditions for a Successful Transplant*, 9 Eur. J.L. Reform 467 (2007); William E. Kovacic, *Merger Enforcement in Transition: Antitrust Controls on Acquisition in Emerging Economies*, 66 U. Cin. L. Rev.1071, 1086—1089(1998).

105. Competition Act 89 of 1998, Preamble(S. Afr.).

106. Case 27/76, United Brands Co. v. Comm'n 1978 E.C.R. 207 164.

107. Competition Act 89 of 1998, § 8(a)(S. Afr.).

108. Competition Act 89 of 1998, § 1(1)(ix)(S. Afr.).

109. 参见 the seminal South African dominance case *Competition Commission and South African Airways(Pty) Ltd*(final)(18/CR/Mar01)[2005] ZACT 50 *citing*, *inter alia*, Commercial Solvents Case 6/73 etc[1974] ECR 223; *Sealink/b and Holyhead* [1992] 5 CMLR 255; *Virgin/British Airways OJ*[2000] L30/1, [2000] CMLR 999 21。

110. 例如参见 the lengthy discussion of Article 101 and the characterization of horizontal and vertical agreements in *Competition Commission v South African Breweries Limited and Others*(129/CAC/Apr14)[2015]。

111. David Lewis, Thieves at the Dinner Table: Enforcing Competition Rules in South Africa 247(2012).

112. *Id.* at 24—26.

113. Competition Act 89 of 1998, Preamble(S. Afr.).

114. 2004 Parliamentary Debate, at 864; Other sources confirm this view. 参见 Kala Andarajah & Dominique Lombardi, *Competition Law in Singapore*, Aug.24, 2015, at 3, https://www.competitionpolicyinternational.com/competition-law-in-singapore/[https://perma.cc/HV6G-6WPD]; Burton Ong, *The Origins, Objectives and Structure of Competition Law in Singapore*, 29 Kluwer L. Int'l 269, 280(2006)。

115. 例如,将新加坡竞争与消费者委员会《2016 年第 34 条禁令指南》(2016 年 12 月 1 日)与委员会《关于〈欧盟运行条约〉第 101 条适用于横向合作协议的指南》(2011 O.J.(C11))进行比较。

116. Ong, *supra* note 114,at 280.

117. Competition Act,Third Schedule,¶8(Cap. 50B,2006 Rev. Ed.)(Sing.).

118. Robert Ian McEwin et al.,Competition Law in Singapore: Principles Practice &. Procedures 1—5(2007).

119. Competition Commission of Singapore Infringement Decision in Case No.CCS/600/008/07(SISTIC. com PTE Ltd.),¶4.1.3(June 4,2010),https://www.cccs.gov.sg/~/media/custom/ccs/files/public%20register%20and%20consultation/public%20consultation%20items/abuse%20of%20dominant%20position%20by%20sisticcom%20pte%20ltd/sistic20infringement20decision20nonconfidential20version.ashx[https://perma.cc/8J63-QZG4].

120. *Id*.¶4.1.3.

121. SISTIC. com PTE Ltd. v. Competition Commission of Singapore,App. No.1 of 2010 ¶ 287 (Competition App. Bd.,May 28,2012)(Sing.),https://www.cccs.gov.sg/~/media/custom/ccs/files/public%20register%20and%20consultation/public%20consultation%20items/abuse%20of%20dominant%20position%20by%20sisticcom%20pte%20ltd/sistic20appealcab20decision120june202012redacted.ashx[https://perma.cc/P5B8-2WPV].

122. Ong, *supra* note 114,at 270.

123. Competition Commission of Singapore,10 Years of Championing Growth and Choice 56 (2015),https://www.cccs.gov.sg/-/media/custom/ccs/files/media-and-publications/publications/annual-reports/ccs-ar250811final.pdf [https://perma.cc/HS5K-2U72].

124. Nicholas Tan, *A Big Ticket Issue for Singapore's Biggest Ticketing Issuer*, 23 Sing. Academ. L.J. 538,542(2011).

125. Ninety-Third Report on the Competition Bill,2001,Rajya Dabha Secretariat,AUGUST 2002/SRAVANA,1924(SAKA),14,http://www.prsindia.org/uploads/media/1167471748/bill73_2007050873_Standing_Committee_Report_on_Competition_Bill 2001.pdf[https://perma.cc/GE39-ZSPE].

126. 参见 The Competition Act,No.12 of 2003,§ 4,India Code(2019),https://indiacode.nic.in/bitstream/123456789/2010/2/A2003-12.pdf[https://perma.cc/RY4A-HSPS];另见 Pratibha Jane &. Simone Reis, *Competition Lawin India—Jurisprudential Trendsand the Way Forward*,Nishith Dsai Associates(Apr.6,2013),http://www.nishithde-sai.com/information/nda-in-the-media/audio/article/competition-law-in-india-juris-prudential-trends-and-the-way-forward-1.html? tx _ ttnews%5Border%5D = title&tx _ ttnews%5Bdir%5D = desc&cHash = d619c816715a4137798584d0af1cf9c9 [https://perma.cc/3ZQV-TWME]。

127. The Competition Act,No.12 of 2003,§ 4(e),India Code(2019),https://indiacode.nic.in/bitstream/123456789/2010/2/A2003-12.pdf[https://perma.cc/RY4A-HSPS].

128. Case 27/26,United Brands v. Comm'n,1978 E.C.R,207.

129. *Id*. 65—66.

130. HT Media Ltd. v. Super Cassettes(2014) CCI 109.

131. 参见 Li Jian(李剑)，*Zhong Guo Fan Long Duan Fa Shi Shi Zhong De Ti Xi Chong Tu Yu Hua Jie*（中国反垄断法实施中的体系冲突与化解）[*System Conflict and Resolution for the Enforcement of China Antimonopoly Law*]，China Legal Science （2014），http://zgfxqk.org.cn/WKA3/WebPublication/wkDownLoad.aspx?fileID=299 30f86-115c-4c84-9807-660efb90fbde&-pid=ce18f75c-5bf9-4c87-b69e-800680816003[https://perma.cc/V3ZY-6GG7]。

132. 参见 Wan Jiang(万江)，*Zhong Guo Fan Long Duan Fa Yu Ou Meng Jing Zheng Fa Nei Rong Dui Bi Biao*（中国反垄断法与欧盟竞争法内容对比表）[*Comparison of Chinese Antimonopoly Law and EU Competition Law*]，Lexis Practical Guide，http://hk.lexiscn.com/asiapg/articles/29e3d1ef-5bbb-20ab-d13f-3a18e2a80385.html [https://perma.cc/2E67-ECVT]。

133. 参见 TFEU Article 42；Anti-Monopoly Law of the People's Republic of China，Art.56（promulgated by the Standing Comm. Nat'l People's Cong.，Aug.30，2007，effective Aug.1，2008)，2007 Standing Comm. Nat'l People's Cong. Gaz. 68。

134. 参见 Qian Dali(钱大立)，Huang Kai(黄凯)，*Jian Xi Jing Ying Zhe Ji Zhong Shen Cha Ban Fa Xiu Ding Cao An Zheng Qiu Yi Jian Gao*（简析经营者集中审查办法修订草案征求意见稿）[*Brief Analysis of draft version of Amendment to the Measure for the Undertaking Concentration Examination*]，Law Review of Corporate &. Acquisitions by Llinks Law Office(Sept.2017)，http://www.llinkslaw.com/uploadfile/publication/60 _1515059367.pdf[https://perma.cc/N3LT-96X6]。

135. 参见 Wan Jiang(万江)，*supra* note 132。

136. 参见 Li Meiying(李梅影)，*Fan Long Duan Fa You Wang Ming Nian Chu Tai Jiang Jie Jian Ou Meng Jing Zheng Fa Jing Yan*（反垄断法有望明年出台将借鉴欧盟竞争法经验）[*Antimonopoly Law is Expected to Be Released Next Year，Will Learn From EU Competition Law Experience*]，Int'l Fin. News(Apr.25，2005)，http://it.people.com.cn/GB/3346561.html[https://perma.cc/3NRJ-ABLH]。

137. 参见 Li Jian(李剑)，*supra* note 131。

138. 参见 Shang Ming(尚明)，*Fa Zhan Zhong De Zhong Guo Jing Zheng Zheng Ce Yu Li Fa*（发展中的中国竞争政策与立法）[*Competition Policies and Legislation of the Developing China*]（Apr.27，2005），http://tfs.mofcom.gov.cn/article/bc/200504/20050400081489.shtml[https://perma.cc/UG8W-76DL]。

139. MOFCOM refers to China's Ministry of Commerce，NDRC refers to China's National Development and Reform Commission，and SAIC refers to China's State Administration for Industry and Commerce.

140. 参见 Torben Toft，*Update on Competition Developments in China：EU-China Competition Law Cooperation*(Sept.2016)(on file with Pritzker School of Law)，http://www.law.northwestern.edu/research-faculty/searlecenter/workingpapers/documents/Torben_Toft_update_on_competition_developments_in_China.pdf[https://perma.cc/F86X-UEQ7]。

141. 参见 *Terms of Reference of the EU-China Competition Policy Dialogue*，entered on May 6，2004(last visited Nov.10，2017). Item 2.7，downloaded via http://ec.

europa. eu/competition/international/bilateral/china _ tor _ en. pdf［https：//perma. cc/ KP9P-4L33］。

142. Organic Law for the Regulation and Control of Market Power(Ley Orgánica de Regulación y Control del Poder de Mercado)，Registro Oficial Suplemento 555，Oficio No. T. 364-SNJ-11-1287，2011.

143. 例如，比较《市场势力控制和监管法》第 27 条和《西班牙竞争保护法》第 3 条或《市场权力法》第 11 条、《控制和监管法》第 101 条或《西班牙竞争保护法》第 1 条。

144. Los Metodos para la Definicion del Mercado Relevante-Junta de Regulacion de Poder de Mercado-Registro Oficial 885 del 18 de noviembre de 2016 (Methods for Relevant Market Definition-Market Power Board-Official Register No. 885 from November 18，2016).

145. Republic of Ecuador，Constitution of 2008，Art. 3(unofficial English translation http：//pdba. georgetown. edu/Constitutions/Ecuador/english08. html)［https：// perma.cc/6XVU-4YYG］.

146. Evgeny Khokhlov，*The Current State of Russian Competition Law in the Context of Harmonization with EU Competition Law*，5 J. Eur. L. &. Prac. 32，32—38 (2014).

147. Hailegabriel G. Feyissa，*European Influence on Ethiopian Antitrust Regime：A Comparative and Functional Analysis of Some Problems*，3 Mizan L. Rev. 271 (2009).

148. Ana Julia Jatar，Symposium，*Competition Policy in Latin America：Introduction*，24 Brooklyn J. Int'l L. 357(1998).

149. Bradford，*supra* note 10.

150. David Gerber，*Constructing Competition Law in China：The Potential Value of European and U.S. Experience*，Wash. U. Global Stud. L. Rev.315(2004)；William E. Kovacic，*Merger Enforcement in Transition：Antitrust Controls on Acquisition in Emerging Economies*，U. Cin. L. Rev.66：1071—1072(1998).

151. Gal，*supra* note 17，at 345—346.

152. 例如参见 Roger Van den Bergh，*The Difficult Reception of Economic Analysis in European Competition Law*，in Post-Chicago Developments in Antitrust Law，34，46—50(Antonio Cucinotta et al. eds.，2002)。

153. 参见 Burton Ong，*The Competition Act of 2004：A Legislative Landmark on Singapore's Legal Landscape*，J. Singapore Legal Stud.172，174 n 8(2006)。

154. Hans-Bernd Schäfer，*Rules Versus Standards in Rich and Poor Countries：Precise Legal Norms as Substitutes for Human Capital in Low-Income Countries*，14 Sup. Ct. Econ. Rev.113，113—134(2006).

155. 参见 Mr. Mario Monti，EU Commissioner for Antitrust，International Co-operation and Technical Assistance：A View from the EU，Geneva (July 4，2001)，http：//www.europa.eu/rapid/press-release_SPEECH-01-328_en.pdf［https：//perma.cc/ M8LH-ADB5］。

156. 参见 discussion in Bradford et al.，*supra* note 10。

157. 参见 EC-Turkey Assoc. Council Decision No 1/95 of 22 December 1995 On Implementing The Final Phase of the Customs Union(96/142/EC)，1996 O.J. (L 35) 1，

9 art. 39。

158. Solomon Menabdishvili, *Recent Developments in the Competition Law of Georgia. Changes Resulting from the Association Agreement*, 8 Y.B. Antitrust &. Reg. Stud.213(2015).

159. Bradford et al., *supra* note 10.

160. 参见 Hanna L. Buxbaum, *The Private Attorney General in a Global Age: Public Interests in Private International Antitrust Litigation*, 26 Yale L.J. 219, 251 (2001)。

161. Anti-Monopoly Law of the People's Republic of China(promulgated by the Standing Comm. Nat'l People's Cong., Aug.30, 2007, effective Aug.1, 2008), 2007 Standing Comm. Nat'l People's Cong. Gaz. 68.

162. Commission Decision in Case No. COMP/C-3/37. 792(Microsoft), C(2004) 900 final, ¶2.1(Mar.24, 2004) *cited in* 2007 O.J. (L 32)23.

163. Jeremy Kirk, *Korea to Hear Microsoft Competition Case: Company Protests Windows XP-Messenger Tie-in*, Info World(Jul. 8, 2005), https://www. infoworld. com/article/2670535/operating-systems/korea-to-hear-microsoft-competition-case. html [https://perma.cc/DC6X-3BH3].

164. *Id*. at 622.

165. David J. Silverthorn, *Microsoft Tying Consumers' Hands? The Windows Vista Problem and the South Korea Solution*, 13 Mich. Telecomm. &. Tech. L. Rev.617, 621—622(2007).

166. *Id*. at 622.

167. Marius Meland, *Microsoft Battles South Korean Antitrust Decision*, Law 360 (Mar.27, 2006), https://www.law360.com/articles/5854(on file with author).

168. Press Release, Microsoft Korea(한국마이크로소프트), Microsoft's Position on the Release of Decision by the Korean Fair Trade Commission(공정거래위원회 의결서 송부에 대한 '마이크로소프트의 입장')(Feb.24, 2006) *reprinted in* Newswire. KR(Feb.24, 2006 6:51 PM) http://www. newswire. co. kr/newsRead. php? no = 127294 [https:// perma.cc/226L-DSM4].

169. Maria Kiselyova, *Russian Competition Watchdog Opens Case Against Google*, Reuters(Feb.20, 2015, 5:20 AM), https://www. reuters. com/article/us-russia-crisis-google-investigation/russian-competition-watchdog-opens-case-against-google-idUSKBN-0LO0RJ20150220[https://perma.cc/7TXC-VCK8].

170. Press Release Russian Federal Antimonopoly Service, FAS Russia reached settle-ment with Google(Apr. 2017), https://en. fas. gov. ru/press-center/news/detail. html? id=49774[https://perma.cc/9S3Z-VQBP]; E. Kroh, *Google Pays ＄7.7M Fine To End Russian Antitrust Probe*, Law 360, (May 12, 2017, 5:06 PM EDT), https:// www. law360. com/articles/923370/google-pays-7-7m-fine-to-end-russian-antitrust-probe (onfile with author).

171. Evgeny Khokhlov, *The Russian Federal Antimonopoly Service's Case Against Google Related to Bundlingand Other Anticompetitive Practices with Respect to Android*, 8 J. Eur. Competition L. &. Prac. 468, 468(2017). 另见 Decision of FAS of Russia in Case No. 1-14-21/00-11-15 (Oct. 15, 2015), https://br. fas. gov. ru/ca/

upravlenie-regulirovaniya-svyazi-i-informatsionnyh-tehnologiy/ad-54066-15/[https://perma. cc/NY9U-B4C3] (unofficial English translation http://www. benedelman. org/docs/ yandex-vs-google-translation-18sep2015.pdf)。

172. Brad Haynes, *Brazil Investigates Google Over Antitrust Charges*, Reuters (Oct. 11, 2013, 11: 37 AM), https://www. reuters. com/article/us-google-brazil-idUSBRE99A0JM20131011[https://perma.cc/VYM7-JHDK]; Press Release, Brazilian Administrative Council for Economic Defense, CADE Investigates Google's Possible Anticompetitive Practices in the Brazilian Online Search Market, (Oct. 11, 2013), http://en. cade. gov. br/press-releases/cade-investigates-google2019s-possible-anticompetitive-practices-in-the-brazilian-online-search-market[https://perma.cc/W3X6-M5AG].

173. Jeff Zalesin, *Brazil Continues Google Antitrust Probe Without Microsoft*, Law 360(May 5, 2016), https://www.law360.com/articles/792935/brazil-continues-google-antitrust-probe-without-microsoft(on file with author).

174. *Brazil: CADE considers opening probe into Google*, Competition Pol'y Int'l (Aug.20, 2018), https://www. competitionpolicyinternational. com/brazil-cade-considers-joining-investigations-against-google/[https://perma.cc/3PNM-S6CJ].

175. B. Balki, *Google fined—this time by the Turkish Competition Watchdog*, Kluwer Competition Law Blog(Nov.5, 2018), http://competitionlawblog.kluwercompetitionlaw. com/2018/11/05/google-fined-this-time-by-the-turkish-competition-watch-dog/ [https://perma.cc/P5XD-7VN4].

176. Jung-Ah Lee, *South Korean Search Portals File Phone Complaint Against Google*, Wall St. J. (Apr.18, 2011), https://www.wsj.com/articles/SB1000142405274 87039831045762640126356383l4(on file with author).

177. Youkyung Lee, *South Korea's fair trade commission clears Google after 2-year probe*, NBC News(July 18, 2013), https://www.nbcnews. com/business/south-koreas-fair-trade-commission-clears-google-after-2-year-6C10669675 [https://perma. cc/VR73-TWS3]; Samuel Gibbs and agencies, *Google's South Korean offices inspected in Android antitrust probe*, Guardian(July 21, 2016), https://www.theguardian.com/technology/ 2016/jul/21/google-south-korean-offices-inspected-android-antitrust-probe[https://perma. cc/D7EC-YTKF];另见 Zach Miners, *South Korea Drops Antitrust Investigation Against Google*, PC World(July 18, 2013, 4:35 PM PT), https://www.pcworld.com/article/ 2044695/s-korea-drops-antitrust-investigation-against-google. html[https://perma. cc/RW6C-9ACR].

178. Song Jung-a, *South Korea Confirms Google Antitrust Probe*, Fin. Times(Aug. 12, 2016, https://www. ft. com/content/59bd6b78-6044-11e6-b38c-7b39cbb1138a (on file with author).

179. Hyunsuk Cho &. Sooryun Park, KFTC monitors Google regarding alleged violation of antitrust laws, Joong Ang Ilbo(Apr. 21, 2016), http://news. joins. com/ article/19921051[https://perma.cc/CFU8-L4QY](Translated from Korean to English).

180. Commission Decision in Case No. M. 7881(ABInBev/SABMiller) C(2016) 3212 final(May 24, 2016).

181. Superintendencia del Poder de Mercado. Expediente No. SCPM-CRPI-2016-017, http://www. scpm. gob. ec/images/RESOLUCIONES-CRPI/notificacion-obligatoria/

2016/SCPM-CRPI-2016-017-06-05-2016.pdf〔https：//perma.cc/3PLG-5673〕. 参见 Commission Decision in Case No. M. 7881（ABInBev/SABMiller） C（2016） 3212 final（May 24，2016）. The Commission engaged Mazars LLP as Monitoring Trustee. Trustee Details，Case No.，M. 7881（ABInBev/SABMiller）（June 24，2016），http：//ec. europa. eu/competition/mergers/cases/additional_data/m7881_2794_3. pdf〔https：//perma. cc/8WFM-9H7D〕。

182. 参见 *supra* note 62 and accompanying text。

183. Richard Waters，*Department of Justice opens review into Big Tech's market power*，Fin. Times，July 24，2019，*available at* https：//www.ft.com/content/4f008ab0-ad8c-11e9-8030-530adfa879c2（on file with author）.

第五章

数 字 经 济

过去二十年，欧盟规范对全球市场的影响力显著增强，尤其是在数字经济领域。对全球数字公司或数字用户影响最大的法规莫过于欧盟2016年颁布的《通用数据保护条例》(GDPR)。[1]该规则生效后，消费者收到了来自许多公司的大量电子邮件，询问他们是否同意公司使用其个人数据。世界各地的企业被迫迅速调整其数据收集、存储和使用行动，以对欧盟规则作出回应。除了《通用数据保护条例》外，对数字公司及其用户的另一个有影响的规范来自欧盟正在进行的监管网络仇恨言论的努力。由于欧盟委员会与四家美国科技公司——脸书、推特、YouTube和微软[2]——共同制定了关于"打击网上非法仇恨言论的自愿行为准则"，这些公司和其他数字公司一起，采取了广泛措施来监管出现在他们平台上的言论。这两项法规都对外国司法管辖区产生巨大影响，并展示了布鲁塞尔效应的全球影响力。

欧盟委员会监管数字经济的努力，源自人们越来越认识到这些数字公司积聚的力量，它们能拥有个人数据和控制社交媒体上的对话。这种权力赋予这些公司非凡的商业优势，以前所未有的方式和程度将财富集中在少数公司手中。更令人不安的是，这些公司，由于其平台具有突出地位和积累了大量个人数据，已被发现在不经意间影响政治选举或煽动犯罪和虐待。[3]比如，2013年，所谓的斯诺登爆料显示美国国家安全局如何通过收集脸书数据进行大规模监控。2018年，人们知晓了"剑桥分析丑闻"，在这则丑闻中，一家英国政治咨询公司剑桥分析公司(Cambridge Analytica)被发现获取脸书用户的私人数据，并将其用于干预政治竞选，影响了特朗普总统的选举和英国退欧公投。最近一次是在 2011 年,在新西兰基督城的一座清真寺里,某人出于仇恨动机屠杀了 50 人,他在脸书直播了自己的杀戮过程,通过脸书和其他各种在线平台,该杀戮被观看了数百万次,尽管相关公司努力删除这些被复制的在线视频。这些丑闻吸引了全球对这些公司的做法以及欧盟相对严格的监管措施的关注。

本章以这些案例为基础,重点关注对欧盟监管数字经济至关重要的两个规范领域:数据保护和网络仇恨言论监管。本章首先回顾管理数据保护的欧盟立法,并解释了其背后的经济和政治驱动因素。然后讨论了数据保护方面事实上的和法律上的布鲁塞尔效应的一些案例。此后,转向聚焦在线仇恨言论,再次考察规范、潜在的经济和政治动机,以及欧盟如何在互联网时代划定在欧洲和全世界可接受和不可接受言论之间的界限的案例。

数字经济 I:数据保护

欧盟为全球隐私和数据保护监管定下基调。它颁布了全面的数据保护立法,涵盖所有经济部门,并为公共和私营实体确立了隐私原则。隐私权在欧盟被赋予基本权利地位,进一步提升了其在欧盟条约结构中的重要性。它们由欧盟成员国内部独立的监管机构强制执行,这些机构可以对违反这些保护的行为实施实质性的补救措施。通过事实上和法律上的布鲁塞尔效应,欧盟隐私保护规则也产生了显著的全球影响,是全球各地数据保护规范实现欧洲化的有力体现。

主要立法

在欧盟,隐私被视为一项不可剥夺的基本权利。[4] 在承认隐私权的 1950 年《欧洲人权公约》的基础上,2000 年的《里斯本条约》将数据保护提升为由欧盟机构保障的一项基本权利。[5] 具体而言,《里斯本条约》赋予近十年前宣布的《欧盟基本权利宪章》以法律效力。该宪章赋予个人隐私权,包括保护个人数据的权利。[6] 欧盟在隐私权方面的基本权利背后的理念是通过增强个人对自身数据的掌控,来促进个人自决。[7]

　　除了这些法律保护之外,欧盟 2016 年颁布的《通用数据保护条例》规定的详细隐私保护在 2018 年 5 月生效。[8]《通用数据保护条例》取代 1995 年的"数据保护指令"[9],进一步巩固欧洲公民享有的隐私权利,使这些权利直接适用于所有成员国。《条例》要求在处理数据时合法、公平和透明。[10] 它还限制了可收集的数据的数量和目的,并要求收集和处理数据的所有实体(无论是私营公司还是政府机构)确保数据的完整性、安全性和准确性。[11] 数据也只能在有限的时间内存储。[12]《条例》还增加了新的义务条款,例如"被遗忘权"赋予数据主体要求删除某些数据的权利[13],"设计隐私"要求制造商在设计产品和服务时牢记《条例》规定的义务。[14] 它要求欧盟成员国建立独立的数据保护机构,以保证实施《条例》规定的保护措施,并建立起欧洲数据保护委员会。[15]《条例》进一步规定了严厉的制裁措施,以提高法规的预期威慑效果:不遵守《条例》的规定可能会被课以高达 2 000 万欧元的行政罚款,或高达公司上一财年全球营业额的 4%,以两者中较高罚款为准。[16]

　　《通用数据保护条例》的管辖地域范围很广。[17] 它适用于处理"数据主体"数据的所有公司,数据主体是指居住在欧盟的个人,其个人数据正在被收集、持有或处理,无论公司位于何处或数据处理发生于何处。因此,《条例》也适用于非欧盟境内的数据控制者或加工者,只要这些行为者向欧盟居民提供商品或服务,或监控在欧盟境内发生的行为。处理欧盟公民数据的非欧盟企业也必须在欧盟指定一名代表。欧盟认为,如果受保护的数据在其他司法管辖区公开,欧盟关于隐私的高标准就会受到损害。因此,欧盟禁止将数据从欧盟转移到无法确保"充分保护"数据隐私权的第三国。[18] 构成"充分"(保护)的因素由欧盟根据具体情况进行定义。

　　为了补充《通用数据保护条例》,欧盟也正在采用新的电子隐私法规,旨在更新 1995 年的"电子隐私指令"[19],并确保使之与《条例》相兼容。[20] 电子隐私法规给公司增加了额外义务,以保护欧洲公民的电子通信隐私,包括通过短信和电子邮件传输的数据。它还将限制公司使用个人上网数据(cookies)来跟踪互联网用户的在线活动,或在没有明确用户同意情况下发送有针对性的广告的能力。[21] 围绕电子隐私法规的立法过程一直存在争议,并伴随来自民间社会团体和行业贸易协会的强烈游说。一方面,新电子隐私法规的批评者认为该法律是多余的,可能与《条例》规定的义务相冲突。[22]另一方面,该法律的支持者强调有必要扩大隐私保护,以涵盖 Skype 或 WhatsApp 等当代在线通信软件。[23]欧洲议会已通过新的立法,正在欧盟理事会进行讨论。[24]

欧洲法院进一步扩大了欧洲公民隐私权的范围。早在《通用数据保护条例》生效之前,它就发布几项裁决,扩大了1995年"数据保护指令"的地域范围。其里程碑式的隐私裁案件决之一就是涉及西班牙谷歌搜索的"谷歌西班牙案",它更广为人知的名称是"被遗忘权"案。[25]"被遗忘权"是指互联网用户要求永久删除其所有数据的权利。在这一案例中,西班牙的一个用户要求谷歌删除那些过去报纸上详细描述他经济困难的文章相关链接的搜索结果。据申诉人称,那些信息虽然准确,但已不再和他相关,因为他所有债务都已获得解决。但谷歌拒绝删除这些信息。通过初步调查,欧洲法院被要求就隐私权范围及当时基于1995年"数据保护指令"而对谷歌等数据处理器或控制器的适用性做出裁决。

欧洲法院重申了源于1995年"数据保护指令"第12条的被遗忘权的广泛范围。根据该法院说法,欧盟法律要求包括谷歌在内的搜索引擎取消某些不充分、不相关或不及时的内容的链接,并不能被再次搜索到。这一义务也不能以对数据主体造成实际损害为条件。[26]欧洲法院进一步驳回了谷歌的论点:即"指令"第12条不应适用于搜索引擎,搜索引擎是汇编在公共领域的信息,数据控制者不应承担义务。法院还认定,搜索引擎总部的所在地或相关数据处理或索引的所在地与搜索引擎作为数据控制者的义务无关。谷歌在欧盟以外的数据处理活动与谷歌西班牙子公司的广告和其他活动有"不可分割的联系"[27]。因此,法院认为,谷歌的数据处理活动受西班牙根据欧盟指令颁布的数据保护法管辖。[28]值得注意的是,《通用数据保护条例》在确立对外国数据控制者的管辖权方面走得更远。即使数据控制者在欧盟没有任何存在,只要它们为欧盟居民或处理欧盟数据的供应商服务,《条例》也会适用于数据控制者。[29]

谷歌执行该裁决的方式是,不仅将搜索与 Google.sp 脱钩,还将搜索与其他欧洲网站(如 Google.fr)脱钩。然而,谷歌起初坚持认为,法院的裁决仅限于欧盟的管辖范围,并没有要求它在全球范围修改搜索结果。这意味着,如果用户在谷歌的全球"google.com"域名上进行搜索,从美国甚至从西班牙仍然可以访问脱钩的数据。然而,欧洲监管机构坚称,将搜索结果从特定国家的域名(如 Google.sp)中删除是不够的。基于法国数据保护局(CNIL)的命令,谷歌同意屏蔽来自 Google.com 平台的搜索结果,只要搜索使用的 IP 地址位于裁决生效的国家。换句话说,当查询来自西班牙,但即使查询发生于美国的 Google.com 甚至在法国的 Google.com 上,Google.sp 和 Google.com 上的数据会被分离。[30]

继这些发展之后,2017 年,法国数据保护局要求获得更广泛的"被遗忘权",这将要求搜索引擎删除所有域中的搜索结果,包括那些只能在欧盟以外访问的搜索结果。[31]这一决定目前正等待欧洲法院做出,这点将在本章下文中进一步讨论。无论欧洲法院最终裁决如何,欧盟要求的"被遗忘权"都可能导致大量的搜索结果被移除,因为该法规对搜索引擎施加了不对称的激励。虽然谷歌等个别公司保留在个别情况下决定是否删除信息的权力,但任何边缘情况都可能导致信息从搜索结果中被删除。未能删除信息可能会导致高额罚款,而过度移除链接则不会受到处罚,从而鼓励删除信息。[32]关于谷歌响应移除链接请求的情况,根据其最新的透明度报告,谷歌已同意删除自 2014 年 5 月裁决以来收到的 280 万个请求中的约 44%。[33]

欧盟立法和欧洲法院裁决因欧盟成员国层面广泛的隐私监管和积极执法而得到进一步加强。国家数据保护局(DPA)的监管能力对于《通用数据保护条例》的有效性至关重要,因为除了执行其所在国家的数据保护法之外,还负责执行《通用数据保护条例》。国家数据保护局进一步表现出行使执法权的明显意愿。例如,德国汉堡数据保护局对联合利华(Unilever)、百事可乐(PepsiCo)和 Adobe 子公司处以罚款,理由是"未能适当保障传输到美国的员工和客户数据的隐私"[34]。法国对脸书进行了罚款,因为其收集用户信息的目的是"在没有法律依据的情况下"将数据用于广告,并在没有提供足够警告的情况下"不公平"地跟踪互联网用户。[35]其他的案例很多,从瑞典起诉美国航空公司(因为该公司在没有事先征得客户同意的情况下将数据从瑞典转移到美国的电子预订系统[36])到捷克禁止谷歌扩展其地图软件程序[37],再到意大利对WhatsApp与其母公司脸书共享数据进行罚款等。在荷兰当局提出挑战后,脸书也停止展示根据用户明确性偏好定制的定向广告。[38]这些案例表明,成员国仍然愿意依靠欧盟和国家法律赋予它们的权力,积极保障其公民的隐私权。

政治经济学

欧盟严格的数据保护的基础可以追溯到第二次世界大战和纳粹政权的暴行。纳粹政权系统地滥用私人数据来识别他们压迫的犹太人和其他少数群体。[39]在战后,国家监控和对个人权利的侵犯仍在继续,国家安全部门继续对公民进行监控。[40]这些经历让欧洲人对可能侵犯个人权利的国家监控和政府数据收集做法产生怀疑。这些怀疑,再加上对企业在这方面不符合公众利益行为的不信任,为德国及后来更广泛的欧洲建立健全的隐私权制度铺平了道路。

除上述历史原因,欧盟数据保护法规的出现是为了满足整合欧洲市场的需要。通过采用共同的欧洲数据保护标准,欧盟能够协调相冲突的成员国之间的法律,而这些法律正在成为贸易壁垒,抑制欧洲的商业发展。因此,国家数据保护机构及其前身1995年"数据保护指令"被视为内部市场工具,通过允许数据在整个共同市场内不受阻碍地流动,促进了数字化单一市场的创建。这种内部市场原理在为欧盟在该领域的监管能力提供法律基础方面也至关重要。[41]当"数据保护指令"于1995年颁布时,欧盟无权颁布基本的隐私权立法,但它有权颁布措施来保障单一市场的正常运作。当然,市场整合的目标也可以通过采用提供低水平(但协调的)数据保护的通用标准来实现。然而,正如第二章所解释的那样,对欧盟来说,向上协调比向下协调在政治上更可行,即提升低监管成员国的数据保护标准,而不是迫使高监管成员国削弱已经管理其国内市场的数据保护法律。

虽然整合欧洲市场的内部动机为规范数据隐私提供了最初的动力,但欧盟当前的监管动机也受到对外部考虑的影响。鉴于数据处理的全球性和数据跨境传输的重要性(不仅在欧盟内部,而且在全球市场之间),欧盟认识到推广保护个人数据的国际标准的重要性。[42] 借助《通用数据保护条例》,欧盟也在寻求与其他志同道合的国家一起,制定数据隐私的全球标准,并认识到"如果我们现在不制定标准,其他人会"[43]。欧盟强调,那些可能出现的替代性全球标准若要求数据本地化,或利用数据保护作为审查制度和国家监控的工具,就可能不太理想。[44]

这些不同的动机为欧盟制定严格的数据保护法规奠定了基础。然而,这些规则是经过明显有争议的政治过程产生的。德国、法国和瑞典等一些欧盟成员国是欧洲隐私权保护的最积极推动者。第一部数据保护立法于 1970 年在德国黑森州出台。[45] 德国宪法法院在欧洲数据保护法的历史上也发挥了重要作用。在其具有里程碑意义的 1983 年人口普查判决(Volkszahlungsurteil)中[46],法院发现涉及数据传输的德国人口普查提案违宪。在此过程中,法院颁布了"信息自决权的基本权利",该权利后来成为欧洲数据保护法律的基石。[47] 信息自决权是指个人决定其个人数据披露和使用原则的权利。对这一权利的任何限制都必须基于公共利益并与之相称,为此必须有宪法法律依据。该裁决还对所收集数据的目的、准确性和存留进行了限制,并公布了数据主体访问和修改所收集信息的权利。最后,这一裁决为保障国家数据保护局(DPAs)的独立性奠定了基础。这些原则也为后来颁布的欧盟"数据保护指令"和之后的《通用数据保护条例》奠定了基础。

支持数据相关法规的成员国进一步受益于欧洲议会中绿党和其他自由派团体的政治支持,这些团体将数据隐私问题作为区别于其他政党的一种手段。[48] 来自这些团体的欧洲议会(MEPs)成员是严格数据保护规则的坚定倡导者,最初他们倡导采用 1995 年的数据保护指令,随后为《通用数据保护条例》提供了重要支持。此外,各成员国的数据保护部门在倡导欧盟层面的数据保护监管方面发挥了重要作用。[49] 作为数据保护监管机构,它们强烈认为所有欧洲公民都应该从加强的隐私保护中受益。然而,它们也可能部分是出于保护自己的监管自主权的愿望。[50]如果没有欧盟的协调,公司可能会在没有适当数据保护规则的成员国进行数据处理,从而逃避数据保护管理机构的监管审查。这种担忧促使各国数据保护管理机构组建跨国网络,并游说将数据隐私纳入欧盟监管议程。

支持和反对《通用数据保护条例》的游说尤其激烈,这使相关立法过程极具争议。值得注意的是,仅在欧洲议会的立法过程中就引入了三千多项修正案。[51]公司(尤其是业务依赖于数据收集的公司)倡导数据自我监管,包括自愿性的行业准则或认证机制,并试图最大限度地减轻数据控制者的负担。与此同时,消费者和数据保护倡导者推动加强隐私保护,增加数据控制者的责任,并对违规行为实施严厉的惩罚。[52]不过双方都有一个共识,即在成员国之间单独执行数据保护是有问题的,这一共识支持从数据保护指令(给予成员国更多回旋余地)到数据保护法规(在成员国之间实现更大的一致性)的转变。[53]

外国政府、公司和商业团体都在积极努力降低《通用数据保护条例》给其商业活动带来的成本。美国政府尤其积极反对这一监管,理由是除了阻碍国家安全合作之外,它还会扼杀创新和研究。思科、英特尔、微软和美国全国广播公司(NBC Universal)等领先的美国公司,以及 TechAmerica Europe、美国商会和日本商业理事会等组织在咨询阶段也提交了意见。[54]在社会层面,“欧洲数字权利”等几个欧洲非政府组织非常活跃,并得到“澳大利亚网络空间法律和政策中心”及“美国民主和技术中心”等外国非政府组织的支持。[55]而非政府组织可能并不能宣布获得完全胜利,例如,它们在将违反数据保护的拟议罚款定为全球营业额的 5％或 1 亿欧元以下(以较高者为准)的斗争中失败了[56],公允而论,立法过程产生的是前所未有的严格数据保护法,对数据控制者施加了广泛的义务,并辅以严厉的处罚。

除了拥有强大的隐私保护和专业性非政府组织的成员国之外,公民个人也推动了欧盟建立起严格的隐私规则。最出名的案例是奥地利律师和数据保护活动家马克斯·斯雷姆斯(Max Schrems),他在 23 岁时作为法律系学生,对脸书提起诉讼,要求脸书交出他的个人数据。[57]

在得知脸书收集了 1 200 页关于他的数据后,斯雷姆斯向对脸书拥有管辖权的爱尔兰数据保护委员会(DPC)提交了多份诉状。随着斯诺登揭露美国国家安全局(NSA)收集脸书数据作为大规模监控活动的一部分,斯雷姆斯的抱怨愈演愈烈。这些披露出来的信息使人质疑 2000 年欧盟和美国签订的安全港协定的充分性[58],该协定旨在保证在欧盟和美国之间传输的个人数据得到保护。在爱尔兰数据保护委员会拒绝接受斯雷姆斯的调查投诉(出于当时欧美安全港决定的有效性)后,斯雷姆斯向爱尔兰法院提起诉讼,要求对爱尔兰数据保护委员会拒绝调查其投诉的是非曲直进行司法审查。[59]通过爱尔兰高等法院的初步考察,该诉讼最终导致欧洲法院做出裁决,宣布欧盟委员会关于欧盟和美国之间数据传输的安全港决定无效。[60]

虽然马克斯·斯雷姆斯的激进做法可能不同寻常,但他关于隐私的观点在欧洲人中间引起了广泛共鸣。"欧洲晴雨表"关于欧洲公民对隐私的态度的最新调查是在 2016 年进行的。[61]虽然该调查是在衡量欧盟正在辩论的新的电子隐私法规的支持度的背景下进行的,与《通用数据保护条例》相反,其结果更普遍地说明了公众对隐私的态度。调查结果清楚地表明欧洲人对网络隐私的重视。例如,超过 80％的受访者表示,个人上网数据(cookies)和其他监控他们活动的工具只能在他们允许的情况下使用是"重要的",56％的人表示这"非常重要",90％的受访者表示,他们应该能够加密他们的信息和电话,以确保只有预定的收件人阅读它们。几乎同样多(89％)的受访者认为,浏览器的默认设置应该阻止共享他们的信息。大多数受访者仍然反对信息共享,即使这有助于公司向他们提供可能喜欢的新服务,71％的受访者认为这是"不可接受的"。同一调查还证实了欧洲人在保护他们的隐私方面发挥了积极作用,他们改变了电脑上的隐私设置并安装了保护他们隐私的软件。共有 60％的受访者通过删除浏览历史或个人上网数据(cookies)更改了互联网浏览器的隐私设置,而 40％的受访者由于担心他们的在线活动被监控而避开了某些网站。此外,37％的受访者安装了防止他们看到在线广告的软件,而 27％的受访者安装了防止监控他们在线活动的软件。毫不奇怪,加强个人隐私的积极措施在年轻、受过教育,以及经常使用电子邮件、互联网和社交网络的用户中尤为普遍。

与欧洲公众对欧盟数据保护规则的强烈支持形成鲜明对比的是，欧盟数据保护规则在国外遭到严厉批评。特别是美国，一直对欧盟的方法持怀疑态度，担心数据保护立法是伪装的保护主义。[62]美国公司强烈批评欧盟的监管努力，称其商业活动受到"不合理的限制"[63]。这些公司还不满所涉及的合规成本，谷歌最近表示，它已经花费了"数百年的人力时间"来使公司与《通用数据保护条例》相符。[64]截至2018年5月，美国财富500强公司在《通用数据保护条例》合规上花费了约78亿美元，平均每家公司花费1 600万美元。许多美国公司正不计成本地调整其全球商业行为，以满足欧洲的规范，这使得数据隐私（保护）成为布鲁塞尔效应最有力的案例之一。

考虑到欧盟和美国在这一领域的规范上的分歧，美国的批评并不令人惊讶。美国的数据隐私法相当薄弱，其范围仅限于公共部门和一些敏感部门，包括医疗保健和银行。[65]私营部门的数据隐私问题在很大程度上由行业自行实施。[66]个别公司被允许创建自己的隐私政策，消费者应与这些公司签订合同，以获得他们想要的隐私保护级别。[67]此外，任何隐私权的实质内容都更受限制。例如，迄今为止，美国法院一直断然拒绝"被遗忘权"，而倾向于将言论自由置于个人隐私之上。[68]美国也没有独立的监管机构有权实施隐私权保护。类似机构属于由美国联邦贸易委员会（FTC）授权，以保护消费者和监管影响商业的"不公平"或"欺诈"行为的一部分。[69]

欧盟和美国的规范上的差异可以部分追溯到欧洲人和美国人对市场和经济的不同看法，如第二章所讨论的政府干预。例如，保罗·施瓦茨（Paul Schwartz）和卡尔-尼古劳斯·派费尔（Karl-Nikolaus Peifer）对比了美国和欧盟的隐私制度，强调欧盟是如何围绕权利叙述（或欧盟所说的"权利话语"）创造了一种隐私文化，其中保护作为"数据主体"的个人是其核心。相比之下，在美国，隐私权是"市场叙述"的一部分，其中"隐私消费者"（privacy consumers）的权利被视为商业内容。[70]市场叙述接受个人消费者可以在不受公共机构严格监督的情况下交易其商品（个人数据）。相比之下，欧盟机构在权利叙述中承担着强大的角色，在捍卫其公民的基本权利方面发挥着核心作用。亚历克斯·特克(Alex Turk)以类似方式描述了美国和欧盟之间的区别,指出个人数据在美国被视为"可交易商品",而在欧盟被视为"人格属性"。[71]

美国对数据隐私的监管不力也可能是因为数字公司在美国监管过程中表现出强大的经济实力和随之而来的政治影响。这些公司对美国经济增长和创新文化的巨大重要性,可能会让美国立法者和监管者不太愿意挑战他们经济成功背后的商业模式。相比之下,欧盟没有同样的克制倾向,这可能部分解释了为什么欧盟的监管反应比美国强烈得多。欧盟倾向于监管这些公司的行为,这可能也反映了对美国成功控制商业互联网的某种程度的不满。[72]通过对这些跨国公司的数据操作施加控制,欧盟表明了即使不是主流做法,也要反对美国对数字公司不加监管的态度,以及它的这种占主导地位的监管模式。[73]

最近国际上关于隐私的争论背后的政治因素已向有利于欧盟的方向转变。如前所述,一个特别重要的进展是 2013 年爱德华·斯诺登揭露了未经授权的美国国家安全局(NSA)监控的项目。2018 年,又一个备受瞩目的丑闻爆发,进一步加深了公民对他们隐私的担忧。这一年英国政治咨询公司剑桥分析公司(Cambridge Analytica)被发现获取了脸书用户的私人数据。这些未经授权的数据被用于政治竞选,包括 2016 年美国总统大选和英国退欧公投。这些丑闻加剧了公民对数据收集者的不信任和怨恨,提高了欧盟在隐私保护问题上的地位,并增强了其在国外倡导更强有力的数据保护法的权威。[74]

事实上的布鲁塞尔效应

事实上的布鲁塞尔效应在数据隐私领域尤为明显。事实上,鉴于其治外法权,一些评论家将《通用数据保护条例》描述为"无耻的全球性"[75]。欧盟是许多数据驱动型企业的重要市场,包括脸书和谷歌。脸书在欧洲拥有 2.5 亿用户[76],占脸书全球收入的 25％。[77]谷歌在大多数欧盟成员国的搜索市场份额超过 90％,超过了其在美国 67％—75％的市场份额。[78]放弃欧盟市场对谷歌来说根本不是一个商业上可行的选择。这些数字公司很难将数据处理活动转移到欧盟以外来规避《通用数据保护条例》。无论数据处理在哪里发生,《条例》对欧洲数据主体的保护使得它既具有治外法权,也缺乏弹性。

欧盟在数据隐私方面的监管能力和严格程度也值得考虑,这进一步加剧了布鲁塞尔效应。这种情况一直存在,尤其是在《通用数据保护条例》以严格的标准和严厉的制裁来支持欧盟的数据保护制度之后,这些标准和制裁是根据数据处理者的全球营业额计算的。然而,虽然《条例》原则上扩展了监管能力,但有一个问题是,各成员国的数据保护局是否有资源在实践中部署这种能力。它们需要大量的技术专长和财政资源来对付强大的跨国公司,这些公司的资源远远超过国家数据保护局有限的预算。例如,爱尔兰数据保护局负责对爱彼迎(Airbnb)、苹果、脸书、谷歌、推特和微软等数字公司执行《通用数据保护条例》,因为这些公司的欧洲总部位于爱尔兰都柏林。[79]同时,爱尔兰的数据保护局的年度预算约为 900 万美元,相当于都柏林的数字公司大约每 10 分钟产生的收入。[80]因此,布鲁塞尔效应的强度可能最终取决于成员国政府是否会赋予其数据保护局足够的资源,以确保其具有所需监管的能力。各成员国已经完成和正在进行的大量调查(其中一些在前面已经提到过[81])表明,数据保护局不会在等待政府支持预算的同时放弃强制执行。下面的讨论还表明,数字公司正在采取广泛的措施,预期《通用数据保护条例》将确实在它们身上强制执行。

因此,布鲁塞尔效应是否发生,往往归结为全球用户的产品和服务的不可分割性。各种案例表明,对于今天的全球数字公司来说,在全球市场上维护不同的数据实践通常是困难的(由于技术的不可分割性)和高成本的(由于经济上的不可分割性)。这些公司必须能够无缝地实现跨境数据移动,特别是因为它们通常将数据存储在位于不同市场的服务器中。[82]虽然不同管辖区的隐私法规可能有所不同,但这些数字公司简化了其全球数据管理系统,以降低其遵守多种监管制度的成本。[83]为不同市场而创建不同规划,它们倾向于全面应用最严格的标准。[84]有时从技术上很难甚至不可能分离涉及欧洲和非欧洲公民的数据。[85]而有时为欧盟创建特殊网站或数据处理实践又可能是可行的,但成本太高。[86]因此,欧盟法规在技术上或经济上的不可分割性促使从谷歌到网飞(Netfix)等多家美国公司修改了其全球隐私政策。[87]当选择一种全球政策时,这些公司通常会选择采用最严格的法规,以保持在任何地方开展业务的能力。[88]事实上,今天许多跨国公司只有一个隐私政策,这就是欧盟的隐私政策。[89]

对全球公司隐私政策的审查揭示了它们选择采用欧盟隐私政策作为公司标准的程度。苹果公司最近采纳了欧盟关于隐私权的论述,在iPhone手机的屏幕上弹出一个通知,提醒美国的消费者注意他们的隐私保护,其中有一句写道:"苹果公司认为隐私是一项基本人权。"苹果公司还签署了反映《通用数据保护条例》的单一全球隐私政策。[90]重要的是,它还实施了《条例》第25条"隐私设计"原则,该原则要求它们在设计产品和服务时默认遵守与《条例》一致的隐私规则,从一开始就通过注重隐私的设计选择将数据收集最小化。[91]该公司还按照《条例》的要求,对其所有产品进行隐私影响评估,并向全球苹果用户推出基于《条例》要求的移动操作系统(iOS)的更新。[92]

为了遵循《通用数据保护条例》,脸书首席运营官谢里尔·桑德伯格(Sheryl Sandberg)宣布,该公司将"在全球推出一个新的隐私中心,将脸书的核心隐私设置放在一个地方,让人们更容易管理他们的数据"。这意味着欧洲的隐私保护实际上将扩展到该公司全球22亿用户。《条例》还促使脸书组建了其历史上"最大的跨职能团队",为其符合新的欧盟规则做准备。[93]脸书澄清说,尽管其用户内容语言或设置和控制的格式可能因司法管辖区而异,但"我们将使所有地方的所有控制和设置都相同,而不仅仅是在欧洲"[94]。谷歌同样在《条例》到来之前更新了隐私政策,向用户发出通知,说"随着新的数据保护法规在欧盟生效,我们正在进行这些更新,我们正在抓住机会为全球谷歌用户做出改进"。

爱彼迎还宣布,其修订后的与《通用数据保护条例》一致的隐私政策于2018年5月25日对其所有现有用户生效,这一天也是《条例》生效的日子。[95]优步(Uber)在全球范围同样遵循单一隐私政策,包括其在所有司法管辖区的骑手和司机。[96]其他公司也在进行类似的大量投资,以确保符合《条例》。普华永道(PWC)最近的一项调查显示,为合规于《条例》做准备是美国跨国公司的重中之重。[97]在 200 名受访者中，54％的人表示使公司合规于《条例》是其数据隐私和安全议程的重中之重。另有 38％的人说应对《条例》是几个首要任务之一，而只有 7％的人说它不是。

《通用数据保护条例》的第 25 条呼吁公司参与"设计隐私"和"默认隐私"，进一步推动公司走向全球性合规，以旨在通过注重隐私的产品设计将隐私考虑纳入产品开发中。它们鼓励公司开发带有内置功能的产品，这些内置功能默认符合最严格的隐私设置。[98]将《条例》合规性融入产品设计是欧盟规范全球化的有力途径。例如，微软正在开发具有帮助其客户保持《条例》合规性功能的产品。在制造阶段将欧盟数据保护标准纳入产品的决定可能是技术上的不可分割性的最强有力的表现，影响到智能手机等日常产品及家用机器人等更特殊的产品。[99]

布鲁塞尔效应的出现通常是出于经济和技术方面的考虑。但是，当全球企业选择单一标准的全球政策来简化其内部企业流程时，也会发生这种情况。希望确保招聘中的公平是其中一个案例。2017 年，第 29 条由欧洲数据保护监管机构组成的工作组发布指导方针，限制雇主筛选潜在员工社交媒体个人资料的能力，除非这些网站上的信息"与工作表现相关"[100]。鉴于最近的一项调查显示，70％的雇主在做出雇用决定前会审查潜在候选人的社交媒体网站，这就要求公司对雇用实践进行重大调整。[101]雇用跨国员工的全球性公司可能不会被鼓励基于对将被雇佣的人员的国籍，而进行选择性地审查某些社交媒体资料。

消费者需求的增长也有利于推广全球隐私政策，以获得公司在其他司法管辖区提供的相应保护。出于声誉和品牌相关的原因，这些公司可能会觉得对不同司法管辖区的消费者实施不同的隐私保护是很难的。例如，加利福尼亚州的无线扬声器公司 Sonos 将《通用数据保护条例》的保护扩展到全球客户，理由是它们认为"所有 Sonos 消费者应该有权获得这些保护，（因此）我们正在全球范围实施这些隐私保护的更新"[102]。

有时，企业设法将它们对任何新法规的运用限制在那些法规已经制定出来的司法管辖区。然而，有时候更多的企业对此作出反应会导致其全球性的政策调整。例如,雅虎因其在美国网站上提供的材料而被法国法院起诉,因为法国公民可以访问该材料。[103]雅虎最初认为,由于技术原因,它不能通过仅阻止法国居民访问该网站,从而将补救措施仅限于法国,然而独立专家得出的结论是,有 90％ 的准确度来完成这种补救。[104]不管其跨司法管辖区过滤信息的技术能力如何,最终雅虎选择放弃不同地理信息的过滤,而在全球范围禁止在法国被禁止的内容。[105]

虽然这些案例说明了事实上的布鲁塞尔效应的普遍存在,但也有许多布鲁塞尔效应不能具体实现的案例。有时公司能够引入可分割性,并将其政策变化限制在强制要求的管辖范围内,这也符合它们的利益。例如,尽管欧盟委员会和欧洲隐私监管机构以隐私和反垄断为由命令脸书(在脸书收购 WhatsApp 之后)停止收集 WhatsApp 数据,但脸书在美国通过这两个平台继续获得数据并进行合并。[106]一些公司还通过关闭其在欧洲的网站来应对《通用数据保护条例》的生效,因为它们正在探索符合新规则的方法。《条例》生效后,《洛杉矶时报》立即将欧洲用户重新定向到一个网站,上面有以下声明:"不幸的是,我们的网站目前在大多数欧洲国家不可使用。我们正在处理这个问题,并致力于寻找支持我们向欧盟市场提供全方位数字产品的选择。我们将继续寻找技术合规解决方案,为所有读者提供我们屡获殊荣的新闻报道。"[107]

脸书对《通用数据保护条例》生效的反应提供了一个法律上的可分割性的案例。正如所讨论的那样,虽然该公司选择将欧盟隐私保护扩展到其全球所有用户,但它通过改变公司结构引入地区分割性,进而规避了其在欧盟的法律责任。具体来说,脸书将其在亚洲、非洲、大洋洲和中东的用户从该公司的爱尔兰公司结构中转移出来,并将其置于美国法律结构下。[108]据推测,这种类型的法律分化旨在限制这些非欧盟国家用户的权利,防止其认为任何数据保护都违背爱尔兰数据保护局的要求,从而减少公司面临用户援用《通用数据保护条例》所规定的严厉补救措施的挑战。

一些司法管辖区要求数据本地化,这也可能成为全球单一隐私政策形成的障碍。数据本地化迫使公司在特定的管辖范围内存储或处理个人数据。这可能会使公司为该管辖区创建独特的合规流程。[109]例如,目前俄罗斯和中国要求数据本地化。[110]印度提出的新隐私法同样包含此类要求。[111]数据本地化迫使公司作出选择,是为某个市场创建单独的运营流程,还是停止在该市场运营活动。例如,俄罗斯屏蔽了职业社交网站领英(LinkedIn)在俄罗斯的业务,原因是该公司拒绝在该国存储数据。[112]同时,领英已经满足中国对数据本地化的要求而继续在那里运营。[113]

另一个可能导致在司法层面制定特定隐私政策的案例来自2018年《加州消费者隐私法》,该法授予加州人阻止出售其个人信息的权利。[114]为保证这一权利,企业必须"在企业互联网主页上提供一个标题为'不要出售我个人信息'的清晰而明显的链接"[115]。然而,该法律的同一条款给人提供特定于加州的网站的选项,该网站提供了"选择退出"的权利,允许企业确定其对加州人的义务。[116]然而,不清楚实际上有多少公司选择只为加州托管特殊网站。

也许关于隐私政策可分割性的最重要的发展有待欧洲法院做出决定。2019年,欧洲法院预计将裁定欧盟的各种法庭是否有权命令谷歌和必应等搜索引擎必须将"被遗忘权"管理应用于其在欧盟以外的搜索领域。这可能包括在使用非欧洲IP地址访问全球谷歌"google.com"网站时,断开所请求信息的链接。[117]2017年7月,法国最高行政法院在谷歌上诉后,向欧洲法院提交的初步参考程序中提出了这一问题。谷歌已经对法国国家信息自由委员会(CNIL)的决定提起上诉,该委员会因谷歌未能在其全球所有域名(包括google.com)适用隐私规定而对其罚款10万欧元。该委员会呼吁将"被遗忘权"运用于域外更广泛的地理范畴效力(本节前面讨论过这一案例)。[118]

2019年1月,欧洲法院的法律总顾问斯普纳尔(Szpunar)就此案发表意见,提议搜索引擎不必将欧盟范围内提出的除名请求应用于所有全球域名。[119]该意见对在欧盟内部执行的搜索和在欧盟外部执行的搜索进行了区分。[120]虽然该意见获得认可,但在其他监管领域,欧盟法律确实具有域外效力,例如在竞争法和商标法中,并保留了在某些情况下需要全球除名的可能性。[121]法律总顾问斯普纳尔还强调要平衡被遗忘的基本权利与公众获取信息的合法利益的困难,特别是如果欧盟法律的适用性是全球性的,则平衡的重点聚焦在欧盟内部的利益。[122]该意见还认为,任何有意在全球范围进行信息消除的决定都会具有政治敏感性,这可能导致非欧盟国家进行报复,并阻止欧盟公民获取信息。[123]

　　虽然上述诉讼的结果尚不确定,但这些数字公司正在为一个潜在的不利决定做准备。例如,谷歌在其提交给美国证券交易委员会(SEC)的年度报告中,指出由于法院命令而存在被迫在全球范围将信息从"风险因素"中删除的可能性,而这是其提供公司财务状况(包括其面临的风险)综合摘要的义务的一部分。[124]最终,欧洲法院也可能不会遵循法律总顾问斯普纳尔的意见。它可以站在法国国家信息自由委员会(CNIL)一边,支持其观点,即除非普遍适用,包括来自欧盟以外的搜索,"被遗忘权"会"毫无意义"*。否则,过去关于隐私主题的行动和声明可能会很容易被美国同事看到,甚至被"古怪的邻居"看到,他们可能会使用非欧盟国家的 IP 地址访问信息。[125]或者它可能会接受谷歌的反驳,即这种权利的扩展将产生严重的风险,即"对言论自由有更严重限制"的国家反过来能够普及其限制。[126]如果是这样,这将导致互联网受到世界上言论制度最受限的司法管辖区的严格控制,这将是事实上的布鲁塞尔效应的纯粹表现。

法律上的布鲁塞尔效应

　　欧盟的数据保护制度也导致明显的法律上的布鲁塞尔效应。根据保罗·施瓦茨和卡尔-尼古劳斯·派费尔的说法:"欧盟的数据保护具有惊人的影响力:世界上大多数其他国家都在效仿。"[127]另一位隐私专家格雷厄姆·格林利夫(Graham Greenleaf)指出:"被合理描述为'欧洲标准'的数据隐私法正在成为世界上大多数地方都制定的数据隐私法。"[128]迄今为止,已有近 120 个国家(地区)采用了隐私法,其中大多数类似于欧盟数据保护制度。[129]这些国家(地区)包括大型经济体和地

---

　　*　即不会得到全面贯彻。——译者注

区领导者(如巴西、日本、南非和韩国)以及中型经济体(如哥伦比亚和泰国),甚至百慕大这样的小经济体和小岛国也是如此。[130]

各国选择效仿欧盟数据保护法并不奇怪。首先,许多国家将《通用数据保护条例》视为"黄金标准",它提供了最高和最广泛接受的标准。[131]其次,鉴于所有处理欧盟公民数据的大型公司实际上都已经采用欧盟隐私标准,政府在将这些法律纳入其国内法律框架时几乎没有遇到阻力。受欧盟法律影响的外国公司不会因为法律上的布鲁塞尔效应而面临额外的合规成本,这也给了它们在本国市场游说欧盟标准的动力。这样,它们可以与目前不需要遵守《通用数据保护条例》的面向国内的公司公平竞争。

美国市场说明了这一动态。2018年10月,苹果公司首席执行官蒂姆·库克(Tim Cook)呼吁美国政府采取全面的类似欧盟的联邦隐私法,称"世界其他地区是时候"效仿欧盟,采取严格的法律框架来保护用户的个人数据了。库克将公司收集的个人数据量描述为"令人不安的",称其为"监视",可能导致滥用收集的数据。[132]更引人注目的是,脸书的隐私主管埃琳·伊根(Erin Egan)支持库克的立场,宣布脸书支持美国制定类似于《通用数据保护条例》的联邦隐私法。[133]六个月后,公司创始人兼首席执行官马克·扎克伯格(Mark Zuckerberg)在《华盛顿邮报》发表的专栏文章中呼吁全球采用《通用数据保护条例》式的法律,内容如下:[134]

> 有效的隐私和数据保护需要一个全球统一的框架。世界各地的人们都呼吁根据欧盟的《通用数据保护条例》制定全面的隐私法规,我对此表示赞同。我相信,如果有更多的国家采用像《通用数据保护条例》这样的法规作为共同框架,这对互联网是有好处的。美国和世界各地的新隐私法规应该建立在《通用数据保护条例》提供的保护之上。

脸书的商业模式比苹果更依赖于数据收集,这使得脸书和扎克伯格的声明更加利害攸关,更加揭示了这些公司面临的新现实,促使它们拥抱而不是贬低《通用数据保护条例》。在没有联邦法律的情况下,公司担心出现一个复杂的、有潜在冲突的不同州的隐私法的大杂烩,这将使它们的合规努力进一步复杂化。这是这些公司反对加州《消费者隐私法》的主要原因之一。[135] 在游说制定联邦法律时,《通用数据保护条例》提供了一个有吸引力的模板,因为它已经管理了苹果和脸书等总部位于美国的全球公司的大部分企业行为。

欧盟式的隐私制度在全球扩散的另一个重要原因是,这些国家希望获得欧盟的"充分性认可"(adequacy decision)。[136] 充分性认可是指欧盟正式确认一个国家的数据保护标准提供了足够的(隐私)保护,从而允许数据安全地从欧盟传输到该国。充分性认可打开了欧盟和其法律被认为完备的国家之间的数据流。欧洲公司也更有可能在法律健全的国家开设新的子公司、分支机构、呼叫或数据中心。[137] 迄今为止,欧盟已确认以下非欧盟国家(地区)拥有完善的数据保护法,包括:安道尔、阿根廷、加拿大(仅适用于商业机构)、法罗群岛、根西岛、以色列、马恩岛、日本、泽西岛、新西兰、瑞士和乌拉圭。[138]

欧洲法院在对第三国数据保护制度的"充分性"进行司法审查时采用了严格的标准。在"施雷姆斯案"的判决中,欧洲法院将"充分"(adequate)定义为"基本等同",这有望形成更接近欧盟规则的复制品,因为第三国寻求获得经得起司法审查的充分性决定。[139] 因此,欧洲法院已经"有效地规定了世界上其他国家的数据保护立法",至少对于那些依赖于欧盟数据传输充分性决定的国家来说是这样。[140] 虽然只有涉及第三国和欧盟的数据传输才需要基本的等效规则,但是很难想象一个国家会采用多种数据保护标准的国内隐私法律,而这些标准取决于是否涉及欧洲数据。[141] 从这个意义上来说,对充分性的要求使数据保护法规定在法律上不可分割,其结果是欧盟数据保护标准很可能成为任何国内隐私法规的基础。

如果公司运营所在的国家(地区)被认为没有足够的数据保护水平,仍然希望将数据转移到该国家(地区)的公司必须获得主管监管机构的批准,以制定有约束力的公司规则(BCR),这些规则规定了该企业集团中所有实体的数据保护义务。[142] 如果这些有约束力的公司规则获得批准,它们将作为欧盟批准的针对该特定公司的数据保护法。[143] 或者,这些公司可以使用欧盟批准的"标准合同条款"。[144] 这些条款允许公司与欧盟实体签订合同,并承诺遵守欧盟的隐私规则,为那些比如在没有足够数据保护法的国家的公司提供"变通办法"。然而,在隐私活动家马克斯·施雷姆斯向爱尔兰数据保护局提出对这些条款的挑战后,这些标准合同条款作为数据传输基础的未来受到了质疑。[145] 数据保护局的初步决定表达了其对标准合同条款提供的隐私保障不足的担忧。该案件已通过爱尔兰法院提交至欧洲法院。[146] 如果欧洲法院使这些条款无效,外国政府可能会付出更大的努力来采用欧盟式的隐私法,以保持其国家和欧盟之间的开放数据流。

在缺乏充分性认可的情况下,与跨境数据传输相关的困难给一些国家带来强大的动力,促使它们根据《通用数据保护条例》调整本国法律。例如,阿根廷和乌拉圭是获得欧盟充分性决定的两个拉美国家。阿根廷于 2000 年通过了其数据保护法[147],与西班牙 1992 年的数据隐私法和欧盟数据保护标准非常相似。三年后,该国获得了欧盟的充分承认。在 2016 年,阿根廷成立了一个工作组来研究必要的立法改革,以便该国在后《通用数据保护条例》法律环境中保持其欧盟认可的充分性地位,这表明该国愿意不断更新其法律以保持与欧盟的一致性。[148] 乌拉圭同样以欧盟的数据保护框架为基础制定了其 2008 年和 2009 年的数据保护法。[149] 该国在 2012 年获得了欧盟的充分性决定[150],这是该法背后的一个关键动机。[151] 乌拉圭了解欧盟的"充分性认可"对吸引技术领域投资是重要的。例如,乌拉圭投资和出口促进研究所强调:"欧盟的认可将主要为来自欧洲的投资提供可能性,特别是它将帮助乌拉圭促进其外包产业……并吸引更多以欧盟为基地的公司在拉丁美洲寻找行政、金融和其他数据处理服务的供应商。"[152]

日本最近结束了与欧盟关于对等充分性的会谈,这使得双方在 2018 年同意承认对方的数据保护系统具有同等效力。[153] 日本在 2015 年修订《个人信息保护法》(APPI)[154],部分是为了与《通用数据保护条例》保持一致。日本商界在支持新法律方面发挥了重要作用,因为它们与欧洲公司的国际贸易业务已经受到重要的数据保护法规的约束,这使得遵守类似的国内法规的成本大大降低。[155] 获得欧盟的充分性认可也被视为对日本公司的一个好处,包括丰田汽车公司和三井住友银行,因为这样的认可允许它们从欧盟对外转移个人数据。[156]

韩国正在与欧盟协商充分性决定问题。[157]该国的数据隐私法《个人信息保护法》[158](PIPA)与欧盟的数据隐私法非常相似。[159]根据韩国内政部个人信息保护合作司司长朴宗贤(Park Jong-hyun)的说法,欧盟和韩国的隐私框架之间有"90％以上"的相似性。然而,对充分性的主要反对意见是,根据韩国法律,缺乏独立的机构监督,目前由国家内政部而非独立机构实施。[160]为了减轻欧盟的担忧,韩国正在考虑指定独立的韩国通信委员会(KCC)作为欧盟和韩国间数据传输的监督机构,并授予其适当的制裁权力。[161]

与这些司法管辖区不同,美国数据保护法本身不符合欧盟的充分性标准。与此同时,鉴于欧盟与美国之间数据流的范围,获得欧盟的充分性认可对美国尤为重要。根据美国商务部的数据,美国和欧盟之间的年度数字服务贸易价值为 2 600 亿美元。[162]根据智库欧洲国际政治经济中心(ECIPE)估计,跨大西洋数据传输的终止将使欧盟的国内生产总值一年减少 0.4％。[163]为了解决这一问题并为跨大西洋数据传输建立法律基础,美国和欧盟于 2000 年签订了安全港(Safe Harbor)协定。[164]欧盟与美国安全港协定由一系列协商原则组成,欧盟认为这些原则符合其"充分性"的标准。自愿遵守这些标准的美国公司被允许接收有关欧洲数据主体的数据传输。超过 5 000 家美国公司签署了安全港协定。[165]然而,在斯诺登揭露美国国家安全局的大规模监控后[166],如前所述,欧洲法院在 2015 年 10 月的"施雷姆斯案"裁决中废除了安全港协定。[167]根据法院的意见,充分性的标准要求非欧盟国家保证"对基本权利和自由的保护的水平基本上等同于欧盟内部的保护水平"[168],而管理欧盟跨大西洋数据流动长达 15 年的安全港数据传输协定未能满足其标准。[169]

这一挫折导致美国和欧盟协商一项新的协定来管理跨大西洋数据传输,即"欧盟和美国隐私保护盾(Privacy Shield)"[170]。这一新协定于 2016 年 8 月生效,2019 年 5 月,由包括脸书、谷歌和微软等共 4 685 家美国主要公司签署。[171]美国商务部将监控这些公司遵守隐私保护的情况,有效确保数据保护标准与欧盟标准相当。"隐私保护盾"包含显著增强的隐私保护、增强的执行机制[172]，以及与美国政府访问个人数据相关的新安全措施。例如，它要求任命一名美国调查专员，该调查专员独立于美国情报部门，并可以回应个人对美国国家安全机构滥用个人数据的投诉。[173]

然而，"隐私保护盾"的命运也不确定。欧盟成员国的国家隐私监管机构在该协定通过后立即对其提出了批评，称其不足以保护欧洲的互联网用户。[174]其法律地位也有待欧洲法院审理。到目前为止，一个名为"爱尔兰数字权利"的非政府组织对"隐私保护盾"提出了挑战，但未获成功，因为欧洲法院认为该组织没有起诉资格。[175]一个名为网络平方（La Quadrature du Net）的政党申请介入以支持该组织，它也对"隐私保护盾"提出了挑战，该挑战申请有待欧洲法院的裁决。[176]

若美国未能实施"隐私保护盾"，其地位也可能发生动摇。欧盟委员会对其进行定期审查和评估。2017年的首次审查在欧洲引发了担忧，因为特朗普政府推迟了该协定拟议的独立调查专员的任命。[177]在2018年"剑桥分析事件"发生后[178]，欧洲议会进一步通过一项决议，声明"隐私保护盾"安排没有提供足够的数据保护水平。[179]尽管美国已经纠正了一些引发担忧的地方，包括为"隐私保护盾"项目任命一名永久调查专员[180]，但其他挑战仍然存在。例如，在2019年的第二次审查中，"欧洲数据保护委员会"（EDPB）对出于国家安全目的将个人数据转移到美国而没有为欧盟公民提供新的隐私保障表示担忧。[181]

除了受益于欧盟"充分性决定"的国家，非洲、亚洲和拉丁美洲的许多国家遵循了欧盟数据保护标准。例如，南非2013年出台的数据隐私法模仿了欧盟1995年的数据保护指南。[182]虽然该法律是在《通用数据保护条例》生效之前起草的，但南非的起草者注意到了该条例，并纳入了许多最终属于该条例界定的内容。[183]2008年，塞内加尔也颁布了类似的个人数据保护法，该法与欧盟和法国的个人数据法规非常相似。[184]该法在序言中提到"欧洲对向第三国传输个人数据的要求"，该法律还设立了塞内加尔个人数据保护委员会，作为监督该法律实施的独立机构，这是欧盟监管框架下的一项关键要求。

许多拉丁美洲国家移植了基于欧盟法律的西班牙的数据保护法的

概念。[185]"深受欧洲模式启发"[186]的拉丁美洲国家包括哥伦比亚、哥斯达黎加、墨西哥、秘鲁,以及最近的巴西[187],此外还有阿根廷和乌拉圭,如前所述,这两个国家从"充分性决定"中受益。伊比利亚—美洲数据保护网络(其西班牙语缩写为 RIPD,全称是 Red Iberoamericana de Protección de Data)是一家在拉丁美洲推广欧洲数据隐私模式方面颇具影响力的机构。[188]其成员包括阿根廷、智利、哥伦比亚、哥斯达黎加、墨西哥、秘鲁和乌拉圭。[189]该网络设立的标准旨在建立保护个人数据的通用原则,这可以作为该地区国家立法的基础。[190]伊比利亚—美洲数据保护网络在 2017 年制定了模仿欧盟数据隐私规则的示范标准。[191]有评论将这些标准描述为"欧盟《通用数据保护条例》的翻版"[192]。伊比利亚—美洲数据保护网络在 2015—2018 议程中明确包含着在伊比利亚—美洲国家推广欧洲数据隐私模式,并指出:"这将为将要与这些国家传输越来越多个人数据的西班牙公司带来好处。"[193]

中国是效仿欧盟数据保护规则的最重要的司法管辖区之一。它于 2017 年颁布了一项全面的数据保护法——《网络安全法》。[194]该法建立在中国政府早期颁布的非约束性法规基础上,如 2013 年 2 月 1 日生效的《信息安全技术公共及商用服务信息系统个人信息保护指南》(GB/Z28812-2012)。[195]《网络安全法》将几个《通用数据保护条例》中的概念纳入了中国立法。例如,"数据必须够多,数据与处理的目的相关但不能逾越该目的"及"数据主体必须明确同意",这反映了欧盟《通用数据保护条例》的目的有限性和内容。[196]欧盟的影响也可以在"中国—欧盟信息社会项目"中找到,这是中国和欧盟在 2005 年至 2009 年开展的一项合作计划。[197]作为合作的一部分,欧盟向中国商务部提供了资金和技术建议,其具体目标是"通过引入欧盟的最佳实践来设计(中国的数据)监管框架"[198]。部分中国学者也支持欧盟式的中国立法,指出依赖欧盟式的政府监管而不是美国式的行业自我监管,这更适合中国的体制。[199]

最后,印度提供了一个有趣的案例。该国正在通过一项《通用数据保护条例》式的法律,且预计在某些方面将比《通用数据保护条例》的规定更加严格。迄今为止,印度尚未颁布全面的数据隐私法,尽管许多印度信息技术咨询公司(如 Wipro[200] 和 Infosys[201] 等)已采用许多欧盟数据保护规范来管理其经营活动。然而,2017 年印度成立了一个专家委员会专门编写数据保护法草案。印度法案草案采纳了《条例》中的许多关键条款,包括访问和更正数据的权利、数据可移植性的权利以及"被遗忘权"。[202]它还纳入了隐私设计(privacy-by-design)原则,要求组织进行数据保护影响评估并指定一名数据保护官。该法案草案进一步设想了类似于《条例》规定的制裁。然而,该法案也和《条例》有所不同。最值得注意的是,它包含一个通用数据本地化要求,根据该要求,"数据受托人应确保在位于印度的服务器或数据中心上存储至少一份个人数据的服务副本"。此外,某些类别的数据只能在印度处理。数据本地化是对欧盟数据保护制度的重大背离,遭到强烈的批评和抵制,因为它可能会破坏互联网流量和数据传输的高效流动。[203]

上述案例表明了法律上的布鲁塞尔效应的影响程度,但也暗示美国隐私制度的影响力正在减弱。至少直到最近,美国显然没有强力抵制欧盟在隐私保护方面的领导地位。"安全港协定"和随后的"隐私保护盾"改变了美国国内法律框架,使美国法律更接近欧盟的隐私标准。[204]然而,联邦政府层面尚未进行全面的立法改革。2012 年 2 月,奥巴马政府发布了一份名为《网络世界中的消费者数据隐私》报告,该报告敦促国会通过消费者隐私"权利法案"。[205]然而,该法案在国会没有通过,因此没有成为法律。

在联邦层面缺乏全面的隐私法的情况下,各州已介入并规范这一领域。如前所述,加利福尼亚州于 2018 年 6 月通过了《消费者隐私法案》。[206]该法案最初是由公民投票倡议所推动,倡议收集到了 60 多万个签名,从而引发全州范围的投票。[207]投票倡议背后的团体——加州消费者隐私协会——同意在《消费者隐私法案》被州参议院通过后撤回投票倡议。《消费者隐私法案》的若干条款与《通用数据保护条例》类似,包括:要求数据收集者告知所收集个人信息的类别,并限制对此类数据的收集[208];赋予公民了解企业所收集的个人数据的权利[209];以及公民要求删除与他们有关的数据的权利("被遗忘权")。[210]

到目前为止,尽管通过美国联邦立法的努力失败了,然而从政治上看,需要采取更严厉的隐私法的时刻可能也已来到了美国。最近一些丑闻,如"剑桥分析"等,也改变了美国隐私讨论的基调,甚至导致美国联邦贸易委员会和脸书之间最近达成了一项具有里程碑意义的和解,要求该公司支付 50 亿美元的罚款。[211]这些丑闻降低了公众对信息技术公司自我监管的信任,可能会促使美国要求实施更严格的监管,无论是在联邦层面还是在各州层面。[212]现在,即使是最有影响力的数据驱动型美国公司也在呼吁制定联邦隐私法,这一势头可能足以推动立法变革。这表明,美国可能无法坚持到底,而是需要承认,制定一部强有力的联邦数据保护法的时机已经到来。这可能意味着法律上的布鲁塞尔效应甚至会延伸到它的最后一个边界——美国。

数字经济 II:网上仇恨言论

欧盟影响全球标准的最新领域之一涉及其对网上仇恨言论的监管。言论自由是欧盟承认的一项基本权利,也是欧盟机构捍卫的核心价值。然而,在欧盟,言论自由的权利从未像在美国那样被广泛理解。出于历史和意识形态的原因,欧盟会迅速惩罚煽动对某些群体的仇恨言论,无论这种言论是否会导致暴力。虽然仇恨言论是一种古老现象,但最近有所增加。仇恨言论也越来越多地转移到网上,这就需要新的监管。

以下讨论将简要回顾欧盟对监管仇恨言论的严厉态度的起源,以及限制信息技术公司自由的意愿,比较而言,美国相对不太愿意让互联网运营商对其平台托管的言论负责。在这一领域,欧盟和美国之间的比较特别有趣,因为这两个司法管辖区之间的监管存在明显差异,而且美国公司受到欧盟监管的影响最大。以下还将研究欧盟最近与领先的信息技术公司签署的自愿行为准则,并揭示出这种自愿监管方法使欧盟通过布鲁塞尔效应,在世界各地塑造规范仇恨言论的规则。

主要立法

诚然,与美国采取的方法相比,欧盟对非法仇恨言论的理解相当宽泛。欧盟不仅禁止煽动暴力的言论,还禁止煽动仇恨的言论。[213]相比之下,美国宪法仅禁止威胁性的和可能引发迫在眉睫的暴力反应的言论。[214]美国愿意在更广泛的言论自由概念框架内,像保护其他类型的思想一样保护仇恨思想。[215]欧盟还谴责诋毁某个群体尊严的言论,但美国判例不这样做。[216]

这些不同的方法反映了美国和欧盟对言论自由理论的不同哲学理解。美国宪法传统将仇恨言论归结为种族主义或性别歧视观念的表现。无论这些言论对许多人来说是多么令人厌恶,它们都被视为被认可的公共惯例,因此值得宪法保护。[217]这反映了美国对言论自由的坚定承诺,以及它不愿意让政府决定哪种类型的言论是有价值的,哪些观点应该被压制。作为这一点的进一步表现,美国虽然是《公民权利和政治权利国际公约》签署国,却是唯一反对该公约第二十条第二款的国家,该条款禁止"任何鼓吹民族、种族或宗教仇恨之主张,构成煽动歧视、敌视或强暴者"[218]。对美国来说,第二十条第二款仍然是不可接受的,因为它侵犯了美国的言论自由概念。

欧盟对言论自由的监管体现在《基本权利宪章》、其主要条约和各次级立法中。欧盟《基本权利宪章》第二条承认"每个人都享有言论自由的权利"。然而,各大欧洲法院的判例表明,这种自由远非绝对,当非歧视规范优先于言论自由规范时,这种自由可能会受到限制。[219]在2007年的"费兰(Feryn)案"的判决中[220],欧洲法院裁定,仅仅是言论就可能构成歧视行为,因为这违反欧盟条约中规定的非歧视原则。[221]这种对言论所持有的严格立场,反映在处理"费兰案"中的总检察长马杜罗(Maduro)所发表的意见的开篇之中:"与传统智慧相反,言语可能会造成伤害。"[222]

欧洲法院经常在自己的裁决中援引《欧洲公约》和欧洲人权法院的裁决,使欧洲人权法院的判例成为欧盟基本权利结构的一部分。欧洲人权法院赞同欧洲法院的观点,即言论自由的权利必须与限制煽动仇恨和伤害"所有人的平等尊严"的言论的必要性相平衡。[223]在2006年"厄巴坎(Erbakan)诉土耳其案"的裁决中,欧洲人权法院裁定,"在某些民主社会,可能有必要惩治甚至防止传播、煽动、促进及基于不宽容而洗白仇恨的一切形式的言论······只要所施加的任何'措施''条件''限制'或'惩罚'与所追求的法律目标相称"[224]。欧洲人权法院还澄清了其对信息技术公司在传播仇恨言论中的作用的看法,指出"在向用户提供发布评论的平台时,根据《欧洲公约》第十条第二款,(这些公司)承担与言论自由相关的义务和责任",在这种情况下,用户传播仇恨言论或评论相当于直接煽动暴力。[225]

欧盟法律还要求成员国惩罚最严重形式的仇恨言论[226],欧盟已通过指令控制媒体和网络中的种族主义和仇外行为。[227]尽管成员国各自对仇恨言论采取了不同规范,但很明显,即使是欧盟言论自由的堡垒荷兰也在其刑法中禁止"公开故意侮辱"。荷兰法律还禁止"基于一个人的种族、宗教、性取向或个人信仰,以口头、书面或插图的方式煽动仇恨"[228]。最引人注目的是,荷兰在涉及其右翼政治家海尔特·维尔德斯(Geert Wilders)的案件中适用了荷兰关于仇恨言论的法律规则,因为他的许多政治言论针对穆斯林和伊斯兰教。[229]这表明,即使在最赞同捍卫言论自由的欧洲国家,仇恨言论也有相对宽泛的定义并得到严格执行。

欧盟不仅更愿意遏制作为一种现象的仇恨言论,也更愿意对数字公司进行普遍监管。[230]因此,毫不奇怪,欧盟已经发展成为在线仇恨言论的主要监管者,让信息技术公司对发生在其平台上的言论负责。相比之下,美国不仅是言论自由的强烈支持者,它还将互联网的商业化视为美国对企业家精神、创新和自由市场的承诺的证明,认为所有这些都是经济成功和技术进步的驱动力。[231]这导致美国对在线活动,包括在线仇恨言论的监管相当宽松。

虽然欧盟在总体上对仇恨言论制定了严格的法律框架,但在监管在线仇恨言论的努力中,欧盟选择了"参与性"和"自愿性"方法。2016年,欧盟委员会与四家美国信息技术公司(脸书、推特、YouTube和微软)签署了一份关于打击非法在线仇恨言论的自愿行为准则。[232]该准则要求这些签署方采用并维护反映欧洲反对仇恨言论标准的"规则或社区指南"。通过签署该准则,这些信息技术公司同意"禁止在其平台上宣传煽动暴力和仇恨行为"。此外,它们同意在收到请求后24小时内评估要求从其平台上删除任何此类内容的请求,并在必要时继续删除这类内容。欧盟在 2017 年发布一组非约束性的建议,并在 2018 年 3 月发布另一组非约束性操作建议,以此作为对自愿性准则的补充。[233] 这些建议包含有关信息技术公司如何有效防止、检测和删除非法内容,以及欧盟当局如何确保与这些公司就需要删除的内容进行有效沟通的指导方针。

欧盟的自愿监管方式也在有约束性法律的框架下运行,这将包括未来可能更严厉的监管。欧盟已明确表示,如果该规则("规则或社区指南")被证明是不够的,它可以随时实施有约束力的立法措施。欧盟委员会在 2017 年发布建议时宣布,它将密切监督信息技术公司的活动,"评估是否需要采取额外措施,以确保迅速、主动地检测和删除在线非法内容,包括补充现有监管框架的可能立法措施"[234]。欧盟委员会在 2018 年 4 月再次表明存在更具强制性的立法的可能性,以作为对脸书卷入剑桥分析丑闻的回应。[235]制裁作为约束性规则的可能手段,给了企业以满足欧洲监管机构的方式而进行自我监控的更大动力。由于这种更严厉监管的可能的威胁,一些评论者将欧盟现有的监管方式描述为既非自愿也非公私合作的产物,而是"政府强制"的后果。[236]

此外,因各欧盟成员国出台的严格法规,信息技术公司更愿意遵守欧盟规则。例如,德国于 2017 年 7 月通过《网络执法法案》。[237]该法案授权德国监管机构对未能及时删除非法仇恨言论的社交媒体运营商处以最高 5 000 万欧元的罚款。法国也在考虑制定新的法律,要求社交媒体公司在监管种族主义和反犹太内容方面承担更大责任[238],英国则宣布了专门应对网上仇恨言论的新政府措施。[239]

政治经济学

欧盟认可美国对言论自由的承诺,但更愿意限制发表仇恨言论的自由。与美国不同,欧盟并不认为发表仇恨言论的所谓权利是公共话语的重要组成部分。相反,欧盟认为仇恨言论是作为歧视的有害表现。遏制仇恨言论被视为促进民主、平等和公民参与社会的机会。[240]欧盟反对仇恨言论的立场最好从有关其种族主义和仇外暴力的历史进行理解,其中最突出的是纳粹煽动对犹太人的仇恨,这导致了第二次世界大战爆发。其历史负担将继续决定欧洲对仇恨言论的态度,这增强了欧洲"记取、警惕和打击"种族主义和仇外情绪的意识。[241]

欧盟许多个人和活动家欢迎欧盟对监管的推动,即让互联网运营商对其平台上的言论负责。持反移民观点的民粹主义政党的崛起导致仇恨言论事件的增加,尤其是在社交媒体上。[242] 为了应对这一趋势,欧洲的一些政府机构和非政府组织在倡导反仇恨言论的政策和做法方面发挥了积极作用。有些组织强烈反对仇恨言论并呼吁增加在线平台审查此类言论的责任,这些组织包括欧洲委员会下的欧洲反种族主义和不宽容委员会(ECRI)[243]、欧洲委员会下的青年部(该部在全欧洲组织了"无仇恨言论运动")[244]、英国慈善机构加洛普(Galop)。[245] 此外,欧洲的记者(其职业以言论自由为基础)也主张限制此类自由以遏制仇恨言论。欧洲记者联合会(EFJ)在一些民间社会组织的支持下,发起了一场全欧洲范围的"媒体反仇恨"(♯ MediaAgainstHate)的运动。[246]该运动旨在反对传统和网络媒体中的歧视和仇恨言论。

除了这些有组织的倡议团体外,欧洲人也认为仇恨言论扼杀了社会中的相互尊重和良性辩论。2016 年"欧洲晴雨表"就媒体多元化和民主议题进行了调查,询问了欧洲公民对媒体观点多样性的看法。[247]该调查访问了 28 个成员国的 2.8 万名欧盟公民。结果令人惊讶:四分之三的欧洲社交媒体用户声称,在参加在线辩论时经历过侮辱、仇恨言论或威胁。这些公民中近一半声称,他们因此对参与社交媒体辩论感到气馁。[248]这表明,欧盟委员会在该领域推行约束性法规的努力也可能获得欧洲公民的强烈支持。

布鲁塞尔效应

欧盟监管网上仇恨言论的努力为事实上的布鲁塞尔效应提供了一个有趣的案例,这至少意味着欧盟尚未将一套有约束力的欧盟规则具体化。相反,这种规则的外部运用出自公司与欧盟委员会合作时作出的自愿承诺。网上仇恨言论也是欧盟单边规则发挥影响的一个有趣案例,比较中国和俄罗斯等其他大型市场,欧盟不是全球网上言论最严格的监管者。

欧盟在这一领域的显著力量是通过市场决定的,这构成布鲁塞尔效应的基础。欧洲消费者和在欧洲创造的收入是全球领先的信息技术公司的关键关注点。欧盟拥有 5 亿潜在客户这一庞大消费群,这使其成为信息技术公司"最重要的海外市场"之一。[249] 例如,欧盟作为一个整体代表了脸书的最大市场之一,它拥有 2.5 亿用户。[250] 欧洲约占脸书收入的 25%,使欧洲成为脸书的第二大(仅次于美国)收入来源。[251] 尤其是欧洲中小型企业(SMEs)市场是脸书广告收入的重要来源,年增长率超过 60%。[252] 对于 YouTube 而言,仅五个欧盟成员国就占该公司全球用户的 14%。[253] 在大多数欧盟成员国,谷歌的搜索市场份额超过90%,而大多数估算表明,谷歌在美国的市场份额约占 67%—75%。[254] 这可能解释(至少部分解释)了为什么谷歌多年来将其普遍仇恨言论规则首先与美国"第一修正案"保持一致,但最近作出了一项战略选择,转向遵守更具限制性的欧洲式仇恨言论监管规则。

考虑到欧洲市场提供的巨大商机,这些信息技术公司承诺留在欧洲市场也就不足为奇了,即使它们觉得受到了欧盟法规的挤压。谷歌首席执行官桑达尔·皮查伊(Sundar Pichai)向投资者表示,谷歌"非常致力于在该地区发展",欧洲是"我们的重要市场"。[255] 该公司计划在欧洲扩展新的办事处,在欧洲大陆建立一个人工智能中心,并扩大员工招聘,这些证明了它之前的承诺。[256] 最新与欧盟签署上述监管准则的色拉布(Snapchat)也将欧洲视为其"核心市场"之一。[257]

尽管欧盟拥有显著的市场力量,但它选择不通过约束性规则来利用这种力量,而是通过企业的自愿性标准。不遵守监管规则的主要后果是声誉受损。欧盟委员会与成员国官员及民间社会组织一起,定期监督签署方的遵守情况,并公布这些公司审查和删除违反准则的言论的比率。[258] 正如本章后面讨论所揭示的,这些公司的遵守比率一直很高。这表明,即使是自愿标准也能反映足够的监管能力,从而维持布鲁塞尔效应。

对信息技术公司的服务条款和社区指导方针的审查表明,不管自愿性如何,这些公司确实在遵守欧盟规则,并在实践中向欧洲标准过渡。这些企业条款禁止仇恨言论（即使不能证明这些言论会导致暴力），并经常使用与欧洲规则非常相似的语言。[259] 例如，YouTube 对仇恨言论的定义是指"基于以下任何属性宣扬针对个人或群体的暴力或仇恨的内容：年龄、残疾、族裔、（社会）性别（gender）、国籍、种族、移民身份、宗教、（生理）性别（sex）、性取向、退伍军人身份"[260]。因此，公司不仅禁止煽动暴力的言论，还禁止煽动仇恨的言论。有趣的是，该准则似乎正在影响在线仇恨言论的全球标准，甚至超越了相关签署企业。例如，尚未签署该规则的汤博乐（Tumblr）采取了欧洲式的关于仇恨言论的政策，告诫其用户不要鼓励"仇恨"，将其作为与鼓励暴力分开的一个单独类别。[261] 这导致企业禁止的内容比美国第一修正案规则禁止的内容要广泛得多。这种自愿的方法有几个优点，也许最重要的是，它使得欧盟能以近乎无成本的执法方式达到目的，因为企业必须投入资源来监管自己的行为。此外，昂贵的监测操作激励这些公司开发旨在自动检测和消除在其平台上出现的有害言论的技术。[262] 最终，这可能会使未来对在线仇恨言论的监管更加全面和有效。欧盟机构很难有创新性能力，以这种方式实现执法工作的自动化。

然而，将对遵守规则情况的监测外包给监管对象本身也有某些不利之处，包括规则在实践中实施的不确定性。即使信息技术公司的官方服务条款反映了欧洲标准，这些公司的律师最终还是会根据自己的判断来确定什么是非法仇恨言论。因此，与欧盟委员会实施强制执行的情况相比，其结果不太可能完全符合欧盟委员会的监管方法。例如，若欧盟委员会就一项拟议中的并购是否符合欧盟竞争法规则，其结果很确定。若欧盟委员会决定并购不能进行或某个部门需要被剥离，各方就没有多少自由裁量权。然而，当涉及删除仇恨言论时，删除每项内容的决定可能反映了决策者自己对言论自由的看法，也反映了更广泛的企业文化。[263]

马尔温·艾莫利（Marvin Ammori）认为，鉴于审查相关内容的律师可能在美国法学院接受过教育，因此更熟悉美国言论自由的基本原则，这些公司在删除相关内容时的决策不可避免地会在美国言论自由规范的背景下发生。[264] 这些决策者也向同样沉浸在美国言论自由传统中的高管汇报。因此，他们培养了一种强调言论自由的企业文化。[265]杰弗里·罗森（Jeffrey Rosen）也提出了类似观点，认为在线仇恨言论政策具有"欧洲风格的定义"，但有时以"美国方式"实施。[266]最近泄露的脸书内部政策提供了一个案例，它表明脸书的算法允许某些否认对犹太人的大屠杀的帖子存在，而这是欧洲规则严格禁止的。[267]

　　然而，即使信息技术公司在执法实践中没有完全符合欧洲标准，但显然它们正朝着更广泛的仇恨言论标准发展，对公认的非法言论的更广泛的审查和删除就是证明。根据该准则进行的定期评估的结果也证实了这一点。2018年11月至12月进行的最新一轮评估结果显示[268]，信息技术公司平均删除了72％的非法仇恨言论。删除率在每个评估周期都有显著上升，从2016年第一轮监测到的28％上升到2017年第二轮监测的59％，这又略低于2018年第三轮监测中70％的高删除率，虽然欧盟要求这些公司在24小时内审查"大多数"的欧盟告知书，但平均而言，这些公司在相应时段内审查了89％的告知书，这比第一轮监测中的审查率增加了一倍多。[269]信息技术公司还通过雇佣更多员工来审查非法内容，增强了合规能力。仅脸书在2017年就宣布将增加3 000名版主，以识别其平台上的仇恨材料，这使其现有版主团队增加到4 500人。[270]最后，新的公司也正在吸收欧洲规则，2018年的一批最新规则签署者包括照片墙（Instagram）、谷歌＋[271]和色拉布（Snapchat）。[272]

　　尽管迄今为止自愿监管取得了（相对）成功，但欧盟正在考虑放弃这一方式，并在不久的将来引入有约束力的监管。欧盟委员会正在起草一份全面的《数字服务法》*，可能会在2020年底出台。[273]该新法案将赋予欧盟"广泛的法律权力"，以监管仇恨言论以及其他非法内容和在线政治宣传。因此，删除非法内容将成为社交媒体平台的强制性要求，如果做不到这一点，将会被罚款。强化监管方式的原因可能有两个。第一，严重非法在线内容的争议经常发生，降低了公众对信息技术公司自律的信心。第二，包括法国、德国和英国在内的一些大的欧盟成员国决定引入针对网上仇恨言论的国家立法，这给欧盟委员会采取强

---

* 已于2023年8月正式生效。——译者注

制行动提供了强大的内部市场理由,因为它不希望不同成员国之间采取不一致的国家立法。

不管拟议中的《数字服务法》最终是否会被采纳,有关网上仇恨言论的案例成为布鲁塞尔效应案例一事仍很有意思,因为欧盟的规范能力到目前为止一直是通过自愿监管被引导到全球市场,这导致显著的事实上的布鲁塞尔效应。此外,作为一个有意思的案例,也是因为欧盟不是最严格的网络言论监管者——这是布鲁塞尔效应发生的典型条件。对在线内容的准允或审查,相对于伊朗或俄罗斯等国家而言,欧盟监管要宽松得多,而那些国家对言论自由的限制要高得多。即使这些国家的政府审查的重点是那些政治上不可接受的言论而非仇恨言论。然而,信息技术公司并没有选择遵循更为严格的中国标准,以尽量减少它们所允许的在线内容,尽管这能保证它们进入所有市场。相反,它们越来越向欧洲的高标准靠拢,尽管这意味着它们可能被一些重要市场拒之门外。这些公司关于容忍何种言论的决定被视为其价值观的反映。被屏蔽的代价很高,但企业选择容忍这一点,尤其是因为它们希望确保自己信奉的言论自由标准与它们的价值观、品牌和企业身份保持一致。

相比之下,被排除在欧盟市场之外不是一个商业上可行的选择,这导致这些公司能容忍程度相对严格,但从政策角度看仍然可以接受的欧洲标准。通过这种方式,对网上仇恨言论的监管提供了一个有意思的布鲁塞尔效应的案例,即欧盟规范变得全球化,即使欧盟不是最严格的监管者,而是可以通过在言论自由和政府审查之间提供"中间地带"来产生全球监管。因此,一个更微妙的论点是,当欧盟是企业所应对的最严格的监管者时,布鲁塞尔效应就会发生。

布鲁塞尔效应背后的其余条件——无弹性和不可分割性——也出现在这一领域,这对欧盟的单边监管影响力至关重要。言论平台缺乏弹性,因为信息技术公司不能修改参与在线言论的欧洲人的 IP 地址,他们仍然是欧洲消费者,有权获得欧盟法律和机构的保护。换言之,若欧洲公民接触违反欧盟法律的言论,信息技术公司就不能通过在其他地方注册来规避欧盟规则,因为欧盟法律适用于它们。

与传统仇恨言论的监管不同,对在线仇恨言论的监管往往在技术上或经济上不可分割。对信息技术公司服务条款的审查表明,在与欧盟签署准则后,它们倾向于在全球范围采用相同的标准。通常情况是,这些公司的全球服务条款反映出欧洲风格的运作方式,并适用到它们的全球业务。尽管欧盟委员会明确说明该准则仅规范公司在欧洲的行为,并且"框架决定和准则都没有规定公司有义务在非法仇恨言论相关法律不适用的地方(如欧盟外的国家或所涉特定国家)禁止访问此类内容"。[274]

在实践中,信息技术公司的国际用户群为它们提供了一个选择:公司可以采用适用于所有平台的通用规则,也可以选择特定规则来适应它们有业务经营的国家。[275]通用规则可以进一步反映最严格的标准,压制许多市场所允许的言论,但允许公司在言论限制最严格的国家运营;或者,通用规则可以反映最不严格的标准,这将最大限度地实现言论自由,但导致公司被排除在几个市场之外,使数百万人无法使用平台。相反,如果这些公司放弃单一的全球规则,根据它们业务所在的国家量身定制自己的言论自由规则,它们就可以扩大每个国家的保护范围,保留它们在全球市场经营的自由。从这些选项中,信息技术公司似乎主要选择一个通用规则。脸书和谷歌很早就采用了通用规则,推特曾经是唯一一家采用纯粹针对特定国家的规则的互联网公司,但在与欧盟签署准则 6 个月后,它也开始采用欧洲通用规则,在其全球服务条款中禁止"仇恨行为"。全球统一规则形成的原因有着技术、经济甚至社会和文化的因素。

原则上,信息技术公司可以通过诉诸"地理封锁"(geo-blocking)来适应特定国家的规则,这将允许它们根据地理位置禁绝所选定的内容。[276]地理封锁已成为根据地理位置分隔互联网用户的主要方式。这是通过使用地理定位技术实现的,该技术允许服务提供商根据用户"互联网协议"(IP)地址来确定用户的位置。[277]地理封锁也可以通过特定国家的域名来实施。例如,由于德国和法国已将否认大屠杀定为非法,用户无法在 Google.de 和 Google.fr(德国和法国的谷歌默认搜索引擎)上找到否认大屠杀的网站,即使这些网站可以在 Google.com 上找到。[278]

　　然而,在实践中,往往很难分离出仅限于欧洲的数据,这使得地理封锁成为一种不充分的工具,无法在确保符合欧盟标准的同时,让在线言论在不同司法管辖区之间"可以分割"。谷歌前 EMEA 地区(欧洲、中东、非洲)全球传播和公共事务总监雷切尔·惠茨通(Rachel Whetstone)承认,各国政府监管言论自由的法律差异"带来了真正的技术挑战。例如,你需要限制某种类型的内容在某个国家呈现,而在另一个国家却不需要这样做"[279]。又如,地理封锁很容易被规避,因为用户可更改其账户的 IP 设置。[280]加密技术还允许用户隐藏其在线位置,这意味着在不删除全球内容的情况下,在技术上可能无法遵守特定管辖区的规则。事实上,将仅限欧洲的数据进行隔离的困难已经导致法院命令信息技术公司删除特定国家和全球的非法内容。[281]

　　除了不可分割性对技术带来挑战外,经济和其他实际的合规性考虑通常也限制公司针对每个单独市场调整其规则的能力。在实施其服务条款和社区指导方针以控制仇恨言论时,信息技术公司必须将其更广泛的服务条款转化为详细的内部政策指导方针。为保持规则的一致性并便于监测与合规,公司通常倾向于制定单一的内部政策。[282]这些内部政策指南包含非常具体的定义,全球数百名员工和承包商在严格的 24 小时时限内审核帖子时必须遵守这些定义。因此,制定针对具体国家的指导方针既复杂又昂贵,还必须伴之以多重审查程序。

　　此外,还有社会或文化方面的考虑来维持统一的审查标准。这些平台将自己视为全球运营商,将人们联系在一起,并促进跨越管辖边界的全球对话。像脸书这样的平台的一个显著优势是,一个人可以在世界各地保持友谊,缩小对话之间的"距离"。这是脸书表示不愿意使用地理封锁的重要原因,因为它破坏了其"社交网络模式"[283]。地理封锁干扰了国际对话,因为交流的部分内容对一些参与者是隐藏的,只有居住在没有地理封锁禁令的国家的网友,才能看到相关帖子。因此,过度的地理封锁将违背脸书创建全球规则以确保"人们能够以无国界的方式交流"的目标。[284]此外,脸书声称"只有一个脸书"[285],因此它不太愿意删除一个地区的言论而不删除另一个地区的言论。

　　欧洲法院也将有机会就法律问题上的可分割性做出裁决。[286]奥地利最高法院已提请欧洲法院做出法律上的初步裁决，以就脸书删除其平台上仇恨言论的责任做出判定。奥地利上诉法院认为，仅在奥地利屏蔽仇恨言论帖子是不够的，必须在全球平台上删除这些帖子。但奥地利最高法院拒绝做出任何裁决，而是将此法律问题移交给欧洲法院。欧洲法院需要裁定脸书的责任大小，包括它是否必须不仅在本地，而且在全球范围删除相关访问内容，以及它是否有义务删除针对同一个人的类似(但不相同)仇恨言论帖子，以此作为其在欧盟法律下的义务的一部分。[287]2011年6月，法律顾问斯普纳尔(Szpunar)就此案发表了意见，建议命令脸书找出所有与被认定为非法的诽谤性评论相同的帖子。这种义务可以延伸到由同一人首次发布的类似的(尽管没有被确认)非法评论。[288]他进一步指出，由于相关欧盟指令并未规定此类义务的地理范围，"这并不排除命令主机提供商在全球范围删除此类信息"。这一案件提出了一个与另一个案件类似的问题，后一案件也在欧洲法院待审(前文有所讨论)，即对"被遗忘权"的质疑，该权利要求谷歌等互联网平台有义务在全球范围删除某些信息。总的来说，这些案例为欧洲法院提供了一个新的，也是非常重要的机会来决定布鲁塞尔效应到底应该走多远。

　　正如本章所示，欧盟已成为对数字公司进行全球监管的重要行为体。通过《通用数据保护条例》，欧盟正在塑造跨国企业的行为和外国政府的立法活动，加强对欧盟外个人享有的隐私保护。通过对网上仇恨言论的监管，欧盟正在世界各地的司法管辖区重新划定类似的可接受言论的界限。

　　数据保护在事实上和法律上都是布鲁塞尔效应的一个强有力的例证。欧盟是跨国公司的一个重要市场，其市场规模满足了确保布鲁塞尔效应产生的基本前提。《通用数据保护条例》并无弹性可言，它保护欧洲的数据主体，即使数据处理发生在欧盟以外。《通用数据保护条例》制定了比欧盟以前更严格的数据保护标准，进一步强化了布鲁塞尔效应。它还增强了欧盟的监管能力，不同于欧盟委员会仍然作为竞争法领域的主要执行者，《条例》的执行几乎完全依赖于成员国的数据保护局(DPA)。因此,布鲁塞尔效应是否长期有效,有赖于这些国家监管者在承担欧盟赋予它们的监管能力方面的效力。

虽然布鲁塞尔效应背后的上述条件通常存在,但布鲁塞尔效应在数据隐私领域的发生通常归结为"不可分割性"原则的存在。本章介绍了当今大多数跨国公司如何严格维护符合《通用数据保护条例》的全球隐私政策,这可能是出于技术上的和经济上的不可分割性的原因,也可能是为了最大限度减少经营的复杂性和合规错误。不可分割性也由这些公司维护全球品牌,为其所有用户提供平等保护的需要所驱动,特别是今天企业数据保护问题日益突出,并引起全球关注。虽然上述各种动机有助于不可分割性原则的运用,但本章还研究了几个案例,在这些案例中,公司既有能力也有意愿将它们的监管行为扩展到不同市场。因此,与竞争法的情况一样,数据保护也突出了不可分割性在解释布鲁塞尔效应表现差异方面的重要性。法律上的布鲁塞尔效应在数据保护方面也很普遍,亚洲、非洲和拉丁美洲的许多司法管辖区都采用了与《通用数据保护条例》极为相似的国内数据保护法。这种广泛的法律上的布鲁塞尔效应可能是由多种力量所驱动,包括事实上的布鲁塞尔效应,这种效应使得跨国公司热衷于在其本土市场,包括最近在美国,倡导《通用数据保护条例》类似的法律。作为国际数据传输条件之一,欧盟对"充分性"的要求为外国政府效仿《通用数据保护条例》提供了额外的动力。如剑桥分析数据泄露事件等最近的丑闻暴露了对数据隐私权的侵犯,这进一步推动了对国外更严格的数据保护的需求。在所有这些情况下,基于其内涵的全面性及作为在世界范围内被誉为"黄金标准"的声誉,外国政府在起草立法时经常求助于《通用数据保护条例》。

除了要求数字公司承担维护用户数据隐私的广泛义务之外,欧盟还向在线平台施压,要求其监管那些可能被视作仇恨言论的内容。这使仇恨言论概念变得更为宽泛,且不认同美国监管互联网那种自由主义方法。值得注意的是,即使在缺乏约束性规则和制裁的情况下,其监管目标(即全球最强大的公司)也在遵守欧盟规则。因此,这说明公司的自愿监管也能成为欧盟可利用的监管能力,从而使布鲁塞尔效应也可能发生。除了自愿监管形式外,在线仇恨言论还提供了布鲁塞尔效应的一种有趣变体,因为欧盟的监管并没有提出最严格的监管标准,俄罗斯等司法管辖区对在线对话的限制甚至更严格。

　　有迹象表明,其他一些司法管辖区的监管严格程度也超过了欧盟,进一步考验了布鲁塞尔效应的界限。在最近,脸书平台上出现对发生在新西兰两座清真寺的大屠杀进行直播后,澳大利亚通过了国内立法,命令社交媒体公司"迅速"从其平台上删除"令人憎恶的暴力材料"[289]。若不这样做,公司高管将被处以巨额罚款甚至入狱。这部匆忙通过的法律比欧盟的在线仇恨言论法规影响深远得多,并招致信息技术公司的强烈批评。[290]澳大利亚法律将如何影响公司的全球行为还有待观察。虽然澳大利亚不是一个无足轻重的市场,但它的市场规模比较欧盟对信息技术公司的经济重要性而言显得相形见绌。这导致人们猜测,与澳大利亚这部新法律相关的司法风险可能会导致一些信息技术公司将其办事处迁出澳大利亚。[291]另一个可能性是,澳大利亚法律可能导致"布鲁塞尔效应＋"(Brussels Effect plus)现象产生,即公司行为遵循全球最严格的法规组合。在这种情况下,特别是如果其他司法管辖区效仿澳大利亚的案例,欧盟可能会找到新的空间来强化其自身的监管,放大全球政治影响,并大力增强与监管在线仇恨言论或数字经济相关的更多的合法性。

注　释

　　1. Regulation 2016/679, of the European Parliament and of the Council on the Protection of Natural Persons with regard to the Processing of Personal Data and on the Free Movement of Such Data, and Repealing Directive 95/46/EC, 2016 O.J. (L 119) 1 [here-inafter GDPR].

　　2. *Code of Conduct on Countering Illegal Hate Speech Online*, European Commission 2 (May 31, 2016), http://ec. europa. eu/justice/fundamental-rights/files/hate_speech_code_of_conduct_en. pdf[https://perma. cc/RD57-XXCF][hereinafter The Code].

　　3. Kevin Granville, *Facebook and Cambridge Analytica: What You Need to Know as Fallout Widens*, N.Y. Times(Mar.19, 2018), https://www.nytimes.com/2018/03/19/tech-nology/facebook-cambridge-analytica-explained. html? register = google (on file with author); Paul Mozur, A Genocide Incited on Facebook, With Posts From Myanmar's Military, N.Y. Times(Oct.15, 2018), https://www.nytimes.com/2018/10/

15/technol-ogy/myanmar-facebook-genocide.html(on file with author).

4. 隐私权作为基本权利可以追溯到《欧洲人权公约》(ECHR)，这是欧洲委员会起草的一份条约文件，保障隐私权作为基本权利；参见 Council of Europe, European Convention for the Protection of Human Rights and Fundamental Freedoms, art. 8, *opened for signa-ture* Nov.4, 1950, ETS 5[hereinafter ECHR]。负责执行《欧洲人权公约》的欧洲人权法院已经将隐私权扩展到数据保护领域；参见 Copland v. United Kingdom, 253 Eur. Ct. H.R. (2007). All EU member states are among the 47 signatories of the ECHR, making all Europeans benefi-ciaries of its privacy rules。

5. 参见 Treaty on the Functioning of the European Union art. 16, Oct.26, 2012, 2012 O.J. (C 326) 1[hereinafter TFEU]。

6. Charter of Fundamental Rights of the European Union, arts. 7—8, Dec.12, 2007, 2007 O.J. (C 303) 1[hereinafter Charter of Fundamental Rights].

7. Orla Lynskey, The Foundations of EU Data Protection Law 11(2015).

8. Regulation 2016/679, of the European Parliament and of the Council on the Protection of Natural Persons with regard to the Processing of Personal Data and on the Free Movement of Such Data, and Repealing Directive 95/46/EC, 2016 O.J. (L 119) 1 [herein-after GDPR].

9. Council Directive 95/46, On the Protection of Individuals with Regard to the Processing of Personal Data, 1995 O. J. (L 281) 31 [hereinafter Data Protection Directive].

10. GDPR, *supra* note 1, at art. 5(1)(a).

11. *Id*. at arts. 5(1)(b)—1(c).

12. *Id*. at art. 5(1)(d), (5)(1)(f).

13. *Id*. at art. 17.

14. *Id*. at art. 25.

15. *Id*. at arts. 51, 68.

16. *Id*. at art. 83.

17. Slaughter and May, "New Rules, Wider Reach: the Extra-Territorial Scope of the GDPR" (2016), https://www. slaughterandmay. com/media/2535540/new-rules-wider-reach-the-extraterritorial-scope-of-the-gdpr.pdf[https://perma.cc/C9RK-CHW7]；另见 Deloitte, "GDPR Top Ten: ♯3 Extraterritorial appli-cability of the GDPR" (Apr. 3, 2017), https://www2.deloitte.com/nl/nl/pages/risk/articles/cyber-security-privacy-gdpr-top-ten-3-extraterritorial-applicability-of-the-gdpr. html [https://perma. cc/2DTG-BHUJ]。

18. 参见 GDPR, *supra* note 1, at art. 45。

19. *Proposal for a Regulation of the European Parliament and of the Council concerning the respect for private life and the protection of personal data in electronic communications and repealing Directive 2002/58/EC (Regulation on Privacy and Electronic Communications)*, COM(2017)10 final(Jan.10, 2017).

20. Directive 2002/58/EC of the European Parliament and of the Council of 12 July 2002 Concerning the Processing of Personal Data and the Protection of Privacy in the Electronic Communications Sector, 2002 O.J. (L 201) 37.

21. Mehreen Khan, *EU States Urged to Agree Online Privacy "Cookie Law,"* Fin.

Times（Apr. 23，2018），https：//www. ft. com/content/1ebf5a9e-4707-11e8-8ee8-cae73 aab7ccb(on file with author).

22. Natasha Singer，*The Next Privacy Battle in Europe is Over this New Law*，N.Y. Times（May 27，2018），https：//www. nytimes. com/2018/05/27/technology/europe-eprivacy-regula-tion-battle.html(on file with author).

23. Summary of the Opinion of the European Data Protection Supervisor on the Proposal for a Regulation on Privacy and Electronic Communications(ePrivacy Regulation)，2017 O.J. (C 234) 3.

24. *Proposal for a Regulation of the European Parliament and of the Council Concerning the Respectfor Private Lifeand the Protectionof Personal Datain Electronic Communicationsand Repealing Directive 2002/58/EC (Regulation on Privacy and Electronic Communications)—Examination of the Presidency text*，（COD）2017/000310975/18（July 10，2018），https：//eur-lex. europa. eu/legal-content/EN/TXT/PDF/?uri=CONSIL：ST_10975_2018_INIT&from=EN[https：//perma.cc/6XQZ-CQCE].

25. Case C-131/12，Google Spain SL v. Agencia Española de Protección de Datos，ECLI：EU：C：2014：317，http：//curia. europa. eu/juris/document/document. jsf?docid =152065&doclang=en[hereinafter Google Spain].

26. *Id*. at 91—99.

27. *Id*. at 56.

28. *Id*. at 51—60.

29. Jennifer Daskal，*Borders and Bits*，71 Vand. L.R. 179，212(2018).

30. Mark Scott，*Google Will Further Block Some European Search Results*，N.Y. Times(Feb.11，2016)，https：//www.nytimes.com/2016/02/12/technology/google-will-further-block-some-european-search-results.html(on file with author).

31. Mark Scott，*French Court Refers Google Privacy Case to ECJ*，Politico（July 19，2017），http：//www. politico. eu/article/french-court-refers-google-privacy-case-to-ecj/[https：//perma.cc/8TDU-P2GK].

32. Daskal，*supra* note 29，at 214.

33. 参见 *Transparency Report—Search Removals Under European Privacy Law*，Google（May 29，2014），https：//transparencyreport. google. com/eu-privacy/overview[https：//perma.cc/ZF5L-KMEA](these numbers are accurate of May 14，2019. Google updates the fig-ures periodically)。

34. David F. Katz & Elizabeth K. Hinson，Germans Fine U. S. Companies for Unlawful Data Transfers to States，Lexology（2016），https：//www. lexology. com/library/detail.aspx?g=743c9b6f-fc67-4479-893c-3a4384f9296e[https：//perma.cc/Q3R9-N2R9].

35. Duncan Robinson，*Facebook Fined by French Regulator Over Data Protection Rules*，Fin. Times(May 16，2017)，https：//www.ft.com/content/10f558c6-3a26-11e7-821a-6027b8a20f23〈〈〈REFC〉〉〉(on file with author).

36. 例如,参见 Gregory Shaffer，*Globalization and Social Protection：The Impact of EU and International Rules in the Ratcheting Up of U.S. Privacy Standards*，25 Yale J. Int'l L. 1，43(2000)。

37. Cecilia Kang，*Promise by Google Ends FTC's Privacy-Breach Probe*，Wash.

Post，Oct.28，2010，at A15.

38. Robinson，*supra* note 35.

39. Thomas Shaw，Privacy Law and History：WWII-Forward The Privacy Advisor（Mar. 1，2013），https：//iapp. org/news/a/2013-03-01-privacy-law-and-history-wwii-forward/［https：//perma.cc/6XE2-8SWA］.

40. Alvar C. H. Freude and Trixy Freude，*Echoes of History：Understanding German Data Protection*，Newpolitik 2（Oct. 1，2016），https：//www. bfna. org/wp-content/uploads/2017/04/Echoes_of_history_Understanding_German_Data_Protection_Freude.pdf［https：//perma.cc/D6ZB-WQ7H］.

41. Lynskey，*supra* note 7，at 46—47.

42. *Communicationon A Comprehensive Approach on Personal Data Protection in the EU*，at 19(COM)(2010) 609 final(Nov.4，2010).

43. 在比利时布鲁塞尔采访欧盟委员会司法和消费者总司国际数据流动和保护处处长布鲁诺·根卡雷利(Bruno Gencarelli)(Jul.17，2018)。

44. *Id.*

45. *Id.* at 47.

46. *Id.*

47. Shaw，*supra* note 39.

48. Henry Farrell & Abraham L. Newman，of Privacy and Power：The Transnational Struggle over Freedom and Security 52 & 108(2019).

49. Abraham L. Newman，Protectors of Privacy：regulating personal data in the global economy 11(2008).

50. *Id.*

51. Lobbyplag，https：//lobbyplag.eu/lp(last visited May 20，2019).

52. All 168 submissions to the European Commission can be found at European Commission，*Consultation on the legal framework for the fundamental right to protection of personal data*，https：//ec. europa. eu/home-affairs/what-is-new/public-consultation/2009/consulting_0003_en［https：//perma. cc/A2GS-WNLW］(last visited Oct.28，2018)［hereinafter GDPR Public Consultation］；*compare* Privacy International，Privacy International's Response to the European Commission Consultation 2—4（2009），https：//ec. europa. eu/home-affairs/sites/homeaffairs/files/what-is-new/public-consultation/2009/pdf/contributions/unregistered_ organisations/privacy _ international _ en. pdf［https：//perma.cc/NR85-KVJ8］*with* TechAmerica Europe，TechAmerica Europe's Response to EU Commission Consultation on the Legal Framework for the Fundamental Right to Protection of Personal Data 3（2009），https：//ec. europa. eu/home-affairs/sites/homeaffairs/files/what-is-new/public-consultation/2009/pdf/contributions/registered _ organisations/tech_america_europe_en.pdf［https：//perma.cc/43PC-ZDKT］.

53. *Compare* TechAmerica Europe，*Id.* at 3 *with* Privacy International，*Id.* at 3.

54. 参见 GDPR Public Consultation，*supra* note 52。

55. *Id.*

56. European Parliament Legislative Resolution of 12 March 2014 on the Proposal for a Regulation of the European Parliament and of the Council on the Protection of Individuals with Regard to the Processing of Personal Data and on the Free Movement of

such Data(General Data Protection Regulation)(COM(2012)0011-C7-0025/2012-2012/ 0011(COD))(Ordinary legislative procedure: first reading), Eur. Parl. Doc. (P7_TA (2014)0212)(2014).

57. Hannah Kuchler, *Max Schrems: the Man who Took on Facebook—and Won*, Fin. Times(Apr.5, 2018), https://www.ft.com/content/86d1ce50-3799-11e8-8eee-e06bde01 c544(on file with author).

58. Commission Decision 2000/520/EC of 26 July 2000 pursuant to Directive 95/46/ EC of the European Parliament and of the Council on the Adequacy of the Protection Provided by the Safe Harbour Privacy Principles and Related Frequently Asked Questions Issued by the U.S. Department of Commerce, 2000 O.J. (L 215) 7 [hereinafter Safe Harbor Decision].

59. Schrems v. Data Protection Commissioner, [2014] IEHC 310(H. Ct.)(Ir.).

60. Case C-362/14, Maximillian Schrems v. Data Protection Commissioner, 2015 E. C.R. 650[hereinafter Schrems I].

61. Commission Flash Eurobarometer 443 Report—ePrivacy(Dec.2016), http://ec. europa. eu/commfrontoffice/publicopinion/index. cfm/Survey/getSurveyDetail/search/privacy/surveyKy/2124[https://perma.cc/Y6CA-ZS5Z].

62. Henry Farrell & Abraham Newman, *The Transatlantic Data War*, Foreign Aff. (2015), https://www. foreignaffairs. com/articles/united-states/2015-12-14/transatlantic-data-war(on file with author).

63. 参见 Shaffer, *supra* note 36, at 75; *cf*. Data Protection Directive, *supra* note 9, at arts. 17—20。

64. Ashley Rodriguez, *Google Says it Spent "Hundreds of Years of Human Time" Complying with Europe's Privacy Rules*, Quartz(Sept. 26, 2018), https://qz. com/ 1403080/google-spent-hundreds-of-years-of-human-time-complying-with-gdpr/[https:// perma.cc/SP4H-BKTK].

65. 例如,参见 Privacy Act of 1974, 5 U.S.C. § 552a(4)(2006);另见 Shaffer, *supra* note 36, at 23—28。

66. 参见 David Bach & Abraham L. Newman, *The European Regulatory State and Global Public Policy: Micro-Institutions, Macro-Influence*, 14 J. Eur. Pub. Pol'y 827, 833(2007)。

67. *Id*.

68. Samuel W. Royston, *The Right to be Forgotten: Comparing the US and European Approaches*, 48 St. Mary's L.J. 253(2016).

69. 15 U.S.C. § 45(a)(1)(2012).

70. Paul M Schwartz & Karl-Nikolaus Peifer, *Transatlantic Data Privacy Law*, 106 Geo. L.J. 115, 119(2017).

71. Constance Chevallier-Govers, *Personal Data Protection: Confrontation Between the European Union and the United States*, *in* The European Union and the United States: Processes, Policies, and Projects 150(Yann Echinard et al. eds., 2013)(quoting Alex Turk).

72. Jack Goldsmith, Emerging Threats, The Failure of Internet Freedom, Knight First Amendment Instituteat Columbia (2018), https://knightcolumbia. org/sites/

default/files/content/Emerging _ Threats _ Goldsmith. pdf［https：//perma. cc/B6W4-JX3U］.

73. *Id*.

74. Franz-Stefan Gady，*EU/U.S. Approaches to Data Privacy and the "Brussels Effect"：A Comparative Analysis*，4 Geo. J. Int'l Aff. 12—23(2014).

75. Duncan Robinson，*EU Removes Carrot but Keeps Stick in Data Laws*，Fin. Times(Jan.20，2016)，https：//www.ft.com/content/9d774734-a4b1-11e5-a91e-162b867 90c58(on file with author).

76. There was a total of 252,070,00 users in the EU28 as of June 30，2017；参见 Internet World Stats，http：//www. internetworldstats. com/stats4. htm［https：//perma. cc/H8SU-ZYXM］。

77. Shona Ghosh，*Facebook in Europe is About to Get Massively Disrupted by New Laws Meant to Bring it to Heel*，Business Insider（Apr. 10，2018），http：//www. businessinsider. com/gdpr-privacy-law-eu-massive-timely-facebook-2018-4?utm_content= buffere825a&_utm_ medium = social&_utm _ source = facebook. com&_utm _ campaign = buffer-biuk［https：//perma.cc/2GLA-TDUY.］

78. Robinson Meyer，*Europeans Use Google Way*，*Way More Than Americans Do*，Atlantic(Apr. 15，2015)，https：//www. theatlantic. com/technology/archive/2015/04/europeans-use-google-way-way-more-than-americans-do/390612/［https：//perma. cc/9RV 6-PUWJ］.

79. Adam Satariano，*New Privacy rules could make this woman one of the tech's most important regulators*，N.Y. Times(May 16，2018)，https：//www. nytimes. com/2018/05/16/technology/gdpr-helen-dixon.html(on file with author).

80. *Id*.

81. 参见 discussion *supra* page 36。

82. *Legal Confusion on Internet Privacy：The Clash of Data Civilizations*，Economist，June 19，2010，at 63.

83. 参见 Bach & Newman，*supra* note 66，at 29；另见 Dorothee Heisenberg，Negotiating Privacy：The European Union，the United States，and Personal Data Protection 119(2005)。

84. Daskal，*supra* note 29，at 23—34；Heisenberg，*Id*. at 119.

85. 参见 Ryan Singel，*EU Tells Search Engines to Stop Creating Tracking Databases*，Wired(Apr.8，2008)，http：//www. wired. com/threatlevel/2008/04/eu-tells-search/［https：//perma.cc/5N5G-228K］。

86. 参见 Brandon Mitchener，*Standard Bearers：Increasingly，Rules of Global Economy are Set in Brussels*，Wall St. J.，Apr.23，2002，at A1；Editorial，*Regulatory Imperialism*，Wall St. J.（Oct.26，2007），https：//www. wsj. com/articles/SB11933472 0539572002(on file with author)。

87. 例如，参见 *Legal Confusion on Internet Privacy*，*supra* note 82；Kevin J. O'Brien，*Anger in Europe over Google and Privacy*，N. Y. Times，May 17，2010，at B5；David Scheer，*For Your Eyes Only—Europe's New High-Tech Role：Playing Privacy Cop to the World*，Wall St. J.，Oct.10，2003，at A1；另见 Mark Berniker，*EU：Microsoft Agrees to. NET Passport Changes*，Datamation（Jan.30，2003），https：//

www.datamation.com/entdev/article.php/1576901/EU-Microsoft-Agrees-to-NET-Passport-Changes.htm［https：//perma.cc/Z79U-3GZ2］。

88. Daskal，*supra* note 29，at 232—234.

89. 例如，参见 *Privacy Policy & Terms*，Google(Jan.22，2019)，https：//policies. google.com/privacy?hl＝en&gl＝ZZ［https：//perma.cc/PHQ9-RBDJ］；*Privacy Statement*，Netflix(Apr. 24，2019)，https：//help. netflix. com/legal/privacy［https：//perma. cc/TF7G-H774］；Mitchener，*supra* note 86。

90. 参见 *Apple Customer Privacy Policy*，Apple，https：//www. apple. com/legal/privacy/［https：//perma.cc/TG8J-YD7N］。

91. *Privacy Policy*，Apple，https：//www. apple. com/legal/privacy/en-ww/governance/［https：//perma.cc/42BC-X6MJ］.

92. Alex Hern，*Apple Launches iOS 11.3 with Raft of Privacy Features*，Guardian (Mar.29，2018)，https：//www. theguardian. com/technology/2018/mar/29/apple-launches-ios-113-privacy-features-gdpr-data-protection［https：//perma.cc/5G9X-D9KX］.

93. Natasha Lomas，*Facebook to Roll Out Global Privacy Settings Hub—Thanks to GDPR*，TechCrunch (Jan. 24，2018)，http：//social. techcrunch. com/2018/01/24/facebook-to-roll-out-global-privacy-settings-hub-thanks-to-gdpr/［https：//perma. cc/BK5K-A8AD］；Jim Brunsden，Tim Bradshaw & Hannah Kuchler，*Facebook's Sheryl Sandberg to Hold Talks with Top EU Data Official*，Fin. Times(Apr.6，2018)，https：//www.ft. com/content/88a8682a-3996-11e8-8b98-2f31af407cc8(on file with author).

94. Hard Questions Q & A with Mark Zuckerberg，Facebook Newsroom(Apr.4，2018)，https：//newsroom. fb. com/news/2018/04/hard-questions-protecting-peoples-information/［https：//perma.cc/NEP5-9748］.

95. *Updates to Terms*，Airbnb，https：//www. airbnb. com/home/terms-of-service-event?euid＝76ed6f04-5530-5d81-7aaa-ce7e07e16be9［https：//perma.cc/X9BJ-WRYN］.

96. *Privacy Policy*，Uber (May 25，2018)，https：//privacy. uber. com/policy［https：//perma.cc/43JZ-MP4N］.

97. Price water house Coopers，GDPR Preparedness Pulse Survey(2016)，https：//www. pwc. com/us/en/increasing-it-effectiveness/publications/assets/pwc-gdpr-series-pulse-survey.pdf［https：//perma.cc/2BZB-FGWK］.

98. 参见 Preparing for a New Era in Privacy Regulation，Microsoft(Apr.16，2018)，https：//www. microsoft. com/en-us/microsoft-365/blog/2018/04/16/preparing-for-a-new-era-in-privacy-regulation-with-the-microsoft-cloud/［https：//perma. cc/7XMV-G3U6］；Brendon Lynch，*Get GDPR Compliant with the Microsoft Cloud*，Microsoft on the Issues(2017)，https：//blogs.microsoft. com/on-the-issues/2017/02/15/get-gdpr-compliant-with-the-microsoft-cloud/［https：//perma. cc/Y2Z5-F6WS］；Rich Sauer，*Earning Your Trustwith Contractual Commitmentstothe General Data Protection Regulation*，Microsoft on the Issues(2017)，https：//blogs.microsoft.com/on-the-issues/2017/04/17/earning-trust-contractual-commitments-general-data-protection-regulation/［https：//perma. cc/UEQ8-SBCS］。

99. Ugo Pagallo，*The Impact of Domestic Robots on Privacy and Data Protection，and the Troubles with Legal Regulation by Design*，Data Protection on the Move 403 (2016).

100. Opinion 2/2017 on Data Processing at Work WP 249，Article 29 Working Party (June 8，2017)，https：//iapp.org/resources/article/wp29-opinion-on-data-processing-at-work/［https：//perma.cc/A5CT-MQ9X］.

101. *Number of Employers Using Social Media to Screen Candidates at All-Time High*，*Finds Latest Career Builder Study*，CareerBuilder（June 15，2017），http：//press.careerbuilder.com/2017-06-15-Number-of-Employers-Using-Social-Media-to-Screen-Candidates-at-All-Time-High-Finds-Latest-CareerBuilder-Study［https：//perma.cc/7BRH-R4DB］.

102. Daniel Michaels，*Hot U.S. Import：European Regulations*，Wall St. J.（May 7，2018），https：//www.wsj.com/articles/techs-pickup-of-new-data-privacy-rules-reflects-eus-growing-influence-1525685400（on file with author）.

103. *The Internet：Vive La Liberté！*，Economist，Nov.25，2000，at 75.

104. Daskal，*supra* note 29，at 216.

105. Jeff Pelline，*Yahoo to Charge Auction Fees*，*Ban Hate Materials*，CNET（Mar. 29 2002），https：//www.cnet.com/news/yahoo-to-charge-auction-fees-ban-hate-materials/（on file with author）.

106. Mark Scott，*E.U. Fines Facebook ＄122 Million Over Disclosures in Whats App Deal*，N. Y. Times（Jan.20，2018），https：//www.nytimes.com/2017/05/18/technology/facebook-european-union-fine-whatsapp.html（on file with author）.

107. Alex Hern & Martin Belam，*LA Times Among US-based News Sites Blocking EU Users due to GDPR*，Guardian（May 25，2018），https：//www.theguardian.com/technol-ogy/2018/may/25/gdpr-us-based-news-websites-eu-internet-users-la-times［https：//perma.cc/3WNB-53RS］.

108. David Ingram，*Exclusive：Facebook to Put 1.5 Billion Users Out of Reach of New EU Privacy Law*，Reuters（Apr.18，2018），https：//www.reuters.com/article/us-facebook-privacy-eu-exclusive/exclusive-facebook-to-change-user-terms-limiting-effect-of-eu-privacy-law-idUSKBN1HQ00P［https：//perma.cc/U6M8-7BVB］.

109. *Are we Looking at the New Global Standard for Data Privacy?*，Reuters（May 7，2018），https：//blogs.thomsonreuters.com/answerson/new-global-standard-for-data-privacy/［https：//perma.cc/Q9D3-B7FV］.

110. Matthew Newton & Julia Summers，*Russian Data Localization Laws：Enriching "Security" & the Economy*，Henry M. Jackson School of International Studies（2018），https：//jsis.washington.edu/news/russian-data-localization-enrich-ing-security-economy/［https：//perma.cc/82BY-5RAC］；Yuxi Wei，*Chinese Data Localization Law：Comprehensive but Ambiguous*，Henry M. Jackson School of International Studies （2018），https：//jsis.washington.edu/news/chinese-data-localization-law-comprehensive-ambiguous/［https：//perma.cc/FWC9-MR7G］.

111. *India's Misguided move Towards Data Localisation*，Fin. Times（Sept. 29 2018），https：//www.ft.com/content/92bb34a8-b4e5-11e8-bbc3-ccd7de085ffe（on file with author）.

112. Olga Razumovskaya & Laura Mills，*Russia to Block LinkedIn Over Data-Privacy Dispute*，Wall St. J.（Nov.11，2016），https：//www.wsj.com/articles/russia-may-block-linkedin-if-company-loses-court-case-on-personal-data-law-1478775414（on file

with author).

113. Paul Mozur &. Vindu Goel, *To Reach China*, *LinkedIn Plays by Local Rules*, N. Y. Times (Oct. 5, 2014), https://www. nytimes. com/2014/10/06/technology/to-reach-china-linkedin-plays-by-local-rules.html(on file with author).

114. Cal. Civ. Code § 1798. 120(a)(West).

115. Cal. Civ. Code § 1798. 135(a)(1)(West).

116. Cal. Civ. Code § 1798. 135(b)(West).

117. Scott, *supra* note 30.

118. *Id*.

119. Court of Justice of the European Union, Advocate General's Opinion in Case C-507/17 Google v. CNIL (Jan. 10, 2019), http://curia. europa. eu/juris/document/document_ print. jsf? docid = 209688&.text = &.dir = &.doclang = FR&.part = 1&.occ = first&.mode=req&.pageIndex=0&.cid=7572825[https://perma.cc/RV9J-97TF].

120. *Id*., at 46.

121. *Id*., at 53.

122. *Id*., at 59.

123. *Id*., at 61.

124. Alphabet Inc., Annual Report(Form 10-K)(Feb.5, 2018).

125. Alex Hern, *ECJ to Rule on Whether "Right to Be Forgotten" Can Stretch Beyond EU*, Guardian (July 20, 2017), https://www. theguardian. com/technology/2017/jul/20/ecj-ruling-google-right-to-be-forgotten-beyond-eu-france-data-removed [https://perma.cc/5JNZ-W6DP].

126. *Id*.

127. Schwartz &. Peifer, *supra* note 70, at 122.

128. Graham Greenleaf, Asian Data Privacy Laws: Trade &. Human Rights Perspectives 57(2014).

129. Daniel Michaels, *Hot U.S. Import: European Regulations*, Wall St. J. (May 7, 2018), https://www. wsj. com/articles/techs-pickup-of-new-data-privacy-rules-reflects-eus-growing-influence-1525685400(on file with author).

130. Mark Scott &. Laurens Cerulus, *Europe's New Data Protection rules Export Privacy Standards Worldwide*, Politico (Jan.31, 2018), https://www. politico. eu/article/europe-data-protection-privacy-standards-gdpr-general-protection-data-regulation/ [https://perma.cc/WRW7-G6LN];参见 *also* Angelica Mari, *Brazilian President Signs Data Protection Bill*, ZDNet (Aug.16, 2018), https://www. zdnet. com/article/brazilian-president-signs-data-protection-bill/[https://perma. cc/BB2D-JREC]; Asina Pornwasin, *Thai Data Protection Laws Must Quickly be Updated to EU Standards: Experts*, The Nation(May 25, 2018), http://www.nationmultimedia.com/detail/national/30346209[https://perma.cc/T729-LKBV]。

131. Graham Greenleaf, *The Influence of European Data Privacy Standards Outside Europe: Implications for Globalizationof Convention 108*, 2 Int'l Data Privacy L. 68, 75(2012);例如,参见 María Paz Canales, *Protección de datos en América Latina, urgente y nece-saria [Data Protection in Latin America, Urgent and Necessary]*, Derechodigitales(July 7, 2017), https://www. derechosdigitales. org/11282/proteccion-

de-datos-en-amer-ica-latina-urgente-y-necesaria/［https：//perma. cc/5EBL-L7B4］（translation supplied）。

132. Tim Cook Calls for US Federal Privacy Law to Tackle "Weaponized" Personal Data，Guardian（Oct. 24，2018），https：//www. theguardian. com/technology/2018/oct/24/tim-cook-us-federal-privacy-law-weaponized-personal-data ［https：//perma. cc/TG55-FTMB].

133. Mehreen Khan & Tim Bradshaw，*Apple and Facebook Call for EU-style Privacy Laws in US*，Fin. Times（Oct. 24，2018），https：//www. ft. com/content/0ca8466c-d768-11e8-ab8e-6be0dcf18713（on file with author）.

134. Mark Zuckerberg，*The Internetneeds new rules. Let's start in these four areas*，Wash. Post（Mar. 30，2019），https：//www. washingtonpost. com/opinions/mark-zuckerberg-the-internet-needs-new-rules-lets-start-in-these-four-areas/2019/03/29/9e6f0504-521a-11e9-a3f7-78b7525a8d5f_story. html? fbclid＝IwAR2dyE8yvRAI2SIUUsAJEj6nwcZatkpOWaS0k_cxHWsRkrpJI_qUZDpiDLw&utm_term＝. bdb2c94b7c87（on file with author）.

135. Meghashyam Mali，*Tech Mobilizes Against California Privacy Law*，TheHill（July 1，2018），https：//thehill. com/policy/technology/394928-tech-mobilizes-against-califor-nia-privacy-law［https：//perma. cc/GWU6-ZGQB］；另见 Daisuke Wakabayashi，*Silicon Valley Faces Regulatory Fight on Its Home Turf*，N.Y. Times（July 30，2018），https：//www.nytimes. com/2018/05/13/business/california-data-privacy-ballot-measure. html（on file with author）。

136. 参见 GDPR，*supra* note 1，at art. 45；另见 *Communication from the Commission to the European Parliament and the Council Exchanging and Protecting Personal Data in a Globalised World*（COM）（2017）7 final（Jan. 10，2017）。

137. Manuel Martínez-Herrera，*From Habeas Data Action to Omnibus Data Protection：The Latin American Privacy（R）Evolution*，White & Case LLP（Sept.30，2011），https：//www. whitecase. com/publications/article/habeas-data-action-omnibus-data-protection-latin-american-privacy-revolution［https：//perma.cc/N9J8-4PZQ］.

138. European Commission，Adequacy of the Protection of Personal Data in non-EU Countries（last visited May 19，2019），https：//ec. europa. eu/info/law/law-topic/data-protection/data-transfers-outside-eu/adequacy-protection-personal-data-non-eu-countries_en［https：//perma.cc/BLS2-DVTK］.

139. Schrems I，*supra* note 60.

140. Christina Lam，*Unsafe Harbor：The European Union's Demand for Heightened Data Privacy Standards in Schrems v. Irish Data Protection Commissioner*，40 Bos. Col. Int'l Comp. L. R. 1，8(2017).

141. *Id.*

142. 参见 GDPR，*supra* note 1，at art. 47。

143. 例如,参见 *IBM Controller Binding Corporate Rules*，IBM（2018），https：//www. ibm. com/privacy/details/us/en/bcr. html［https：//perma. cc/8SMW-3KGF］；*Twilio Receives Approval for Binding Corporate Rules*，*Commits to Highest Standard of Data Protection*，Twilio（June 8，2018），https：//investors. twilio. com/all-news/press-release-details/2018/Twilio-Receives-Approval-for-Binding-Corporate-Rules-

Commits-to-Highest-Standard-of-Data-Protection/default. aspx〔https://perma. cc/4T84-684X〕。

144. Stephen Gardner, *EU, South Korea Look to Data Transfer Privacy Deal in 2018*, Bloomberg (Nov. 20, 2017), https://www. bna. com/eu-south-korea-n7301447 2278/〔https://perma.cc/5SAW-659A〕.

145. Data Protection Commissioner v. Facebook Ireland Limited & anor〔2017〕IEHC 545(H. Ct.)(Ir.)

146. Case C-311/18: Reference for a Preliminary Ruling from the High Court (Ireland) made on 9 May 2018—Data Protection Commissioner v. Facebook Ireland Limited, Maximillian Schrems, 2018 O.J. (C 249)15〔hereinafter Schrems II〕.

147. Protección de los atos Personales〔Personal Data Protection Act〕, Ley 25. 326, Nov.2, 2000, Boletín Oficial〔B. O.〕1(Arg.), http://www. uba. ar/archivos_secyt/image/Ley%2025326.pdf〔https://perma.cc/L5A4-EMCS〕.

148. Civil Rights Association, *The Future of Personal Data Protection in Argentina : Reflections of a Working Group* at 3, 6—8(June 2016), https://adcdigital. org. ar/wp-content/uploads/2016/07/Reflexiones-futuro-datos-personales-ADC. pdf〔https://perma.cc/SAW3-UQWZ〕(translation supplied).

149. 参见 Ley No.18. 331, Aug.11, 2008;另见 Regulation No.414/009, Aug.31, 2009(the accompanying regulations to the actual data protection law)。

150. Commission Implementing Decision of 21 August 2012 Pursuant to Directive 95/46/EC of the European Parliament and of the Council on the Adequate Protection of Personal data by the Eastern Republic of Uruguay with Regard to Automated Processing of Personal Data, 2012 O.J. (L 227) 11.

151. Julio César Fernández, *Ley de Protección de Datos Personales* ("Law for Personal Data Protection") 7(2009), https://www.ort. edu.uy/fi/pdf/florenciasarasolalicsistemasort. pdf〔https://perma. cc/GP5X-RX4W〕(translation supplied);另见 Martínez-Herrera, *supra* note 137。

152. Martínez-Herrera, *supra* note 137.

153. European Commission Press Release IP/18/4501, The European Union and Japan agreed to create the world's largest area of safe data flows(July 17, 2018);另见 Gardner, *supra* note 144。

154. Brian Yap, *Multinationals Struggle to Adapt to Japan's New Privacy Law*, Bloomberg BNA(Aug.31, 2017), https://www.bna. com/multinationals-struggle-adapt-n73014464003/〔https://perma.cc/MGP5-2YUL〕.

155. Andrew A. Adams, Kiyoshi Murata & Yohko Orito, *The Japanese Sense of Information Privacy*, 24 AI & Soc. 327(2009).

156. 参见 Gardner, *supra* note 144。

157. European Commission Press Release IP/17/4739, Press Statement by Commissioner Věra Jourová, Mr. Lee Hyo-seong, Chairman of the Korea Communications Commission and Mr. Jeong Hyun-cheol, Vice President of the Korea Internet & Security Agency(Nov. 20, 2017); Alexandros Koronakis, *Europe's Privacy Culture*, New Europe(Apr. 16, 2018), https://www. neweurope. eu/article/europes-privacy-culture/〔https://perma.cc/7XDJ-UPAP〕.

158. Personal Information Protection Act，Act No.11990，Sept.30 2011，(S. Kor.)，translated by Korean Legal Information Institute，http://www.law.go.kr/lsInfoP.do?lsiSeq = 142563&chrClsCd = 010203&urlMode = engLsInfoR&viewCls = engLsInfoR〔https://perma.cc/R3V4-2BQN〕.

159. Scott Warren，*Security and Privacy*：*A View from Asia and the Middle East*，Squire Patton Boggs(Jan.24，2018)，https://www.securityprivacybytes.com/2018/01/secu-rity-and-privacy-a-view-from-asia-and-the-middle-east/〔https://perma.cc/FV2J-KJ2H〕.

160. 参见 Gardner，*supra* note 144。

161. *Id*.

162. Penny Pritzker & Andrus Ansip，*Making a Difference to the World's Digital Economy*，U.S. Dep't of Com. (Mar.11，2016)，https://www.commerce.gov/news/blog/2016/03/making-difference-worlds-%20digital-economy-transatlantic-partnership〔https://perma.cc/QS9J-M3P3〕.

163. Duncan Robinson，*EU and US Reach Deal on Data Sharing*，Fin. Times(Feb.2，2016)，https://www.ft.com/content/7a9954d2-c9c8-11e5-be0b-b7ece4e953a0(on file with author).

164. Commission Decision 2000/520/EC of 26 July 2000 Pursuant to Directive 95/46/EC of the European Parliament and of the Council on the Adequacy of the Protection Provided by the Safe Harbour Privacy Principles and Related Frequently Asked Questions Issued by the U.S. Department of Commerce，2000 O.J. (L 215) 7〔hereinafter Safe Harbor Decision〕.

165. *U.S. -EU Safe Harbor List*，U.S. Dep't. of Com.，https://www.export.gov/safeharbor_eu〔https://perma.cc/2RR3-SZ9U〕.

166. Martin A. Weiss & Kristin Archick，U.S. -EU Data Privacy：From Safe Harbor to Privacy Shield，Congressional Research Services(2016)，https://fas.org/sgp/crs/misc/R44257.pdf〔https://perma.cc/A4UJ-VG22〕.

167. 参见 Schrems I，*supra* note 60。

168. Schwartz & Peifer，*supra* note 70，at 160(citing Schrems I，*supra* note 60，at ¶73).

169. Natasha Lomas，*Europe's Top Court Strikes Down "Safe Harbor" Data Transfer Agreement with U.S.*，Techcrunch(Oct.6，2015)，https://techcrunch.com/2015/10/06/europes-top-court-strikes-down-safe-harbor-data-transfer-agreement-with-u-s/〔https://perma.cc/KH2D-HM5Z〕.

170. Commission Implementing Decision(EU) 2016/1250 of 12 July 2016 Pursuant to Directive 95/46/EC of the European Parliament and of the Council on the Adequacy of the Protection Provided by the EU-U.S. Privacy Shield(notified under document C(2016) 4176)，2016 O.J. (L 207) 1.

171. 参见 *Privacy Shield Framework List of Companies*，U.S. Dept. of Com. (last visited May 19，2019)，https://www.privacyshield.gov/list〔https://perma.cc/4SAP-2Z3A〕。

172. 参见 European Commission Press Release IP/16/2461，European Commission Launches EU-U.S. Privacy Shield：Stronger Protection for Transatlantic Data Flows(July 12，2016)。

173. Judicial Redress Act of 2015 § 2, PL 114—126, 130 Stat 282(2016).

174. Mark Scott, *Europe's Privacy Watchdogs Call for Changes to U.S. Data-Transfer Deal*, N.Y. Times(Dec.21, 2017), https://www.nytimes.com/2016/04/14/technology/europe-us-data-privacy.html(on file with author).

175. Case T-670/16, Digital Rights Ireland Ltd. v. Commission, ECLI: EU: T: 2017: 838.

176. Case T-738/16, La Quadrature du Net and Others v. Commission, ECLI: EU: T: 2018: 520.

177. European Data Protection Board, EU—U.S. Privacy Shield—Second Annual Joint Review (Jan. 22, 2019), https://edpb.europa.eu/sites/edpb/files/files/file1/20190122edpb_2ndprivacyshieldreviewreport_final_en.pdf? [https://perma.cc/7NJX-Z7AA]; Barney Thompson & Mehreen Khan, *Brussels Losing Patience with US Over Data-Sharing Agreement*, Fin. Times, Sept.18, 2017, https://www.ft.com/content/ed13ad0a-9bb8-11e7-8cd4-932067fbf946(last visited Oct.29, 2018)(on file with author).

178. Natasha Lomas, *Pressure Mounts on EU-US Privacy Shield After Facebook-Cambridge Analytica Data Scandal*, TechCrunch (June 12, 2018), http://social.techcrunch.com/2018/06/12/pressure-mounts-on-eu-us-privacy-shield-after-facebook-cambridge-analytica-data-scandal/[https://perma.cc/3MQ9-L3S8].

179. Natasha Lomas, *EU Parliament Calls for Privacy Shield to be Pulled until US Complies*, TechCrunch (July 5 2018), http://social.techcrunch.com/2018/07/05/eu-par-liament-calls-for-privacy-shield-to-be-pulled-until-us-complies/[https://perma.cc/C5D8-2Y7S]；另见 European Parliament Resolutiononthe Adequacyofthe Protection Afforded by the EU-US Privacy Shield, Eur. Parl. Doc. B8-0305 2645(RSP)(2018), http://www.europarl.europa.eu/sides/getDoc.do? type = MOTION&reference = B8-2018-0305&language=EN[https://perma.cc/RKR9-V6FB]。

180. European Data Protection Board, *supra* note 177; Amanda Lee, US to Appoint Permanent Privacy Shield Ombudsmen, as EU Pressure Tells, Euractiv.com(Jan.23, 2019), https://www.euractiv.com/section/data-protection/news/us-to-appoint-permanent-privacy-shield-ombudsperson-following-eu-pressure/[https://perma.cc/4UF8-UBVN].

181. European Data Protection Board, *supra* note 177, at 6.

182. Era Gunning & Ridwaan Boda, *"Is Your Organisation Ready for POPI and the GDPR?"* ENSAFRICA, Mondaq (Feb. 6, 2018), http://www.mondaq.com/southafrica/x/670728/Data+Protection+Privacy/Is+Your+Organisation+Ready+For+POPI+And+The+GDPR[https://perma.cc/265L-4SZU].

183. *Id.* at 29;另见 Adrian Naude, Data Protection in South Africa: The Impact of the Protection of Personal Information Act and Recent International Developments(Dec. 2014)(unpublished LL.M thesis, University of Pretoria), https://repository.up.ac.za/handle/2263/46094[https://perma.cc/4WHE-V55M]。

184. Loi n°2008-12 sur la Protection des donnéesàcaractère personnel[Law No.2008-12 on the Protection of Personal Data](Sen.).

185. Ann Brian Nougréres, *Data Protection and Enforcement in Latin America and in Uruguay*, in David Wright & Paul De Hert, Enforcing Privacy: Regulatory, Legal and Technological Approaches, 145—180, 176(2016), at 153; Maria de Lourdes Zamudio

233

Salinas，*El marco normative latinoamericano y la ley de protección de datos personales del Perú*［The Latin American Regulatory Framework and the Personal Data Protection Law of Peru］9，Revista Internacional de Protección de Datos Personales(2010)，at 10.

186. Zamudio Salinas，*supra* note 185.

187. Lei No.13. 709，de 14 de Agosto de 2018，Diário Oficial da União［D.O.U.］de 15. 8. 2018(Braz.)；另见 Paul M. Schwartz，*Global data privacy：The EU Way*，94 N. Y.U.L. Rev. 1，29(2019)。

188. 例如,参见 Nougréres，*supra* note 185，at 145；Greenleaf，*supra* note 128，at 75；Zamudio Salinas，*supra* note 185，at 10。

189. 参见 Red Iberoamericana de proteccion de datos［Ibero-American Data Protection Network］，Miembros［Members］，http：//www. redipd. es/la_red/Miembros/index-ides-idphp. php［https：//perma.cc/F86L-LLMQ］。

190. *Id.*

191. Red Iberoamericana de proteccion de datos［Ibero-American Data Protection Network］，*Standards for Personal Data Protection for the Ibero-American States*(June 20，2017)，http：//www. redipd. es/documentacion/common/Estandares_eng_Con_logo_RIPD. pdf［https：//perma. cc/8HBH-5N6J］；另见 *New Ibero-American Standards to Provide Consistency in the Protection of Personal Data*，Jones Day(Oct.2017)，http：//www. jonesday. com/new-ibero-american-standards-to-provide-consistency-in-the-protection-of-personal-data-10-03-2017(on file with author)；另见，Nougréres，*supra* note 185，at 145。

192. Magnus Franklin，*Latin American Endorsement of EU Privacy Model Bolsters Brussels' Leadership Claim*，MLex Market Insight(Aug.14，2017)，https：//mlexmarketinsight. com/insights-center/editors-picks/Data-Protection-Privacy-and-Security/cross-jurisdiction/latin-american-endorsement-of-eu-privacy-model-bolsters-brussels-leadership-claim［https：//perma.cc/SX2G-UFYR］。

193. Programa de Acción de la Red Iberoamericana de Protectón de Datos Periodo 2015—2017［*2015—2017 Action Program of the Iberoamerican Network for Data Protection*］2(2015)，http：//www. redipd. es/documentacion/common/PROGRAMA_DE_ACCION_DE_LA_RIPD_2015-17.pdf♯aqui［https：//perma.cc/7QA8-HQDB］。

194. 《中华人民共和国网络安全法》［Cyber Security Law］(promulgated by the Standing Comm. Nat'l People's Cong.，Nov.7，2016，effective June 1，2017)；2016 Standing Comm. Nat'l People's Cong. Gaz. (China). For a US translation,参见 Creemers et al.，*Translation：Cybersecurity Law of the People's Republic of China* (*Effective June 1，2017*)，New America (June 29，2018)，https：//www. newamerica. org/cybersecurity-initiative/digichina/blog/translation-cybersecurity-law-peoples-republic-china/［https：//perma.cc/L38D-2TKN］；另见 Jack Wagner，*China's Cybersecurity Law：What You Need to Know*，The Diplomat(June 1，2017)，https：//thediplomat.com/2017/06/chinas-cybersecurity-law-what-you-need-to-know/［https：//perma.cc/6SSN-SMX7］。

195. 参见 Scott Thiel & Arthur Cheuk，*China's Evolving Personal Data Privacy Landscape*，DLA Piper (Feb. 8，2013)，https：//www. dlapiper. com/en/us/insights/publications/2013/02/chinas-evolving-personal-data-privacy-landscape/［https：//perma. cc/TN2L-DXMX］. The Reference List on p. 5 expressly sets out the EU Privacy and

Electronic Communications Directive(2002/58/EC)。

196. *Compare Data Protection Laws of the World—China*, DLA Piper, https://www. dlapiperdataprotection. com/system/modules/za. co. heliosdesign. dla. lotw. data _ protection/functions/handbook. pdf?country-1＝CN[https://perma.cc/65KC-7525] *with* GDPR, *supra* note 1, at art. 5(1)(b), 6(1)(b).

197. 张新宝[Zhang Xinbao],《中国个人数据保护立法的现状与展》[The Status Quo and Prospect of China's Personal Data Protection Legislation],香港中英文版《中国法律》杂志 2007 年第 3 期[3 China Law(2007)], http://article. chinalawinfo. com:81/article_ print.asp?articleid＝37590(on file with author)(translation supplied)。

198. *Id.*

199. 参见张新宝[Zhang Xinbao],《采取国家立法主导模式保护网络个人资料》[*Adopting Nation Legislation Oriented Model for Internet Individual Data Protection*],《检察日报》[People's Procuratorial Daily](Oct.27, 2003), http://www. china. com. cn/chinese/OP-c/429899. htm[https://perma.cc/NM7Y-PE37]。

200. Policy in Action through the Information Security Management System, Wipro Sustainability Report 2016—17 (2017), http://wiprosustainabili-tyreport. com/16-17/policy_in_ action _ through _ the _ information _ security _ manage-ment _ system [https://perma.cc/CNA3-ENFD].

201. Annual Report for 2015—16, Infosys (2016), https://www. infosys. com/investors/reports-filings/annual-report/annual/Documents/infosys-AR-16. pdf [https://perma.cc/XYQ8-WTDY].

202. Christopher Nilesh, *The India draft bill on data protection draws inspiration from GDPR, but has its limits*, Economic Times(July 28, 2018), https://economictimes. indiatimes. com/tech/internet/the-india-draft-bill-on-data-protection-draws-inspiration-from-gdpr-but-has-its-limits/articleshow/65173684.cms[https://perma.cc/M88H-NFJJ](India).

203. Mozilla Foundation, Mozilla's Comments on the White Paper of the Committee of Experts on Data Protection Framework for India 13 (Jan. 31, 2018), https://blog. mozilla.org/netpolicy/files/2018/02/Mozilla-submission-to-Srikrishna-Committee.pdf[https://perma.cc/J2LN-ZVB3].

204. Daskal, *supra* note 29, at 233.

205. 参见 White House, Consumer Data Privacy in a Networked World: A Framework for Protecting Privacy and Promoting Innovation in the Global Digital Economy 1—26 (2012), https://obamawhitehouse. archives. gov/sites/default/files/privacy-final.pdf[https://perma.cc/R47Z-LDMX]。

206. 例如,参见 Daisuke Wakabayashi, *California Passes Sweeping Law to Protect Online Privacy*, N.Y. Times(July 30, 2018), https://www.nytimes.com/2018/06/28/technology/cali-fornia-online-privacy-law.html(on file with author)。

207. Issie Lapowsky, *California Unanimously Passes Historic Privacy Bill*, Wired (June 28, 2018), https://www.wired.com/story/california-unanimously-passes-historic-privacy-bill/[https://perma.cc/AW6H-VWTW].

208. *Compare* Cal. Civ. Code § 1798. 110(a)(West) *with* GDPR, *supra* note 1, at art. 5(1)(b), 12.

209. *Compare* Cal. Civ. Code § 1798. 100(a)(West) *with* GDPR, *supra* note 1, at

art. 15.

210. *Compare* Cal. Civ. Code § 1798. 105(a)(West) *with* GDPR, *supra* note 1, at art. 17.

211. Cecilia Kang, *F.T. C Approves Facebook Fine of About $5 Billion*, N.Y. Times(July 12, 2019), https://www. nytimes. com/2019/07/12/technology/facebook-ftc-fine.html(on file with author).

212. Conor Dougherty, *Push for Internet Privacy Rules Moves to Statehouses*, N.Y. Times(Dec. 22, 2017), https://www. nytimes. com/2017/03/26/technology/internet-privacy-state-legislation-illinois.html(on file with author).

213. Council Framework Decision 2008/913/JHA, *Combating Certain Formsand Expressions of Racism and Xenophobia by Means of Criminal Law*, art. 1 2008 O.J. (L 328) 55, 56[hereinafter Council Framework Decision].

214. *Brandenburg v. Ohio*, 395 U.S. 444, 447(1969);另见 *Chaplinsky v. New Hampshire*, 315 U.S. 568, 572(1942)。

215. Eugene Volokh, *No, There's No "Hate Speech" Exception to the First Amendment*, Washington Post(May 7, 2015), https://www. washingtonpost. com/news/volokh-conspiracy/wp/2015/05/07/no-theres-no-hate-speech-exception-to-the-first-amendment/?utm_term=.e96978325c4d(on file with author).

216. *Id.*

217. 例如,参见 Snyder v. Phelps, 562 U.S. 443, 458(2011)。

218. Ira Steven Nathenson, *Super-Intermediaries, Code, Human Rights*, St. Thomas University School of Law Legal Studies Research Paper No.2014-09, 96—97; Senate Comm. on Foreign Relations, Report on the International Covenant on Civil and Political Rights, S. Exec. Rep. No.23, 4—7(102d Cong., 2d Sess. 1992), reprinted in 31 I. L.M. 645(1992).

219. Case C-247/99, P Bernard Connolly v. Comm'n, 2001 E.C.R. I-1611.

220. Case C-54/07, Centrum voor gelijkheid van kansen en voor racismebestrijding v. Firma Feryn NV, 2008 E.C.R.I-05187.

221. TFEU, *supra* note 5.

222. Advocate General's Opinion in Case Case C-54/07, Centrum voor Gelijkheid van Kansen en voor Racismebestrijding v. Firma Feryn NV(Mar. 12, 2018), http://curia. europa. eu/juris/document/document. jsf? text = &docid = 70156&pageIndex = 0&doclang=EN&mode=lst&dir=&occ=first&part=1&cid=96546[https://perma. cc/DVQ7-UPPV];另见 Uladzislau Belavusau, Fighting Hate Speech through EU Law, 4 Amsterdam L. Forum 20, 30(2012)。

223. *Erbakan v Turkey*, No.59405/00, 56(Eur. Ct. H.R. July 6, 2006).

224. *Id.*

225. European Court of Human Rights, Fact sheet on Hate Speech, 1(Mar.2019), https://www.echr. coe. int/Documents/FS_Hate_speech_ENG. pdf[https://perma. cc/FHY6-HDWV].

226. Council Framework Decision, *supra* note 217.

227. Directive 2010/13/EU of the European Parliament and of the Council of 10 March 2010 on the coordination of certain provisions laid down by law, regulation or

administra-tive action in Member States concerning the provision of audiovisual media services(Audiovisual Media Services Directive), 2010 O.J. (L 95) 1.

228. Art. 137(c) & Art. 137(d), para. 1, Sr. (Neth.).

229. 例如,参见 Sheena McKenzie, *Geert Wilders guilty of "insulting a group" after hate speech trial*, CNN (Dec. 9, 2016), https://www. cnn. com/2016/12/09/europe/geert-wilders-hate-speech-trial-verdict/index.html[https://perma.cc/QXQ3-KUQA]。

230. 例如,参见 European Commission, Code of Conduct on countering illegal hate speech online: First results on implementation (Dec. 2016), https://ec. europa. eu/information_society/newsroom/image/document/2016-50/factsheet-code-conduct-8_40573. pdf[https://perma.cc/CM67-8Z2H]。

231. Jeffrey Eisenach, *Don't Make the Internet a Public Utility*, N.Y. Times(Oct. 28, 2016), https://www. nytimes. com/roomfordebate/2015/02/04/regulate-internet-providers/dont-make-the-internet-a-public-utility(on file with author).

232. The Code, *supra* note 2;另见 *How the Code of Conduct helped countering illegal hate speech online*, European Commission (Feb. 2019), https://ec. europa. eu/info/sites/info/files/hatespeech_infographic3_web.pdf[https://perma.cc/M2AW-CYFL]。

233. European Commission Press Release IP/18/1169, A Europe that protects: Commission reinforces EU response to illegal content online(Mar.1, 2018).

234. European Commission Press Release IP/17/3493, Security Union: Commission steps up efforts to tackle illegal content online(Sept.28, 2017).

235. Daniel Boffey, *EU Threatens to Crack Down on Facebook over Hate Speech*, Guardian(Apr.11, 2018), https://www. theguardian. com/technology/2018/apr/11/eu-heavy-sanctions-online-hate-speech-facebook-scandal[https://perma.cc/K86F-AKRM].

236. Danielle Keats Citron, *Extremist Speech, Compelled Conformity, and Censorship Creep*, 93 Notre Dame L.R. 1035, 1070(2018).

237. *Gesetz zur Verbesserung der Rechtsdurchsetzung in sozialen Netzwerken* [Netzwerkdurchsetzungsgesetz—NetzDG][Network Enforcement Act], Sept.1, 2017, Elektronischer Bundesanzeiger[eBAnz] at 3352ff 2017 I(Ger.);另见 Philip Oltermann, *Tough new German law puts free speech and tech in spotlight*, Guardian(Jan.5, 2018), https://www.theguardian. com/world/2018/jan/05/tough-new-german-law-puts-tech-firms-and-free-speech-in-spotlight[https://perma.cc/47LA-RXC5]。

238. *France to Get Tougher on Social Media Hate Speech—PM*, Reuters(Mar.19, 2018), https://www. reuters. com/article/france-racism-socialmedia/france-to-get-tougher-on-social-media-hate-speech-pm-idUSL8N1R14G0 [https://perma. cc/HKS7-QQ26];另见 Jajer M'tiri, *France Reveals New Plan to Counter Online Hate Speech*, AA(Mar.19, 2018), https://www. aa. com. tr/en/europe/france-reveals-new-plan-to-counter-online-hate-speech/1093371[https://perma.cc/YWV6-3BYV]。

239. Ginger Hervey, *Theresa Mayto Call for increased policing of online hate speech*, Politico(Feb.6, 2018), https://www.politico.eu/article/theresa-may-to-call-for-increased-policing-of-online-hate-speech/[https://perma.cc/LQ7U-QGZN].

240. Noah Feldman, *Free Speech In Europe Isn't What Americans Think*, Bloomberg(Mar. 19, 2017), https://www. bloomberg. com/view/articles/2017-03-19/free-speech-in-europe-isn-t-what-americans-think(on file with author);另见 Jeffrey

Rosen，*The Delete Squad*，*Google*，*Twitter*，*Facebook and the new global battle over the future of free speech*，New Republic（Apr. 29，2013），https://newrepublic. com/article/113045/free-speech-internet-ssilicon-valley-%EF%BF%BCmaking-rules［https://perma.cc/G925-7396］。

241. European Commission against Racism and Intolerance General Policy Recommendation No. 15 on Combating Hate Speech，ECRI（2016），3（Dec. 8，2015），https://rm. coe. int/ecri-general-policy-recommendation-no-15-on-combating-hate-speech/16808b5b01［https://perma.cc/CB9N-ZJMH］。

242. 参见 Ericha Panzen，*Xenophobic and Racist Hate Crimes Surge in European Union*，Human Rights Brief（Feb. 28，2017），http://hrbrief. org/2017/02/xenophobic-racist-hate-crimes-surge-european-union/［https://perma.cc/2CTV-Y387］。

243. *Supra* note 245.

244. Council of Europe，No Hate Speech Youth Campaign（last visited Oct. 17，2018），https://www. coe. int/en/web/no-hate-campaign［https://perma. cc/BN3H-F642］.

245. Melanie Stray，Galop UK Online Hate Crime Report 2017（2017），http://www.galop. org. uk/wp-content/uploads/2017/08/Online-hate-report.pdf［https://perma. cc/BH2E-9G9J］.

246. 参见 European Federation of Journalists，About，Media Against Hate（last visited Oct. 17，2018），http://europeanjournalists. org/mediaagainsthate/about/［https://perma.cc/QF8D-8QUL］。

247. 参 见 European Commission，Media Pluralism and Democracy：Sepcial Eurobarometer 452 Report（Nov. 2016），http://ec. europa. eu/commfrontoffice/publicopinion/index. cfm/ResultDoc/download/DocumentKy/75538［https://perma.cc/RA7E-D8DB］。

248. *Id*. at 45—48.

249. Mark Scott，*What U.S. Tech Giants Face in Europe in 2017*，N.Y. Times（Jan. 1，2017），https://www. nytimes. com/2017/01/01/technology/tech-giants-europe-2017.html［https://perma.cc/7CV7-RDQB］.

250. 截至 2017 年 12 月 31 日，欧盟 28 国共有 25 348 000 用户；参见 Internet World Stats，Internet Usage in the European Union—March 2019（Mar.2019）。

251. Shona Ghosh，*Facebook in Europe is About to get massively disrupted by new laws meant to bringittoheel*，BusinessInsider（Apr. 10，2018），http://www. businessinsider. com/gdpr-privacy-law-eu-massive-timely-facebook-2018-4? utm＿content＝buffere825a&. utm＿medium＝social&utm＿source＝facebook. com&utm＿campaign＝buffer-biuk［https://perma.cc/86GR-QXC2］.

252. Facebook Inc.（FB）Third Quarter 2017 Results Conference Call（Nov. 1，2017），https://s21. q4cdn. com/399680738/files/doc_financials/2017/Q3/Q3-'17-Earnings-call-transcript.pdf［https://perma. cc/9F77-CYQR］（"One of our strongest areas this quarter was SMBs in Europe，with revenue growing more than 60％ year-over-year."）；另见 Press Release，Facebook Inc.（FB）Fourth Quarter and Full Year 2017 Results Conference Call（Jan. 31，2018），https://investor. fb. com/investor-news/press-release-details/2018/facebook-reports-fourth-quarter-and-full-year-2017-results/default. aspx［https://perma.cc/GBX7-Y7TM］。

253. 截至 2016 年 5 月，英国、德国、法国、波兰和西班牙共有 1.412 亿用户；参见 Statista，Countries with the Most YouTube Users as of May 2016(2016)，https：//www. statista. com/statistics/280685/num-ber-of-monthly-unique-youtube-users/[https：//perma. cc/L4QC-Y8BK]. There are approximately 1 billion YouTube users worldwide；参见 Social Bakers，All YouTube Statistics in One Place(last visited May 24，2019)，https：// www. socialbakers.com/statistics/youtube/[https：//perma.cc/B86Y-WKUK]。

254. Robinson Meyer，*Europeans Use Google Way*，*Way More Than Americans Do*，Atlantic(Apr. 15，2015)，https：//www. theatlantic. com/technology/archive/2015/ 04/europeans-use-google-way-way-more-than-americans-do/390612/[https：//perma. cc/ 5J5C-7CVA].

255. Alphabet Q4 2017 Earnings Call(Feb. 1，2018)，https：//abc. xyz/investor/ pdf/2017_Q4_Earnings_Transcript.pdf[https：//perma.cc/T532-EYHE].

256. *Id*.

257. Snap Inc.，Quarterly Report(Form 10-Q，Aug. 11，2017)("We averaged 173 million DAUs across the quarter，as compared to 143 million in the second quarter of 2016，an increase of 21%. The majority of that growth continues to be driven by core markets like North America and Europe.").

258. *The EU code of conduct oncountering illegal hate speech online*，European Commission，Combatting Discrimination(last visited May 19，2019)，https：//ec.europa. eu/info/policies/justice-and-fundamental-rights/combatting-discrimination/racism-and-xenophobia/countering-illegal-hate-speech-online_en♯monitoringrounds[https：//perma. cc/WQ4W-GFLF].

259. *How the Code of Conduct helped countering illegal hate speech online—Factsheet*，European Commisssion (Feb. 2009)，https：//ec. europa. eu/info/sites/info/ files/hatespeech_infographic3_web. pdf[https：//perma. cc/76C7-E7V3]；另见 *Code of Conduct on countering illegal hate speech online*，*Fourth evaluation confirms self-regulation works*，European Commission(Feb. 2009)，https：//ec. europa. eu/info/sites/ info/files/code_of_conduct_factsheet_7_web.pdf[https：//perma.cc/37BV-797D]。

260. 参见 YouTube Help，Hate Speech (last visited May. 19，2019)，https：// support. google.com/youtube/answer/2801939?hl＝en[https：//perma.cc/GX28-ZJA4]。

261. Tumblr Community Guidelines (Dec. 17，2018)，https：//www. tumblr. com/ policy/en/community[https：//perma.cc/8CSP-CZQH].

262. European Commission，Press Release Security Union：Commission steps up efforts to tackle illegal content online(Sept. 28，2017)，http：//europa. eu/rapid/press-release_IP-17-3493_en.htm[hereinafter September 28 Press Release].

263. Martin Ammori，*The "New" New York Times*，127 Harv. L. Rev. 2259，2260 (2014).

264. *Id*. at 2283.

265. *Id*.

266. Jeff Rosen，*Who Decides? Civility v. Hate Speech on the Internet*，ABA，33 (Winter 2013)，https：//www.americanbar.org/content/dam/aba/administrative/public_ education/insights/Insights13-2.pdf[https：//perma.cc/Z6P8-CXCW].

267. Julia Angwin &⋅ Hannes Grassegger，*Facebook's Secret Censorship Rules*

Protect White Men from Hate Speech But Not Black Children，ProPublica（June 28，2017），https：//www. propublica. org/article/facebook-hate-speech-censorship-internal-documents-algorithms［https：//perma.cc/J6N6-Y5HZ］.

268. 具体时间段为 2018 年 11 月 5 日至 12 月 14 日（6 周），参见 European Commission，Code of Conduct Fourth evaluation，*supra* note 263。

269. European Commission Press Release IP/19/805，Countering illegal hate speech online—EU Code of Conduct ensures swift response(Feb.4，2019).

270. Hannan Kuchler，*Facebook defends guidelines for moderators*，Fin. Times (May 22，2017)，https：//www. ft. com/content/3daf880e-3f45-11e7-82b6-896b95f30f58 ［https：//perma.cc/9J56-ZHSB］.

271. European Commission Press Release IP/18/261，Countering illegal hate speech online—Commission initiative shows continued improvement，further platforms join(Jan. 19，2018).

272. European Commission Daily News，*Snapchat joins the EU Code of Conduct to fight illegal hate speech online*，European Commission(May 7，2018)，http：//europa. eu/rapid/press-release_MEX-18-3723_en. htm［https：//perma.cc/PHT9-4T6L］.

273. Mehreen Khan，EU draws up sweeping rules to curb illegal online content，Fin. Times，（July 23，2019）https：//www. ft. com/content/e9aa1ed4-ad35-11e9-8030-530 adfa879c2(onfile with author).

274. *Code of Conduct—Illegal Online Hate Speech*，*Questions and Answers*，European Commission Question 8（June 2016），https：//ec. europa. eu/info/sites/info/ files/code_of_conduct_hate_speech_en. pdf［https：//perma.cc/W6ZG-BQRF］.

275. Ammori，*supra* note 267，at 2279.

276. Angwin & Grassegger，*supra* note 271.

277. Nathenson，*supra* note 222，at 127.

278. Jeffrey Rosen，*Google's Gatekeepers*，N. Y. Times(Nov. 28，2008)，http：// www.nytimes.com/2008/11/30/magazine/30google-t.html(on file with author).

279. Rachel Whetstone，*Free Expression and Controversial Contentonthe Web*，Official Google Blog(Nov.14，2007)，https：//googleblog. blogspot. com/2007/11/free-expression-and-controversial. html［https：//perma.cc/353H-HWZ4］.

280. Eva Galperin，*Twitter Steps Down from the Free Speech Party*，Electronic Frontier Foundation(May 21，2014)，https：//www. eff. org/deeplinks/2014/05/twitter-steps-down-free-speech-party［https：//perma.cc/C2QK-H8K4］.

281. In May 2017，an Austrian court ordered Facebook to remove posts not just within Austria，but globally，as merely blocking the messages in Austria，without removing them for users abroad was not sufficient；参见 *generally* BBC News，*Facebook Must Delete Hate Postings*，*Austria Court Rules*，BBC News(May 9，2017)，http：// www. bbc. com/news/world-europe-39852623 ［https：//perma. cc/RD6A-8QBN］；另见 Alphabet Inc.，Annual Report(Form 10-K，Feb.5，2018)。

282. Ammori，*supra* note 267，at 2276.

283. Angwin & Grassegger，*supra* note 271.

284. *Id.*

285. Ammori，*supra* note 267，at 2281（citing interviews with Dave Willner &

Monika Bickert)。

286. 在另一起涉及隐私保护和著名的"被遗忘权"范围的案件中,欧洲法院也在考虑是否在全球范围内,而不仅是在欧洲扩大从搜索结果中删除某些信息的义务。参见 *supra* notes 117—126 and accompanying text。

287. Natasha Lomas, *ECJ to Rule on Whether Facebook Needs to Hunt for Hate Speech*, TechCrunch(Jan. 11, 2018), https://techcrunch.com/2018/01/11/ecj-to-rule-on-whether-facebook-needs-to-hunt-for-hate-speech/[https://perma.cc/MQH8-83ME].

288. Press Release No. 69/19, Court of Justice of the European Union, Eva Glaswischnig-Piesczek v. Facebook Ireland Limited(June 4, 2019), https://curia.europa.eu/jcms/upload/docs/application/pdf/2019-06/cp190069en.pdf[https://perma.cc/GJ8M-BHC6].

289. Criminal Code Amendment(Sharing of Abhorrent Violent Material) Bill 2019 (Cth)(Austl.).

290. Damian Cave, *Australia Passes Law to Punish Social Media Companies for Violent Posts*, N. Y. Times Apr. 3, 2019, https://www.nytimes.com/2019/04/03/world/australia/social-media-law.html?login=email&auth=login-email&login=email&auth=login-email(on file with author).

291. *Id.*

第六章
消费者健康和安全

保护消费者健康和安全一直是欧盟监管机构长期关注的问题。自单一市场建立之初起,欧盟就寻求协调诸多法规,将消费者因接触不安全食品、危险物质或有缺陷产品而面临的风险降至最低。在监管这些类型的风险时,欧盟一直持双重目标:促进消费者健康和安全的同时,通过协调规则促进单一市场内的贸易。本章聚焦于欧盟努力保护其公民这两个核心安全的具体监管领域:食品安全和化学品安全。这两个领域都反映了欧盟对消费者在市场不受监管情况下可能遭受的伤害的高度关注,这给了欧盟干预的动力,即使是在预防的基础上,也要从一开始就阻止这种风险的出现。

本章第一部分和第二部分分别通过分析欧盟食品安全法规的全球影响和从化学安全角度考察了布鲁塞尔效应。为此,首先介绍欧盟的关键食品安全法规,并考察可解释欧盟立法过程中出现如此严格法规的潜在利益集团的动机。接着就有关食品安全的事实上和法律上的布鲁塞尔效应的一些案例进行分析。然后转向化学品安全,再次回顾相关法规及其背后的政治。本章阐释事实上和法律上的布鲁塞尔效应的普遍性,表明欧盟在全球市场上根深蒂固的监管影响力。

消费者健康与安全 I:食品安全

食品工业是欧洲最大的制造业和就业部门,食品影响着所有欧洲人的日常生活。欧盟是世界上最大的食品进口商和出口商——这既指加工食品,也指活体和其他用于食品的原材料。[1]根据欧盟农业和农村发展专员菲尔·霍根(Phil Hogan)所言,欧盟作为世界上最大的农业食品出口国的成功依赖于各种监管改革,这些改革使欧盟生产商在全球市场上具有竞争力,而且也解释了"欧盟产品在世界范围享有安全、可持续生产、营养和高质量的声誉"的原因。[2]因此,保持欧洲食品工业的高质量声誉对欧盟来说具有巨大的经济意义。

但是除了经济上的重要性之外,食品对欧洲人而言也是一个情感问题,在欧洲许多地方,食物生产和烹饪是文化和地域特征的重要组成部分。例如,欧洲人对转基因生物的抵制不仅反映了安全问题,还源于一种愿望,即在保持欧洲乡村的活力和多样性及保护传统农业文化的同时,限制集约农业和单一的农业生产力量。基于对食品这些更广泛的文化和情感依恋及该部门的经济重要性,食品安全已成为对欧洲生产者和消费者都很突出的政策问题,因此也是欧盟法规的一个重要目标。

在过去几十年里,无数食品丑闻削弱了消费者对食品供应链的信心,并促使公众广泛支持监管干预。[3]也许最臭名昭著的食品丑闻是"疯牛病"危机,这场危机起源于1986年的英国,当时动物肉和骨粉被用作牲畜的饲料。当发现疯牛病可能会传染给人类并导致致命的克雅氏病时,欧盟下令禁止所有英国牛肉进口。[4]然而,疯牛病已经蔓延到欧洲其他地区的牲畜,进一步加剧了危机并导致受感染的奶牛被大规模屠宰。仅在英国,这场危机就导致156人在食用受感染的牛肉后死于克雅氏病。[5]这一丑闻引发了对现有食品安全法规的广泛批评,并强调了在欧盟层面采取更一致行动的必要性。[6]其他值得注意的食品危机促使公众支持在欧盟范围内采取强有力的监管行动,这包括检测出西班牙菜籽油受到污染(1981年)、英国佩里矿泉水受到苯污染(1990年)、比利时家禽和牲畜饲料中含致癌的二噁英(1999年)、德国从埃及进口的种子和豆类含大肠杆菌致人死亡(2011年),及在几个欧洲国家发现马肉被当做汉堡中的牛肉(2013年)。

除上述这些食品安全事件发生后人们呼吁制定新的法规外,欧洲人也表达了与广泛的技术和环境变化有关的食品生产安全。例如,欧洲人表示支持对转基因生物的种植和销售进行监管,担心它们可能对健康产生不利影响。出于这些考虑,欧盟要求在欧盟销售的所有含有转基因生物的食品都要贴上转基因生物标签。转基因生物还必须经过漫长的批准过程,包括评估它们对人类健康和环境造成的风险,然后才能在欧盟市场的任何地方种植或用于食品与农业生产及饲养动物。

接下来的讨论回顾欧盟食品安全法规的主要内容,特别是关于转基因生物的规定。它还可解释欧盟在此领域进行严格监管的政治动机。此外,它提供几个与食品安全法规有关的事实上和法律上的布鲁塞尔效应的案例。欧盟非常成功地将其食品安全法规外化到不同行业和国家。然而,也有几个布鲁塞尔效应没有发生的案例。食品仍然是消费者的偏好和传统因国家而异的一个主题,这限制了食品生产商在所有情况下利用经济上的不可分割性的能力。与食品消费和生产相关的国家间传统的差异,也限制了外国政府总是效仿欧盟的意愿。鉴于这些差异,食品安全提供了一个特别有趣的领域来考察布鲁塞尔效应所需的各种条件的相对重要性。

主要立法

自成立以来,特别是近几十年来,为应对各种食品安全危机,如前所述,欧盟已经颁布广泛的与食品相关的立法。欧盟委员会声明"每个欧洲公民都有权知道他所吃的食物是如何生产、加工、包装、贴上标签和进行销售的"[7]。那些值得关注的法规涉及食品和动物饲料的安全、生产卫生、用作食品的动物的健康和福利、防腐剂和食用色素等食品添加剂的使用、食品包装和食品标签等。[8]例如,欧盟禁止某些可能使消费者遭受食源性疾病的污染物,并由于某些食品添加剂对健康有害而对其加以限制。欧盟还对收获后的农产品中农药残留的最大限量进行严格限制,并强制要求屠宰场保持高标准的卫生条件。生产商必须遵守严格的认证程序,这些程序可提供关于遵守食品安全规则的可靠信息,例如,验证是否符合有机生产的标准。除了保护公众健康,欧盟食品法规还旨在为消费者提供准确的信息。标签要求包括明确的原产国,提供有关食品的健康、营养和过敏信息。[9]欧盟的食品安全法规也适用于进口食品。为了更好地控制食品进口安全,欧盟通过了一些条例,为参与和监测外国的监管机制提供了一个法律框架,包括在国外进行出口前的检查。[10]

转基因作物以及转基因食品和饲料的种植和销售也受到广泛的欧盟监管。[11]在转基因生物可以在欧盟种植和销售之前,欧洲食品安全局(EFSA)[12]必须与欧盟成员国的科学机构合作,对其安全性进行评估。[13]在此过程中,进口商有责任证明所涉及的转基因作物不会对人类或动物健康产生不利影响,也不会危害环境。[14]在评估确保没有风险后,欧盟委员会向由欧盟成员国代表组成的一个委员会提交授权决定草案,以供该委员会进行投票。[15]然而,鉴于转基因作物具有的争议性,成员国代表一直未能就授权进行投票。根据欧盟规则,这导致提案被欧盟委员会自动采纳。[16]这巩固了欧盟委员会作为决策者的角色,但也导致成员国因不受欢迎的转基因授权而指责欧盟委员会。

由于这一繁琐的监管程序和转基因作物授权的高门槛,目前在欧盟境内种植的唯一转基因生物是孟山都公司的玉米 MON810[17],主要种植在西班牙。转基因食品和饲料的销售和营销也受到限制。今天,少数转基因生物在欧盟被授权用于食品和饲料。[18]同时,欧盟进口大量转基因饲料,包括喂养牲畜的转基因大豆,但由于公众的强烈反对,几乎不进口任何转基因食品。[19]

至 2015 年,欧盟已经授予其成员国更多的权力来监管其领土上的转基因作物种植。今天,成员国可以独立地自由限制其管辖范围内的转基因作物种植,即使其种植在欧盟一级得到授权。[20]具体而言,成员国可以要求退出欧盟委员会授权种植转基因生物的决定,或者可以禁止在本国市场上销售转基因饲料和食品。这表明欧盟成员国公众对转基因作物的强烈关注,因此在获得种植授权后不久,19 个国家禁止在其领土上种植由欧盟批准的唯一转基因生物孟山都的玉米 MON810。[21]

欧盟还起草了主要的食品安全立法,以规范转基因作物的可追溯性和标签,以确保消费者和食物链经营者可以跟踪转基因作物,并对食品作出明智的选择。[22]欧盟法规要求对转基因作物含量超过 0.9% 的大多数授权食品、配料和动物饲料贴上标签。[23]在欧盟销售的所有预包装的转基因食品或转基因饲料产品必须贴上标签,标明"转基因"或"由转基因(作物名称)生产"。[24]欧盟的标签门槛全球最严,相比之下,在美国和日本等许多国家,产品可能含有高达 5％的转基因成分才会触发标签要求。[25]

政治经济学

食品长期以来一直是欧洲的一个突出问题,欧洲人非常重视与食品相关的风险。2010 年欧洲晴雨表调查表明,欧洲人仍然特别担心与动物感染、化学污染和转基因生物等新技术相关的风险。[26]例如,70％的欧洲人担心肉类中的农药残留、抗生素或激素、鱼中的汞以及猪肉中的二噁英。克隆动物用于食品也引起类似程度的关注。同一调查发现,欧洲人也相对比较信任管理此类风险的公共机构,这进一步解释了公众对该领域监管干预的支持。

欧洲人也特别支持与食品来源和可追溯性相关的严格的食品安全法规。在今天的市场上,食品越来越多地从世界各地采购,在到达最终消费者手中之前,涉及来自不同辖区的许多生产商。但这些漫长的供应链也可能导致来源的不确定性和可追溯性难题。例如,2013 年,欧盟发现在一些国家,马肉被当作牛肉放在汉堡里。有问题的马肉来自罗马尼亚的一家屠宰场,由一名塞浦路斯商人出售给一家法国供应商,该供应商随后将马肉转给一家法国食品加工公司,该公司再将产品出售给英国和法国超市。[27]早几年前的 2011 年,源自埃及的受污染的豆芽导致 22 人死亡,约 2 000 人患病。然而,在责任链被发现之前,西班牙农民受到错误指责,俄罗斯则被施以贸易禁令,这导致西班牙和俄罗斯农民遭受重大经济损失。[28]类似的丑闻促使欧洲支持严格的实物可追溯性规则,这些规则有助于确定问题食品的来源,从而触发监管反应。

在其他国家,尤其是美国,并不总是赞同欧盟的监管做法,尤其不赞同在食品安全相关风险难以确定的情况下就采取"预防"措施。这些不同观点使食品安全经常成为国际贸易争端的主题。例如,欧盟已经禁止进口用生长激素处理过的美国牛肉,即使面对世界贸易组织对禁令的合法性采取不利裁决时,欧盟也维持该禁令。[29]欧盟还禁止进口出于卫生目的用氯冲洗过的美国家禽,这同样导致在世界贸易组织的投诉。[30]然而,欧盟和美国之间这些高水平贸易争端并没有限制欧盟实施严格标准以监管食品安全的趋势,这对于布鲁塞尔效应更广泛的全球影响至关重要。

食品安全监管的另一个主要领域是转基因生物的培育和销售。[31]全球各地对转基因生物的监管方式大相径庭。但在欧盟,对其使用进行严格监管有着强大的政治支持。2001 年和 2006 年的调查数据显示,62％的欧洲人担心转基因生物带来的食品安全风险,71％的欧洲人不希望转基因生物出现在他们的食品中。[32]2010 年的一项最新调查表明,人们对转基因生物的态度并没有软化,有很高比率的欧洲人(70％)认为转基因食品从根本上说是非自然的,61％的欧洲人认为转基因食品让他们感到不安。此外,也有 61％的欧洲人不同意鼓励转基因食品的发展。[33]

欧盟对转基因生物进行监管的强烈支持掩盖了成员国之间的潜在差异。在爱尔兰(46％)、瑞典(48％)和英国(48％)等国家,不到一半的人口担心转基因生物,而在希腊和立陶宛,超过 80％的人对此有安全顾虑。在奥地利,转基因生物与杀虫剂一起被列为最严重的食品安全问题(67％)。[34]成员国在转基因生物上的不同监管政策,通常反映了其国内农业部门的构成及该国最强大的农业组织的影响差异。例如,西班牙作为欧盟最大的转基因生物生产国,与捷克、葡萄牙、罗马尼亚和斯洛伐克一起支持转基因生物的发展,而奥地利、法国、德国、希腊、匈牙利和卢森堡仍然反对在它们的国家种植和使用该类产品。不愿意接受转基因生物的成员国提出了它们进行抵制的社会经济、伦理或政治原因。[35]

尽管一些欧盟成员国赞成更多的转基因作物的种植,但欧盟的反转基因运动很强大,通常塑造了转基因作物相关的立法议程。这个反转基因联盟团体主要包括一些非政府组织,它们反对转基因作物的主张在影响欧盟立法方面比促进转基因作物的力量更成功。[36]重要的是,这些非政府组织还能够获得代表欧洲农民的利益团体(Copa-Cocega)

和欧洲零售业团体(Eurocoop 及 EuroCommerce)的支持。这种传统的
"大农场"产业还没有接受转基因生物,而是更喜欢集中在传统农业中,
而食品零售商反对转基因生物是因为公众的强烈抵制。面对这个大型
反转基因联盟对严格监管的热情支持,亲转基因联盟(包括大型农业和
食品工业集团,如孟山都/巴斯夫、先正达、拜耳和杜邦)在改变消费者
观念和影响欧盟政策方面并不成功。[37]例如,在巴斯夫的转基因马铃薯
(Amflora)获准在欧盟种植后,在线行动网络组织 Avaaz 和绿色和平组
织在一份请愿书上收集了 100 万个签名,呼吁对转基因生物种植进行
新的干预[38],迫使巴斯夫公司退出了欧盟市场。[39]孟山都公司也于2013
年撤回其在欧盟种植转基因作物的所有未决申请,承认欧盟对转基因
生物的根深蒂固的抵制在可预见的未来不会有缓解的迹象。[40]

　　更广泛地说,欧盟对转基因生物和相关技术的严格监管,也凸显了
欧盟和美国之间截然相反的观点。欧盟的总体立场是反对转基因生物
的生产、使用和传播,除非它们在科学上被确切地证明是安全的。[41]欧
盟的监管机制基于上市前的批准、预防原则和上市后的控制。相比之
下,美国认为转基因产品与使用传统生产方法生产的产品基本相似,除
非证明不安全,否则允许使用。因此,转基因产品可以在没有广泛地上
市前的安全研究情况下在美国种植和销售。[42]这些差异反映了欧盟和
美国在许多其他监管领域的类似分歧,在这些领域,欧盟倾向于谨慎行
事,而美国则迅速接受新技术,并对政府干预持怀疑态度,特别是在任
何危害不确定或没有得到充分证实的情况下。

　　然而,可能还有其他动机可以解释美国和欧盟在转基因生物上的
监管分歧。美国是全球领先的转基因作物生产国,而与此同时,欧盟几
乎不种植转基因作物。[43]2015 年,美国有 7 090 万公顷土地用于种植转
基因作物;但是转基因作物种植面积最大的欧盟成员国西班牙仅种植
了 11 万公顷。[44]基于先进生物技术的生产被视为美国保持出口市场竞
争力的关键,而欧盟在文化上重视小规模农业,并对大规模生产技术持
怀疑态度。因此,美国农民和生物技术产业对美国有关转基因生物监
管的政治决策具有影响,而欧洲生产非转基因作物的农民对欧盟具有
影响。

消费者偏好也反映在监管分歧上。当欧洲人担心转基因生物带来食品安全风险时,美国消费者对这个问题不太关心。例如,根据环境学(Environics)民意测验,78%的美国人支持农业生物技术,相比之下,德国的这一数字为54%,法国为52%,英国为36%,西班牙为29%。[45]总体而言,美国消费者也相对不了解转基因生物。[46]不过最近的一些调查表明,美国人对转基因生物的态度可能正在变严厉。例如,最近的美国民意调查表明,消费者支持强制性转基因食品标签。[47]此外,2014年的一项研究发现,72%的美国消费者认为"避免转基因或其改良成分"是购买食品时"非常重要"或"重要"的目标。[48]这些研究表明,美国消费者对转基因食品的怀疑正在增加,这可能为未来的监管变革铺平道路。

在过去的20年里,转基因生物一直是欧盟和美国之间长期贸易争端的主题。[49]从1998年到2004年,欧盟事实上暂停了转基因生物的批准,在欧盟监管框架改变之前,成员国拒绝支持任何转基因生物的批准。[50]这一暂停使得转基因生物生产商几乎不可能向欧盟出口未经批准的品种。作为回应,阿根廷、澳大利亚、加拿大、智利、哥伦比亚、埃及、萨尔瓦多、洪都拉斯、墨西哥、新西兰、秘鲁、美国和乌拉圭向世界贸易组织递交了诉状,指控欧盟的监管程序过于缓慢,而且鉴于支持转基因生物安全性的科学证据,其标准也不合理。世界贸易组织争端解决机构在2006年发现,欧盟事实上的暂停转基因生物的批准违反了国际贸易规则。这一发现对欧盟不利,欧盟的贸易伙伴声称,欧盟对世界贸易组织裁决的遵守一直差强人意[51],而且欧盟在批准转基因生物方面仍然极其缓慢。[52]此外,即使欧盟批准授权的速度加快,转基因生物进入欧盟市场的机会仍然有限。[53]欧盟对转基因生物产品的可追溯性和标签的严格要求保持不变,鉴于欧盟消费者对转基因生物食品的不信任,极大地限制了生产商进入欧洲市场的能力。欧盟也加强了对转基因饲料的监管。2011年,欧盟通过一项新的法规,规定从非欧盟国家进口的饲料中非授权转基因材料的限量为0.1%[54],对此类饲料基本上实行零容忍政策。这有效地阻止从美国等国家进口动物饲料,从而加剧了与外部的贸易紧张。[55]

关于欧盟的转基因生物法规对发展中国家的利弊,存在着彼此不同的争论,鉴于农业对发展中国家经济的重要性,转基因生物是发展中国家的一个重要问题。转基因生物可以提高作物产量,帮助发展中国家养活不断增长的人口。然而,这些国家管理转基因生物相关风险的资源较少。传统农业在许多社会中还保留着重要的文化角色,使得许多发展中国家对接受转基因生物犹豫不决。[56]许多非洲国家还依赖欧洲作为其主要出口目的地,这限制了它们使用转基因生物的能力。批评者断言,欧盟的认证、标签和可追溯性要求对这些资源较少的国家的生产者来说负担过重,实际上将许多小规模农民排除在全球价值链之外。[57]同时,最近的研究表明,欧盟的食品安全的高标准对非洲生产者产生有益的影响,一旦达到标准并获得认证,他们就可以从欧盟的贸易中获得更高的回报。[58]例如,克勒曼(Kleemann)等人分析了采用全球良好农业规范(GlobalGAP)或有机认证的 386 名加纳菠萝种植者的农场数据,发现认证增加了种植者的投资回报,抵消了认证的成本。因此,遵守欧盟标准可以对非洲生产者产生积极影响,让农民进入高价值出口市场,提高他们的农业知识,增加销售收入。[59]

总的来说,欧洲公民仍然对农业生物技术持怀疑态度,并支持严格的食品安全法规。这给了欧盟一个强有力的授权,通过制定塑造食品行业的最雄心勃勃的安全标准来继续引领潮流。由于当今全球的食品生产通过漫长的供应链彼此紧密相连,欧盟关于转基因生物和其他食品安全问题的法规经常导致跨国公司和外国管辖区采用这些法规,以保持进入欧盟市场的机会。本章接下来的两节揭示这种影响是如何通过事实上和法律上的布鲁塞尔效应表现出来的。

事实上的布鲁塞尔效应

在食品安全问题上,事实上的布鲁塞尔效应在一些行业普遍存在,但在另一些行业却基本不存在。布鲁塞尔效应背后的三个条件——监管能力、监管的严格性和食品安全监管的无弹性——在这一领域通常都得到满足。除少数例外(比如允许未经高温消毒的奶酪),欧盟具有世界上最严格的监管食品安全的标准。随着时间的推移,欧盟在这一领域也建立了相应机构能力以行使重要的监管权威。食品是第一批归欧盟管辖的政策领域之一。单一食品市场建立于 20 世纪 60 年代初，这一悠久的历史让欧盟在该领域积累了相当多的专业知识。2002 年建立的欧洲食品安全局及成员国的食品安全局进一步增强了欧盟的监管能力。[60]食品安全法规也明显缺乏弹性，以保护消费者，确保不会通过将监管目标转移到另一个司法管辖区来规避欧盟监管方面的影响力。

关于欧盟 2015 年与转基因作物种植相关的监管改革是增强了还是削弱了欧盟的监管能力和监管的严格性，以及布鲁塞尔效应的普遍性，还存在一些疑问。这项改革通过赋予成员国自行决定是否允许在其领土上种植转基因生物的权利，部分地分散了欧盟的监管能力。这一新的监管框架可以被视为进一步限定了欧盟对转基因生物的监管环境，因为目前任何希望在欧盟培育转基因生物的申请者在寻求相应授权时都面临着额外的障碍。因此在这次改革后，布鲁塞尔效应可能会变大。然而，欧盟层面的共同政策的存在，往往会激励企业在全球范围适应欧盟规则。随着各成员国的法规出现潜在的重大差异，2015 年下放欧盟权限的改革可能会消除这种激励作用，从而削弱布鲁塞尔效应。不管这一特殊的改革如何影响布鲁塞尔效应，这种影响只限于转基因作物的种植，而对转基因作物的销售和市场行为的监管却不受影响。

此外，虽然欧盟的监管能力及食品安全监管的严格性和弹性的缺乏普遍得到公认，但布鲁塞尔效应的其他两个条件是否存在则不太清楚。例如，欧盟并不是所有主要出口国的重要市场，这表明它可能不具备引发布鲁塞尔效应所需的市场规模。例如，对美国农民来说，欧盟是美国第五大出口市场，仅占其农业出口总量的 8％ 左右。[61]因此，如果许多美国生产商认为监管合规责任过于繁重，他们可以放弃欧盟市场，将贸易转移到其他地方。[62]事实上，贸易统计数据显示，美国生产商越来越多地转向其他市场。2000—2013 年间，美国对外农业出口增长181％，而对欧盟的出口只增长 1％。这至少部分归因于欧盟法规的严格性。[63]然而，随着几个主要经济体越来越多地效仿欧盟的食品安全法，美国农民的贸易转移范围可能正在缩小。例如，澳大利亚、巴西、中国和日本正在效仿欧盟，对转基因产品采用强制性标签计划。[64]这增加了美国农民最终经历布鲁塞尔效应的可能性。[65]此外,对于许多非洲和一些拉丁美洲国家来说,欧盟仍然是最重要的出口目的地,这表明布鲁塞尔效应可能会影响这些市场。

就食品安全而言,生产的可分割性是特别复杂的问题,经常用来解释布鲁塞尔效应是否发生。在许多情况下,生产者通过为不同的市场生产不同食品来应对消费者偏好的巨大差异。例如,用于改善食品外观的人工染料(如彩虹糖果和红色鲑鱼)在美国是允许的,但在欧盟受到限制,因为有研究表明这些染料会引发儿童的多动症。[66]因此,卡夫、可口可乐、沃尔玛和玛氏等公司自愿对在欧洲销售的产品去除人工染料[67],但在美国继续使用。同样,在欧盟销售的玛氏巧克力含有天然色素,但是卖给美国消费者的玛氏巧克力则含有人工色素。雀巢的巧克力聪明豆(Smarties)含有萝卜、柠檬和红甘蓝提取物,以对向欧盟销售的产品着色,而同等(但更明亮)的颜色来自美国的"6 号黄"或"40 号红"人工色素。[68]在此情况下,公司能够以足够低的成本适应两套标准,使其在经济上可行,从而在不采用更高标准(或不放弃被严格监管市场)的情况下满足两个市场。这些案例表明,布鲁塞尔效应并非不可避免,只要迎合不同客户偏好的收益超过成本,布鲁塞尔效应就不会出现。

然而,在许多其他情况下,公司会选择采用欧盟标准作为单一的全球标准,结果就会引发布鲁塞尔效应。例如,2015 年,卡夫公司从其标志性的呈现橙色的麦卡洛尼芝士意面(Mac&Cheese)晚餐中去除了 5 号黄和 6 号黄人工色素,转而使用辣椒粉和胭脂树橙等天然着色剂,尽管上述人工色素在美国仍然合法。[69]百事可乐和可口可乐也发誓要从其饮料中去除 BVO(一种阻止饮料中柑橘类香料分离的化学物质),转而使用天然成分。BVO 在欧盟被禁用,因为它与记忆丧失和神经紊乱有关,但美国食品药品监督管理局(FDA)认为它是安全的。[70]同样,三明治连锁店赛百味(Subway)逐步将漂白化学品偶氮二甲酰胺(ADA)从其面包中去除,因为它具有致癌特性而被欧盟禁用,尽管美国食品药品监督管理局已批准其在食品中使用。[71]温迪(Wendy's)和麦当劳也效仿赛百味,已从其产品中去除该化学品。[72]当然,在有些情况下,公司也可能对国内要求改变其商业行为的压力作出反应，而不仅仅是对与监管的不可分割性相关的经济利益作出反应。然而，这些公司自愿这样做主要在于要调整生产以便进入欧盟市场。

跨国公司是否在全球市场进行定制或使生产标准化可能取决于几个关键因素，特别是与成本和消费者偏好有关的因素。首先，当消费者的偏好差异很大时，公司可能会决定生产可分割的产品以面对其主要市场，在那里生产者可以从定制中获得真正的收益。例如，有足够多的美国人更喜欢雀巢公司的亮色巧克力，因此有理由为美国市场生产（与欧洲）不同颜色的巧克力。据推测，就聪明豆而言，定制的成本也很低，或者成本损耗至少能通过迎合美国客户特定需求而带来的更大销量所抵消。相比之下，当定制成本高昂或定制收益微不足道时，企业可能会将欧盟标准全球化。每当公司感觉到客户对全球范围出现的更严格的标准的需求不断增长时，按照全球标准进行生产也更有可能出现。[73]

影响公司如何应对欧盟法规的另一个重要因素是运营的可行性。在某些情况下，如果在全球改变生产经营以满足欧盟标准的成本太高，但在现有生产设施内分割生产又不可行，则公司可能会寻求替代的商业战略。例如，由于欧盟严格的食品卫生和安全标准[74]，一家名为枕崎（Makurazaki）海洋产品加工工业合作社的日本公司决定不向法国出口鲣鱼片（干金枪鱼片）。相反，该公司决定在欧盟开设一家工厂，使在日本的工厂免于遵守欧盟法规。[75]

当考虑在粮食和农业生产中"可分割性"的可行性时，转基因生物这一议题的复杂性为研究布鲁塞尔效应的运作提供了一个特别有价值的领域。假设美国农民至少在原则上可以将他们的不同产品分开，分别种植面向国内市场的转基因作物和面向欧盟市场的非转基因作物。然而，由于技术和经济的原因，这种分割在实践中可能很困难。[76]在整个加工和销售过程，转基因作物必须从种植之时起就独立分开。这就需要将不同种植区域分开，防止花粉从转基因田地飘到非转基因田地。[77]生产者和经销商还必须使用单独的设备、储存区域和运输容器，并建立性状识别系统，以便从农场到消费者可跟踪产品。[78]这些与交叉感染相关的风险可能是巨大的，特别是当考虑到如果经营者在这一过程中的任何环节犯了错误,整个生产线都会被破坏,因为其不符合市场需求,从而会带来销售损失,不得不丢弃整个产品。[79]因此,一些农民选择摆脱因分离生产带来的风险和成本毫不奇怪,通过不生产转基因生物或只种植欧盟批准的转基因生物作物(无论这些作物在哪里销售)以满足最严格的标准。[80]

许多因素可以导致转基因和非转基因作物的混合,包括"花粉流动、志愿服务、收获期间的混合、运输、储存和加工,人为错误和事故"等。[81]所有这些因素中的任何一个因素都可能导致转基因生物的"偶然出现"(食品安全行业用这个术语来表示转基因生物偶然和不可避免产生的门槛)[82]很容易导致食品中转基因生物含量超越被允许的标准。严格的门槛,包括欧盟0.9%阈值,使得(同时)生产转基因和非转基因作物更加困难,因为这种交叉污染很难完全消除。最近欧洲法院的一项裁决也增加了在转基因环境下创造完全可分割的生产的难度。欧洲法院认为,由于500米外转基因试验田的存在导致蜂蜜意外污染而含有微量转基因的痕迹,这仍然是根据欧盟法律由转基因生物生产的食品。[83]这一裁决强调了农民和食品加工商在试图进行分割性生产,并分别满足转基因生物和非转基因生物市场时面临的技术困难和法律风险。

事实上,最近的一些研究已经证实要在常规作物的种子中避免偶然出现转基因痕迹是困难的。[84]例如,最近的一项研究考察了蜜蜂是否将转基因大豆作物的花粉转移到了墨西哥尤卡坦半岛生产的蜂蜜中,因为这两个农业区很接近。[85]农民和出口商的一个主要担忧是转基因的转移可能"招致欧洲市场和消费者的拒绝"[86]。虽然该研究发现尤卡坦半岛的蜂蜜中转基因大豆花粉的含量"相对较低",但它仍然建议采取措施来防止这种污染。[87]这些技术上的困难及随之而来的法律风险,与任何试图进行分割性生产并将转基因种子与非转基因种子分开的做法一道,构成解释布鲁塞尔效应在该领域影响情况的重要因素。

跨国食品加工商的影响力和商业惯例也放大了生产的不可分割性,进一步巩固了事实上的布鲁塞尔效应。例如,联合利华和雀巢公司承诺不在其所有产品中使用转基因生物,无论出口目的地是哪里。嘉宝和亨氏同样将转基因生物排除在所有婴儿食品之外,包括在美国市场所销售的婴儿食品。[88]它们通常不愿因欧盟和美国规定不同而生产不同批次产品,并经常拒绝购买那些可能在欧盟市场会遇到销售问题的玉米。[89]同样,通过拒绝从那些种植有转基因作物的农民那里购买他们的非转基因传统谷物,这些食品加工商已经引导一些美国农民完全远离转基因产品。[90]例如,美国最大的农业合作社 CHS 股份有限公司,不出售含有未经准许出口的种子或购买这类谷物。[91]总部位于芝加哥的大型全球食品加工和商品贸易公司阿彻丹尼尔斯米德兰(Archer Daniels Midland)拒绝接受未经国外批准的转基因作物,原因是"很难从每年出口的数十亿蒲式耳作物中分离出含有未经批准的部分"。斯坦恩种子公司(Stine Seed)和拜耳(Bayer)公司有一项类似政策,禁止销售未经主要出口市场批准的种子。[92]

这些跨国食品加工商在生产上的不可分割性可能同时有着经济、法律和技术方面的原因。对这些公司来说,运行独立的生产线成本很高。这些公司还希望避免因转基因和非转基因作物因意外混合带来的法律风险,特别考虑到欧盟的严格规定,即仅允许未经授权的转基因作物中的微量(0.9%)成分混入其中。此外,由于技术原因,这些跨国公司无法保证其所有供应商能将授权和未授权的作物分开,从而使整个供应链面临潜在的责任。

除转基因生物外,还有几个事实上的布鲁塞尔效应影响非洲、亚洲和拉丁美洲公司的食品安全政策的案例。对这些司法管辖区的农民来说,欧盟是一个重要出口市场,因此他们几乎不可能放弃欧盟市场而将贸易转移到其他地方。因此,他们通常别无选择,只能遵守欧盟食品安全法规,尽管带来的责任十分繁重且代价非常高昂。鉴于合规成本之高及农业部门对这些经济体的重要性,这些国家的企业有时会受益于政府的帮助,进行生产调整以符合欧盟法规。一旦这些生产商按照欧盟法规进行投资,它们通常会将其改进后的生产方法和设施扩展到整个生产线,正如事实上的布鲁塞尔效应所预测的那样。

欧盟是非洲农产品最重要的出口目的地,这使得其生产商对欧盟食品安全法规高度敏感,从而使欧盟能够改变该地区的农业生产方式。

非洲可可业就是这样一个案例。欧盟是世界上最大的巧克力消费地区和最大的可可豆进口地区,它还拥有大规模的可可加工业,用可可豆生产可可脂和可可粉。[93]欧盟对食品中的某些污染物设定了最高限量,包括可可和可可制品中的多环芳烃。[94]对食品中污染物的监管的理由是担心食品中存在高毒性物质,从而对公众健康产生不利影响。[95]一些主要健康问题出自农药使用、不当发酵和不卫生的加工方法(如在道路上或烟熏炉中干燥可可豆),以及可可出口过程中污染了镉(一种致癌金属物质)。[96]除考虑消费者健康外,欧盟对该行业的监管还出于以下原因,即希望确保西非和中非的可可生产的可持续性和生产符合相应道德。[97]

由于欧盟针对这些问题制定了法规,欧盟通过事实上的布鲁塞尔效应对这些地区的监管产生了重大影响。例如,喀麦隆是世界第五大可可种植国。[98]可可豆、可可油和可可豆糊占该国出口的15％以上,仅次于石油出口。[99]为了保护该国的出口机会,喀麦隆官员采取了多项措施来帮助其公司遵守欧盟的监管要求,包括进行测试、检查和教育活动以确保该行业遵守欧盟规则。[100]尽管作出了这些努力,2013年欧盟仍拒绝了来自喀麦隆的2 000吨可可豆的进口,原因是有害化学物质含量过高。[101]这导致喀麦隆当局打击低于标准的可可加工做法,并提供援助以使该行业达到欧盟标准。[102]为此政府免费分发防水油布,提供全新的或翻新的烘干可可的烤箱,并没收干燥不良的可可豆。据喀麦隆可可和咖啡行业间委员会(CCIB)执行秘书奥迈尔·加蒂安·马勒迪(Omer Gatien Maledy)所言:"这是促进可可干燥适宜,以达到欧盟规定标准的做法的一部分。"[103]尽管这是为了达到欧盟标准而实施的,但在干燥可可中的这些"好办法"影响了整个可可生产,而不仅是运往欧盟的可可。这些案例说明国内政府如何能够帮助放大事实上的布鲁塞尔效应,它并非通过制定与欧盟规则相仿的国内法,而是通过为其公司提供金融和其他支持,以便这些公司能够调整其商业行为以适应欧盟法规。

布鲁塞尔效应也对肯尼亚公司的商业行为产生重大影响。肯尼亚农业部门通过大量投资来提高生产标准,以适应严格的欧盟食品安全标准。[104]例如,在 2000 年代初,12 家大型肯尼亚农业公司进行了广泛的现代化努力,以保护其对欧盟的大量出口。改革措施包括对现有仓库进行重大升级,如改善空调和通风系统、水净化系统、冷却系统和其他设备,以达到严格的卫生标准。一些公司甚至投资自己的现场实验室进行产品和员工健康测试,并聘请食品技术专家和科学家进行产品测试,为员工提供食品安全和卫生培训以及健康咨询等。然而,正如喀麦隆可可干燥的案例一样,这些翻新的设施可能使这些公司的整个生产受益。一旦投资于新的设施,肯尼亚农民是否会将他们的生产进行分割,并保留他们的旧仓库和陈旧设备来生产面向非欧盟市场的农产品,这是值得怀疑的。

非洲农业生产者也调整了他们的商业行为,以响应欧盟的规定,规定要求食品需含有相关信息,以便消费者能在知情下作出选择。通常这是通过营养标签来实现的。除了为消费者提供有用信息外,统一的标签规则也有助于内部市场的平稳运行。[105]例如,欧盟已经要求将有关葡萄酒标签的信息标准化,这影响到了国外的葡萄酒生产商,包括大量生产和出口葡萄酒的国家南非。欧盟法律规定,85%的葡萄酒必须在标签上注明葡萄品种[106],而在南非,类似的要求只有 75%。[107]然而,考虑到欧盟是南非葡萄酒主要出口市场(英国是最主要市场,其次是德国和荷兰),以及生产商具有遵守欧盟标签要求的动机,南非法规在实践中失去实际意义。[108]

由于非洲与欧盟地理接近,欧盟一直是非洲农民相对更重要的出口目的地,但欧盟也是南美国家食品和农产品重要的进口地区。因此,南美生产商有时也会改变他们的种植和分销方式,从而影响他们在众多市场的业务。例如,巴西是世界上最大的农业生产国之一,这使巴西许多公司对欧盟的食品法规非常敏感。世界上最大的橙汁生产商巴西的西澄(Citrosuco)公司提供了一个反映巴西受布鲁塞尔效应影响的案例。西澄公司向 100 多个国家出口其约 95%的产品,而欧盟是其中最大的出口市场。[109]该公司位于马唐(Matão)、卡坦杜瓦(Catanduva)和阿拉拉斯(Araras)的三家巴西工厂均通过了符合欧洲生产和真实性标准的认证。所有这些工厂都向全球市场供应橙汁[110],无论目的地在哪,其产品都遵循相同的流程和法规,符合最严格的(欧盟)标准。[111]另一家巴西公司 JBS 是全球食品行业领头羊之一,业务遍及将近 190 个国家。[112]巴西的每个 JBS 工厂都经过了符合欧洲标准的认证,甚至在巴西销售的产品也符合欧洲食品安全法规。[113]

通过众多的行业标准化机制,事实上的布鲁塞尔效应也在全球范围被间接放大。其中一个案例是"全球良好农业实践"(GlobalGAP),即知名且独立的良好农业实践(GAP)认证系统,它用来证明诸多可持续性和食品安全要求,而这些要求密切追随欧盟食品安全要求。[114]由于欧盟零售商要求生产商满足"全球良好农业实践"认证,这适用于任何出口到欧盟市场的农产品(作物、牲畜和水产)。[115]"全球良好农业实践"基于欧盟标准,始于 1997 年的"欧洲良好农业实践"(EurepGAP),是由几家欧洲连锁超市发起,旨在对个体零售商要求其供应商遵守各种行为准则进行简化。现在它已经成为在世界范围输出和影响欧盟法规的重要工具。

有些市场的农业生产者按照"全球良好农业实践"标准进行生产,以确保产品能进入欧盟市场,包括巴西重要水果和蔬菜生产商法莫萨农业公司(Agricola Famosa),它每年出口 15 万吨以上的水果。[116]在日本,苹果生产商 Katayama Ringo 是第一家获得"全球良好农业实践"认证的日本生产商,从而在英国大型超市销售其产品。[117]一些日本零售商(包括日本主要零售商 Aeon)基于"欧洲良好农业实践"制定了自己的良好农业规范体系。同样,"日本消费者合作联盟"也基于"欧洲良好农业实践"而引入了"日本良好农业实践"(JGAP),适用范围涵盖水果、蔬菜、谷物、大米和茶叶。最初虽然只有向欧盟出口农产品的日本农场获得"全球良好农业实践"认证,但该实践已经扩展到其他国家,如印度尼西亚。这刺激日本农场具有获得认证的动机,即使它们的出口目的地不是欧盟国家。例如,静冈县的一个甜瓜农场获得"全球良好农业实践"认证,以便向印度尼西亚出口甜瓜,这揭示了一个源自欧盟的标准最终如何适用于两个非欧盟国家之间的贸易。

食品行业在全球范围相互关联,通常依赖多个监管辖区的供应链。欧盟严格的食品安全标准在许多情况下改变了跨国公司的全球商业行为,通常这是因为这些公司希望避免因供应链中某个环节出现错误,从而带来相关法律风险和经济成本。在许多情况下,布鲁塞尔效应的产生是由于将产品分配到不同出口市场的技术困难或经济成本。这适用于大型跨国食品加工商和发展中国家的农民。当肯尼亚菜农通过翻新设施、参与培训或提高卫生标准来回应欧盟监管时,这些改进也有利于他们的整个生产,无论其产品将运往欧盟与否。同样,如果喀麦隆政府支持更换农民烘干可可的炉子,这些新炉子就能被用来烘干运往拉丁美洲、俄罗斯或美国的可可。此外,如果全球食品加工者拒绝欧盟未批准的转基因品种,世界各地的消费者就能食用不含这些转基因品种的食品。这些案例凸显了欧盟仅仅通过监管在欧盟销售的食品的安全性,便能提升全球食品安全标准,并具有影响外国农业市场的能力。

法律上的布鲁塞尔效应

也有证据表明,随着各国政府纷纷效仿欧盟的食品安全标准,法律上的布鲁塞尔效应在世界各地都存在。然而,比较诸如竞争法和数据保护等许多其他领域,欧盟食品安全法规的法律上的布鲁塞尔效应并不广泛。也很难找到具体证据表明,外国跨国公司在通过事实上的布鲁塞尔效应首先适应欧盟监管后,会在国内进行游说以促进监管改革。相反,欧盟的全球影响力通常是通过多边的标准制定组织来传播的,如食品法典委员会(Codex Alimentarius Commission),如第三章所述,欧盟是该委员会中一个有影响力的成员。通过加入食品法典委员会,欧盟已将其部分食品安全标准国际化,同时也调整了其自身的一些标准,以反映共同商定的食品法典标准。[118]鉴于世界贸易组织要求其成员以现有国际标准为基础制定法规,或者提供科学证据证明偏离这些标准是合理的,因此欧盟有额外的动机使其食品安全标准与食品法典委员会制定的框架保持一致。[119]

除参与多边标准制定外,欧盟与国外监管机构开展积极的双边合作是欧盟食品安全制度的重要组成部分,也是向国外输出欧盟法规的机会。欧盟在其边境检查进入欧盟每一件产品的能力有限。除依赖官方边境监管外,欧盟还努力确保向欧盟出口食品的国家拥有健全的国内食品安全法规和控制机制。为此,欧盟委员会开展了广泛的能力建设,向外国监管机构提供技术援助。作为其工作任务的一部分,欧盟兽医和食品办公室(FVO)也在国外进行检查和审计,以确保进口食品的安全性。[120]而这样做通常会导致欧盟法规和管理实践在国外的传播。外国政府通常欢迎欧盟的援助和检查,若经检查证明产品符合欧盟食品安全法规,这不仅会打开该国生产商进入欧盟市场的大门,而且欧盟的"批准印章"也会增加向其他国外市场出口的机会,因为人们会认为该国的食品生产标准很高。[121]

因此,在食品安全领域的法律上的布鲁塞尔效应通常是这些单边、双边和多边扩散机制综合作用的结果。尽管欧盟监管的任何领域都存在这类情况,但这些替代性的影响渠道在食品安全领域尤为普遍。这部分原因是该领域存在强大的多边合作机制,也因为欧盟在这方面依靠市场驱动机制输出规则的能力有限。有关事实上的布鲁塞尔效应的讨论表明,跨国公司并不总是选择全球标准或在国内倡导欧盟标准。在承认欧盟对这一行业具有多种影响渠道的同时,本章接下来通过案例来分析法律上的布鲁塞尔效应如何在一般食品安全方面发挥作用,随后讨论有关转基因生物监管的具体案例。

巴西是因法律上的布鲁塞尔效应导致立法改变的一个案例。巴西是世界上最大的发展中经济体及主要农业生产国之一。但欧盟法律影响了巴西牛肉行业的监管,包括禁止注射生长激素来促进牛的生长的法律。[122]该法律的目的是符合欧盟等国际市场(要求)。[123]有趣的是,欧盟并非巴西最重要的出口市场,大约13%的巴西牛肉出口到欧盟,这落后于中国,中国占巴西牛肉出口的25%[124],但欧盟的影响一直很大。

巴西还提供了另一个案例,可以说明欧盟暂停外国进口可以在国外引发更广泛的监管改革。2006年,因为在蜂蜜中发现了有害的残留物和污染物,欧盟暂停了巴西蜂蜜的进口。由于暂停带来潜在的收入损失,欧盟禁运引发了巴西的监管改革[125],包括建立一个新的机构"巴西蜂蜜和蜂产品生产链商会",这就是众所周知的"蜂蜜商会"。该商会继续推动监管标准的修订,并对蜂蜜中的残留物进行严格监控。除了

充当公共和私人企业的协商论坛外,它还在 2007 年推动(政府)通过了
《控制蜂蜜中残留物和污染物的国家计划》。[126]该国家计划提供了针对
蜂蜜生产行业的一般指导方针和残留物监控程序具体要求。作为对这
一措施的回应,欧盟于 2008 年取消了对巴西蜂蜜的进口禁令。

在中东和北非也可以看到法律上的布鲁塞尔效应的案例。2013
年,阿拉伯国家海湾合作委员会发布新的食品标签标准。该标准的许
多重大修订,如引入强制性营养标签和过敏原标签,与欧盟法律中的内
容相似。同年,摩洛哥和阿尔及利亚发布一项新的标签法规,该法规与
欧盟的《消费者食品信息法规》(FICR)相类似,遵循了欧盟在确定标签
最小字体尺寸方面的标准。[127]

欧盟食品法规中有一个领域很可能在不久的将来在一些国家产生
法律上的布鲁塞尔效应,这个领域就是有机食品生产。迄今为止,欧盟
一直依赖"等效原则"(principle of equivalence),并对来自美国等国家的
产品给予相互承认,它假设相关产品在其本国市场上已被认证为有机产
品。[128]然而,这导致了有机产品的标准因原产地而存在差异。例如,美
国的标准低于欧盟。举例来说,欧盟有机标准禁止使用电动驱牛棒,但
美国标准允许使用。与此类似,美国有机农场不一定要求其鸭子进入池
塘或湖泊游泳,这不符合欧盟对"有机"标签的定义。鉴于这些差异,欧
盟正在修订其有机生物方面的法规,将欧盟法规适用范围延伸至向欧
盟市场出口有机产品的非欧盟农民。[129]预计于 2021 年生效的新法规
将放弃"等效原则",转而采用一致性原则,即要求外国生产商如果想为
欧盟有机食品市场提供服务,必须遵守与欧盟现行标准相同的标准,这
可能会迫使许多目前向欧盟出口的国家根据欧盟规则进行改革。

法律上的布鲁塞尔效应也有助于全球制定与转基因生物有关的新
法规,世界各地的若干案例表明欧盟的影响范围。上文在讨论其他领
域食品安全问题时,提到巴西蜂蜜行业是转基因生物监管的对象。继
2011 年欧洲法院要求含有转基因植物花粉痕迹的蜂蜜必须贴上转基
因产品标签后,巴西农业部(MAPA)、巴西蜂蜜出口商协会和蜂蜜商会
的其他成员开始探索如何最好地检测转基因植物花粉的痕迹。巴西养
蜂联合会(CBA)响应号召,开始确定哪些是可以生产无转基因蜂蜜的

地区,该联合会也呼吁政府建立可以生产非转基因蜂蜜的区域,避免转基因植物花粉痕迹交叉污染的风险。[130]最终,巴西在这方面采用了比欧盟更为严格的标准。[131]巴西愿意在国内推行严格的转基因生物法规意义重大,尤其考虑到巴西是世界第二大转基因作物生产国。[132]

与欧盟对巴西的影响类似,欧盟对转基因生物的监管也对其他国家立法产生显著影响,一些外国政府明显效仿欧盟限制转基因生物的种植和销售。目前,超过60个国家要求对转基因食品进行标识,[133]其中包括许多大型经济体,如澳大利亚、中国、印度尼西亚、日本、俄罗斯、南非和韩国。许多国家也采用类似欧盟转基因生物法规。如韩国计划"采用严格的'欧盟式'食品检测标准,努力确保转基因作物(符合)'国家健康安全'(标准)"[134]。多个拉美国家已采取行动限制转基因生物的进口和使用,[135]其中包括秘鲁,该国实施了为期十年的禁令。[136]玻利维亚和厄瓜多尔也禁止使用转基因作物。[137]不过与其他因素相比,很难具体确定欧盟法律对他国法律的影响程度。尽管如此,包括巴西[138]和乌拉圭[139]在内的几个拉美国家要求对转基因生物进行标识,并效仿欧盟0.9%的标准作为转基因生物标识的门槛。[140]这表明欧盟法律至少部分被用作效仿的模板。

一些外国法院在对转基因生物的裁决中也引用了欧盟的法规。例如,哥伦比亚宪法法院认为,在监管转基因生物方面的立法空白对消费者获得相关产品信息的宪法权利和选择食物的权利构成严重和不可接受的风险。[141]该法院随后呼吁国会颁布有关转基因食品或转基因成分标签的法规。[142]为此,法院审查了欧盟对转基因生物的处理,并解释说:"根据其2003年第1829号决议,欧盟采取了明确立场,并已成为打击(转基因生物)的国际参考,该决议也规定了这类产品的标签。"

虽然全球对转基因生物的广泛监管表明,在世界许多管辖区存在着法律上的布鲁塞尔效应,但欧盟并不是唯一在这一领域施加全球监管影响的组织。美国也积极地并且在某些地方成功地输出了它对转基因生物的管理方法。美国对转基因作物的主要生产国(如阿根廷、巴西和加拿大)的影响力尤大。[143]例如,加拿大遵循美国的转基因生物监管方法,两国消费者也似乎对转基因生物持有类似态度。然而,特别是在非洲,欧盟和美国的监管方法之间存在着明显的影响力竞争。例如,南非和埃及遵循了美国的方法,都批准了转基因作物进行商业化种植。与此类似,因食物短缺导致一些反对转基因生物的非洲国家(包括马拉维和肯尼亚)放松了对转基因生物的监管。然而,在其他一些国家(如赞比亚),出于对经济、环境、公共健康和保护传统农业等方面的考虑成为反对转基因生物的有力理由,因此欧盟影响较大。[144]因此,最好用影响力竞争来描述转基因生物的全球监管,欧盟和美国都试图说服他国采取自己的监管立场。[145]

　　鉴于其经济实力和对转基因生物的高度容忍,美国似乎不太可能成为法律上的布鲁塞尔效应的对象。然而,舆论显示美国公众近年来对转基因生物越来越持怀疑态度。2011 年的一项调查报告称,92％的美国人希望政府要求对转基因生物进行强制性标识,55％的人表示他们会避免使用此类产品。[146]2011 年,在加利福尼亚州的推动下,美国国会通过了一项立法,禁止美国食品药品监督管理局批准转基因鲑鱼,并要求在批准转基因鱼类时进行标识。2016 年,美国还颁布《国家生物工程食品披露标准》,[147]责成美国农业部(USDA)农业营销服务局在 2018 年 7 月前,开发出披露食品中转基因生物成分的国家强制系统。[148]至 2014 年,美国已有三个州通过要求标识转基因食品标签的立法。[149]它们模仿欧盟转基因食品标签的某些方面,例如将 0.9％含量标准作为转基因食品标签的门槛。[150]2015 年由一个名为"请贴上标签!"的组织实施的一项民意调查显示,美国公民强烈(高达 88％)支持对转基因食品实施标签要求。[151]"请贴上标签!"组织的倡议揭示出世界其他地区是如何追随欧盟在转基因标识方面的领导的,也揭示了"美国将开始复制"欧盟的"逻辑思维"。[152]考虑到这些立法发展和美国公众舆论的转变,欧盟监管方式出现在美国也不再是不可想象的。

　　到目前为止,本章已经考察欧盟在世界范围制定食品安全标准的全球影响力。然而,食品安全只是欧盟为保护欧洲消费者健康和安全而实施严格监管的众多领域之一。通过布鲁塞尔效应,欧盟在此过程中提升了全球标准。接下来,本章讨论在另一风险监管领域——化学品安全——的布鲁塞尔效应,这一效应在世界许多地方能强烈感受到。

消费者健康与安全Ⅱ:化学品安全

对化学工业的监管是欧盟维护消费者健康的重要制度。欧盟严格的化学品监管法规反映了欧洲公民对不安全化学品对人类和环境可能造成潜在不利影响的日益关注。出于对这些问题的考虑,以及希望统一法规以促进单一市场贸易的愿望,促使欧盟在 2007 年通过《关于化学品注册、评估、许可和限制的规定》(通称 REACH)。[153] 该规定对全球化学行业和化学品法规产生重大影响。化学品行业具有跨国性,而欧盟是该规定涵盖的大量化学品和含有化学物质的货物的重要目的地市场。这给了跨国公司强大动力,使其全球营商行为符合欧盟严格的监管框架,以确保其产品进入欧洲市场[154],这也刺激了世界其他地方的监管改革。欧盟在这一领域的影响尤其巨大,因为它的法规不仅包括化学品本身,还包括大量含有化学品的各种商品,诸如服装、玩具、化妆品、清洁产品、油漆和塑料瓶等。欧盟通过其化学品安全制度而(将监管)延伸到如此多的产品,这一事实使得这一特别重要的监管领域可以用来检验布鲁塞尔效应。

主要立法

有关欧盟化学品安全的法规可追溯到 20 世纪 70 年代,[155] 而 2007 年《关于化学品注册、评估、许可和限制的规定》的颁布,成为在世界上引入最严格的化学品安全监管框架的分水岭。该规定之所以引人注目,在于它将欧盟市场化学品安全责任直接交给了制造商和进口商,而非监管机构。[156] 这与美国等国的监管方法明显不同。这一监管责任要求制造商和进口商收集关于其物质对人类健康和环境影响的信息,并通过在数据库中登记其物质向欧盟当局提供该信息。[157] 那些受到"高度关注"的物质必须在经济和技术可行的情况下用合适的替代品替代。[158] 欧盟保留了进一步有权限制使用对人类健康或环境构成"不可接受"的风险的物质。[159] 该规定也受"预防原则"(precautionary principle)的指导,该原则证明在科学上具有不确定性情况下进行监管干预的合理性,并使得该法规适用于更大范围的化学品监管。[160]

《关于化学品注册、评估、许可和限制的规定》的严格性还体现为它不仅监管新的化学品,还适用于在其颁布时,已经在欧盟市场上销售的成千上万种物质。[161]根据欧盟委员会的数据显示,已然存在的化学品占欧盟市场上所有物质的99%。[162]该规定的颁布极大地扩大了相关法规的范围,它总共适用于22 000多种化学品。[163]这也意味着与美国监管方法的又一个差异。与该规定不同,美国主要的化学监管法规《有毒物质控制法》(TSCA)对95%的现有化学物质不产生影响,因此对市场上绝大多数化学物质不做任何测试,[164]这自然导致该规定限制的化学物质比《有毒物质控制法》下限制的物质多很多。

欧盟和美国在监管化学品安全制度方面差异巨大,这并不仅限于《有毒物质控制法》只对现有化学品进行安全审查。1976年颁布的《有毒物质控制法》依然显得无效。[165]美国环境保护署(EPA)很少使用其监管权力来禁止使用新的物质,在1976年1月至1994年1月期间,它批准了24 000份申请中的90%的申请,没有对它们进行限制或额外检测。[166]《有毒物质控制法》的无效意味着美国在很大程度上依赖于行业自愿计划,而不是监管机构的关键监督。[167]例如,化学品制造商协会在1988年建立了一个重要的单边和先发制人的自我监管计划,这被称为"负责任的管理"(responsible care)。[168]负责任的管理以自我评估为基础,并有意将它设为先发制人的管理方式,以阻止来自政府的更强有力的监管。[169]尽管曾有几次尝试改革《有毒物质控制法》(部分由《关于化学品注册、评估、许可和限制的规定》所推动),美国化学品立法在范围和总体的严格程度上继续落后于欧盟。

政治经济学

欧盟严格的化学品法规反映出欧洲公民高度关注化学品对健康和环境的不利影响。2017年欧洲晴雨表一项调查报告称,74%的欧洲人担心普通塑料制品对健康的影响,87%的欧洲人担心塑料对环境的影响。[170]另外,84%的欧洲人担心一般产品中的化学物质对健康造成影响,90％的欧洲人担心这些化学物质对环境的影响。[171] 这些公民的担忧与统一监管对单一市场带来的巨大好处,[172]给了欧盟采取(严厉监管)行动的强大动力。《关于化学品注册、评估、许可和限制的规定》在一定程度上是对公众日益担忧化学品暴露造成长期影响的回应。[173]在2007年《规定》颁布之前,公众对化学品安全的担忧已经变得很强烈,这增添了该问题在政治上的重要性。在提出更严格监管的过程中,关注化学品安全的消费者得到了欧盟主要成员国、欧洲议会和一些著名非政府组织的支持。这些支持力量在21世纪初成功地将这一问题提到了欧盟的政治议程中。在奥地利、丹麦、芬兰和荷兰的支持下,瑞典率先推动制定新的化学品法规。[174]许多倡导环境、健康和消费者权益的非政府组织表示支持化学品预防原则。[175]非政府组织还呼吁建立全面风险识别,实施公共信息共享和逐步淘汰有害化学品,[176]并发起"化学品意识"运动,以引起公众兴趣。[177]这些组织也获得了部分商业团体的支持。特别是,寻求增强消费者信心和避免化学品丑闻的大型零售商支持 REACH。[178]相关监管机构也得到了欧盟委员会环境总司和欧洲议会环境委员会的大力支持。

尽管《关于化学品注册、评估、许可和限制的规定》得到大力支持,但在2007年获得通过前发生的政治博弈带来了很大的争议。虽然《规定》的支持者强调该法规对公共健康、消费者安全和环境的益处,但批评者声称,该法规会给制造商和进口商带来巨大成本,这些成本会通过漫长的供应链而最终传递给消费者。[179]批评者还声称,在最坏的情况下,该法规会阻碍创新物质的开发,因为担心它们无法满足严格的欧盟要求。[180]

鉴于化学工业的规模和范围,反对《关于化学品注册、评估、许可和限制的规定》并不奇怪。欧洲化学工业是欧洲第三大制造业,在2006年制定该规定时,该行业雇用了170万名员工。[181]可以预见,行业游说团体在该规定的整个发展过程中非常活跃。有评论家认为,这一规定"比30年来欧盟在环境立法领域的任何其他立法都更招致工业界的敌意"。[182]包括拜耳(Bayer)、巴斯夫(BASF)和壳牌化工(Shell Chemicals)在内的主要化学领域企业最初都断然拒绝将现有化学药品纳入该法规管辖范围。[183]行业游说团体也主张采取自我监管或更多的自愿措施,坚决反对采取预防原则,认为这会产生高成本并对竞争和就业造成负面影响。[184]然而,随着监管方案将被采纳这一事态变得越来越明显,该行业逐渐开始关注如何减少该规定带来的负担,而不是直接反对这一立法。[185]

鉴于欧洲法规的全球影响力,《关于化学品注册、评估、许可和限制的规定》也引发了美国化学行业开展强有力的游说。在小布什政府的全力支持下,美国公司进行了"长达八年的激烈反对",认为该规定会加重制造商的负担,对健康和环境几乎也没有好处。[186]2002 年,国务卿科林·鲍威尔(Colin Powell)引用他与化工生产贸易团体协商出来的谈话要点,指示美国驻欧洲使团的工作人员反对该规定。[187]美国政府向欧盟委员会提交了正式意见,反对该规定。美国环保署官员努力游说欧盟政府和企业代表反对该法规。[188]同样,在与本国行业的密切合作下,美国政府进一步努力"教导"其他国家,以便它们加入美国行列,提高对该规定的关注。[189]2006 年,美国驻欧盟外交使团组织澳大利亚、巴西、智利、印度、以色列、日本、马来西亚、墨西哥、新加坡、南非、韩国和泰国代表团发布联合声明,要求欧洲议会重新考虑上述法规。[190]

法国、德国、意大利、英国和爱尔兰等拥有大型化工企业的国家的高层政治家赞同该行业的观点。[191]其他重要盟友包括欧洲议会议员(MEPs)和欧盟委员会企业总司中亲商业的保守派或社会党成员。他们呼应化工行业对该规定的批评,强调《关于化学品注册、评估、许可和限制的规定》会带来监管成本和对欧洲行业竞争力的不利影响。[192]然而,一个由国家环境部长、欧盟委员会官员、欧洲议会议员和非政府组织代表组成的相对较小的联盟则致力于通过立法,以抵制对上述法规的严厉抵制。[193]

最终,《关于化学品注册、评估、许可和限制的规定》的最终版本反映了双方的妥协。针对行业对监管成本的担忧,欧盟委员会通过减少审查企业所需进行的报告和信息,减少约 100 亿欧元的监管成本。[194]该规定规范性的部分弱化可能归因于美国的游说努力,因为 2003 年修订后的提案反映了美国寻求的许多具体变化,包括将聚合物排除在法规监管之外。[195]尽管如此,该规定仍然是世界上最严格的化学品监管制度。

事实上的布鲁塞尔效应

《关于化学品注册、评估、许可和限制的规定》导致显著的事实上的布鲁塞尔效应,推动了全球众多行业的行为变化。[196]许多向欧盟出口大量产品的外国化学品制造商正向全球推行该规定标准,以避免被排除在欧盟市场之外。通常制造商发现为多个市场生产单一产品比生产众多特定市场产品更划算,因此它们有动力按照最严格的全球标准《关于化学品注册、评估、许可和限制的规定》进行生产。[197]在这种情况下,这种不可分割性主要是由生产中的规模经济所驱动,而不是法律或技术上无法生产不同产品。在原则上,公司可以运行两条涉及不同化学品的生产线,这在法律上不会有问题,在技术上不一定存在困难。然而,若通过分离生产以降低成本,这对公司而言通常是不经济的。该规定成为全球标准的另一个驱动因素是,若欧盟已将某类化学品确定为"高度关注的物质",则其下游用户会拒绝在其产品中包含这些物质。[198]鉴于化工产品具有漫长而复杂的供应链,即使供应链中有一种不合规的物质存在,也可能将其最终产品排除在欧盟市场之外,这导致以出口为主的化工制造商在全球范围内严格按照欧盟的标准进行生产。

让全球市场适用欧盟标准的另一个原因是《关于化学品注册、评估、许可和限制的规定》的信息生成功能和全世界消费者对"不安全"产品的敏感。例如,杜邦公司副总裁兼首席可持续发展官琳达·费舍尔(Linda Fisher)曾说,她的公司"不把这看作只是欧洲法规。我们在全球范围进行贸易",她补充说,"一旦一种化学品被列入欧盟(监管)名单,制造商很可能会面临放弃生产的压力……把'关注'(concern)这个词和一种化学物质联系起来,足以引发市场反应"。[199]同样,强生公司参考了美国和欧盟法规[200],并声称基于消费者信心,公司逐步淘汰了某些成分,尽管未牵涉任何健康问题。[201]当关注与儿童玩具或婴儿奶瓶等物品相关产品时,这种影响可能更大。[202]因此,与市场信息相关的声誉问题进一步放大了布鲁塞尔效应。

　　有几个案例说明跨国公司如何不断调整其全球生产以满足《关于化学品注册、评估、许可和限制的规定》的要求。化工行业的领导者陶氏化学宣布，其所有产品均符合该规定标准，适用于在欧盟和其他地方销售。[203]瑞士医疗保健跨国公司霍夫曼罗氏公司（Hoffman-La Roche）的目标是，在将受到高度关注的物质（SVHCs）被列入该规定候选清单后，该物质将在10年内在公司产品中被逐步淘汰。[204]为此，该公司正在全球范围内识别和移除其产品中所使用的SVHCs，不管其目标市场是否要求符合该规定标准。露华浓、联合利华和欧莱雅等大型化妆品生产商也对其所有产品进行了类似的配方重组，以符合该规定标准。[205]例如，欧莱雅根据欧洲消费者安全科学委员会的建议，将不再在某些产品中使用甲基异噻唑啉酮（MI）作为防腐剂。[206]欧莱雅声称："我们某些产品中使用的少数纳米材料已经按照欧洲标准进行了特定的安全评估。"[207]该公司还将欧盟标准视为基准，称其"染发产品含有获得监管机构批准的着色剂，对苯二胺（PPD）浓度至少比欧洲授权的最大浓度低2倍"。[208]

　　《关于化学品注册、评估、许可和限制的规定》的影响不仅限于密切相关的领域，如化学品制造、制药或化妆品行业，还对纺织和零售行业产生重大影响。当某些邻苯二甲酸盐（用来添加到塑料中以增加其弹性和耐用性的物质）成为该规定监管物质时，阿迪达斯、耐克和飒拉（Zara）承诺用危害性更小的替代品来替代其产品中的邻苯二甲酸盐。[209]巴西制造业巨头阿尔帕斯（Alpargatas）也基于该规定作出了改变，将邻苯二甲酸盐从广受欢迎的哈瓦那（Havaianas）凉鞋中除去。[210]尽管欧盟仅占该公司不到30％的出口，但阿尔帕加斯对哈瓦那所有系列产品进行了代价高昂的调整，无论其出口目的地是哪里。瑞典时装零售商H&M在许多非欧盟国家都有业务，[211]通过"应用预防原则"和"根据任何（其）销售国家的最高法律标准"制定化学监管规范，确保符合该规定和其他法规[212]及该公司的可持续发展承诺，其任何供应商或业务合作伙伴都必须签署协定，这鼓励其合作伙伴避免使用任何可能"具有持久性、生物累积性或毒性"的物质，即使没有法律义务要求这样做。[213]大型家具零售商宜家和玩具制造公司乐高和美泰同样都宣布其全球生产的产品不含聚氯乙烯(PVC)。[214]

上述案例表明,公司若想在欧盟销售其产品,会发现以较低标准对待其他国外市场时对自己很少是有利的。然而,也有布鲁塞尔效应未能影响到某些产品线的案例。例如,雅诗兰黛表示,其5%的生产采用单一安全标准,这表明其一小部分生产仍然是可分割的。[215]尽管有这样的反例,化学工业的总体趋势仍然有利于不可分割的生产,从而解释了事实上的布鲁塞尔效应在发挥作用。

在美国,《关于化学品注册、评估、许可和限制的规定》对8 000亿美元的美国化学工业的影响尤为深远。[216]通常,美国化工业毫无选择,只能遵守该规定以保持进入欧盟市场的通道。2008年,《华盛顿邮报》报道称:"我们(美国制造商)已经在寻找更安全的化学物质替代品,用于制造成千上万的消费品,从自行车头盔到浴帘。"[217]文章还引用了美国化学理事会政府和法规事务常务董事迈克·沃尔斯(Mike Walls)的话,他指出:"(理事会)90%的成员受到欧盟法律和法规的影响……有些负担不起合规成本……欧盟标准将迫使许多制造商重新设计它们在美国销售的产品。"鉴于上述案例所提到的,许多公司总部设在美国,很明显这些预测得到了证实。

一个有趣的问题是,事实上的布鲁塞尔效应是否会抵消特朗普政府正在进行的废除或限制美国环境法规(特别是关于有害化学品的法规)的努力。[218]例如,美国环保署(EPA)正在寻求与化学品相关的"更快的审查"和"在明确风险时更少教条的方法"。[219]美国环保署还在审查十种有毒化学品的生产限制,包括众所周知的石棉或六溴环十二烷(HBCD)等化学物质,后者通常用于黏合剂、脱漆剂、溶剂、清洁产品和汽车。[220]然而,根据过往案例,布鲁塞尔效应显示,只要美国制造商继续向欧盟出口其化学产品,它们就不太可能对其生产过程进行任何调整以适应美国相对宽松的法规。

法律上的布鲁塞尔效应

《关于化学品注册、评估、许可和限制的规定》还引发了显著的法律上的布鲁塞尔效应,促使一些市场通过了类似该规定的法律。已经实施或计划实施类似法规的司法管辖区包括中国、日本、马来西亚、塞尔维亚、韩国、瑞士和土耳其。[221]印度等其他国家也提出了类似的法规。[222]欧盟对外国效仿《关于化学品注册、评估、许可和限制的规定》的做法表示欢迎,宣称这一里程碑式的立法有可能在全球范围激发新的标准,[223]并承诺在需要时提供技术援助。例如,应阿根廷、智利、中国的请求,欧盟承诺提供合规支持。[224]除了提供技术援助,欧洲化学品管理局(ECHA)还经常与外国同行就监管进行对话,包括与澳大利亚、加拿大、日本和美国的同行。这种合作导致国际统一化学信息数据库和QSAR工具箱这些软件工具的开发,以便在全球范围帮助监管机构和制造商组织、评估、存储和交换有关化学品安全的数据。[225]欧盟进一步成为一系列多边化学品公约背后的驱动力,在此过程中有时也能成功提升相关全球标准。[226]然而,在有些情况下,欧盟的影响力会受到其他强国(如美国)的制约。[227]另外,这些多边公约只针对狭窄的特定的化学物品,而不是针对更多系列化学品提供总体监管。[228]由于缺乏全面的全球层面的化学品政策,这使得该规定的全球化更加重要。

外国政府效仿《关于化学品注册、评估、许可和限制的规定》有很多原因。例如,以出口为导向的生产商有动机向本国政府施压,要求其在国内通过与该规定相当的立法。基于事实上的布鲁塞尔效应,出口生产商已达到该规定标准,这些公司在为其国内市场生产类似产品时不会面临额外的成本。[229]法律上的布鲁塞尔效应使它们能够与国内竞争者公平竞争,这些竞争者在欧盟市场并不活跃,也不需要遵守该规定的严格规则。效仿的另一个原因是外国消费者健康和环境活动家因该规定的实施而获得动力,他们将欧盟法规作为推动本国立法改革的基准。[230]

法律上的布鲁塞尔效应在不同的司法管辖区产生了不同程度的影响。一方面,美国在《关于化学品注册、评估、许可和限制的规定》的影响下修订了其联邦化学品法规,但仍保持不同的监管方式。另一方面,韩国实施了 K-REACH 法,这一规定与《关于化学品注册、评估、许可和限制的规定》非常相似。在中间地带,日本和中国等国家借鉴了《关于化学品注册、评估、许可和限制的规定》的某些方面,将其纳入广泛的化学品监管政策。

在美国,《关于化学品注册、评估、许可和限制的规定》推动了州级监管改革,[231]这些改革承认化学品行业的全球性以及美国公司遵守该规定的现实需求,包括收集与生产相关的安全信息的需求。[232]例如,在加利福尼亚州,该规定带来的压力被看作在州内使用相同数据的令人信服的理由。因此,加州有毒物质控制部门现在被要求在其化学品法规中“尽最大可能”使用其他国家提供的安全信息,其中最重要的是包括来自欧盟的信息。[233]

各种倡议团体呼吁修改美国联邦化学品监管立法《有毒物质控制法》(TSCA)的努力在很长一段时间内都不太成功,主要是因为强大的行业反对。然而,该法最终在 2016 年进行了修订,这主要是由于州一级的化工行业的阻力不断减弱,该法也变得越来越支离破碎,国际性法规却在不断扩大。[234]在某种程度上,《关于化学品注册、评估、许可和限制的规定》为《有毒物质控制法》的最终修订提供了催化剂。[235]鉴于许多大型美国化学品制造商已经遵守该规定,支持国内类似法规也符合这些大型制造商的利益。修订《有毒物质控制法》的另一个动力是,人们意识到美国已将该行业大部分监管让给了欧盟进行。卡嘉·比登科普夫(Katja Biedenkopf)的研究表明,遵守该规定使得美国化工行业的立场从反对转变为支持《有毒物质控制法》改革。[236]在 2011 年的国会听证会上,美国化学委员会主席认为:“我们必须从加拿大和欧盟的成功与失败的经验中吸取教训……美国曾经(在此领域)保持全球领导地位,将来也必须如此。”[237]杜邦公司副总裁兼首席可持续发展官同样认为,将制定指导化学品商业的政策的责任让给欧盟或中国是不明智的。[238]

《有毒物质控制法》修正案引入了一种相当于《关于化学品注册、评估、许可和限制的规定》的管理方法,尽管《有毒物质控制法》对提前了解化学品相关信息的要求要少。为“环境保护基金”追踪化学品安全的生物化学家理查德·丹尼森(Richard Denison)认为,这两个监管方案可能会产生类似结果,他解释道,环境保护署“现在必须做出一个肯定的结论,即只有化学品安全时才能让它进入市场”。[239]行业评论员总结道,《有毒物质控制法》修正案使美国向一个更类似于《关于化学品注册、评估、许可和限制的规定》的系统发展,但也存在一些重要差别。[240]

例如,尽管《有毒物质控制法》确实要求在一种新的化学物质进入市场前需得到美国环境保护署的首肯,但它也要求该机构证明存在"不合理的风险",以便对该化学物质进行监管。[241] 这与该规定的方法形成对比,后者要求制造商和进口商证明化学物质风险得到充分的控制。[242]

一些评论家认为,很难将《关于化学品注册、评估、许可和限制的规定》的影响与促成《有毒物质控制法》改革的其他经济和政治因素区分开来。昂德雷·菲利佩奇(Ondrej Filipec)指出,"很难确定(美国监管上的变化)在多大程度上受到该规定的直接影响,以及在多大程度上可以被视为没有任何外国影响下的单一监管体系内的功能性的和渐近性的发展。"[243] 然而,根据其他评论者的观点来看,该规定产生的数据在包括美国在内的许多管辖区被证明是有用的和有影响力的。根据卡嘉·比登科普夫的观点,该规定下产生的欧盟数据是修改《有毒物质控制法》立法辩论的一部分。[244] 美国环保协会也用它来说明两大监管系统之间的差异。[245] 随着数据透明度不断提高,美国环保署发布了 7 600 多种化学品信息,并公布了 100 多个以前保密的化学品识别信息。[246] 此外,如前所述,加州在其在线数据库"有毒物质信息交换场所"中使用欧盟数据。[247]

《关于化学品注册、评估、许可和限制的规定》的数据影响其他管辖区市场行为的另一个可能途径是通过私人进行毒物侵害相关的诉讼。[248] 例如,欧洲代理和研究机构联盟创建了一个在线工具——高级《关于化学品注册、评估、许可和限制的规定》工具(ART)——在输入给定数据(如通风率和房间大小)情况下,可以对苯暴露进行建模和评估。至少有一家美国联邦法院发现,基于 ART 的专家意见在评估原告有关苯接触量方面可能是可靠的,[249] 但没有证据表明,这种证词的使用是普遍的,或该规定的数据在私人诉讼中被广泛或经常使用。这说明与私人诉讼中的当事人相比,外国政府使用该规定产生的数据更为经常。一个有趣的问题是,随着美国现任政府采取措施撤销化学品安全法规(如前所述),及安全倡导者越来越多地诉诸法院进行辩护,这种情况是否会改变?

欧盟对韩国化学品安全法规的影响或许是法律上的布鲁塞尔效应

的最好例证。2013 年,韩国通过了《化学物质的登记与评价法》,也被称为"K-REACH"[250]。在其起草过程中,韩国与欧洲化学品管理署等欧盟机构进行了密切磋商。[251] 因此,K-REACH 与欧盟的监管框架非常相似,复制了其大部分注册和报告方面的规定。[252] 不过尽管在实质内容和语言上非常相似,但 K-REACH 与欧盟的《关于化学品注册、评估、许可和限制的规定》依然有所相同。[253] 例如,《规定》不要求披露每年低于 1 吨的生产或进口物质,而 K-REACH 对此进行了修订,要求每年进口或生产的新物质大于 100 公斤的话需要进行登记,使 K-REACH 在这方面更加严格。[254] 另一方面,K-REACH 最初不要求登记现有化学品,只要求登记新化学品,预计仅涵盖 2 000 种物质,[255] 这使得 K-REACH 的范围比《规定》小得多,而《规定》要求对所有现有化学制品进行登记,其涵盖 22 000 多种物质。[256] 但是根据 K-REACH 的最新修正案,所有现有物质都必须预先告知,登记行为将在 2030 年前分阶段进行,具体时间取决于制造或进口的吨位。[257]

考虑到韩国公司面临的重大风险,韩国通过此类类似欧盟的法律或许并不那么令人吃惊。韩国贸易投资振兴代理处在 2007 年的一份报告中强调,化学制品在韩国对欧盟的出口中并不占很大比率,但韩国对欧盟的大部分主要出口产品(如汽车、无线通信设备、半导体和船舶)都含有化学品,属于《规定》的管辖范围。[258] 2008 年,韩国环境部长称《规定》对韩国公司构成"重大贸易壁垒",具有重大经济影响,因为欧盟是仅次于中国的韩国第二大出口市场。[259] 在同一篇讲话中,该部长还表示,欧盟似乎具有战略意图,将《规定》作为一种武器来提高欧盟产品在全球市场上的竞争力,并施加全行业的影响。[260]

K-REACH 的立法意见讨论了采用的原因,包括应对欧盟采用《关于化学品注册、评估、许可和限制的规定》的需要以及日本等其他主要贸易伙伴对化学物质日益增加的监管。[261] 韩国环境部同样强调,考虑到欧盟的法规,K-REACH 是一种"必需品",再加上日本和中国也决定采用类似法规。除了这些外部原因外,K-REACH 也被视为保护公民健康和国家生态系统的关键工具。[262]

日本提供了另一个法律上的布鲁塞尔效应的案例,尽管不是很贴切。日本复制了《关于化学品注册、评估、许可和限制的规定》的一些要素，但也借鉴了加拿大的化学品立法条款，如优先顺序和风险评估相关内容。[263]例如，日本在 2009 年[264]修订其《化学物质控制法》时部分参照了《规定》，将内分泌干扰物指定为高风险化学品。[265]此外，日本在如何界定需高度关注的化学品的范围及对已上市物质提供快速审查方面遵循了该规定。[266]但是，日本法律对行业施加的信息负担比《规定》要轻。例如，日本没有要求披露整个供应链的信息。重要的是，日本政府承担风险评估责任，而根据该规定，制造或进口数量超过 10 吨化学品的行业需自行承担该责任。[267]根据内记香子（Yoshiko Naiki）的说法，在日本引入行业责任原则可能没有必要，因为《规定》已经提供了安全和毒性信息，因此欧盟以外的监管机构可能已经可以公开获得这些信息。[268]

　　《关于化学品注册、评估、许可和限制的规定》也影响了中国的监管改革。卡嘉·比登科普夫和朴大荣（Dae Young Park）认为，中国 2010 年发布的《新化学物质环境管理办法》和该规定之间的相似性证明中国借鉴了欧盟政策。[269]例如，中国基于吨位的告知要求（即根据 1 吨、10 吨等进行不同披露），与该规定的结构类似。因此，两套法规都应用了"更大容量、更多数据"的原则。[270]此外，中国的改革与该规定一样，要求生产商和进口商遵守年度报告和记录要求。[271]最后，中国 2010 年的法规第 2 条使用了与该规定相似的措辞，将该规定适用于正常使用的新化学物质产品，尽管中国法规的适用范围略窄。[272]

　　中国对各种消费品以及儿童玩具和地毯的监管，也源于中国产品需要符合其主要出口目的地欧盟的法规。例如，在欧盟限制在玩具中使用邻苯二甲酸酯增塑剂一年后，中国在 2014 年更新了自己类似欧盟的玩具安全标准。[273]因此中国新的安全标准呈现出一个重大变化，它是参考现行的欧盟标准制定的。[274]中国还发布了儿童地毯安全要求的行业标准大纲草案，限制使用甲醛物质，[275]该物质被《关于化学品注册、评估、许可和限制的规定》列为需要"优先注意"，并被归类为可能损害生育能力或未出生孩子的有害物质。中国的新法规进一步限制了可溶性金属在儿童地毯成分中的使用，同样参考了相关的欧盟标准。[276]

　　这些案例表明，《关于化学品注册、评估、许可和限制的规定》不仅影响了私营公司的商业行为,也影响了世界各地的立法者的法律颁布,他们将欧盟的化学品安全标准纳入其监管框架。不出所料,欧盟仍是一些国家的主要出口市场,该规定尤其受到这些国家政府的追捧。与此同时,美国坚定地保留了自己的原则,不愿接受欧盟更具预防性的监管模式。然而,鉴于事实上的布鲁塞尔效应对美国大公司行为的影响程度,法律上的布鲁塞尔效应在美国的缺失可能不太相关,特别是因为该规定在世界各地的广泛采用使得不符合该规定的产品越来越难以找到替代出口目的地。因此,只有纯粹的美国国内运营商才有可能利用其国内市场普遍存在的宽松监管。

本章研究了欧盟消费者健康和安全法规的两个重要领域:食品安全和化学品安全。食品安全为检验布鲁塞尔效应的普遍性和局限性提供了一个有趣的案例。讨论表明,在包括转基因生物监管在内的一些食品安全领域,布鲁塞尔效应非常普遍。这在很大程度上是由于转基因作物种植在技术上的不可分割性,因为任何转基因生物的意外交叉污染会使含有微量转基因生物的非转基因产品不适合进入欧盟市场。布鲁塞尔效应因法律上的不可分割性而增强,特别是跨国食品加工商倾向于规避与转基因生物意外交叉污染相关的法律风险,并经常避免从种植这两种品种的农民那里采购产品。

然而,在其他一些情况下,可分割性并不是一个制约因素,公司可根据不同的消费者偏好定制其食品。一般而言,可分割性在消费者偏好既多样又突出,且可分割性在技术上可行及在经济上可管理的产品中更为常见。此外,从本章研究的若干案例来看,对于加工食品(如玛氏公司),制造商可更好地控制生产过程,并将不同生产线分开,因此可分割性更有可能,也因此布鲁塞尔效应就不太常见。相比之下,在露天种植作物的情况下,不可分割性更为可能,因此布鲁塞尔效应也更常见,符合欧盟标准和不符合欧盟标准的品种混合的话风险更高,例如某些转基因生物或杀虫剂会引发相关问题。此外,布鲁塞尔效应更有可能发生在供应链较长的情况下,即使一个行为者在供应链的一个阶段犯了错误,也可能导致整个供应链失去进入欧盟市场的机会。

化学工业在这方面的表现情况稍有不同。与食品相反,制造商可以通过定制产品以适应不同的消费者偏好来获得巨大收益,而以同样的方式定制化学品的生产则可能收效甚微。世界各地的消费者很可能希望他们的化学品是安全的,尽管他们为提高安全性进行支付的意愿可能有所不同。一些消费者也可能关心化学品的可持续性,而其他人可能更重视他们支付的零售价格。然而,除了这些考虑之外,终端消费者很少对他们购买的产品和消费的食品中化学物质的精确成分有如此深刻的偏好。因此,经济因素(如规模经济的好处)是化学工业中布鲁塞尔效应背后更重要的驱动因素。这两个监管领域的共同点在于,跨国生产流程、全球关联产业和长供应链都是促成事实上的布鲁塞尔效应的重要因素。

　　除影响全球商业行为外,欧盟还成功地向海外输出了许多食品和化学品相关的单边或多边法规。与食品安全监管领域相比,法律上的布鲁塞尔效应较少依赖于欧盟在食品安全监管领域的单边主义,而是业已建立起来的多边和双边渠道;而化学安全监管领域即使多边和双边渠道较弱,而法律上的布鲁塞尔效应仍然有发生。

　　尽管每个监管领域背后的动力各不相同,但欧盟的食品安全和化学品安全制度都说明布鲁塞尔效应如何能在全球范围造成更高的监管标准,无论是由于公司在全球范围独立调整其标准以适应欧盟规则,还是通过外国政府模仿更严格的欧盟法规而进行改变。在这两个领域,远在欧盟之外的跨国企业和消费者都感受到欧盟法规的影响,无论是生产和消费更安全、更可持续的食品,还是生产和购买含有更安全化学品的产品。

注　释

1. *Import Conditions*,European Comm'n,https://ec. europa. eu/food/safety/international_affairs/trade_en[https://perma. cc/W2WB-P9AE](last visited May 24, 2019).

2. George Smith,*EU Remains Biggest Importer and Exporter of Agri-Food Products*,New Food Magazine(June 8, 2018),https://www. newfoodmagazine. com/news/67520/eu-biggest-importer-exporter/[https://perma.cc/XTK8-5GAE].

3. 例如参见 *A Brief Look at Europe's Tainted Food Scandals*,Daily Sabah Europe (Aug.11, 2017, 8:53 PM),https://www. dailysabah. com/europe/2017/08/11/a-brief-

look-at-europes-tainted-food-scandals[https://perma.cc/5LW2-35CW]。

4. European Commission Press Release，"BSE：UK Beef Embargo to be Lifted"（Mar. 8，2006）（http://europa. eu/rapid/press-release _ IP-06-278 _ en. htm [https://perma.cc/YUN4-8T4Q]）. It should be noted that there is no scientific certainty that infected beef did in fact transmit BSE to humans. *BSE：Whatis It and Where Does it Come From?* Irish Times（Jun.11，2015，1:12 PM），https://www. irishtimes. com/news/ireland/irish-news/bse-what-is-it-and-where-does-it-come-from-1. 2245903 [https://perma.cc/DC33-KP3L].

5. Rose Troup Buchanan，*Mad Cow Disease in the UK：What is BSE and What Are the Symptoms?* The Indep.（Oct.1，2015，2:45 PM），https://www.independent.co.uk/news/uk/home-news/mad-cow-disease-in-the-uk-what-is-bse-and-what-are-the-symptoms-a6675351.html[https://perma.cc/SC5D-X75J].

6. Maria Weimer，Risk Regulation in the Internal Market 59(2019).

7. *Food Safety：Overview*，European Comm'n(last visited Apr.23, 2019)，https://ec.europa.eu/food/overview_en[https://perma.cc/TW82-DLNJ].

8. 参见 generally *Food Safety in the EU*，European Union(last visited Apr. 23, 2019)，https://europa. eu/european-union/topics/food-safety _ en [https://perma. cc/T3NY-6UQT]。

9. Regulation（EU）No 1169/2011 of the European Parliament and of the Council of 25 October 2011 on the Provision of Food Information to Consumers，Amending Regulations（EC）No 1924/2006 and（EC）No 1925/2006 of the European Parliament and of the Council，and Repealing Commission Directive 87/250/EEC，Council Directive 90/496/EEC，Commission Directive 1999/10/EC，Directive 2000/13/EC of the European Parliament and of the Council，Commission Directives 2002/67/EC and 2008/5/EC and Commission Regulation（EC）No 608/2004，2011 O.J.（L 304）.

10. 例如参见 Regulation（EC）No 178/2002 of the European Parliament and of the Council of 28 January 2002 laying down the general principles and requirements of food law，estab-lishing the European Food Safety Authority and laying down procedures in matters of food safety，2002 O.J.（L 31）；Regulation（EC）No 882/2004 of the European Parliament and of the Council of 29 April 2004 on official controls performed to ensure the verifica-tion of compliance with feed and food law，animal health，and animal welfare rules，2004 O.J.（L 165）。

11. 例如参见 Directive 2001/18 on the Deliberate Release Into the Environment of Genetically Modified Organisms，2001 O.J.（L 106），1；Regulation（EC）No.1829/2003 of the European Parliament and of the Council of 22 September 2003 on Genetically Modified Food and Feed，2003 O.J.（L 268）；Regulation（EC）No 1830/2003 of the European Parliament and of the Council of 22 September 2003 Concerning the Traceability and Labelling of Genetically Modified Organisms and the Traceability of Food and Feed Products Produced from Genetically Modified Organisms and Amending Directive 2001/18/EC。GMO 一词指的是利用生物技术改变活细胞和生物的基因构成，以提高它们的特性，如抗病能力或提高作物产量。这种转基因生物被称为 GMO。使用转基因生物生产的食品和饲料被称为转基因食品或转基因饲料。欧盟监管转基因生物以及转基因食品和饲料的种植和交易。参见 European Commission，Press Release

MEMO/15/4778，"Fact Sheet: Questions and Answers on EU's Policies on GMOs" (Apr.22, 2015), http://europa.eu/rapid/press-release_MEMO-15-4778_en.pdf。

12. *About EFSA*，European Food Safety Auth.，https://www.efsa.europa.eu/en/aboutefsa[https://perma.cc/4KN5-RRG2] (last visited Apr.23, 2019).

13. Regulation (EC) No.178/2002 of the European Parliament and of the Council of 28 January 2002 Laying Down the General Principles and Requirements of Food Law, Establishing the European Food Safety Authority and Laying Down Procedures in Matters of Food Safety, 2002 O.J. (L 31), 13.

14. 参见 Commission Implementing Regulation (EU) No 503/2013 of 3 April 2013 on Applications for Authorisation of Genetically Modified Food and Feed in Accordance with Regulation (EC) No 1829/2003 of the European Parliament and of the Council and Amending Commission Regulations (EC) No 641/2004 and (EC) No 1981/2006, 2013 O.J. (L 157), 6。

15. Regulation (EU) No 182/2011 of the European Parliament and of the Council of 16 February 2011 laying down the rules and general principles concerning mechanisms for control by Member States of the Commission's exercise of implementing powers, 2011 O.J. (L 55).

16. *Id.*

17. *EU Register of Authorised GMO*，European Comm'n, http://ec.europa.eu/food/dyna/gm_register/index_en_new.cfm (reviewing records for "Registered" products for "Authorized use" of "seeds for cultivation")(last visited Apr.23, 2019).

18. *Id.*

19. European Comm'n, Press Release, *supra* note 11.

20. 参见 Directive (EU) 2015/412 of the European Parliament and of the Council of 11 March 2015 amending Directive 2001/18/EC as regards the possibility for the Member States to restrict or prohibit the cultivation of genetically modified organisms(GMOs) in their territory Text with EEA relevance, 2015 O.J. (L 68);另见 European Commission, Press Release, *supra* note 11。

21. *Majority of EU Nations Seek Opt-Out from Growing GM Crops*，Reuters (Oct. 4, 2015, 11:26 AM), https://www.reuters.com/article/us-eu-gmo-opt-out/majority-of-eu-nations-seek-opt-out-from-growing-gm-crops-idUSKCN0RY0M320151004 [https://perma.cc/AG7M-MPPT].

22. Regulation (EC) No 1830/2003 of the European Parliament and of the Council of 22 September 2003 Concerning the Traceability and Labelling of Genetically Modified Organisms and the Traceability of Food and Feed Products Produced from Genetically Modified Organisms and Amending Directive 2001/18/EC, 2003 O.J. (L 268); Regulation (EC) No 1829/2003 of the European Parliament and of the Council of 22 September 2003 on Genetically Modified Food and Feed (Text with EEA relevance), 2003 O.J. (L 268).

23. Regulation (EC) No 1830/2003 of the European Parliament and of the Council of 22 September 2003 Concerning the Traceability and Labelling of Genetically Modified Organisms and the Traceability of Food and Feed Products Produced From Genetically Modified Organisms and Amending Directive 2001/18/EC, 2003 O.J. (L 268), 24, 26—27.

24. *Traceability and Labelling*，European Comm'n，https://ec. europa. eu/food/ plant/gmo/traceability_labelling_en［https://perma. cc/AH7B-7FXT］（last visited Apr. 29，2019）；Regulation（EC）No. 1830/2003 of the European Parliament and of the Council of 22 September 2003 Concerning the Traceability and Labelling of Genetically Modified Organisms，2003 O.J. (L 268)24, 26—27.

25. Koreen Ramessar，Teresa Capell，Richard M. Twyman &. Paul Christou，*Goingto Ridiculous Lengths—European Coexistence Regulations for GM Crops*，28 Nature Biotech 133，134(2010).

26. 参见 European Comm'n，Special Eurobarometer 354：Food-Related Risks （2010），http://ec. europa. eu/commfrontoffice/publicopinion/archives/ebs/ebs_354_en. pdf［https://perma.cc/F282-G2KA］。

27. Joshua Chaffin &. Hugh Carnegy，*How Food Scares Galloped Across Europe*，Fin. Times（Feb. 11，2013），https://www. ft. com/content/8b94164c-7452-11e2-80a7-00144feabdc0（on file with author）.

28. *Id.*

29. *DS 26：European Communities—Measures Concerning Meat and Meat Products （Hormones）*，World Trade Org.，https://www.wto.org/english/tratop_e/dispu_e/cases_ e/ds26_e.htm［https://perma.cc/ES5P-KBBQ］（last updated Apr.12，2016）.

30. *DS 389：European Communities—Certain Measures Affecting Poultry Meat and Poultry Meat Products from the United States*，World Trade Org.，https://www. wto.org/english/tratop _ e/dispu _ e/cases _ e/ds389 _ e. htm［https://perma. cc/SU46-DLGN］（last updated Feb.24，2010）.

31. Tom Delreux &. Sandra Happaerts，Environmental Policy and Politics in the European Union 186(2016).

32. 参见 European Comm'n，Eurobarometer 55. 2：Europeans，Science，and Technology 40（2001），http://ec. europa. eu/research/press/2001/pr0612en-report. pdf ［https://perma.cc/ND4A-J4V3］；European Comm'n，Special Eurobarometer 238：Risk Issues 53（2006），http://ec. europa. eu/public _ opinion/archives/ebs/ebs _ 238 _ en. pdf ［https://perma.cc/9JJ8-HKT9］。

33. 参见 European Comm'n，Special Eurobarometer 341：Biotechnology 31(2001)，http://ec. europa. eu/commfrontoffice/publicopinion/archives/ebs/ebs _ 341 _ en. pdf ［https://perma.cc/CH7G-SZQW］。

34. European Comm'n，Eurobarometer 354：Food Related Risks 30(2010)，http:// ec. europa. eu/commfrontoffice/publicopinion/archives/ebs/ebs _ 354 _ en. pdf［https:// perma.cc/NH2C-9Q8A］.

35. Hans-Georg Dederer，*The Challenge of Regulating Genetically Modified Organisms in the European Union：Trends and Issues*，*in* Contemporary Issues in Environmental Law Japan and EU 152(Yumiko Nakanishi，ed.，2016).

36. Tomasz Twardowski &. Aleksandra Małyska，*Social and Legal Determinants for Marketing of GM Products in Poland*，29 New Biotechnology 249(2012).

37. Tom Delreux &. Happaerts，*supra* note 31，at 183.

38. Andrew Willis，*EUReceives Anti-GMOPetition Amid Raging Legal Battle*，EU Observer（Dec. 10 2010，9：25 AM），https://euobserver. com/environment/31474

〔https：//perma.cc/MJD9-5KWU〕.

39. James Kanter，*BASF to Stop Selling Genetically Modified Products in Europe*，N.Y. Times(Jan.16，2012)，https：//www.nytimes.com/2012/01/17/business/global/17iht-gmo17.html(on file with author).

40. Joshua Chaffin &. Jim Pickard，*Monsanto to Drop Applications to Grow GM Crops in EU*，Fin. Times(July 17，2013)，https：//www.ft.com/content/aed5e0a8-ef1e-11e2-9269-00144feabdc0(on file with author).

41. Tom Delreux &. Happaerts，*supra* note 31，at 183.

42. 参见 Statement of Policy：Foods Derived from New Plant Varieties，57 Fed. Reg.22，984，22，988，22，991 (May 29，1992)。

43. Prakash &. Kelly L. Kollman，*Biopolitics in the EU and the U.S.：A Race to the Bottom or Convergence to the Top?*，47 Int'l Stud. Q.617，627，629—634(2003).

44. *What GM Crops are Currently Being Grown and Where?* Royal Soc'y，https：//royalso-ciety. org/topics-policy/projects/gm-plants/what-gm-crops-are-currently-being-grown-and-where/〔https：//perma.cc/HB6L-CWPP〕(last visited Apr.22，2019).

45. Thomas J. Hoban，*Public Attitudes Towards Agricultural Biotechnology*，Table 1(The Food and Agriculture Organization of the United Nations，ESA Working Paper No.04—09，2004).

46. *Id.* citing *MSU Food Literacy and Engagement Poll：Wave I*，Food@MSU (Aug.17，2017)，http://www. canr. msu. edu/news/msu-food-literacy-and-engagement-poll〔https：//perma. cc/YH8E-W285〕；Brad Buck，*UF Study：Consumers See 'Organic' and 'non-GM' Food Labels as Synonymous*，UF IFAS Blogs (Oct. 23，2017)，http://blogs. ifas. ufl. edu/news/2017/10/23/uf-study-consumers-see-organic-non-gm-food-labels-synonymous/〔https：//perma.cc/D6DN-427Q〕.

47. *U. S. Polls on GE Food Labeling*，Ctr. Food Safety，https：//www. centerforfoodsafety. org/issues/976/ge-food-labeling/us-polls-on-ge-food-labeling〔https：//perma.cc/W2WV-GSKQ〕(last visited Apr.22，2019).

48. Consumer Reports Nat'l Research Ctr.，Consumer Support for Standardization and Labeling of Genetically Engineered Food 2(2014)，http://www.justlabelit.org/wp-content/uploads/2015/02/2014_GMO_survey_report. pdf〔https：//perma. cc/GJ8D-T5GF〕.

49. *DS 291：European Communities—Measures Affecting the Approval and Marketing of Biotech Products*，World Trade Org.，https：//www. wto. org/english/tratop_e/dispu_e/cases_e/ds291_e. htm〔https：//perma. cc/76FT-DZ2X〕(last updated Apr.16，2019)；另见 Mark A. Pollack and Gregory C. Shaffer，When Cooperation Fails：The International Law and Politics of Genetically Modified Foods(2009)。

50. David Langlet &. Said Mahmoudi，EU Environmental Law and Policy 339—340 (2016).

51. 参见 Charles E. Hanrahan，Cong. Research Serv.，RS21556，Agricultural Biotechnology：The U.S.-EU Dispute 6(2010)；另见 Minutes of Meeting，WT/DSB/M/311，at 6—7 (Mar.15，2012)；*DS 291：European Communities—Measures Affecting the Approval and Marketing of Biotech Products：Current Status*，World Trade Org.，http://www.wto. org/english/tratop_e/dispu_e/cases_e/ds291_e. htm〔https：//perma.

cc/76FT-DZ2X〕(last updated Apr.16，2019)。

52. Dederer，*supra* note 35，at 147—148.

53. 参见 Hanrahan，*supra* note 51。

54. Commission Regulation (EU) No 619/2011 of June 24，2011，Laying Down the Methods of Sampling and Analysis for the Official Control of Feed as Regards Presence of Genetically Modified Material for Which an Authorisation Procedure is Pending or the Authorisation of Which has Expired，2011 O.J. (L 166).

55. Commission Regulation (EU) No 619/2011 of 24 June 2011 Laying Down the Methods of Sampling and Analysis for the Official Control of Feed as Regards Presence of Genetically Modified Material for Which an Authorisation Procedure is Pending or the Authorisation of Which has Expired，2011 O.J. (L 166).

56. Richard B. Stewart，*GMO Trade Regulation and Developing Countries* 6—7 (Pub. Law & Legal Theory Research Paper Series，Working Paper No.09—70，2009).

57. 例如参见 Stewart，*supra* note 56，at 10；Linda Kleemann et. al.，*Certification and Access to Export Markets：Adoption and Return on Investment of Organic-Certified Pineapple Farming in Ghana*，64 World Dev. 79 (2014)；Spencer Henson，Oliver Masakure & John Cranfield，*Do Fresh Produce Exporters in Sub-Saharan Africa Benefit from GlobalGAP Certification?* 39 World Dev.375(2011)。

58. Kleemann，*supra* note 57 at 87.

59. 例如参见 Andrew Graffham，Esther Karehu & James MacGregor，Fresh Insights Number 6：Impact of EurepGAP on Small-Scale Vegetable Growers in Kenya (2007)，https://assets. publishing. service. gov. uk/media/57a08be6ed915d3cfd001018/60506fresh_insights_6_EurepGapKenya. pdf；Andrew Graffham & James MacGregor，Fresh Insights Number 5：Impact of EurepGAP on Small-Scale Vegetable Growers in Zambia(2007)，https://assets.publishing.service.gov.uk/media/57a08be840f0b64974000e70/60506FI5_EurepGAPZambia.pdf。

60. *EU Member States*，European Food Safety Auth，https://www.efsa.europa.eu/en/partnersnetworks/eumembers〔https://perma. cc/PY8T-6BD6〕(last visited Oct.27，2018).

61. U.S. D.A.，Press Release，"U.S. Farm Exports Hit Third-Highest Level on Record," 16 Nov.2017(https://www.fas.usda.gov/newsroom/us-farm-exports-hit-third-highest-level-record)〔https://perma.cc/HB5Q-YFE6〕.

62. However，trade diversion may entail the producers being able to sell their crop at a lower price in alternative export markets.

63. Katharine Gostek，*Genetically Modified Organisms：How The United States' and the European Union's Regulations Affect the Economy*，24 Mich. St. Int'l L. R. 761，787—790(2016).

64. 参见 Prakash & Kollman，*supra* note 43，at 632。

65. Gostek，*supra* note 63，at 790—794.

66. *Why M & M's Are Made With Natural Coloring in the EU and not the U.S.*，WBUR (Mar. 28，2014)，http://www. wbur. org/hereandnow/2014/03/28/artificial-dyes-candy〔https://perma.cc/GM93-6M3H〕；Donna McCann et al. *Food Additives and Hyperactive Behaviour in 3-Year-Old and 8/9-Year-Old Children in the Community：A*

Rendomised, *Double-Blinded*, *Placebo-Controlled Trial*, 370 Lancet 1560(2007).

67. Robyn O'Brien, *US Food Companies Have Removed Food Dyes in the UK—Why Not Here?*, Robyn O'Brien（Apr. 9, 2015）, https：//robynobrien. com/us-food-companies-have-removed-food-dyes-in-the-uk-why-not-here/［https：//perma. cc/S7XJ-L4QM］.

68. WBUR, *supra* note 66.

69. Melissa Kravitz, *6 Foods that are Legal in the US but Banned in Other Countries*, Bus. Insider(Mar. 1, 2017, 5：49 PM）, https：//www. businessinsider. com/foods-illegal-out-side-us-2017-3?IR＝T［https：//perma. cc/4R44-FRPF］.

70. Kravitz, *supra* note 69.

71. *Id*.

72. 在所有这些情况下，美国消费者的压力促进了欧盟标准的全球化。例如，ADA 也被称为"瑜伽垫化学制品"——因为瑜伽垫中使用了相同的化学物质——这使其成为反对在食品中使用 ADA 的公共运动中的一个引人注目的参考。Virginia Chamlee, *Subway Wasn't the Only Chain to Use the "Yoga Mat Chemical" in Its Bread*, Eater （Aug. 8, 2016, 4：00 PM）, https：//www. eater. com/2016/8/8/12403338/subway-yoga-mat-chemical-mcdonalds-burger-king-wendys［https：//perma. cc/7ZQJ-TQSN］.

73. 例如参见 Sarah Kobylewski &. Michael E. Jacobson, Food Dyes：A Rainbow of Risks（2010）, https：//cspinet. org/sites/default/files/attachment/food-dyes-rainbow-of-risks. pdf［https：//perma. cc/G2M8-FVCA］; WBUR, *supra* note 66。

74. 在法国，食品进口商必须获得"EUHACCP"认证，这是一项严格的食品卫生和安全标准。

75. Tomohiro Machida, *Japanese Dried Fish Flake Group Hope to Find Agreeable French Palates*, Nikkei Asian Rev.(Sept. 27, 2014, 1：00 PM）, https：//asia. nikkei. com/Business/Trends/Japanese-dried-fish-flake-group-hopes-to-find-agreeable-French-palates ［https：//perma. cc/B952-NKN7］.

76. 参见 *The Costs of GMO Labeling*, Foodie Farmer（Apr. 8, 2014）, https：//thefoodiefarmer. blogspot. com/2014/04/the-costs-of-gmo-labeling. html［https：//perma. cc/3ZQ9-XJ9A］。

77. 参见 Charles E. Hanrahan, Cong. Research Serv., RS21556, Agricultural Biotechnology：The U.S.-EU Dispute 5(2010）。

78. 参见 Hanrahan, *supra* note 51, at 5。

79. *Id*. at 245.

80. *Id*. at 469；另见 David Vogel, The Politics of Precaution：Regulation Health, Safety, and Environmental Risks in Europe and the United States 86(2012）。

81. CropLife Int'l, Fact Sheet：Adventitious Presence(AP) or Low Level Presence （LLP）, https：//croplife. org/wp-content/uploads/pdf＿files/Fact-Sheet-Adventitious-Presence-or-Low-Level-Presence. pdf.

82. Nicholas Kalaitzandonakes, *The Economics of Adventitious Presence Thresholds in the EU Seed Market*, Food Policy 43(2013) 237.

83. Case C-442/09, Bablok v. Freistaat Bayern, EUR-Lex 62009CJ0442, at 8(Sept. 6, 2011).

84. Kalaitzandonakes, *supra* note 82, at 237.

85. Pamela Rosalía Narváez Torres，*Detección de polen convencional y geneticamente modi-ficado de soya，glycine max l.，en la miel de abeja，apis mellifera，de los estados Campeche y Yucatán*（"*Detection of Conventional Pollen and Genetically Modified Soy，Glycine Max L.，in the Honey，Apis Mellifera，of the States of Campeche and Yucatán*"），Universidad Autonoma de Mexico（2013），https：//www.conacyt.gob.mx/cibiogem/images/cibiogem/Fomento-investigacion/Tesis/Deteccion-polen-convencional-y-GM-soya.pdf［https：//perma.cc/B67R-ZJH2］.

86. *Id*. at 37.

87. *Id*. at 86.

88. 参见 Vogel，*supra* note 80，at 86。

89. Brandon Mitchener，*Standard Bearers：Increasingly，Rules of Global Economy Are Set in Brussels*，Wall St. J.，Apr.23，2002，at A1；Editorial，*Regulatory Imperialism*，Wall St. J.（Oct.26，2007），http：//online.wsj.com/article/SB1193347205 39572002.html（on file with author）.

90. 参见 *id.*；另见 David A. Wirth，The EU's New Impact on U.S. Environmental Regulation，31 Fletcher F. World Aff.91，104（2007）。包括麦当劳在内的跨国餐饮零售商在欧盟运营的麦当劳，要求其合同农民只生产非转基因作物，以减轻欧盟消费者的反弹。参见 Prakash & Kollman，*supra* note 43，at 632。

91. *U.S. Traders Reject GMO Crops that Lack Global Approval*，Reuters（May 6，2016），https：//www.reuters.com/article/us-usa-gmo-crops/u-s-traders-reject-gmo-crops-that-lack-global-approval-idUSKCN0XX2AV［https：//perma.cc/77L2-6XR7］.

92. *Id.*

93. 参见 Centre du Commerce International，Developpement des Produits et des Marches，Cacao：Guide Des Practiques Commerciales，115（2012）。

94. Regulation（EU）2015/1933 of 27 October 2015 Amending Regulation（EC）No 1881/2006 as Regards Maximum Levels for Polycyclic Aromatic Hydrocarbons in Cocoa Fibre，Banana Chips，Food Supplements，Dried Herbs and Dried Spices，2015 O.J.（L 282）；另见 *EU Commission Updates the Regulation of PAHS in Foodstuffs*，SGS（Nov. 19，2015），http：//www.sgs.com/en/news/2015/11/safeguards-18915-eu-commis-sion-updates-the-regulation-of-pahs-in-foodstuffs［https：//perma.cc/D6PY-D6YY］。

95. Council Regulation（EEC）No. 315/93 of 8 February 1993 Laying down Community Procedures for Contaminants in Food，1993 O.J.（L 37）.

96. 人工干燥可可是一个主要问题，因为当烟雾与可可豆接触时，人们会面临更高水平的多环芳香碳氢化合物的风险。参见 Moki Kindzeka，*New European Union Import Laws Hurt African Cocoa Exports*，Deutsche Welle（May 28，2013），http：//www.dw.com/en/new-european-union-import-laws-hurt-african-cocoa-exports/a-16842178［https：//perma.cc/9MF4-T73Q］。

97. Ntaryike Divine，Jr.，*European Regulations Worry Cocoa Exporters*，Voice of Africa News（Feb. 1，2013，7：03 PM），https：//www.voanews.com/a/european-regulations-worry-african-cocoa-exporters/1595716.html［https：//perma.cc/C3JP-7FV8］.

98. *Cameroon*，Observatory Econ. Complexity，https：//atlas.media.mit.edu/en/profile/country/cmr/［https：//perma.cc/RHK7-9PV8］（last visited Apr.22，2019）；*Top 10 Cocoa Producing Countries*，WorldAtlas（last updated Sept.28，2018），https：//www.

worldatlas. com/articles/top-10-cocoa-producing-countries. html [https://perma. cc/FEX6-3AL3].

99. *Cameroon*, Observatory of Econ. Complexity, https://atlas.media.mit.edu/en/profile/country/cmr/[https://perma.cc/RHK7-9PV8](last visited Apr.22, 2019).

100. Divine, Jr., *supra* note 97.

101. Kindzeka, *supra* note 96.

102. *EU Tightens Laws on African Cocoa Exports*, Ventures Africa(June 3, 2013), http://venturesafrica. com/eu-tightens-laws-on-african-cocoa-exports/[https://perma. cc/QY6W-ZK7Y].

103. *Cameroon Refurbishing Cocoa Drying Ovens to Meet EU Rules*, Reuters(Sept. 4, 2013), https://www. euractiv. com/section/agriculture-food/news/cameroon-refurbishing-cocoa-drying-ovens-to-meet-eu-rules/[https://perma.cc/UKM3-EUVB].

104. Steve Jaffee & Oliver Masakure, *Strategic Use of Private Standards to Enhance International Competitiveness: Vegetable Exports from Kenya and Elsewhere*, 30 Food Pol.316(2005).

105. Commission Regulation 753/2002 of 29 April 2002 laying down rules for applying Council Regulation No. 1493/1999 as regards the description, designation, presentation, and protection of certain wine sector products, 2002 O.J. (L 118); Council Regulation (EC) No 479/2008 of 29 April 2008 on the Common Organisation of the Market in Wine, Amending Regulations (EC) No 1493/1999, (EC) No 1782/2003, (EC) No 1290/2005, (EC) No 3/2008 and repealing Regulations (EEC) No 2392/86 and (EC) No 1493/1999, 2008 O.J. (L 148), 39.

106. Council Regulation (EC) No 479/2008 of 29 April 2008 on the Common Organisation of the Market in Wine, Amending Regulations (EC) No 1493/1999, (EC) No 1782/2003, (EC) No 1290/2005, (EC) No 3/2008 and repealing Regulations (EEC) No 2392/86 and (EC) No 1493/1999, 2008 O.J. (L 148), 34; Jacob Gaffney, *European Union Standardizes Wine Labels*, Wine Spectator (May 18, 2002), http://www. winespectator. com/webfeature/show/id/European-Union-Standardizes-Wine-Labels _ 21288 [https://perma.cc/ZBA6-46HJ].

107. The Liquor Products Act 60 of 1989, art. 10(S. Afr.).

108. WESGRO Cape Town & Western Cape Research, Sector: Wine, 16(2016), http://www.wesgro. co. za/pdf _ repository/Wine% 20Fact% 20Sheet% 20-% 20Final. pdf [https://perma.cc/532E-2VVT].

109. Citrosuco, Relatório de Sustentabilidade 2013—2014[*Citrosuco Sustainability Report 2013—2014*], 12 (2014), http://www. citrosuco. com. br/sustentabili-dade/relatorio-de-sustentabilidade.html[https://perma.cc/8L6S-RCSP].

110. Citrosuco, Relatório de Sustentabilidade 2016—2017[*Citrosuco Sustainability Report 2016—2017*], 16 (2017), http://www. citrosuco. com. br/sustentabilidade/relatorio-de-sustentabilidade.html[https://perma.cc/8L6S-RCSP].

111. Citrosuco, Relatório de Sustentabilidade 2013—2014[*Citrosuco Sustainability Report 2013—2014*](2014), http://www.citrosuco.com.br/sustentabi-lidade/relatorio-de-sustentabilidade. html[https://perma.cc/8L6S-RCSP].

112. JBS, "A Maior Empresa Do Mundo, Em Produtos de Origem Animal" [*The*

World's Largest Company in Products of Animal Origin], http://jbs.com.br/sobre/ (last visited May 23, 2019)[https://perma.cc/DL9D-AY84].

113. JBS S. A., Relatório de Sustentabilidade 2016—2017[*JBS S.A. Sustainabiliy Report 2016—2017*], 115, 116 120(2017), https://jbss.infoinvest.com.br/ptb/4069/ JBS%20RAS%202016%20PT%20170502%20Final.pdf[https://perma.cc/9JDG-PNMP]. 例如,该公司开发了一个名为"原产地"的程序,为消费者提供牛肉的原产地。该计划以巴西市场为目标,但基于欧盟追溯牛肉生产的所有阶段的要求。

114. Linda Kleemann, Awudu Abdulai & Mareike Buss, *Certification and Access to Export Markets: Adoption and Return on Investment of Organic-Certified Pineapple Farming in Ghana*, 64 World Dev.79(2014).

115. Dela-Dem Doe Fianko et. al., *Does Global GAP Certification Promote Agricultural Exports?* (Global Food Discussion Papers 112)(2017).

116. *About Us*, Agricola Famosa, http://www.agricolafamosa.com.br/agricola-famosa/[https://perma.cc/MGU3-AZPH](last visited May 23, 2019).

117. Etsuyo Michida, Vu Hoang Nam & Aya Suzuki, *Emergence of Asian GAPs and its Relationship to Global G.A.P.*(IDE Discussion Paper No.507)(2015); Sam F. Halabi & Ching-Fu Lin, *Assessing the Relative Influence and Efficacy of Public & Private Food Safety Regulation Regimes: Comparing Codex & Global G.A.P. Standards*, 72 Food & Drug L. J. 262, 294(2017); Maya Kaneko, "Apple Exporters Hope to Stay Ahead in Quality Race," Japan Times(Mar.24, 2006), https://www.japantimes.co.jp/news/2006/03/24/national/apple-exporters-hope-to-stay-ahead-in-quality-race/#.W7j36C-ZOZ0[https://perma.cc/P5QN-3BDQ].

118. Maria Weimer & Ellen Vos, *The Role of the EU in Transnational Regulation of Food Safety: Extending Experimentalist Governance?*, *in* The Role of EU in Transnational Regulation: Extending Experimentalist Governance? 51 (J. Zeitlin ed., 2015).

119. Agreement on the Application of Sanitary and Phytosanitary Measures, Apr. 15, 1994, Marrakesh Agreement Establishing the World Trade Organization, Annex 1A, art. III, 1867 U.N.T.S.493 [not reproduced in I.L.M.].

120. Maria Weimer & Ellen Vos, *supra* note 118, at 61—68.

121. In-person interview with Sabine Juelicher, Director of Directorate-General for Health and Food Safety, European Commission(July 18, 2018).

122. Ministry of Agriculture and Supply, Minister's Office, Normative Instruction No.10, of April 27, 2001(Repealed by Normative Instruction 55/2011/MAPA), http:// www.agricultura.gov.br/assuntos/insumos-agropecuarios/insumos-pecuarios/alimentacao-animal/arquivos-alimentacao-animal/legislacao/instrucao-normativa-no-55-de-lo-de-dezembro-de-2011.pdf/view[https://perma.cc/VFM2-5VCH].

123. Coimma, *A Carne Produzida No Brasil Tem Hormonio?* [*Does the Meat that Comes From Brazil Contain Hormones?*], Coimma Blog(Oct.06 2014), http://www.coimma.com.br/balancas-e-troncos/A_carne_produzida_no_Brasil_tem_hormonio.html [https://perma.cc/KX78-HXSX]; Meg Cristina de Campos Pires. *Análise sobre o comércio entre Brasil e União Europeia e as barreiras não tarifárias que o afetam* [*Analysis on the com-merce relationship between Brazil and the European Union and the*

non-tariff barrier that affects it〕,（Ph. D. Thesis，Universidade Estadual Paulista）3 （2012）.

124. *Brazil Exports Only 20% of Beef Produced and Revenues Reach U. S. $5.9B*，Comex（Mar. 6，2016），https：//www. comexdobrasil. com/brasil-destina-a-exportacao-apenas-20-da-carne-bovina-produzida-e-receita-chega-a-us-59-bi/〔https：//perma. cc/5C9M-N54M〕.

125. Jale Tosun & Mauricio de Moraes，*Marcondes Import Restrictions and Food-Safety Regulations：Insight from Brazil*，7 Latin Am. Pol.377，380，387（2016）.

126. 该国家计划是指农业、畜牧业和供应部现有联邦检查和监督计划的特定部门版本，以评估和监测食品生产链。*Id*. at 385.

127. Mariko Kubo，The Changing World of Food Labelling Regulations，Leatherhead Food Research White Paper No.23（2016）.

128. European Commission Press Release，European Union and United States Agree to Historic New Partnership on Organic Trade（Feb.15，2012），http：//europa. eu/rapid/press-release_IP-12-138_en. htm〔https：//perma. cc/TX3A-2G9P〕.

129. European Commission Press Release MEMO 17/4686，"Fact Sheet：The New Organic Regulation"（updated Apr. 19，2018），http：//europa. eu/rapid/press-release_MEMO-17-4686_en. htm〔https：//perma. cc/J7RR-F9HK〕.

130. Tosun & de Moraes，*supra* note 125，at 390—391.

131. *Id*. at 391.

132. *GMOs Globally*，GMO Answers，https：//gmoanswers. com/gmos-globally 〔https：//perma.cc/MUA4-KE8L〕（last visited May 23，2019）.

133. Labeling Around the World，Just Label It! http：//www. justlabelit. org/right-to-know-center/labeling-around-the-world/〔https：//perma. cc/3DZJ-L8E3〕（last visited May 23，2019）.

134. Stewart，*supra* note 56，at 9.

135. 关于拉美国家转基因生物监管现状，参见 Eric Katovish，The Regulation of Genetically Modified Organisms in Latin America：Policy Implications for Trade，Biosafety，and Development（PhD thesis，University of Minnesota）（2012）。

136. Ley No. 29811，Ley que Establece la Moratoria al Ingreso y Producción de Organismos Vivos Modificados al Territorio Nacional por um Periódo de 10 Años，D.O. 09.12.2011，art. 1（Peru）.

137. 参见 Ley No. 300，Ley Marco de la Madre Tierra y Desarrollo Integral para Vivir Bien，art. 24（7）—（9）. G. O. 15. 10. 2012（Bolivia）；Constitución Política de Ecuador 2008 art. 401。

138. 参见 Brazil，Ministry of Justice Directive No. 2，658/03（2004），which establishes guide-lines for the use of a transgenic logo to label all foods/food products/ feeds whenever their GMO-content exceeds 1% tolerability benchmark。

139. 参见 Uruguay's Decreto No 34. 901，stating in Article D. 1774. 83 that "〔f〕oods that have been genetically engineered or that contain one or more ingredients from them，that exceed 1% of the total components，must be labelled."（translation supplied）。

140. Katovish，*supra* note 135.

141. Corte Constitucional〔C. C.〕〔Constituional Court〕，septiembre 8，2015，Sentencia C-583/15(Colom.)，〔http://www.corteconstitucional.gov.co/relatoria/2015/c583-15.htm〕〔https://perma.cc/6229-DTCW〕.

142. Sentencia C-583/15(2015)，*supra* note 141，at 1.

143. Stewart，*supra* note 56 at 1，2，4，6，8，and 9.

144. *Id.* at 2.

145. Patrycha Dabrowska-Klosińska，*The EU and Transnational Regulation of GMOs*，*in* Extending Experimentalist Governance? The European Union and Transnational Regulation 83，100—101(Jonathan Zeitlin ed.，2015).

146. *Id.* at 99.

147. S. Res. 764，114th Cong. § 1 (2016)(enacted)(amending the Agricultural Marketing Act of 1946 by adding a GMO food disclosure standard)；National Bioengineered Food Disclosure Standard，Pub. L. No.114—216，130 Stat. 834 (2015)(codified at 7 U. S. C. § § 1639—1639c).

148. *BE Disclosure & Labeling*，USDA，https://www.ams.usda.gov/rules-regulations/gmo〔https://perma.cc/66DU-5SKP〕(last visited May 23，2019).

149. *GE Food Labeling：States Take Action*，Center for Food Safety(Jun. 10，2014)，http://www.centerforfoodsafety.org/fact-sheets/3067/ge-food-labeling-states-take-action〔https://perma.cc/G7KS-TT4G〕.

150. 22 M.R.S.A. § § 2592(1)(C)(2013) *as enacted by* P. L. 2013，ch.436，§ 1 and affected by § 2.

151. The Mellman Group，Memo to "Just Label It！" Re：Voters Want GMO Food Labels Printed on Packaging(2015)，http://4bgr3aepis44c9bxt1ulxsyq.wpengine.netdna-cdn.com/wp-content/uploads/2015/12/15memn20-JLI-d6.pdf〔https://perma.cc/MM 5F-FC53〕.

152. *GMOs Part of U.S.-E.U. Trade Negotiations*，Just Label It！，http://www.justlabelit.org/gmos-part-of-u-s-e-u-trade-negotiations/〔https://perma.cc/W3WF-NCJN〕(last visited May 24，2019).

153. Regulation (EC) 1907/2006，of the European Parliament and of the Council of 18 December 2006 Concerning the Registration，Evaluation，Authorisation and Restriction of Chemicals(REACH)，Establishing a European Chemicals Agency，2007 O.J. (L 136) 3〔hereinafter REACH〕.

154. 参见 Melody M. Bomgardner，*Facts & Figures of the Chemical Industry*，Chem. & Eng'g News，July 4，2011，at 33—67。

155. Council Directive 76/769/EEC of 27 July 1976 on the approximation of the laws，regulations and administrative provisions of the Member States relating to restrictions on the marketing and use of certain dangerous substances and preparations.参见 David Langlet & Said Mahmoudi，EU Environmental Law and Policy 309(2016)。

156. 参见 REACH，*supra* note 155，art. 5；Joanne Scott，*From Brussels with Love：The Transatlantic Travels of European Law and the Chemistry of Regulatory Attraction*，57 Am. J. Comp. L. 897，898—899(2009)。

157. 参见 Doaa Abdel Motaal，*Reaching REACH：The Challenge for Chemicals Entering International Trade*，12 J. Int'l Econ. L. 643，645 (2009)；Scott，*supra*

note 156。

158. European Environmental Law: After Lisbon 452(Jan H. Jans & Hans H. B. Vedder, eds., 4th ed., 2012).

159. *Id.* at 453.

160. 参见 TFEU art. 191(2); *cf.* Case C-180/96, United Kingdom v. Comm'n, 1998 E.C.R. I-2269, para. 99。

161. 参见 *Commission White Paper: Strategy for a Future Chemicals Policy*, at 7—8, 28, COM(2001) 88 final(Feb.27, 2001)。

162. *Id.* at 6. The exception being chemicals that are imported or produced at a rate of less than 1 ton annually.

163. *Registered Substances*, European Chems. Agency, https://echa.europa.eu/infor-mation-on-chemicals/registered-substances［https://perma.cc/C4RJ-RRT8］(last updated May 17, 2019).

164. Wirth, *supra* note 90, at 102.

165. Mitchell P. Smith, Environmental and Health Regulation in the United States and the European Union: Protecting Public and Planet 26(2012).

166. *Id.*

167. *Id.* at 35.

168. *Id.* at 37.

169. *Id.* at 38.

170. European Comm'n, Special Eurobarometer 468: Attitudes of European Citizens Towards the Environment 9(2017), http://ec.europa.eu/commfrontoffice/publicopinion/index.cfm/ResultDoc/download/DocumentKy/81259［https://perma.cc/8N45-8HJU］.

171. *Id.* at 10.

172. *Commission White Paper: Strategy for a Future Chemicals Policy*, 7, COM (2001) 88 final(Feb.27, 2001).

173. Lyndsey Layton, *Chemical Law Has Global Impact*, Washington Post(June 12, 2008), http://www.washingtonpost.com/wp-dyn/content/article/2008/06/11/AR2008061103569.html(on file with author).

174. Dieter Pesendorfer, *EU Environmental Policy Under Pressure: Chemicals Policy Change Between Antagonistic Goals?*, 15 Envt'l Pol.95, 103—104(2006).

175. Smith, *supra* note 165, at 41.

176. *Id.*

177. Pesendorfer, *supra* note 174, at 106.

178. Smith, *supra* note 165, at 42.

179. 参见 Lawrence A. Kogan, Exporting Precaution: How Europe's Risk-Free Regulatory Agenda Threatens American Free Enterprise 40—43(2005)。

180. 例如参见 Anne Pouillot et al., *REACH: Impact on the US Cosmetics Industry?*, 8 J. Cosmetic Dermatology 3, 5—6(2009)。

181. Henrik Selin & Stacy D. VanDeveer, *Raising Global Standards: Hazardous Substances and E-Waste Management in the European Union*, 48 Envir. 6, 13(2006).

182. *Id.*

183. *Id.*

184. Pesendorfer, *supra* note 174，at 105.

185. Selin &. VanDeveer, *supra* note 181，at 13.

186. Layton, *supra* note 173.

187. *Id.*

188. Frank Ackerman, Elizabeth A. Stanton &. Rachel Massey, *European Chemical Policy and the United States: The Impacts of REACH*, 25 Renewable Resources J. 15, 16(2007).

189. *Id.*

190. *Id.*

191. Pesendorfer, *supra* note 174，at 101.

192. *Id.*

193. Selin &. VanDeveer, *supra* note 181，at 64.

194. Smith, *supra* note 165，at 41.

195. Ackerman, *supra* note 188，at 16.

196. 参见 Wirth *supra* note 90 at 102—103。

197. 参见 Scott, *supra* note 156，at 939—940；Selin &. VanDeveer, *supra* note 181，at 7，14。这与下文异曲同工：David Vogel, Trading Up: Consumer and Environmental Regulation in a Global Economy，5—8(1995)。

198. 参见 Kerstin Heitmann &. Antonia Reihlen, Techno-Economic Support on REACH：Case Study on "Announcement Effect" in the Market Related to the Candidate List of Substances Subject to Authorisation 5，9(2007)。

199. Lyndsey Layton, *Chemical Law Has Global Impact*, Wash. Post(June 12, 2008)，http：//www. washingtonpost. com/wp-dyn/content/article/2008/06/11/AR2008 061103569.html(on file with author).

200. *Preservatives*, Johnson &. Johnson, https：//www. safetyandcarecommitment. com/Ingredients/Preservatives[https：//perma. cc/F8QK-TJWX](last visited May 23, 2019).

201. *Ingredients*, Johnson &. Johnson, https：//www. safetyandcarecommitment. com/Ingredients[https：//perma.cc/UJB4-WDXG](last visited May 23，2019).

202. Layton, *supra* note 173.

203. Vogel *supra* note 80, at 169.

204. Risk &. Policy Analysts, Insights on the impact of REACH &. CLP implementation on industry's strategies in the context of sustain-ability：Final report prepared for ECHA 22(2017)，https：//echa. europa. eu/documents/10162/13637/echa_ css_report_without_case_studies_en. pdf/a0a6f46f-16c8-fbea-8b41-9ff683aafe5c[https：// perma.cc/Q5DT-GEGC].

205. Vogel, *supra* note 80, at 217.

206. *Your Questions*, L'Oreal, http：//www. loreal. com/sustainability/l'or％C3％ A9al-answers/product—ingredient-safety/your-questions [https：//perma. cc/7RY9-D5M9] (navigate to "Other Ingredient," "Nanomaterials")(last visited May 24，2019).

207. *Id.*

208. *Id.*

209. Risk &. Policy Analysts, Insights on the impact of REACH &. CLP

Implementation on Industry's Strategies in the Context of Sustainability: Final Report Prepared for ECHA, 21(2017), https://echa.europa.eu/documents/10162/13637/echa_css_report_without_case_studies_en.pdf/a0a6f46f-16c8-fbea-8b41-9ff683aafe5c[https://perma.cc/Q5DT-GEGC].

210. Brazilian Association of Public Ministry of Environment, "Reach: Legislation to Control the Entry of Chemical Into the EU Already Affects Brazil," Jusbrasil(Mar.7, 2013), https://abrampa.jusbrasil.com.br/noticias/100381642/reach-legislacao-para-controle-da-entrada-de-produtos-quimicos-na-ue-ja-afeta-brasil?ref=topic_feed[https://perma.cc/U4G6-Q76Z].

211. The H & M Group, Annual Report, 2017, 47(2017).

212. *Chemicals Management*, H & M Group, https://sustainability.hm.com/en/sustainability/commitments/use-natural-resources-responsibly/chemicals.html[https://perma.cc/YHN5-Y6PY](last visited May 24, 2019).

213. H & M Group, Sustainability Commitment(2016), https://sustainability.hm.com/content/dam/hm/about/documents/en/CSR/Sustainability%20Commitment/Sustainability%20Commitment_en.pdf[https://perma.cc/KW5G-RKGX].

214. Vogel, *supra* note 80, at 204.

215. Vogel *supra* note 80, at 217.

216. 参见 Mark Schapiro, *New Power for "Old Europe*," Nation, Dec.27, 2004, at 11, 12; *Chemical Spotlight: The Chemical Industry in the United States*, Select USA, https://www.selectusa.gov/chemical-industry-united-states[https://perma.cc/U5Z8-ASJ2](last visited May 24, 2019)。

217. 参见 Lyndsey Layton, *supra* note 199。

218. 例如参见 Michael Greshko et al., *A Running List of How President Trump is Changing Environmental Policy*, Nat'l Geo., https://news.nationalgeographic.com/2017/03/how-trump-is-changing-science-environment/[https://perma.cc/L25Y-9FH3](last updated May 3, 2019)。

219. Eric Lipton, *Why Has the E.P.A. Shifted on Toxic Chemicals? An Industry Insider Helps Call the Shots*, N.Y. Times(Oct.21, 2017), https://www.nytimes.com/2017/10/21/us/trump-epa-chemicals-regulations.html(on file with author).

220. Eric Lipton, *The E.P.A.'s Top 10 Toxic Threats, and Industry's Pushback*, N.Y. Times (Oct. 21, 2017), https://www.nytimes.com/2017/10/21/us/epa-toxic-chemicals.html(on file with author).

221. *Global REACH?*, Euphor, (20 June 2017), http://www.euphoreach.com/global-reach/[https://perma.cc/8KE6-EKWB].

222. *Id*.

223. European Commission Press Release MEMO/06/488, Q and A on the New Chemicals Policy, REACH (Dec. 13, 2006), http://europa.eu/rapid/press-release_MEMO-06-488_en.htm?locale=en[https://perma.cc/A7KB-37T2].

224. Sorin Burnete & Pilasluck Choomta, *The Impact of European Union's Newly-Adopted Environmental Standards on Its Trading Partners*, 10 Studies in Bus. & Econ. 5, 12(2015).

225. European Chem. Agency, Report on the Operation of REACH and CLP 2016,

111(2016)，https：//echa.europa.eu/documents/10162/13634/operation_reach_clp_2016_en.pdf[https：//perma.cc/9XH4-KZD3].

226. Katja Biedenkopf，*Chemicals：Pioneering Ambitions with External Effects in European Union External Environmental Policy：Rules，Regulation and Governance Beyond Borders* 189，194—196，199—201（Camilla Adelle，Katja Biedenkopf & Diarmuid Torney eds.，2018）.

227. Biedenkopf，*supra* note 226，at 199—200.

228. 例如参见 Basel Convention on the Control of Transboundary Movements of Hazardous Wastes and Their Disposal，March 22，1989，1673 U.N.T.S.126，28 I.L.M. 657（1989）（entered into force May 5，1992）；Rotterdam Convention on the Transboundary Movements of Hazardous Wastes and Their Disposal，10 Sept.，1998，2244 U.N.T.S.337，38 I.L.M. 1(1999)(entered into force Feb. 24，2004)；Stockholm Convention on Persistent Organic Pollutants，May 22，2001，2256 U.N.T.S.119，40 I.L.M. 532(2001)(entered into force May 17，2004)。

229. 参见 Yoshiko Naiki，*Assessing Policy Reach：Japan's Chemical Policy Reform in Response to the EU's REACH Regulation*，22 J. Envtl. L. 171，178(2010)。

230. Scott，*supra* note 158，at 920—928.

231. *Id*. at 914—920.

232. Scott，*supra* note 158，at 914—920.

233. *Id*. at 910—914.

234. Angela Logomasini，*Trust in Government：A Bad Strategy for the Chemical Industry*，Competitive Enter. Inst.（Apr. 1，2016），https：//cei. org/blog/trust-government-bad-strategy-chemical-industry[https://perma. cc/VL57-BL88]；Jeff Tollefson，*Why the Historic Deal to Expand US Chemical Regulation Matters*，Nature(May 25，2016)，https://www. nature. com/news/why-the-historic-deal-to-expand-us-chemical-regula-tion-matters-1.19973[https://perma.cc/U5DT-ZFJS].

235. Katja Biedenkopf，*EU Chemicals Regulation*，*in* Extending Experimentalist Governance? The European Union and Transnational Regulation 107，130（Jonathan Zeitlin ed.，2015）.

236. *Id*. at 129—135.

237. *Id*. at 127—128.

238. *Id*. at 130.

239. Tollefson，*supra* note 234.

240. 例如参见 Daniel E. Uyesato & Lucas Bergkamp，*Reformed TSCA and REACH：How do They Compare?*，Hunton，Andrews，Kurth（Oct. 23，2017），https：//www. huntonnickelreportblog. com/2017/10/reformed-tsca-and-reach-how-do-they-compare-2/[https：//perma.cc/5CZU-3ZSL]。

241. *Id*.

242. *Id*.

243. Ondrej Filipec，*U.S. Chemical Policy Under Review：How Much Europeanisation*，5 East. J. Euro. Studies 159，2(2014).

244. Biedenkopf，*supra* note 235，at 125.

245. *Id*. at 126.

246. *Id.* at 127.

247. *Id.* at 126.

248. 例如,参见 Leslie E. Kersey, Note, *Trans-Atlantic REACH: The Potential Impact of the European Union's New Chemical Regulations on Proof of Causation in U.S. Federal Courts*, 36 B. C. Envtl. Aff. L. Rev.535(2009)。

249. *Milwardv. Acuity Specialty Products Group, Inc.*, 969 F. Supp. 2d 101, 105—108(D. Mass. 2013).

250. Act on Registration and Evaluation, etc. of Chemical Substances(Act No. 11789, Enactment on May 22, 2013, Enforcement on Jan 1, 2015)(화학물질의 등록 및 평가 등에 관한 법률, 법률 제 11789 호, 2013.5.22. 제정, 시행 2015.1.1.)[herein-after "K-REACH"], (English full text available at Korean Law Translation Center)(한국법제연구원 법령번역센터): http://elaw. klri. re. kr/kor _ service/lawView. do? hseq = 31605&lang = ENG;另见 *K-REACH Amendment 2019—Live Updates*, Chem Safety Pro, http://www.chemsafetypro. com/Topics/Korea/K-REACH _ Amendment. html[https://perma. cc/AUX8-RD8Q](last updated 10 Mar.2019)。

251. Biendenkopf, *supra* note 235.

252. 例如,K-REACH 第 10 条和第 14(1)条对进口商和制造商提出了与 REACH 第 7 条、第 10 条和第 14 条实质上相似的披露要求。

253. 例如,参见 *Differences between K-REACH and EU REACH*, CHEMSAFE-TYPRO(Jan. 31, 2017), http://www. chemsafetypro. com/Topics/Korea/Difference _ between_K-REACH_and_EU_REACH.html[https://perma.cc/FH5L-QQFV]。

254. *Compare* REACH, *supra* note 153, Art.7 and K-REACH, *supra* note 250, Art.10;另见 *How to Comply with Amended K-REACH Regulation 2019*, CHEMSAFETY PRO(Dec.31, 2015), https://www.chemsafetypro.com/Topics/Korea/Korea_REACH. html[https://perma.cc/CSQ6-MBSV](last updated Sept.17, 2018)。

255. Environmental Safety & Health Association for High Technology, Comparison Between EU REACH, Korea REACH and Taiwan REACH(2013), http://seshaonline. org/meetings/miniNE2013presentations/Aerssens%20-%20REACH%20comparison% 20EU, KOREA, TAIWAN.pdf[https://perma.cc/D6ZF-KNF3].

256. 参见 *Registered Substances*, *supra* note 163。

257. *K-REACH Registration*, CHEMSAFETYPRO(Dec. 31, 2015), https:// www.chemsafetypro. com/Topics/Korea/Korea _ REACH _ Registration. html[https:// perma.cc/4K8D-FUZH](last updated Apr.19, 2019).

258. Korea Trade-Investment Protection Agency(대한무역투자진흥공사), Global Business Report 07—031, "Local Responses to EU REACH and Implications"("EU 화학물질등록승인제도(REACH)에 대한 현지 대응사례 및 시사점"), at 6—7, 06 Aug. 2007, http://125.131.31.47/Solars7DMME/004/81000.PDF.

259. Ministry of Environment(대한민국 환경부), Speech by Man-Hee Lee, the former Minister of Environment(환경부 장관 이만의 연설문)"EU REACH's Effect on Korean Trade and Strategies for Response"("EU 新화학물질제도(REACH)가 무역에 미치는 영향 및 대응방안"), 15 July 2008, http://www. me. go. kr/minister/web/board/read. do; jsessionid = bczpKrcLn7ik4w1iMBTzt248onK6abYmku1ilJXlfrtT2Csa6InRpOjtpFFObDra. meweb1vhost_ servlet_engine1? pagerOffset = 210&maxPageItems = 10&maxIndexPages = 10&searchKey =

&.searchValue = &.menuId = 379&.orgCd = &.boardId = 164642&. boardMasterId = 15&.boardCategoryId=&.decorator=.

260. *Id.*

261. K-REACH Legislative Comment (화학물질의 등록 및 평가 등에 관한 법률, 제정·개정이유), Korea Ministry of Government Legislation, National Law Information Center(법제처국가법령정보센터) http://www. law. go. kr/LSW/lsRvsRsnListP. do? lsId = 011857&.chrClsCd=010102[https://perma.cc/N59E-KNLM]

262. *Enactment of Act Concerning Registration, Evaluation, etc. of Chemical Substances*, Ministry of the Environment(Oct.29, 2013), http://eng. me. go. kr/eng/web/index.do?menuId=167[https://perma.cc/PKL9-6AQG].

263. Yoshiko Naiki, *Assessing Policy Reach : Japan's Chemical Policy Reform in Response to the EU's REACH Regulation*, 22 J. Environ. L. 171, 191.(2010).

264. The Act on the Evaluation of Chemical Substances and Regulation of Their Manufacture(Kagakubushitu Shinsa Kisei Hou), Act No.117 of 16 October 1973(as revised by Act No.39 of May 20, 2009).

265. Naiki, *supra* note 263, at 187.

266. *Id.* at 186—187.

267. *Id.* at 186.

268. *Id.* at 192.

269. Katja Biedenkopf &. Dae Young Park, *A Toxic Issue?: Leadership in Comprehensive Chemicals Management*, *in* Environmental Leadership: A Reference Handbook, 782, 792—793(Deborah Rigling Gallagher ed., 2012).

270. *Id.* at 793.

271. *Id.*

272. *Id.*

273. *The Strictest Standard by EU Now Put China Produced Toys in the "Desperate Position"?* CIF News(July 22, 2013), http://www. cifnews. com/article/3552[https://perma.cc/ZXR5-W2TW]; Chen Yu, *Four Mandatory National Standards for the Safety of Children's Toys*, China Econ. Net(May 30, 2014), http://www. ce. cn/cysc/zljd/xfp/201405/30/t20140530_2898420.shtml[https://perma.cc/55P4-JEZ3].

274. Huo Yifu, *The Standard Outline of the "Children's Mat Safety Requirements" is Published in Shanghai*, China Quality News Network(Oct.27, 2017), http://www. cqn. com. cn/zgzlb/content/2017-10/27/content _ 5032161. htm [https://perma.cc/TXW9-L835].

275. *Id.*

276. Zhou Huiyan, *The New Standard for Floor Mats is Expected to be Released Next Year*, Xinmin Newspaper(Oct.20, 2017), http://shanghai.xinmin.cn/msrx/2017/10/20/31326884.html[https://perma.cc/5FW5-B8R6].

第七章

环　　境

环境保护是欧盟致力于保护全球公共资源和有意愿颁布严格监管标准的政策领域之一，这一点广为人知。但是，在公共话语中欧盟一般最为人所知的是它对于多边主义的投入和全球环境条约的积极支持。本章的讨论承认欧盟在多边环境合作中的重要角色，但同时认为其环境目标是通过布鲁塞尔效应得到最有效的实现。

本章先回顾欧盟环境监管的几个案例，然后描述欧盟支持环境保护的态度的缘起。接着仔细研究几个欧盟通过布鲁塞尔效应成功影响全球环境标准的突出的案例，它们包括有害物质和电子废弃物的监管、动物福利的保护和通过碳排放交易减缓气候变化。尽管其中每种情况都是布鲁塞尔效应在环境监管问题上的强有力的案例，但事实上这些领域只是欧盟环境政策的一部分。根据欧洲环境政策研究所的研究，欧盟环境法总共由超过 1 100 份指令、法规和决定组成。[1]这说明环境法在欧盟监管架构中的突出地位和其对于单一市场运行的重要性。另外，由于许多环境问题的全球特性，环境法提供了布鲁塞尔效应的一些最重要的案例，这一点就不足为怪了。

主 要 的 法 律

欧盟在环境问题上的监管能力是和欧洲公众不断上升的环保意识同步建立的。在欧盟取得在环境问题上的正式权限之前，欧洲理事会强调了一个协调的欧盟环境政策的重要性，并且在 1972 年巴黎宣言中呼吁制定一个具体的行动方案。[2] 1987 年的《单一欧洲法》正式把环境保护纳入欧盟条约,使其成为一项主要的条约目标,并且赋予欧盟机构采取措施保护环境的权限。[3]根据这项条约的变化,法律行动的主要场所从成员国转移到欧盟层面。[4]在 1992 年的《马斯特里赫特条约》中,欧盟的监管能力进一步提升,因为条约承认了"可持续增长"的重要性并且加上了"预防原则"以便指导环境问题的决策。《马斯特里赫特条约》还首次认可了欧盟在欧盟以外推动多边措施的角色。[5]在 1999 年的《阿姆斯特丹条约》中,欧盟机构承担起通过把环境保护纳入所有欧盟政策领域以便推动可持续发展的职责。[6]之后,2009 年的《里斯本条约》把"应对气候变化"定为欧盟条约的一项具体目标,赋予欧盟气候行动以坚强的宪法基础。[7]另外,条约还承认可持续发展必须指导欧盟的对外关系。[8]由于这些进展,欧盟成了环境监管的领导者,在这个过程中超越了美国。

欧盟委员会为了有效执行其新使命,它在 20 世纪 90 年代开始构建充实的技术专长,这使得其职员能参与负责环境政策的决策。但是,在整个过程中,欧盟委员会已经并且持续得益于外部的专长。比如,欧洲环境署通过搜集和传播有关欧盟环境状况的信息而支持了委员会的监管议程。[9]欧盟的法院通过其支持环境的裁决进一步扩大了欧盟机构在环境政策上的权限。值得一提的是,欧洲法院在 2005 年具有里程碑意义的"理事会诉委员会"(Council v. Commission)一案的判决中,授权欧盟委员会对于环境违法行为实施刑罚。[10]类似地,法院在 2018 年批准了史无前例的行动,要求立即停止在波兰比亚沃维扎原始森林的非法砍伐。在波兰拒绝遵守早先的禁制令后,法院扩大了其临时权,在发出最终的裁决之前,对波兰开出了每天十万欧元的罚单。[11]

欧盟在环境监管的许多领域发挥了全球领导力。其中一个领域是对有害物质和电子废弃物的管理。欧盟在该领域的监管努力取得的成绩是 2002 年"有害物质限制指令"(RoHS 1)的采纳。[12]有害物质限制指令禁止在电器和电子设备中使用有害物质,旨在防止当许多普通的产品,比如家用电器和电脑,达到它们使用年限的时候,这些物质渗漏到环境中。[13]这项指令适用于所有在欧盟市场出售的产品,不管它们是在欧盟还是非欧盟国家生产。从 2011 年起,这项指令扩大到覆盖所有电器和电子设备,包括医疗器械和检测及控制工具(RoHS 2)。[14]欧盟的"废弃电器和电子设备指令"(WEEE)[15],于 2002 年首次被采用,对有害物质限制指令起了补充作用,因为它旨在将电子废弃物从掩埋转到回收利用。[16]这两套指令强制制造商担负起在产品的整个生命周期的管理责任[17],因而对整个电子行业产生了重大的影响。

欧盟还采取了决定性的监管措施,推进动物福利。1974 年的第一项法律条款集中在对屠宰场的管理。[18]这一领域的监管在 1998 年的欧盟理事会指令中得到扩大。该指令对用于饲养目的的动物保护规定了一般规则,纳入了《欧洲饲养动物保护公约》宣布的动物享有的"五大自由"[19]。1999 年《阿姆斯特丹条约》包括一份动物福利的议定书,宣布动物是有感知能力的生物,这一立场在 2009 年的《里斯本条约》中得到确认。[20]在《里斯本条约》确认动物能够感知痛苦和喜悦之后,欧盟制定了 2012—2015 年《欧盟动物保护和福利战略》。这份战略执行了新的福利标准,涉及居住、喂食、运输和屠宰,同时也以提高欧盟业者的竞争力为目的。[21]另一重要案例是欧盟禁止利用动物做化妆品测试的决定。自 2013 年以来,任何曾在动物身上做过测试的化妆品不可以在欧盟销售。[22]

本章讨论的最后一个案例是关于气候变化的,特别是欧盟的碳排放交易体系(ETS)。该体系被看作是一种"总量控制交易"机制,它对于总排放量设定了一个限额。在这限额之内,允许体系内的各个公司根据需要买卖其排放配额。整个体系包括位于欧洲经济区的 11 000 家电站和制造厂,总共占欧盟温室气体(GHG)总排放的 45%。[23]起初,气候变化作为一项政策问题在成员国层面出现,包括出现在德国、荷兰和英国。[24]在 1997 年《京都议定书》谈判中,欧盟开始时反对像碳排放交易体系这种灵活的市场机制。但是,在意识到这个问题对于欧洲一体化的重要性之后,欧盟委员会改变其方针,指出在英国和丹麦引入全国性的碳排放交易体系之后,有必要建立欧盟范围的碳排放交易体系以避免市场的扭曲。[25]之后,当欧盟开始着手履行其对《京都议定书》的承诺,即在 2008 年前减少温室气体排放,欧盟把说服欧盟之外其他国家采取同样行动作为其优先事项。这么做既是保护全球公共资源,也是保持欧洲工业的竞争力。[26]

这些涵盖电子废弃物到动物福利和气候变化的案例说明欧盟严格的环境政策。它们也为欧盟全球影响力奠定了基础,因为它们之后通过布鲁塞尔效应向外扩散。在考察这一领域事实上的和法律上的布鲁塞尔效应之前,本章先简要回顾一下在欧盟全球领导力背后的主要政治动力。

政 治 经 济

一般而言,欧盟支持环境保护的姿态是世界上主要市场中最强烈的,这可以追溯到几个因素。这包括公共舆论对于严格的环境法规的青睐,积极的环境领域的非政府组织(ENGOs),以及支持高水平环境保护的广泛的政治共识。环境监管也为市场一体化提供了重要的工具,同时欧盟通过推广一种与善意和价值驱动的世界强权有关的规范,也为其发挥软实力提供了渠道。

在过去的50年里,欧洲公众对于环境监管的支持一直不遗余力。欧盟内部现代的环境运动可以追溯到20世纪60年代,当时对于环境不断恶化的状况,以及污染与人类活动对地球造成的威胁的意识不断上升。[27]1972年一群杰出的研究人员发表了他们开创性的研究"增长的极限",加深了人们对于地球资源和维持经济与人口增长的能力的担忧。[28]这种增加的意识将欧盟置于在之后的几十年通向共同环境政策的进程。

一系列具体的事件也催化了公众对于环境破坏的意识,为更强有力的环境监管铺平了道路。特别突出的事件是1986年乌克兰的切尔诺贝利核灾难,它将大量放射性物质扩散到俄罗斯、白俄罗斯、乌克兰,以及欧洲部分地区。[29]这对人类健康和环境造成重大的不利后果,影响了欧洲的农业和生态系统,并将千百万欧洲人暴露在严重的健康风险下。另一个催化事件是20世纪70年代和80年代在欧洲许多地方检测到了酸雨。酸雨常常是跨国界的问题,在某一国排放的酸性污染物,包括像二氧化硫和氮氧化物通过风的带动,最终在另一国积聚成酸雨。

这在欧洲成为一个很大的问题,因为欧洲正快速工业化并且在整个大陆建发电厂,这对一些国家造成严重的环境破坏,比如奥地利、挪威、瑞典和瑞士。[30]

过去 30 年的公共舆论调查显示欧洲人对于环境保护的广泛支持。到 20 世纪 80 年代后期,"欧洲晴雨表"的调查发现环境问题在所有成员国的公民中被列为首要关心的问题之一。[31]今天,公众对于环境的担忧是毋庸置疑的。根据 2017 年欧洲晴雨表的调查,94％的欧洲人觉得保护环境对于他们个人来说很重要。[32]欧洲人进一步把环境政策和经济利益和创造就业联系起来。[33]他们也把气候变化列为"第三项最严重的全球问题,仅次于贫困(28％)和国际恐怖主义(24％)"[34]。这些调查揭示了虽然欧洲人把环境破坏归咎于工业,但是他们也认识到个人的责任。[35]他们也想赋予欧盟机构和欧盟法在保护环境上的重要角色。[36]据此,欧洲人支持政府在监管环境上广泛的角色:89％的受访者同意政府应该设定可再生能源目标,88％的受访者同意应该支持提高能源利用效率。[37]另外,最近的全球舆论调查显示欧洲人支持环境保护的态度在世界上属于最积极的行列。比如,皮尤研究中心在 2015 年的全球调查中发现欧洲人是最支持政府限制温室气体排放的,有 87％的受访者同意这么做。与此对照,在美国仅仅只有 69％的受访者支持限制排放,远低于 78％的全球中位数。[38]

政治家吸收了欧洲公众态度的这种变化,无论他们在政治谱系处于什么位置,都进而完全接受环境目标。欧盟和成员国议会内绿党的存在和影响更加提升了环境问题在立法议程中的突出地位。[39]1989 年欧洲议会选举被称为"绿潮"选举,因为欧洲议会内各国绿党获得的选票从 2.7％增长到 7.7％[40],把它们从边缘的参与者提升到可信赖的政治力量。这个意义很重大,因为欧洲议会在支持更严格的环境保护上一直扮演关键的角色,早在 20 世纪 80 年代就呼吁统一的气候变化政策。[41]到 90 年代末,各国绿党几乎在 75％的欧盟成员国议会有代表,这进一步支持了欧盟的绿色立法议程。

环境领域的非政府组织在倡导欧洲更全面环境监管方面也扮演了积极的角色。[42]一些这样的非政府组织联合起来建立和推广各种倡议,去影响立法。两个值得一提的倡议是"绿化条约"倡议和"绿化欧盟预算"倡议。[43]绿化条约倡议指的是每当重新审议欧盟条约的时候,非政府组织努力地提议对环境友好的条约修正案。而绿化欧盟预算倡议指的是努力地说服欧盟立法者把资金从用于有害环境的措施中转移出去。最重要的市民社会行动者是一个最大的环境非政府组织的联盟,叫做"Green 10"。这个团体包括许多主要的环境倡导者团体,包括地球之友欧洲分部,绿色和平欧洲分部和世界自然基金会欧洲政策办公室等。[44]组成一个联盟来行动使得这些非政府组织可以合并其资源,更好地应对商业利益的游说力量。[45]自从20世纪80年代以来,气候行动网络欧洲分部也是欧盟气候政策的关键行动者。它为了获得更大影响力,与商业游说团体组成各种联盟,这些团体包括欧洲能源保护协会和欧洲风能协会。[46]

尽管非政府组织的倡导活动很猛烈,但是许多评论家认为实业界对于欧盟政策结果更有影响力。[47]大量的公司和行业协会为了较宽松的环境措施而参与游说。确实,欧盟一些最活跃的行业游说针对欧盟委员会的环境总司。然而,即使是行业游说也可以导致更多而不是更少的欧盟层面的立法。当某行业知道某种立法不可避免会来临,它一般会支持欧盟层面的措施,而不是支持有分歧的并且有可能导致冲突的各成员国的法规,因为这会增加它们的守法成本。[48]比如说,这一点在欧盟关于电子废弃物的立法中就很明显。行业内各组织支持欧盟层面的协调,以纠正由各成员国监管差异造成的市场扭曲。[49]同理,欧盟支持的环境政策受到欧盟机构的努力推动,后者利用环境监管作为市场一体化的工具。[50]环境措施的共同标准促进了欧盟内部的贸易,因为各个公司可以在欧洲单一市场运作,不必面对阻碍跨界贸易的不同监管主体。

欧盟的环境领导力和内部的高标准也服务于欧盟将其自身塑造成全球"软实力"的目标,提供了和美国领导力的对照,后者的领导力和更传统的国家治理能力有关。[51]比如,欧盟委员会主席容克(Jean-Claude Juncker)最近在其欧盟年度咨文发言中用以下话语,表示了欧盟致力于减缓气候变化的责任:

> 当欧洲需要应对气候变化时,我想要它成为领导者……与美国雄心的崩溃不同,欧洲必须确保使我们的星球再次伟大……欧盟必须抓住这个机会并且成为一个全球领导者……[52]

这种愿景把欧盟描绘成"规范力量",通过推广建立在人权和可持续发展等价值基础上的规范来发挥影响力。它强调了欧盟作为正义力量的自我认同,以规范上有理和有原则的方式在国际领域处事。

有许多关于欧盟在国际场合的环境领导力的案例。欧盟致力于推动国际环境条约的早期表现可以追溯到 1992 年的里约峰会,在那里欧盟是联合国环境与发展会议(UNCED)的主要行动者。欧盟的领导者角色在达成 1997 年《京都气候变化议定书》的谈判中[53],以及最近在巴黎达成气候变化框架协议中[54]也很重要。欧盟积极参与国际环境合作,反映了其对于可持续增长的意识形态上的投入,以及对于全球公共资源无法仅靠欧盟就得到保护的深刻认识。然而,全球领导力也反映了其战略考量,包括其渴望确保欧盟公司的竞争力不会由于独自承担环境监管的代价而受损。[55]除了这些推广环境规范的多边努力之外,欧盟还发挥了下文将讨论的单边影响。

事实上的布鲁塞尔效应

事实上的布鲁塞尔效应在环境监管的许多领域非常普遍。这一部分回顾该效应在下列领域的发生,包括有害物质和电子废弃物、动物福利和气候变化监管。这些不同的案例显示了布鲁塞尔效应既体现在传统的、直接的产品监管方面,比如在有害物质和电子废弃物领域,也体现在依靠市场机制监管方面,包括通过碳排放减缓气候变化。

在下面每一个领域,布鲁塞尔效应常被欧盟庞大的市场规模和强有力的监管命令所放大,并且欧盟机构将环境保护作为宪法责任的认识进一步加强了该效应。另外,"预防原则"允许即使在对于危害不确定的情况下也可以监管干预。这一点在欧盟环境政策制定中很突出,进一步促进了欧盟的监管能力和在下面要讨论的各种案例中监管的严格性。同样,在各种政治立场的消费者和政党一般都支持严格的环境监管的情况下,欧盟用高标准保护环境的意愿得到确立。另外,环境监管具有典型的无弹性,因为欧盟监管适用于欧盟市场上所有的商品,不管它们在哪里生产。因此,只要跨国公司想保有向欧洲市场出口的选项,它们就无法通过将生产转移到环境保护较少的独立司法区域,来躲过欧盟严格的标准。更进一步说,环境监管往往是不可分割的。当某家公司按照欧盟严格的环境规则完成一项投资之后,一般都会把同样的可持续做法扩展到它在全球的运作和生产中。

有害物质和电子废弃物

禁止电子产品中使用有害物质的"有害物质限制指令"(RoHS)和监管电子废弃物和再回收的"废弃电器和电子设备指令"(WEEE)在2002年的实施导致电子产品设计在全球的变化,因为向欧盟市场销售的跨国公司往往选择在它们全球的生产中使用更严格的欧盟标准,以便节省生产成本。[56]结果,这两个指令导致一些事实上的布鲁塞尔效应的案例。甲骨文和富士这两家向欧盟出口产品的主要跨国电子公司都发表公开声明,确认像它们这样的跨国公司很少会把生产线分割。相反,它们通常偏好遵守一套标准,调整其整个生产线以符合"有害物质限制指令"。[57]根据卡特娅·比登科普夫(Katja Biedenkopf)一项包括了广泛的行业访谈的研究,"电子产品已高度全球化……并且保持有两套或更多的生产线往往是不可取和困难的"[58]。结果,多数制造商在全球采用欧盟的要求,使得"有害物质限制指令"成为"电子行业内全球材料政策事实上的标准"[59]。

尽管遵守欧盟标准会付出成本,甚至在欧盟不是公司最大的目标市场情况下,事实上的布鲁塞尔效应也会发生。确实,就如《波士顿环球报》在2006年报道的,美国公司花费"几十亿美元去重新设计他们的产品"以应对RoHS指令。[60]乔治·威尔金斯(George Wilkish)是泰科电子公司旗下业务部门的M/A-Com公司的一名高级质量工程师,他把RoHS 1指令描述为"也许是过去50年来电子行业最大的变化"[61]。许多像M/A-Com这样的公司仅仅向欧洲出口其20％的产品,但还是计划在它们所有的产品中执行"有害物质限制指令"要求的变化,而不管这些产品销往哪里。[62]

令人惊讶的是,布鲁塞尔效应甚至影响到"有害物质限制指令"没有直接适用的行业。比如,汽车和航空部门已经去除了一些该指令监管的物质。[63]与此类似,对于多数产品来说,遵守该指令的程度极高,以至于各个公司报告说它们在该指令没有覆盖的部门也很难找到没有遵守该指令的产品。[64]在整个市场在向欧盟标准靠拢的情况下,许多公司也把遵守欧盟标准看作是在市场竞争环境下的必须之举。当电子巨头,比如戴尔和苹果把它们遵守该指令广而告之的时候[65],消费者就容易获得可持续产品[66],这使得小公司很难不跟进。

事实上的布鲁塞尔效应在日本、中国台湾地区和韩国的公司尤其明显,这是由于这些地方有突出的信息技术和电子工业。比如,东芝公司为了应对欧盟"有害物质限制指令",决定到 2005 年 3 月为止,在世界范围根据欧盟"有害物质限制指令"把包含在其 70% 产品中的 6 种化学物质去除。[67]该公司还决定在其日本工厂生产的产品中用不含铅的焊料,之后将此推广到其在全世界生产的产品中。[68]台湾半导体制造公司是世界上第四大半导体销售商[69],也类似地保证它所有产品都符合欧盟的指令,包括"有害物质限制指令""废弃电器和电子设备指令"和《关于化学品注册、评估、许可和限制的规定》。[70]根据台湾联发科技2015 年企业社会责任报告,该公司的环境标准同时符合欧洲、亚洲和中国台湾地区的环境保护标准。[71]最后,《韩国科学时报》2006 年 6 月的一篇文章报道,韩国出口商,比如三星也遵照了欧盟"有害物质限制指令"[72]。当时欧盟市场只占所有韩国电子出口的五分之一[73],然而这足以将该行业转向欧洲标准。三星在其网页进一步确认,作为该公司全球守法战略的一部分,"所有(三星)产品"都符合"有害物质限制指令"[74]。

动物福利

动物福利为事实上的布鲁塞尔效应提供了另外一系列的案例。比如,欧盟禁止销售进行动物试验的化妆品,特别是在这些产品中使用化学品,这对于企业行为产生了深远的影响。[75]欧盟是世界化妆品制造的领导者,全世界50大化妆品领先品牌中有22家位于欧洲。[76] 2017年欧洲化妆品和个人护理的零售额达到776亿欧元[77],出口额达到202亿欧元。[78] 欧盟还建立重要的制度性保障的专长和能力来监管该行业,这一点由欧洲替代方法验证中心(于1991年建立的旨在发展动物试验的替代方法)和消费品科学委员会的建立得到体现。[79] 因此,欧盟既监管了包含在化妆品中的化学品的安全性,也监管了所使用的测试方法,这使得它成为该领域"无可争议的监管霸权",为整个行业设定了标杆。[80]

日本的化妆品公司属于那些已经调整其全球制造以符合欧盟动物福利法规的企业。日本最大的化妆品制造商资生堂(Shiseido)在2013年停止了动物试验以遵守欧盟对于动物测试化妆品的销售禁令。[81] 一些其他的日本化妆品公司,比如花王(Kao)公司和高丝(Kose)公司也紧随其后。[82] 这些公司现在越来越多地使用人类培养细胞取代产品的动物测试。[83] 这些制造商在日本没有法律义务这么做,但是它们依然避免使用动物测试,因为这会导致其海外收入的损失。[84] 一些制造商甚至要求它们的原料供应商保证不进行动物测试。[85]

有趣的是,虽然资生堂在其国内和海外试验室取消了动物测试,该公司继续为其在中国销售的产品进行动物测试,因为中国法律规定这样的测试是外国公司市场准入的条件。[86] 比较通常的情况是,虽然化妆品公司一般在各个市场都遵守欧盟的禁令,但是如果这种测试是针对某个特定市场的正式要求的话,它们似乎也准备好参与动物测试。根据与资生堂顾客护理小组2018年3月和4月的电子邮件的沟通:

> 资生堂不对其化妆品或原料进行动物测试,除非法律明确要求,或者肯定没有可替代的产品安全测试方法的情况。资生堂的使命是为顾客提供安全和有效的产品,并且遵守有效的化妆品法规,同时也理解和尊重动物保护的原则。[87]

资生堂决定为中国市场生产和销售的产品进行动物测试,而避免为其他市场这么做,这显示了布鲁塞尔效应的一个特别有趣的变种。在这种情况下,该公司无法通过仅仅遵守欧盟规则达到在全球守法。换言之,只要中国和欧盟的标准互不兼容,欧盟标准就无法纳入所有其他(较弱)的标准。在这些罕见的案例中,各个公司被迫将其生产分割,以便服务于两个(或更多的)要求相反的市场。

因为欧盟和中国在动物测试上监管标准的不兼容,一些欧洲化妆品制造商也选择为其产品生产两种不同的类型。由于担心在欧盟遭遇法律风险,这些公司避免把其在中国使用的原料用于它们在欧盟销售的化妆品中,因为这些原料为了达到符合中国市场资格的目的,已做过动物试验。[88]欧洲化妆品原料联盟为了厘清法律要求,在 2014 年向欧洲法院提交案件[89],请求欧洲法院裁决:为了遵守某第三国法规的要求,如果在化妆品中的原料经过了动物测试,欧盟的化妆品法规是否禁止在欧盟销售那些化妆品。欧洲法院裁决,如果生产者也在欧盟依据那些动物测试结果来证明该产品的安全性,在这种情况下,这种化妆品不能在欧盟营销。[90]因此,这个裁决说明制造商必须保持两种不同的测试方法,一种利用动物,另一种不利用动物,但是它们可以同时为欧洲和中国市场生产同一种产品。如果欧洲法院不这么裁决,直接禁止在欧盟销售的化妆品中使用这些原料,制造商在实际上就被要求生产两种不同的产品,或选择要么在欧盟,要么在中国销售其产品。但是,这个可分割性问题可能很快就不太重要了,因为关于动物测试问题的布鲁塞尔效应或许也会在中国起作用。2014 年中国废除了对于其国内公司对"一般"化妆品进行动物测试的要求。[91]

在动物福利的其他许多领域,欧盟的全球监管影响比较难追溯和衡量。外国生产商调整其全球运作,是否因为欧盟是它们面临的一个关键出口市场,或它们改变其运作是否由于不断增加的国内压力,这一点并不总是清楚。欧盟机构持有的观点是欧盟法规具有重要的全球影响力。欧盟委员会在其关于动物福利措施对于欧洲禽畜生产商竞争力的影响报告中指出:"欧盟动物福利标准具有灯塔效应,并且常常代表了该行业主动的动物福利倡议的灵感来源。"[92]

事实上的布鲁塞尔效应经常是相当明显的,因为生产商明确地指出欧盟措施是其改变生产运作的理由。比如,巴西农业部门承认他们正在应对欧洲可持续肉类市场提供的商业机会。该国猪肉行业的领导者认为该国的生产者必须开始在动物福利方面投资,因为欧盟的标准基本上已成为国际市场的一种标准。[93]纳入欧洲福利标准也会增加巴西猪肉的价值并且提升其在国际市场的竞争力。[94]这一点很重要,因为巴西是世界猪肉第三大生产国和第四大出口国。

欧盟关于屠宰条件的法规也触发了布鲁塞尔效应。欧盟在1993年通过了一份关于在屠宰和杀戮时保护动物的理事会指令。[95]它要求所有动物在被屠宰之前必须被击晕。[96]该指令仅规范特定的屠宰方式,以防止不必要的痛苦。该指令适用于欧盟和进口肉产品。[97]生产商寻求出口到欧盟的肉制品也必须遵守该屠宰指令。因而,巴西、泰国、纳米比亚、加拿大和许多其他国家的屠宰场"利用来自欧洲食品安全局报告中的信息并且利用欧盟法律所允许的和有效的击晕方法"[98]。一旦这些屠宰场决定根据欧盟法规作调整,它们在实际上保持多种击晕方式就不太可能。

欧盟1997年的指令通过禁止使用小牛箱来保护牛犊福利,这也传递了信息,使得全世界的企业操作发生变化。[99]小牛箱导致"行动限制""不当的清扫""缺乏活动""社会剥夺""无法清洗""压力"和"疾病"。[100]美国没有关于小牛箱的联邦立法,到2012年大部分的牛犊在小箱子中饲养。[101]但是,自从欧盟禁令生效以来,美国越来越多的州禁止或者监管小箱子的使用。[102]美国牛犊协会在2007年批准了一项政策,到2017年牛犊行业完全转向群体饲养,并且特意提到这是由于消费者对于动物福利的担忧。[103]也是在同一年,美国主要的生产商斯特劳斯小牛养殖场(Strauss Veal)和马休农场(Marcho Farms)也宣布它们将会在2010年底前把其饲养场改成群体饲养。斯特劳斯小牛养殖场将其目的描述为"在接下来的两到三年里,将百分之百地改造成欧洲式的小牛饲养方式,即群体饲养"[104]。这段话说明不管欧盟的法规是否提供了改变的主要动力,它至少传递了改变的信息。美国国内活动者的施压可能也是相关的,而同时欧盟更严格的动物福利法规为倡议团体提供了重要的观点。比如国际人道对待动物协会(Humane Society)强调美国使用的传统生产操作"在整个欧盟都是不合法的"[105]。

欧盟2007年的指令("鸡房指令")为肉类生产而保护肉鸡设定了最低规则,这也类似地在全世界塑造了养鸡场的条件。[106]鸡房指令为肉鸡设定了最低的放养密度,确保足够的居住空间。该指令牵涉喂食、饮水器、垃圾处理、通风、供暖、照明和清洁,它还罗列了特定要求和监督政策。[107]2005年的一项研究报告指出肉类出口商在根据欧洲消费者的要求作调整,这导致"在阿根廷和泰国越来越高比率的鸡肉生产场被改造,以遵守欧盟法规和食品公司的标准"[108]。

欧盟2005年出台的动物运输法规引发了布鲁塞尔效应中最显著的实例之一。[109]欧洲法院在2015年就一个开拓性的案子作出裁决,即关于动物由某一欧盟国家运往第三国时的待遇问题的Zuchtvieh-Export案件。[110]Zuchtvieh-Export试图用卡车将肉牛从德国运往乌兹别克斯坦。德国海关官员在出发点拒绝办理清关手续,因为该行程最后29小时从哈萨克斯坦到乌兹别克斯坦的一段被认定违反欧盟动物运输法规。欧洲法院裁决如果这次运输始于欧盟,该项法规适用于第三国的运输。[111]这项决定佐证了乔安妮·斯科特(Joanne Scott)定义的领土扩展的技术[112],这使得欧盟在存在某种适当的领土连接的时候,比如在这个案例中的哈萨克斯坦,可以将其监管扩展到欧盟之外的活动中。[113]同时,这个案例也提供了一个实际上的布鲁塞尔效应的案例。[114]在这里,布鲁塞尔效应由技术上的不可分割性驱动,即动物运输中的地理距离的不可分割。即使部分行程发生在欧盟之外,这也迫使运输公司遵守欧盟动物福利法规。

气候变化和航空业碳排放交易

欧盟致力于向外部推广其碳排放交易体系(ETS),这为我们提供了一个关于布鲁塞尔效应的程度,以及该效应的局限的特别有趣的案例。该交易体系构成欧盟气候政策的基石。[115]作为一项极具争议的举措,欧盟在2008年试图将航空排放纳入其碳排放交易体系中,来迫使国际社会采取行动,进而寻求将其航空指令向外部推行。[116]当时除欧盟之外很少有国家采取了有效的国内立法来应对温室气体。尽管《京都议定书》规定了飞机排放的温室气体将受制于国际民用航空组织(ICAO)的监管,但是谈判已处于停滞。在2009年哥本哈根气候谈判无法达成共识之后,欧盟在国际气候政策中的领导力受到严重损害,因而欧盟寻求将其碳排放交易体系向外推行的决心得到加强。[117]可以认为这促使欧盟决心采取单边主义,利用其巨大的市场规模作为工具来迫使全球范围的改变得到推进。[118]

具体地说,航空指令要求所有航空公司,包括外国公司,都要为其从欧洲机场离开或者到达欧洲机场的所有航班购买排放许可。这样,航空公司就无法将它们遵守欧盟法规的行为局限在欧洲空域那部分所发生的行程,这使得这个体系不可分割。比如,从旧金山到伦敦的一个航班中,经计算仅有9％的排放发生在欧盟空域(经计算29％、37％和25％的排放分别发生在美国、加拿大和公海)。[119]然而,根据这项指令,这家航空公司必须为整个航班行程的每一吨排放购买排放许可,因为其着陆点位于欧盟。[120]

该航空指令从两方面使欧盟具备单边主义。首先,如果航空公司在其本国司法区域受制于“相当的措施”的话,那么它们在欧盟降落的航班(虽然不包括在欧盟起飞的航班)可以豁免碳排放交易体系的要求。[121]但是,比方说美国或者中国的国内的气候监管是否符合相当规定的资格则取决于欧盟单方面的决定。[122]其次,该指令声明,如果关于航空业温室气体排放的全球协议能够谈成的话,欧盟可以放弃域外措施。欧盟委员会用严厉的制裁确保合规,以此进一步支持了该指令。某家外国航空公司拒绝执行的话,就会面临罚款[123]或者更严厉的是,会被禁止进入欧洲机场。[124]

如果航空指令当初得到完全执行,它早就能提供布鲁塞尔效应运作的最具戏剧性的案例之一。然后,外国航空公司在其各自政府的支持下启动了一系列的联合措施,以反制欧盟的单边主义。美国联合航空、大陆航空和美国航空在美国航空运输协会的支持下,到英国法院就碳排放交易体系将其包括进去提出异议。它们指责英国执行欧盟指令的决定违反了国际法。[125]英国法院将这个问题提交到欧洲法院。欧洲法院支持了欧盟的措施,这对欧盟委员会来说是一次重要的胜利,它确认了航空指令在各种国际协定和国际习惯法中的有效性。[126]

然而国际上的抵触还在持续。[127]中国取消了空客飞机订单,并且谴责欧盟法规在正当法律职权之外的应用,尤其是针对发展中国家。[128]中国国家民航总局还在2012年禁止了所有中国航空公司参与欧盟的碳排放交易体系。[129]印度也类似地挑战了碳排放交易的域外扩张。印度民用航空部在 2011 年主持了由 26 国参加的会议,反对欧盟航空指令的参会者签署了"德里宣言",要求欧盟修改其决定。[130]中国、印度和其他 21 个国家在莫斯科举行一个会议,签署"关于将国际民用航空纳入欧盟碳排放交易体系问题的声明",该声明"拒绝了欧盟的单边举动,并且呼吁欧盟收回其决定"。[131]最终,那些和空客有联系的成员国出于重大商业攸关利益,说服欧盟改变了立场。欧盟将航空指令的执行"冻结"到了 2016 年底,前提是国际民航组织到时候达成一项全球协议。[132]

在这一背景下,多边谈判重新恢复。2016 年 10 月 6 日,国际民航组织宣布达成了一项被称为《国际航空碳抵消和减排计划》(CORSIA)的协议。[133]该协议的试点阶段将于 2021 年生效,但是国际民航组织成员国的参与在 2027 年前并不是强制的。和碳排放交易体系不同,该协议包含了一些不受制约的例外国家,包括最不发达国家、小岛屿发展中国家、内陆发展中国家和国际航空活动极低的国家。[134]国际民航组织在 2017 年 3 月还采用了"世界上第一个管理任何行业二氧化碳排放的全球性设计认证标准"。这个认证标准将适用于从 2020 年开始的新飞机类型设计,并且扩展到 2023 年时已经投产的飞机类型设计。[135]由于这些措施的结果,欧盟同意从 2017 年起放弃治外法权,并将碳排放交易体系的地理范围限制在欧洲经济区的内部航班。[136]

欧盟中止碳排放交易体系的治外法权的决定可以从两个不同角度来审视。一方面,它显示了布鲁塞尔效应的局限性。当欧盟面临突出和广泛的国际压力时,它有让步的准备。向欧盟成员国征收具体费用——这里指的是空中客车销售的损失——被证明是一种制约布鲁塞尔效应的可行的方法。另一方面,碳排放交易体系和航空相关的故事显示了欧盟可以利用布鲁塞尔效应作为促进国际协议的一种方式。假如没有布鲁塞尔效应以及忍受欧盟单边主义代价带来的机会成本的话,我们不清楚是否还会有关于国际民航组织的政治共识的产生。当然,《国际航空碳抵消和减排计划》和国际民航组织的认证标准代表了在航空业领域一个与欧盟有限额的碳排放交易体系"根本不同"的计划。[137]然而，它仍然旨在实现相同的政策结果，而无需面对欧盟对受到的侵略性单边主义的批评。

法律上的布鲁塞尔效应

在许多情况下，环境监管的这些相同领域——有害物质和电子废弃物、动物福利和气候变化监管——还引发了国外的立法变革，导致法律上的布鲁塞尔效应。欧盟在这些政策领域的影响体现在多个渠道。长期以来，环境政策一直是众多多边、区域和双边谈判的话题。[138]欧盟在这些谈判中经常发挥关键作用，牵头制定多项多边和区域公约，并缔结具有强有力环境条款的双边贸易协定。欧盟机构还经常向外国监管机构提供技术援助，有时在此过程中输出欧盟法规。环保运动在世界许多地方也有影响力，（欧洲和其他国家的）非政府组织在许多情况下在推动国外的改革方面发挥了积极作用。它们通常使用现有的欧盟法规作为其宣传的基准。因此，狭义的法律上的布鲁塞尔效应，作为事实上的布鲁塞尔效应之后的立法变化，通常与这些不同的其他渠道一起运作，欧盟以外的监管标准由此得以提升。

有害物质和电子废弃物

环境监管领域提供了几个法律上的布鲁塞尔效应的案例，这些案例都是关于世界各国效仿欧盟制定相关的法律。"有害物质限制指令"（RoHS）和"废弃电器和电子设备指令"（WEEE），两个旨在管理有害物质和电子废弃物的法规，在这方面尤其具有影响力。有趣的是，欧盟并不是第一个电子废弃物管理的推动者。主要电子制造国家和地区在欧盟行动之前不久就制定了"废弃电器和电子设备指令"式的法律。然而，欧盟的"废弃电器和电子设备指令"在范围上超过了它们。[139]"有害物质限制指令"在广泛的系列产品中限制使用六种物质这一点上，尤其具有开创性。[140]由于事实上的和法律上的布鲁塞尔效应，这使欧盟法律成为企业趋同的全球标准。欧盟委员会也注意到"有害物质限制指令"1和"指令"2都促进了有害材料在世界各地的减少：一些国家，包括中国、韩国和美国已经制定了类似"有害物质限制指令"的立法[141]。

　　全球范围内对欧盟"有害物质限制指令"的广泛模仿并不是因为欧盟委员会在积极努力使其监管全球化;相反,"有害物质限制指令"提供了欧盟法规的一个案例,其动力主要来自与环境保护相关的内部目标和为了实现单一市场,而该法规的全球性影响力主要是这些内部目标产生的附带作用。在这种情况下,一个广泛的事实上的布鲁塞尔效应可能在很大程度上解释了外国政府对"有害物质限制指令"的模仿。已经被迫遵守"有害物质限制指令"的全球性公司有动力在其本国市场倡导"有害物质限制指令"类型的法规,这为法律上的布鲁塞尔效应铺平了道路。

　　在美国,法律上的布鲁塞尔效应对危险废物管理的影响已经发生在州一级,因为试图引入具有约束力的联邦立法没有成功。[142]美国环境保护署在2001年认识到电子垃圾是一个问题,但其监管努力在2004年失败了,主要原因是行业就如何分配责任存在分歧。[143]另一个促成因素可能是通过《资源保护和回收法》将危险废物管理授权给了各州,由此将电子废弃物归类为一项各州可以自行调节的政策议题。相比更突出的问题,例如气候变化,则被认为更紧要,需要纳入联邦议程。[144]

　　与此同时,"有害物质限制指令"已促使美国多个州效仿欧盟。[145]其中加利福尼亚州提供了波及范围最广的例证。像欧盟一样,加州主要通过两项相关法规来管理电子垃圾:加州"有害物质限制指令"[146]和《加州电子废弃物回收法》。[147]加州的"有害物质限制指令"显然是以欧盟"有害物质限制指令"为蓝本的。[148]它还明确将欧盟标准纳入其2003年的《电子废弃物回收法》。[149]该法被称为"Cal RoHS",它根据欧盟"有害物质限制指令"对这些设备的监管方式,来决定禁止或允许在加州销售电子设备。例如,如果欧盟"有害物质限制指令"不禁止在欧盟销售某产品,该法就不允许加州有毒物质控制部阻止该产品的销售。"因此,欧盟'有害物质限制指令'豁免的对于铅、汞、镉和六价铬的一些特定的应用,加州'有害物质限制指令'也对其豁免。"[150]相当惊人的是,加州"有害物质限制指令"还指出对欧盟指令的修订将被纳入加州法律。[151]然而,加州"有害物质限制指令"的范围比其欧盟版要窄,[152]仅涵盖各种视频显示设备和阴极射线管。[153]有趣的是,加州"有害物质限制指令"几乎没有遇到行业的反对,这很可能是因为制造商已经接受遵守欧盟"有害物质限制指令"的成本。[154]一些支持立法的利益团体甚至使用欧盟在该领域的法律作为加州计划的可行性的证据。[155]

最近,与"有害物质限制指令"有关的法律上的布鲁塞尔效应的进一步证据,可以在新泽西州的 2017 年《电子废弃物管理法》中看到。该法责成其行政部门制定规章制度,以符合欧盟的"有害物质限制指令"。[156]同样在 2017 年,印第安纳州在其关于电子废弃物的州法规中增加了类似的要求。[157]在这些立法颁布之前,明尼苏达州在 2007 年就在其法规中添加了对"有害物质限制指令"披露要求的引用。[158]伊利诺伊州 2009 年 4 月生效的电子产品回收和再利用法案同样也援引了对制造商的"有害物质限制指令"披露要求。[159]纽约州《电子设备回收和再利用法》[160]在 2010 年 5 月增加了类似的披露要求。[161]威斯康星州和罗得岛州回收法之后也包含了类似的规定。[162]

美国以外的一些国家或地区已经采用或考虑采用类似的立法。[163]这些国家包括阿根廷、巴西、中国、印度、日本、马来西亚、新加坡、韩国、瑞士、土耳其和越南。[164]值得注意的是,该名单包括发达国家和发展中国家。这表明即使是在处理高合规成本方面能力欠佳的国家,考虑到其行业对欧盟市场的依赖,也选择了运用欧盟标准。[165]

韩国可能是法律上的布鲁塞尔效应最引人注目的案例,这主要体现为密切模仿"有害物质限制指令"和"废弃电器和电子设备指令",以及另外一个欧盟关于报废车辆(ELV)的法规[166],该法规为"再利用、回收、更新报废车辆及其组件"设定目标并鼓励制造商生产不含有害物质的新车。[167]韩国在 2007 年通过了电气和电子设备和车辆资源回收法[168],旨在促进电气和电子设备以及车辆的回收和再利用,并限制在这些产品中使用危险材料。它还要求企业设计和制造产品时使回收更为容易。[169]在该法基础上,韩国环境部和韩国环境公司建立起了电气和电子设备和车辆的生态保证系统(EcoAs)。[170]

一些消息来源表明,欧盟被当作韩国法律的榜样。韩国环境部网站指出：“先进国家更严格地执行有关电气、电子和汽车工业的各种环境法规，为可持续发展事业服务。像‘废弃电器和电子设备指令’‘有害物质限制指令’等法规预计将影响国内企业出口。据此，2008 年 1 月 1 日，韩国为了资源循环和环境保护，实施《电气和电子设备和车辆资源回收法》。”[171] 由环境部和韩国环境公社管理的 EcoAs 网站，在讨论韩国在该领域实施的法案时，提到了严格的欧盟法规。[172] 另外还提到韩国法律包含欧盟“有害物质限制指令”“废弃电器和电子设备指令”和关于报废车辆法规的特征。[173] 值得注意的是，在标题为“EcoAs 摘要”的部分，它显示了以下等式：“欧盟的 RoHS＋WEEE＋ELV 等＝电气和电子设备和车辆资源回收法。”最后，在 2014 年由韩国环境部主办的研讨会上，该部资源回收司副司长将韩国法案和欧盟法律视为同等严格，并表示：“到 2018 年，该部计划将使回收率达到产量的 57%，符合欧盟水平。”[174]

日本提供了一个比较远距离效仿欧盟的案例。日本经济产业省（METI）的工业标准委员会在 2005 年发布 JIS C 0950：2005，也称为“J-MOSS”。J-MOSS 是标记用于电气和电子设备的特定化学物质的日本工业标准。[175] J-MOSS 类似于欧盟“有害物质限制指令”，但不如其严格。与欧盟的“有害物质限制指令”一样，J-MOSS 监管相同的六种物质并且具有相同的浓度水平。然而，不同的是欧盟的“有害物质限制指令”限制使用这些物质，而 J-MOSS 依赖强制性的标签要求。[176] 当产品含量超过 J-MOSS 中设置的规定值时，制造商必须显示“内容标记”，即产品和包装上的双手握紧“R”符号，并且物质信息必须在网上和产品目录和说明手册中得以披露。[177] 根据内记香子（Yoshiko Naiki）的说法，日本并没有简单地照搬“有害物质限制指令”，而是在欧盟“有害物质限制指令”的影响下，推出了自己的监管版本。[178]

中国在 2016 年通过了一项参考了“有害物质限制指令 2”的法规。一方面，中国的“有害物质限制指令”弱于欧盟的“有害物质限制指令 2”，而在其他方面则更严苛。中国的“有害物质限制指令”规定了和欧盟的“有害物质限制指令 2”同样的六种有害物质，但排除了欧盟在 2015 年添加的四种邻苯二甲酸盐。[179] 另一方面，中国的“有害物质限制指令”

可以认为比欧盟的"有害物质限制指令"更严苛,因为它没有豁免符合欧盟"有害物质限制指令"豁免条件的几种电子和电气产品或组件。[180]中国效仿欧盟的决定并不奇怪,因为供应链中的所有生产商都需要遵循"有害物质限制指令",以保证最终产品进入欧盟市场。在电子产品的案例中,供应链初期的元器件厂商通常位于中国。[181]

在拉丁美洲,在该领域追随欧盟领先地位的努力不太成功。阿根廷参议院于 2010 年通过了一项类似于"有害物质限制指令"的法案[182],指明了欧盟作为其内容的灵感来源。然而,该法案并未获得最终批准,并且在 2011 年仅得到部分实施。该法案涵盖的产品类别和清单"几乎逐字逐句(略有修改)照搬欧洲 WEEE 指令的附件 I 所列出的那些内容"[183]。根据 2018 年的一则新闻报道:"巴西政府已宣布计划,提出一项类似于欧盟的针对电气和电子设备(EEE)中有害物质限制指令的法规。"[184]虽然在拉丁美洲现有的立法复制欧盟的"有害物质限制指令""废弃电器和电子设备指令"和类似法规的案例有限,但是拉丁美洲立法改革的动力在增强。这些立法努力可能会随着全球市场的生产商满足欧盟监管标准的趋势的增长而获得力量,这可能使拉丁美洲在不久的将来会成为典型的法律上的布鲁塞尔效应的案例。

动物福利

与在动物福利标准上的事实上的布鲁塞尔效应一样,欧盟对于立法变革的影响往往难以脱离国内的倡导压力。又一次,欧盟机构认为欧盟的动物福利立法在为国外监管改革提供信息方面发挥了关键作用。例如,欧洲议会是这样描述欧盟指令中禁止将层架式鸡笼用于蛋鸡:[185]

> (已经)导致母鸡福利的极大改善,并且已经在全世界具有很大影响力。类似的立法和零售公司标准已经出现在新西兰、印度、澳大利亚的一个州、美国的几个州。消费者对高福利的蛋产品需求在其他许多国家都增加了。欧盟立法,而不仅仅是欧盟消费者的态度,是导致这种世界范围内的变化的一个主要因素,这种情况正在加速发生。[186]

在其他一些领域,外国政府也在其政府报告和其他立法文件中参考欧盟法律,表明它们至少在自己的立法努力中部分效仿欧盟。例如,欧盟禁止在母猪怀孕期间对其圈养的法规导致几个司法管辖区出现法律上的布鲁塞尔效应。欧盟通过 2008 年理事会指令规定了保护母猪的最低标准,以此对这一领域进行监管。[187]该指令禁止将母猪与隔栏拴在一起,除非在怀孕前四个星期。[188]虽然该禁令直到 2013 年才生效[189],但是它早在 2001 年就颁布了。从那时起,一些其他国家已采取类似的禁令。以新西兰为例,母猪栏在 2015 年被淘汰。[190]其政府报告说:"新守则确认了新西兰作为动物福利领域的世界主导者的地位,并表明了本届政府对该事情的重视。"[191]新西兰猪肉行业公开支持该禁令,并指出:"消费者不喜欢对怀孕的猪使用狭窄护栏,我们已经倾听了,我们正在作出改变,并且移除这些护栏。"[192]新西兰也可能受到欧盟案例的影响,因为其政府关于修改猪的福利法的报告多处提到欧盟标准和立法,将此作为比较点。[193]同样,在澳大利亚,母猪栏在 2017 年被淘汰[194],而在加拿大,隔栏将于 2024 年被淘汰。在美国,自从欧盟在 2001 年立法禁止母猪隔栏以来,许多州开始禁止隔栏。例如,美国第一个禁止母猪隔栏的是 2006 年的亚利桑那州。到 2012 年为止,加利福尼亚州、科罗拉多州、佛罗里达州、缅因州、密歇根州、俄亥俄州、俄勒冈州和罗得岛州也紧随其后。[195]

气候变化和碳排放交易

就碳排放交易体系(ETS)而言,法律上的布鲁塞尔效应始终是欧盟明确规定的目标。鉴于气候变化固有的全球性质,仅凭事实上的布鲁塞尔效应永远不足以应对这一挑战。特别是,事实上的布鲁塞尔效应不会减轻外国完全属于本地性质的温室气体排放。意识到这一点,欧盟选择采用碳排放交易体系而不是其他各种监管机制,例如碳税收,部分原因是它知道该体系更有可能在国际上获得支持。[196]事实上,大约在同一时间,有限的碳交易也在美国实施。有几个州参与了"区域温室气体倡议"(RGGI),这是一个减少温室气体的区域排放交易计划。美国也曾在国际谈判中提倡将碳交易作为首选的监管机制。通过采用碳排放交易体系,欧盟希望得到美国的支持,从而也为随后以美国为合作伙伴的多边合作铺平道路,以减缓气候变化。这一战略表明气候单边主义永远不会构成欧盟的永久性或首选监管方式。相反,它一直希望激励其他司法管辖区效仿其范例,最终制定全球联合行动来减缓气候变化。

欧盟在这方面许多指标上取得了成功。欧盟通过碳排放交易体系减缓气候变化的努力同样在国外获得了令人关注的支持,激励其他国家发展自己的碳排放交易体系。根据伦敦帝国理工学院格兰瑟姆(Grantham)研究所汇编的数据,39 个国家和 23 个次国家司法区域已实施或计划实施类似于碳排放交易体系的碳定价工具。[197]这当中许多是欧盟成员国,但也包括其他司法管辖区,例如澳大利亚、瑞士,以及加拿大、中国、日本和美国的区域计划。[198]

尽管对欧盟碳排放交易体系提出了批评,但这种法律上的布鲁塞尔效应还是发生了。欧盟因放宽排放配额而受到批评,因为这扭曲了竞争。[199]此外,给予的配额数量破坏了体系的有效性,阻止了价格推动可预期的排放量的减少。[200]欧盟排放配额的价格在金融危机期间进一步急剧下降,从 2008 年年中大约每吨二氧化碳 30 欧元降到 2013 年年中大约每吨二氧化碳 5 欧元。[201]这进一步令人怀疑欧盟碳排放交易体系的有效性及其作为全球模式的适用性。最后,欧盟努力将其碳排放交易体系的覆盖范围扩大到国际航空排放,以及随后退出这一战略,可能会被视为破坏了欧盟利用其碳排放交易体系发挥领导作用并为外国政府提供立法模式的软实力。[202]

然而,尽管存在缺陷和局限性,碳排放交易体系仍然是一种前所未有的体系。它试图在超国家范围内为温室气体排放设定价格系统,为他人模仿提供最具创新性的模板。[203]将其他司法管辖区的碳排放交易体系与欧盟"对接起来"的可能性进一步推动了欧盟碳排放交易体系的扩散[204],如果我们假定这些国家达到了与欧盟碳排放交易体系对接的最低要求。[205]一些司法管辖区,例如澳大利亚、加利福尼亚州和魁北克省用密切模仿欧盟体系的方式定制了它们的碳排放交易体系计划,旨在将这些计划与欧盟排放交易体系市场对接起来。[206]

　　韩国再次提供了法律上的布鲁塞尔效应的突出案例。该国在 2012 年采用了 K-ETS,即韩国排放交易计划("关于温室气体排放许可证的分配和交易")[207],该计划在三年后得到实施。[208] K-ETS 涵盖大约 599 家该国最大的排放企业,约占全国的 68％的温室气体排放。[209]该法案至少部分反映了韩国公司受到欧盟碳排放交易体系的影响,并且碳排放交易体系可以在开发新技术方面发挥重要作用。例如,2012 年的韩国新闻文章提到 EU-ETS 对运营往返欧洲航班的韩国航空公司的影响。它指出韩国航空公司可能在全球竞争中落后于欧洲航空公司,因为欧洲航空公司在努力创新方面处于领先地位,以便响应欧盟碳排放交易体系,例如开发环保燃料等。[210]

　　一些消息来源表明欧盟碳排放交易体系被用作韩国碳排放交易体系的范例。韩国环境部 2012 年发布的关于 K-ETS 执行法令的立法通知指出:"执行法令设计参照了欧盟等国外的案例来制定排放交易计划,同时也反映了全球标准和韩国经济的现实。"[211]总统绿色增长委员会 2012 年 5 月发布的关于 K-ETS 的疑难解答,通过提及欧盟,强调了碳排放交易体系的积极影响:"欧盟采用碳排放交易体系后,温室气体排放量减少了,而企业没有逃往国外或失去竞争力。"[212]

　　韩国还提供了欧盟使用技术援助项目的案例,以其进一步促进其监管模式在国外传播。在 2016 年 7 月,韩国企划财政部(MOSF)与欧盟启动了一个 350 万欧元的三年合作项目。通过该项目,欧盟将为 K-ETS 的实施提供技术援助,并支持有关 K-ETS 的政策制定。欧盟将提供咨询热线、培训讲习班和专家论坛。[213]韩国欢迎欧盟的指导,作为向成熟且经验丰富的监管机构学习的机会。根据韩国企划财政部副部长的声明:"我希望通过分享欧盟在运行欧盟碳排放交易体系方面十多年的丰富经验将帮助韩国碳排放交易体系成为减少韩国温室气体的成功政策工具。"[214]欧盟驻大韩民国使团公使衔参赞的发言表达了类似的看法,并指出这如何为该地区更广泛的 ETS 模拟提供了一条途径:"(欧盟和韩国的碳排放交易体系项目)旨在分享过去十年欧盟碳排放交易体系运作的最佳技术专长和经验教训。这是世界上第一个也是最大的排放量交易系统。通过协助大韩民国实施和运行其碳排放交体系,我们旨在为本地区其他国家树立一个积极的榜样。"[215]

最后,鉴于中国作为温室气体的主要排放者的角色,它成了法律上的布鲁塞尔效应的一个特别不寻常的案例。今天,中国拥有欧盟之后的第二大碳市场交易计划。中国在全国不同地区,包括北京、上海和广东,试点碳交易计划[216]并于 2017 年批准了全国碳交易体系。[217]中国愿意效仿欧盟的领先地位可以追溯到不同的因素,包括其日益认识到其命令—控制监管方式的局限性,及其过去在二氧化硫排放交易方面的教训。[218]欧盟还与中国监管机构积极对话,建设监管能力并协助当地监管机构完成数据收集、监控和检查等工作。[219]尽管有这些正在采取行动的努力和具体的迹象,但是鉴于其政府调控市场的传统和政治上对能源价格上涨的反感,目前尚不清楚欧盟的碳排放交易体系是否可以有意义地移植到中国。[220]

碳排放交易体系并不是法律上的布鲁塞尔效应在涉及排放控制和欧盟减缓气候变化的努力方面的唯一案例。欧盟还采取广泛措施为汽车行业制定排放标准,这既可以减少当地污染,从而改善空气质量,也可以减轻导致气候变化的有害温室气体。欧盟于 2009 年通过了针对乘用车的欧 5 标准,2014 年通过了欧 6 标准。欧 5 主要是减少柴油车产生的细颗粒物,而欧 6 核心目标是减少氮氧化物(NO_x)和一氧化碳(CO)。[221]此外,欧 6 超越了与污染物暴露相关的直接的人类健康问题,而且还通过对二氧化碳施加限制的方式,实现更广泛的气候变化目标。[222]

在欧盟采用这些标准后不久,俄罗斯政府于 2016 年在俄罗斯强制执行欧 5 标准。[223]俄罗斯很自然地效仿欧盟标准,而不是流行的美国标准,这是因为俄罗斯汽车出口总量的 69％销往欧洲。[224]法律上的布鲁塞尔效应之前也发生了重大的事实上的布鲁塞尔效应,这为其国内法律变革铺平了道路。确实,很多俄罗斯企业已经生产和销售与欧 5 甚至欧 6 标准兼容的汽车,以确保其进入重要的欧盟市场。[225]俄罗斯炼油厂也同样开始按照欧盟标准调整生产。例如,一家俄罗斯能源公司卢克公司(Lukoil)在 2012 年将其炼油厂完全转变为达到欧 5 标准,而俄罗斯天然气工业股份公司(Gazprom Neft)和俄罗斯石油公司

(Rosneft)两家公司于 2013 年开始按照欧盟标准生产部分汽油和柴油。[226]当时,布鲁塞尔效应在俄罗斯还没有完成。一些本地公司继续生产不符合欧盟标准的供国内使用的汽车,特别是服务于该国更偏远的地区,在那里可以获得的高质量的燃料比较有限。[227]

在向欧盟燃料标准迈进的努力中,南非为企业与政府利益之间的相互作用提供了一个奇怪的案例。南非政府已经承认有一些外国司法管辖区已根据欧盟标准收紧燃料规格[228],并提议将欧盟的燃料标准也纳入南非法律。该国目前的燃料法规"清洁燃料-Ⅰ"等同于欧-Ⅲ燃料规格。[229]更新版的"清洁燃料-Ⅱ"法规相当于欧-Ⅴ规范,原本打算于 2017 年 7 月生效。但是,新的法规草案被政府撤销,因为政府拒绝承诺向炼油厂提供必要的援助,使其升级设施,以过渡到更清洁的燃料生产。[230]

南非炼油厂承认市场正在转向欧洲燃油标准,并且它们支持当地采用欧盟标准以满足对清洁燃料日益增长的需求。同时,它们强调政府支持的必要性,使大量资本投资升级它们的设施。[231]该行业声称,如果没有这样的支持,当采用新标准时,进口的清洁燃料供应将挤占整个国内市场。[232]沙索(Sasol)公司是南非一家大型化学品和能源公司,它正在与南非政府谈判,以确保有足够的投资到位完成过渡。[233]此外,南非石油工业协会(SAPIA)是一个代表南非液体燃料行业集体利益的行业协会。它已建立了一个与能源部的联合工作组以解决僵局。[234]

即使商业现实支持采用欧盟标准,并且当这种模仿得到政府和行业的支持时,政府与主要企业参与者之间的这种对话仍表明通往法律上的布鲁塞尔效应的道路何其漫长而复杂。沙索等有影响力的公司和行业协会的游说在南非政府参照欧盟盛行的燃料法规来制定其本国法规的方面发挥了至关重要的作用。[235]然而,正是同样这些公司在没有政府支持的情况下无法适应欧盟标准,这推迟了该国法律上的布鲁塞尔效应的出现。

近二十年来欧盟对环境政策产生了重大且日益增长的全球影响。考虑到许多环境问题的全球性,欧盟一直在这个政策问题上有着敏锐而积极的兴趣,使其法规影响外部。本章阐述了欧盟环境法规事实上的和法律上的全球影响,有关示例有电子产品中有害物质管理、保护动物福利和减缓气候变化的碳排放交易系统。讨论表明,事实上的布鲁塞尔效应在电子产品中的有害物质管理方面尤为突出,还揭示了在全球生产中遵守欧盟规则方面,跨国电子公司之间广泛的事实上的融合。这个普遍的、事实上的布鲁塞尔效应也为在多个国家法律上的布鲁塞尔效应铺平了道路。事实上的布鲁塞尔效应同样被证明普遍存在于动物福利领域,例如从化妆品行业放弃动物试验到屠宰场改变它们在屠宰前击晕动物的方式。或许能找到欧盟在这方面影响外国立法实践的案例,但将各种国内改革与事实上的布鲁塞尔效应联系起来往往仍然困难重重,因为各种其他的渠道,例如各国消费者和非政府组织的积极行动,也推动了这方面的国内改革。

欧盟的碳排放交易机制则是另一项案例研究,它提供了检验布鲁塞尔效应在环境监管方面的动态和局限性。虽然外国政府在限制欧盟在其他领域的监管野心方面不太成功,但是它们最终成功地限制欧盟单方面将其碳排放交易体系扩展到国际航空的努力。这表明特别是对外国司法管辖区来说,在那些经济上很重要,而在政治上有争议的领域,欧盟推行其咄咄逼人的单边主义时,布鲁塞尔效应有其局限性。然而,欧盟的单边主义威胁足以催化多边谈判,这最终导致了一项规范航空业排放的国际协定。如果欧盟不支持推动监管变革,这种结果可能不会发生。此外,尽管欧盟无法通过事实上的布鲁塞尔效应促进监管调整,但是它通过法律上的布鲁塞尔效应还是取得了成功,因为一些国家已经在其国内效仿欧盟的碳排放交易体系。这说明了事实上的和法律上的布鲁塞尔效应之间的不同关系:虽然事实上的布鲁塞尔效应往往会为法律上的布鲁塞尔效应铺平道路,但是法律上的布鲁塞尔效应也可以在没有任何实质性的事实上的布鲁塞尔效应的情况下发生,尽管最有效的情况发生于欧盟主动承担推广角色时。

注　释

1. *Index of Legislation*, in *Manual of European Environmental Policy*, IEEP (2012), https://ieep. eu/publications/2014/10/forthcoming-policy-and-index〔https://

perma.cc/M85A-WWTC].

2. Diarmuid Torney, European Climate Leadership in Question: Policies Toward China and India 36(2015).

3. Yumiko Nakanishi, *Introduction: The Impact of the International and European Union Environmental Law on Japanese Basic Environmental Law*, in Contemporary Issues in Environmental Law: The EU and Japan 1, 4(Yumiko Nakanishi ed., 2016).

4. Jerry McBeath & Jonathan Rosenberg, Comparative Environmental Politics 3 (2006).

5. Treaty on European Union(Maastricht text) art. 130r, July 29, 1992, 1992 O.J. (C 191) 1, 28—29; *Id*. art. 2, at 5.

6. Treaty of Amsterdam Amending the Treaty on European Union, the Treaties Establishing the European Communities and Certain Related Acts art. 3c, Oct.2, 1997, 1997 O.J. (C 340) 1, 25.

7. Treaty of Lisbon Amending the Treaty on European Union and the Treaty Establishing the European Community art. 174, Dec.13, 2007, 2007, O.J. (C 306) 1, 87.

8. *Id*. art. 10A, at 1, 23—24.

9. Suzanne Kingston et al., European Environmental Law 70—71(2017).

10. Case C-176/03, Comm'n v. Council, 2005 E.C.R. I-07879.

11. Case C-441/17 R, Comm'n v. Poland, EUR-Lex 62017CO0441(02)(Nov.20, 2017).

12. 参见 Directive 2002/95/EC, of the European Parliament and of the Council of 27 January 2003 on the Restriction of the Use of Certain Hazardous Substances in Electrical and Electronic Equipment, 2003 O.J. (L 37) 19。

13. 参见 *id*。

14. Directive 2011/65/EU, of the European Parliament and of the Council of 8 June 2011 on the Restriction of the Use of Certain Hazardous Substances in Electrical and Electronic Equipment, 2011 O.J. (L 174) 88.

15. Directive 2012/19/EU, of the European Parliament and of the Council of 4 July 2012 on Waste Electrical and Electronic Equipment(WEEE), 2012 O.J. (L 197) 38.

16. Katja Biedenkopf, *The Multilevel Dynamics of EU and U.S. Environmental Policy: A Case Study of Electronic Waste*, in L'Union Européenne et les États-Unis: Processus, Politiques et Projets 189, 192(Yann Echinard et al. eds., 2013).

17. *Id*.

18. Council Directive 74/577/EEC, of 18 November 1974 on Stunning of Animals Before Slaughter, 1974 O.J. (L 316) 10.

19. *Id*."五大自由"包括:(1)免于饥馑和干渴;(2)免于不适;(3)免于痛苦、伤害和疾病;(4)表达正常行为的自由;以及(5)免于恐惧和痛苦。

20. *40 Years of Animal Welfare*, Eur. Commission, https://ec.europa.eu/food/sites/food/files/animals/docs/aw_infograph_40-years-of-aw.pdf (last visited Feb.7, 2019) [https://perma.cc/V93D-W94S]; Consolidated Version of the Treaty on the Functioning of the European Union art. 12, Mar.30, 2010, 2010 O.J. (C 83) 47, 54.

21. *EU Animal Welfare Strategy*: *2012—2015*, Eur. Commission(2012), https://ec.europa.eu/food/sites/food/files/animals/docs/aw_brochure_strategy_en.pdf[https://perma.cc/3VSC-JJLX].

22. *Milestones in Improving Animal Welfare*, Eur. Commission(2012), https://ec.europa.eu/food/sites/food/files/animals/docs/aw _ infograph _ milestones _ en. pdf [https://perma.cc/33C9-GHUV].

23. *The EU Emissions Trading System* (*EU ETS*) *Factsheet*, Eur. Commission (2016), https://ec. europa. eu/clima/sites/clima/files/factsheet _ ets _ en. pdf [https://perma.cc/7TQ9-CFJN].

24. Torney, *supra* note 2, at 39.

25. *Id*.

26. *Id*. at 12.

27. McBeath & Rosenberg, *supra* note 4, at 58.

28. Atlas of European Values: Trends and Traditions at the Turn of the Century 119 (Loek Halman, Inge Sieben & Marga van Zundert eds., 2011).

29. Didier Bourguignon & Nicole Scholz, *Chernobyl 30 Years on*: *Environmental and Health Effects*, Eur. Parliament: Think Tank (Mar. 22, 2016), http://www.europarl.europa.eu/thinktank/en/document.html? reference=EPRS_BRI(2016)581972 [https://perma.cc/D3BZ-EHRV].

30. *Introduction to Acid Rain*, Enviropedia, http://www.enviropedia.org.uk/Acid_Rain/Acid_Rain_Introduction.php(last visited Jan.30, 2019)[https://perma.cc/8DCV-MJBT].

31. R. Daniel Keleman, *Globalizing European Union Environmental Policy*, 17 J. Eur. Pub. Pol'y 335, 340(2010)[citing Jürgen Hofrichter & Karlheinz Reif, *Evolution of Environmental Attitudes in the European Community*, 13 Scandinavian Pol. Stud. 119(1990)].

32. European Comm'n, Report, *Special Eurobarometer 468*: *Attitudes of European Citizens Towards the Environment*, Open Data Portal 5(Nov.2017), http://ec.europa.eu/commfrontoffice/publicopinion/index.cfm/ResultDoc/download/DocumentKy/81259[hereinafter *Special Eurobarometer 468*][https://perma.cc/WV7A-J7RP].

33. European Comm'n, Report, *Special Eurobarometer 459*: *Climate Change*, Open Data Portal 5(Sept.2017), https://ec.europa.eu/clima/sites/clima/files/support/docs/report_2017_en.pdf[hereinafter *Special Eurobarometer 459*][https://perma.cc/B6MV-9G4B].

34. *Id*.

35. *Special Eurobarometer 468*, *supra* note 32, at 5—6.

36. *Id*. at 6.

37. *Special Eurobarometer 459*, *supra* note 33.

38. Bruce Stokes et al., *Global Concern About Climate Change*, *Broad Support for Limiting Emissions*: *U.S.*, *China Less Worried*; *Partisan Divides in Key Countries*, Pew Res. Center 24(Nov.5, 2015), http://www.pewresearch.org/wp-content/uploads/sites/2/2015/11/Pew-Research-Center-Climate-Change-Report-FINAL-November-5-2015.pdf[https://perma.cc/7NTG-SVXQ].

39. Keleman, *supra* note 31, at 340.

40. Torney, *supra* note 2, at 39—40.

41. *Id.*

42. Javier Delgado-Ceballos et al., *Environmental Nongovernmental Organization Coalitions: Howthe Green 10 Influences European Union Institutions*, in Environmental Leadership: A Reference Handbook 254(Deborah Rigling Gallagher ed., 2012).

43. Tom Delreux &. Sandra Happaerts, Environmental Policy and Politics in the European Union 133(2016).

44. Delgado-Ceballos et al., *supra* note 42, at 258—259. 另见 for details on each group: Delreux &. Happaerts, *supra* note 43, at 130—132。

45. Delgado-Ceballos et al., *supra* note 42, at 259—262.

46. David Coen, *Environmental and Business Lobbying Alliances in Europe: Learning from Washington?*, in The Business of Global Environmental Governance 197, 209(David Levy &. Peter J. Newell eds., 2005).

47. Ludwig Krämer, *Environmental Governance in the EU*, in Environmental Protection in Multi-layered Systems: Comparative Lessons from the Water Sector 11, 23—24(Mariachiara Alberton &. Francesco Palermo eds., 2012).

48. Delreux &. Happaerts, *supra* note 43, at 135.

49. Biedenkopf, *supra* note 16, at 203.

50. Kingston et. al, *supra* note 9, at 27—28.

51. Delreux &. Happaerts, *supra* note 43, at 244.

52. Press Release, European Comm'n, Energy Union: Commission Takes Action to Reinforce EU's Global Leadership in Clean Vehicles(Nov.8, 2017), http://europa. eu/ rapid/press-release_IP-17-4242_en.htm[https://perma.cc/4M6U-EPB7].

53. Keleman, *supra* note 31, at 343.

54. Press Release, European Comm'n, Speech by Commissioner Arias Cañete at the Brussels Europe Power Market Event(Oct.24, 2016), http://europa. eu/rapid/press-release_SPEECH-16-3526_en.htm[https://perma.cc/8BSG-T24Q].

55. Keleman, *supra* note 31.

56. Press Release, European Comm'n, Environment: Fewer Risks from Hazardous Substances in Electrical and Electronic Equipment(July 20, 2011), http://europa. eu/ rapid/press-release_ IP-11-912 _ en. htm [https://perma. cc/4ZW9-UH52]; Otto Pohl, *European Environmental Rules Propel Change in U.S.*, N. Y. Times, July 6, 2004, at F4.

57. *RoHS Compliance/Lead Free*, Fujitsu, http://www. fujitsu. com/us/about/ local/corporate/subsidiaries/fcai/rohs/(last visited Jan. 31, 2019)[https://perma. cc/ 57GD-QFNT]; *Oracle Global Position on Restriction of Hazardous Substances(RoHS)*, Oracle, http://www. oracle. com/us/products/applications/green/rohs-position-185078. pdf(last visited Jan.31, 2019)[https://perma.cc/AH65-Q5KY].

58. Katja Biedenkopf, E-Waste Governance Beyond Borders—Does the EU Influence US Environmental Policy? 15 (2010) (unpublished manuscript), https://refubium. fu-berlin. de/bitstream/handle/fub188/19456/Biedenkopf-E-Waste _ Governance _ beyond _ Borders-445.pdf?sequence=1&.isAllowed=y[https://perma.cc/HX6P-ERHK].

59. *Id*.

60. Hiawatha Bray, *Tech Firms Face EU Toxics Test: Limits on the Use of Hazardous Materials Pushes US Electronics Makers to Innovate*, Boston Globe(June 1, 2006), http://archive.boston.com/business/technology/articles/2006/06/01/tech_firms_face_eu_toxics_test/[https://perma.cc/K5EQ-DZHA].

61. *Id*.

62. *Id*.

63. *The Impact of RoHS—Now and In the Future*, HKTDC(July 1, 2008), http://info.hktdc.com/productsafety/200807/psl_ele_080701.htm[https://perma.cc/V2UP-GBE4].

64. Katja Biedenkopf, Institute for European Studies, Policy Recycling? The External Effects of EU Environmental Legislation on the United States, 241(2011).

65. *Id*.

66. *Id*.

67. *Hitachi Group to Eliminate 6 Chemical Substances Targeted in RoHS by March 2005 Shifting to Lead-Free Solder by March 2004 in Japan and by March 2005 Worldwide*, Hitachi(Dec.1, 2003), http://www.hitachi.com/New/cnews/031201.html [https://perma.cc/N5TA-NANJ].

68. *Id*.

69. *Top 15 Semiconductor Sales Leaders—2018F*, AnySilicon(Nov.12, 2018), https://anysilicon.com/top-15-semiconductor-sales-leaders-2018f/[https://perma.cc/8VB5-6LPS].

70. *Corporate Social Responsibility Report*, TSMC 48(2017), https://www.tsmc.com/download/csr/2018_tsmc_csr/english/pdf/e_all.pdf[https://perma.cc/FN3K-MNKM].

71. 联发科(MediaTek)是一家晶圆厂半导体外包公司,为无线通信、HDTV、DVD和蓝牙以及手机提供芯片系统解决方案。Corporate Social Responsibility Report, MediaTek 139(2015), https://d86o2zu8ugzlg.cloudfront.net/mediatek-craft/reports/CSR/2015-MediaTek-Corporate-Sustainability-Report-Final.pdf(last visited Feb.7, 2017) [https://perma.cc/E6VX-M4EA].

72. *Overcome RoHS, EU's First Environmental Regulation*, Sci. Times(June 6, 2016), http://www.sciencetimes.co.kr/?news=eu%EC%9D98-%EC%B2%AB-%ED%99%98%EA%B2%BD%EA%B7%9C%EC%A0%9C-rohs%EB%A5%BC-%EB%84%98%EC%96%B4%EB%9D%BC[https://perma.cc/N6W4-V5RS].

73. *Id*.

74. *EU RoHS II(Restriction of Hazardous Substances Directive)*, Samsung, https://www.samsung.com/semiconductor/about-us/global-compliance/(last visited June 3, 2019)[https://perma.cc/ZM4T-YC2Z].

75. Justin McCurry, *Cosmetics Testing: Will Japan Go Cruelty-Free?*, Japan Today(Oct.26, 2015), https://japantoday.com/category/features/lifestyle/cosmetics-testing-will-japan-go-cruelty-free[https://perma.cc/A77C-HBPV].

76. *Cosmetics Industry*, Cosmetics Eur., https://www.cosmeticseurope.eu/cosmetics-industry/(last visited Feb.8, 2019)[https://perma.cc/X6TK-9GL8].

77. 参见 *Id* 。

78. *Id*.

79. David Bach & Abraham L. Newman, *Governing Lipitorand Lipstick: Capacity, Sequencing, and Power in International Pharmaceutical and Cosmetics Regulation*, 17 Rev. Int'l Pol. Econ 665, 685(2010).

80. *Id*. at 688.

81. *Shiseido to Abolish Testing Cosmetics on Animals*, Japan Times(Mar.2, 2013), https://www.japantimes. co. jp/news/2013/03/02/business/corporate-business/shiseido-to-abolish-testing-cosmetics-on-animals/ #.WtO-hq3MzBI[https://perma.cc/QPC6-8PRT].

82. Koa, including Biore, Curel, and Nivea products, halted animal testing in 2015. *Kao Group Confirms Its Policy of* "*Neither Conducting Nor Outsourcing Animal Testing in Cosmetics*," Animal Rts. Center(June 25, 2015), http://www.arcj.org/en/animals/animaltesting/00/id = 608 [https://perma. cc/NDJ7-MHMB]. Kose issued a similar statement in 2014. *Kose Group Promotes Alternatives to Animal Testing*, Beauty Packaging(Oct.16, 2014), https://www.beautypackaging.com/contents/view_breaking-news/2014-10-16/kose-group-promotes-alternatives-to-animal-testing/[https://perma. cc/45S7-2BTF].

83. *Japan Cosmetics Makers Win OECD Approval for Animal Testing Alternative*, Nikkei Asian Rev. (Nov. 2, 2016), https://asia. nikkei. com/Business/Science/Japan-cosmetics-makers-win-OECD-approval-for-animal-testing-alternative[https://perma. cc/YP7X-X3WC].

84. McCurry, *supra* note 75.

85. *Guidelines for Supplier's Assessment*, Kao, https://www.kao.com/global/en/sustainability/procurement/supplier-guidelines/(lastvisited Jan. 31, 2019) [https://perma.cc/C343-MA5M].

86. Sophia Yan, *In China, Big Cosmetics Firms are Selling Products Tested on Animals*, CNBC(Apr. 19, 2017), https://www. cnbc. com/2017/04/19/in-china-big-cosmetics-firms-are-selling-products-tested-on-animals. html [https://perma. cc/8FEB-5EPK].

87. Email Correspondence with Shiseido Customer Care Team(Mar.—Apr.2018)(on file with author).

88. Case C-592/14 European Federation for Cosmetic Ingredients v. UK Secretary of State for Business, EUR-Lex 62014CJ0592(Sept.21, 2016), paras.12—14.

89. *Id*.

90. *Id*. paras.43, 45.

91. Humane Soc'y Int'l(June 30, 2014), http://www.hsi.org/news/press_releases/2014/06/china-implements-rule-change-063014.html[https://perma.cc/M93W-A4XC].

92. *Report from the Commission to the European Parliament and the Council on the Impact of Animal Welfare International Activities on the Competitiveness of European Livestock Producers in a Globalized World*, at 9, COM(2018) 42 final(Jan.26, 2018).

93. Cleandro Pazinato Dias et al., The Brazilian Pig Industry Can Adopt European Welfare Standards: A Critical Analysis, 45 Ciência Rural 1079, 1081(2015).

94. *Id*. at 1085.

95. Council Directive 93/119/EC, of 22 December 1993 on the Protection of Animals at the Time of Slaughter or Killing, 1993 O.J. (L 340) 21.

96. *Id*. art. 5(1)(c).

97. James Moynagh, *EU Regulation and Consumer Demand for Animal Welfare*, 3 AgBioForum 107, 110(2000).

98. European Parliament Directorate-General for Internal Policies, *Animal Welfare in the European Union*, Eur. Parliament 32(Jan. 2017), http://www.europarl.europa. eu/RegData/etudes/STUD/2017/583114/IPOL_STU(2017)583114_EN.pdf[https:// perma.cc/K4WE-2B8Y];另见 *Beef—Market Report*, Gov't Can., https://web.archive. org/web/20180807135043/http://www.canadainternational.gc.ca/eu-ue/policies-politiques/ reports_beef-boeuf_rapports.aspx?lang=eng(last modified Feb.4, 2014)。

99. Directive 97/2/EC first phased out the use of veal crates and regulated the diets of calves, and was replaced by Council Directive 2008/119/EEC, of 18 December 2008. Council Directive 97/2/EC, 1997 O.J. (L 25) 24; Council Directive 2008/119/EC, 2009 O.J. (L 10) 7.

100. *HSUS Report*: *The Welfare of Animals in the Veal Industry*, Humane Soc'y 8—12(July, 2012), http://www.humanesociety.org/sites/default/files/archive/assets/ pdfs/farm/hsus-the-welfare-of-animals-in-the-veal-industry-b.pdf[hereinafter *HSUS Report*] [https://perma.cc/P8X6-6Y6V].另见 Am. Veterinary Med. Ass'n., *Literature Review on the Welfare Implications of the Veal Calf Husbandry*, AVMA(Oct. 13, 2008), https://www.avma.org/KB/Resources/LiteratureReviews/Pages/Welfare-Implications- of-the-Veal-Calf-Husbandry-Backgrounder.aspx[https://perma.cc/E4L2-PWGH]。

101. *HSUS Report*, *supra* note 100, at 1.

102. *Id*.at 2. Arizona legislated 2006, in effect 2012; Colorado 2008, effective 2012; California effective 2015; Maine legislated 2009; Michigan legislated 2009; Ohio legislated 2010, Rhode Island legislated 2012.

103. *Id*. at 2; Animal Care &. Housing, Am. Veal Ass'n, http://www.americanveal. com/animal-care-housing/(last visited Feb.8, 2019)[https://perma.cc/JGS9-X9WP].

104. *HSUS Report*, *supra* note 100, at 2.

105. *Id*. at 14.

106. Council Directive 2007/43/EC, 2007 O.J. (L 182) 19.

107. *Poultry Welfare*: *Matching the New EU Regulatory Framework*, DELACON Dossier 5(2011), https://www.delacon.com/download/?file=89[https://perma.cc/ U85K-PPMU].

108. European Parliament Directorate-General for Internal Policies, *supra* note 98, at 31.

109. Council Regulation (EC) No.1/2005 of 22 December 2004 on the Protection of Animals During Transport and Related Operations and Amending Directives 64/432/EEC and 93/119/EC and Regulation (EC) No 1255/97, 2005 O.J. (L 3) 1.

110. Case C-424/13, Zuchtvieh-Export GmbH v. Stadt Kempten, EUR-Lex 62013CJ0424(Apr.23, 2015).

111. David Mahoney, *Zuchtvieh-Export GmbH v. Stadt Kempten*: *The Tension Between Uniform*, *Cross-Border Regulation and Territorial Sovereignty*, 40 B. C. Int'l

&. Comp. L. Rev.363，364—366，371(2017)。

112. Clair Gammage, *A Critique of the Extraterritorial Obligations of the EU in Relation to Human Rights Clauses and Social Norms in EU Free Trade Agreements*, Eur. &. World, Oct.10, 2018, at 12.

113. Joanne Scott, *Extraterritoriality and Territorial Extension in EU Law*, 62 Am. J. Comp. L. 87.

114. *Id*. at 89.

115. Directive 2003/87/EC, of the European Parliament and of the Council of 13 October 2003 Establishing a Scheme for Greenhouse Gas Emission Allowance Trading Within the Community and Amending Council Directive 96/61/EC, 2003 O.J. (L 275) 32 [hereinafter Directive 2003/87/EC].

116. 参见 Directive 2008/101/EC, of the European Parliament and of the Council of 19 November 2008 Amending Directive 2003/87/ECSo as to Include Aviation Activities in the Scheme for Greenhouse Gas Emission Allowance Trading Within the Community, 2009 O.J. (L 8) 3[hereinafter Directive 2008/101/EC]。

117. Kati Kulovesi, *Climate Change in EU External Relations: Please Follow My Example (or I Might Force You to)*, *in* The Eternal Environmental Policy of the European Union: EU and International Law Perspectives 115, 117(Elisa Morgera ed., 2012); Delreux &. Happaerts, *supra* note 43, at 246.

118. Kulovesi, *supra* note 117.

119. *The European Union's Emissions Trading Scheme: A Violation of International Law: Hearing Before the Subcomm. on Aviation of the H. Comm. on Transp. &. Infrastructure*, 112th Cong. 34—36(2011)(statement of Hon. Nancy N. Young, vice presi-dent of Environmental Affairs, Air Transport Association of America, Inc.).

120. *Id*. at 4—5.

121. 参见 Directive 2008/101/EC, *supra* note 116, ¶17; 另见 Joanne Scott &. Lavanya Rajamani, *EU Climate Change Unilateralism*, 23 Eur. J. Int'l L. 469, 482—483(2012)。

122. 参见 Scott &. Rajamani, *supra* note 121, at 475。

123. *Id*.

124. 参见 Case C-366/10, Air Transp. Ass'n of Am. v. Sec'y of State for Energy &. Climate Change, EUR-Lex 62010CJ0366(Dec.21, 2011)。

125. 参见 US Aviation Sector Finally Challenges EU Emissions Scheme, CAPA (July 6, 2011), https://centreforaviation. com/analysis/reports/us-aviation-sector-finally-challenges-eu-emissions-scheme-54825[https://perma. cc/D9U9-LP5D]。根据原告的说法,碳排放交易体系(ETS)指令违反了多项国际协定,包括《国际民用航空公约》《芝加哥公约》)、《联合国气候变化框架公约京都议定书》以及美国与欧盟及其成员国之间的航空运输协定(开放天空协定)。

126. Press Release No. 139/11, Court of Justice of the European Union, The Directive Including Aviation Activities in the EU's Emissions Trading Scheme is Valid 2 (Dec. 21, 2011), http://curia. europa. eu/jcms/upload/docs/application/pdf/2011-12/cp110139en.pdf[https://perma.cc/DWP9-WCMR]。

127. Kulovesi, *supra* note 117, at 143; Torney, *supra* note 2, at 134.

128. Torney, *supra* note 2, at 134; Delreux & Happaerts, *supra* note 43, at 215.

129. Torney, *supra* note 2, at 134.

130. *Id.* at 158.

131. *Id.* at 134.

132. Delreux & Happaerts, *supra* note 43, at 215.

133. *Historic Agreement Reached to Mitigate International Aviation Emissions*, ICAO（Oct. 6，2016），https://www. icao. int/Newsroom/Pages/Historic-agreement-reached-to-mitigate-international-aviation-emissions. aspx［https://perma. cc/LUW2-Q2UC］.

134. *Id.*

135. *ICAO Council Adopts New CO₂ Emissions Standard for Aircraft*, ICAO(Mar. 6，2017），https://www. icao. int/Newsroom/Pages/ICAO-Council-adopts-new-CO2-emissions-standard-for-aircraft.aspx［https://perma.cc/G6RJ-VTDW］.

136. *Reducing Emissions from Aviation*, Eur. Commission（Nov. 23，2017），https://ec.europa.eu/clima/policies/transport/aviation_en # tab-0-0［https://perma. cc/ZKK6-5LLW］;另见 Regulation (EU) 2017/2392, of the European Parliament and of the Council of 13 December 2017 Amending Directive 2003/87/EC to Continue Current Limitations of Scope for Aviation Activities and to Prepare to Implement a Global Market-Based Measure from 2021, 2017 O.J. (L 350) 7。

137. Janina Scheelhaase et. al, *EU ETS Versus CORSIA—A Critical Assessment of Two Approaches to Limit Air Transport's CO₂ Emissions by Market-Based Measures*, 67 J. Air Transport Mgmt. 55, 58(2018).

138. European Parliament, *Environmental Policy: General Principles and Basic Framework*, Fact Sheets on Eur. Union, http://www. europarl. europa. eu/factsheets/en/sheet/71/environment-policy-general-principles-and-basic-framework［https://perma. cc/3KZT-R4M4］.

139. Biedenkopf, *supra* note 16, at 194.

140. *Id.*

141. *Proposal for a Directive of the European Parliamentand of the Council Amending Directive 2011/65/EU on the Restriction of the Use of Certain Hazardous Substances in Electrical and Electronic Equipment*, at 2, COM(2017) 38 final(Jan.26, 2017).另见, Henrik Selin & Stacy D. VanDeveer, *Raising Global Standards: Hazardous Substances and E-Waste Management in the European Union*, Environment, Dec.2006, at 6, 14—15。

142. Biedenkopf, *supra* note 16, at 194.

143. *Id.* at 194—195.

144. *Id.* at 202.

145. 美国提出联邦立法,修订 1976 年的《有毒物质控制法》,以建立类似于 2009 年的《电气设备环境设计法》(EDEE 法)中 RoHS 的统一国家标准,但该法案没获得小组委员会通过。Environmental Design of Electrical Equipment Act(EDEE) Act, H. R. 2420, 111th Cong.(2009).

146. Cal. Health & Safety Code §§ 25214.9—.10.2(West 2003);另见 Restrictions on the Use of Certain Hazardous Substances (RoHS) in Electronic Devices, Cal.

328

Department Toxic Substances Control，https：//dtsc. ca. gov/restrictions-on-the-use-of-certain-hazardous-substances-rohs-in-electronic-devices/（last visited Feb.1，2017）［hereinafter *What is RoHS*］［https：//perma.cc/8YV9-58F9］。

147. 2003 年 9 月 23 日，2003 年加州电子废物回收法案签署成为法律。加州出版第 42460/42486 号决议（West 2004）《电子废物回收法》制定了一项专门的计划，通过在消费者购买时向其收取费用来回收此类设备。参见 *E-Waste More Information*，Cal. Department Toxic Substances Control，https：//dtsc. ca. gov/ewaste/e-waste-more-information/（last visited Feb. 1，2019 ）［hereinafter *E-Waste More Information*］［https：//perma.cc/2LEA-MWCW］。

148. *What is RoHS*，*supra* note 146.

149. 参见 Cal. Pub. Res. Code，*supra* note 147. The EU's RoHS Directive is referenced in § 42465.2(b)。

150. *How Do the California Restrictions on the Use of Certain Hazardous Substances（RoHS）Law and Regulations Compare to the European Union's RoHS Directive*？，Cal. Department Toxic Substances Control，https：//dtsc.ca.gov/how-do-the-california-restrictions-on-the-use-of-certain-hazardous-substances-rohs-law-and-regulations-compare-to-the-european-unions-rohs-directive/（last visited Feb.1，2019）（emphasis in original）［hereinafter *How Does the California RoHS Compare to the EU RoHS*？］［https：//perma.cc/4ZZT-MB9Y］. For more on how the EU influenced California，参见 Biendekopf，*supra* note 64，at 248—255。

151. 参见 Cal. Pub. Res. Code，*supra* note 147，at §§ 42463，42465. 2(b)；Cal. Health & Safety Code § 25214. 10(b)(West 2006)；Joanne Scott，*From Brussels with Love：The Transatlantic Travels of European Law and the Chemistry of Regulatory Attraction*，57 Am. J. Comp. L. 897，942(2009)。

152. *How Does the California RoHS Compare to the EU RoHS*？，*supra* note 150.

153. *Covered Electronic Devices*，Cal. Department Toxic Substances Control，https：//dtsc. ca. gov/covered-electronic-devices/（last visited Feb. 1，2019）［https：//perma.cc/Y2DA-AR9B］；Cal. Health & Safety Code，*supra* note 151，§ 25214. 10. 1(a)(1)；*E-Waste More Information*，*supra* note 147.

154. 参见 Biedenkopf，*supra* note 58，at 13。

155. *Id*. at 14.

156. S. 981，217th Leg.，Reg. Sess.(N. J. 2016)；另见 State of N. J. Dep't of Envtl. Protection Div. of Solid & Hazardous Waste，E-Cycle N. J.，http://www. state. nj. us/dep/dshw/ewaste/（last visited Feb.1，2019）［https：//perma.cc/P99H-ZY62］。

157. Ind. Code Ann. § 13—20. 5-1-1(c)(6)(A)(ii)(LexisNexis 2017).

158. H. R. 854，85th Leg.，Reg. Sess.，at 2(b)(1)(Minn. 2007).

159. 415 Ill. Comp. Stat. Ann. 150/30 § 30(a)(LexisNexis 2009).

160. N.Y. Envtl. Conserv. Law § 27—2605(1)(f)x(Consol. 2010).

161. *E-Waste*，NYPSC，http://nypsc. org/e-waste/（last visited Feb. 1，2019）［https：//perma.cc/67L3-9K4Q］.

162. Nat'l Inst. of Standards & Tech.，*Compliance FAQs：RoHS*，Standards. Gov，https：//www. nist. gov/standardsgov/compliance-faqs-rohs（last visited Feb. 1，2019）［https：//perma.cc/54NW-VNBQ］.

163. *Restriction of Hazardous Substances*, SGS, https://www.sgs.com/-/media/global/docu-ments/brochures/sgs-cts-ee-global-rohs-brochure-a4-en-10-web.pdf（last visited Feb.1, 2019）［https://perma.cc/3VCV-XHPW］；另见 Sorin Burnete &. Pilasluck Choomta，*The Impact of European Union's Newly-Adopted Environmental Standards on Its Trading Partners*, 10 Stud. Bus. &. Econ. 5, 11(2015)。

164. Burnete &. Choomta，*supra* note 163；*Global Regulation of Substances in Electronics*，Chemical Watch，(Mar. 2013)，https://chemicalwatch.com/14164/global-regulation-of-substances-in-electronics（on file with author）；*Substance Regulations RoHS and REACH Continue to Expand Globally and Undergo Restriction Updates*，3BLMEDIA(Aug.1, 2016)，https://www.3blmedia.com/News/Substance-Regulations-RoHS-and-REACH-Continue-Expand-Globally-and-Undergo-Restriction-Updates［https://perma.cc/YB42-TPD8］.

165. Burnete &. Choomta，*supra* note 163.

166. Directive 2000/53/EC, of the European Parliament and of the Council of 18 September 2000 on End-of Life Vehicles，2000 O.J. (L 269) 34.

167. *End of Life Vehicles*，Eur. Commission，http://ec.europa.eu/environment/waste/elv/index.htm(last visited Jan.10, 2018)［https://perma.cc/K3Q6-CTB7］.

168. 参见 Act on the Recycling of Electrical and Electronic Equipment and Vehicles，Act. No.8405，enacted on Apr.27, 2007，enforced on Jan.1, 2008，*as amended*(S. Kor.)（전기、전자제품 및 자동차의 자원순환에 관한 법률，법률제 8405 호，2007.4.27 제정，2008.1.1 시행）。英文法律摘要参见 *Korea RoHS/ELV/WEE*，CHEMSAFETYPRO，http://www.chemsafetypro.com/Topics/Korea/Korea_RoHS_WEEE.html(last updated Mar.2019)［https://perma.cc/D7J5-NMJF］。

169. Legislative Comment to Act on the Recycling of Electrical and Electronic Equipment and Vehicles［Act No. 8405，enacted on Apr.27, 2007，enforced on Jan.1, 2008，*as amended* (S. Kor.)]（전기、전자제품 및 자동차의 자원순환에 관한 법률 제정이유，법률 제 8405호，2007.4.27 제정，2008.1.1 시행），Korea Ministry of Government Legislation，National Law Information Center(법제처 국가법령정보센터)，http://www.law.go.kr/LSW//lsInfoP.do? lsiSeq = 78830&.ancYd = 20070427&.ancNo = 08405&.efYd = 20080101&.nwJoYnInfo= N&.efGubun = Y&.chrClsCd = 010202 # 0000［https://perma. cc/HC49-DYEY］

170. *ECO-Assurance System*，APEC-VC KOREA（July 15, 2016），http://img.konetic.or. kr/apec-vc/xml/img/envdb/16Data-36_ECO-Assurance_System_.pdf［https://perma.cc/59FN-CQMV］. *See also*，Eco-Assurance System for Electrical and Electronic Equipment and Vehicles (*"EcoAs"*)[환경성보장제(EcoAs)]，KOREA ENV'T. CORP.(한국환경공단)，http://www.ecoas.or.kr/user/system/about.eco（last visited Aug.5, 2019）［https://perma.cc/J7S2-UE87］.

171. *Recycling Policy*，MoE，http://eng.me.go.kr/eng/web/index.do? menuId = 143(last vis-ited Jan.10, 2018)［https://perma.cc/MS7P-6P2A］.

172. *EcoAs*，*supra* note 170.

173. *Id*.

174. Joon Rae Kim（김준래），*Re-Use of Resources Increases Competitiveness of Manufactures*(폐자원 활용이 제조사 경쟁력 높인다)，Sci. Times Korea（Nov. 26, 2014），

https://www.sciencetimes.co.kr/?p=130663&cat=40&post_type=news&paged=122 (last accessed Aug 5, 2019)[https://perma.cc/Z5YA-QVR4].

175. John Quick, *Manufacturing Environmental Laws, Directives, and Challenges*, in Handbook of Fiber Optic Data Communication: A Practical Guide to Optical Networking 157(Casimer DeCusatis ed., 4th ed. 2013).

176. *Id.*

177. Gary Nevison, *Japanese "RoHS" Marking Requirements*, Element14 (July 15, 2010), https://www. element14. com/community/docs/DOC-23360/l/japanese-rohs-marking-requirements(on file with author).

178. Yoshiko Naiki, *Assessing Policy Reach: Japan's Chemical Policy Reform in Response to the EU's REACH Regulation*, 22 J. Environ. L. 171, 182(2010).

179. 参见 comparative chart in *China RoHS 2 2019*, ChemSafetyPRO (Jan. 1, 2016), http://www. chemsafetypro. com/Topics/Restriction/China_RoHS_2_vs_EU_RoHS_2.html(updated Apr.16, 2019)[https://perma.cc/4C6T-D3VL]。

180. *Id.*

181. Biedenkopf, *supra* note 64, at 5.

182. Law No.14321, Dec.23, 2011, A. D. L. A 2300(Arg.).

183. Madeline Kadas et al., *Growing Attention to Product Stewardship Initiatives Seen in Latin America*, 29 Int'l Env't Rep.596, 600(2006).

184. *Brazil to Propose RoHS-like Regulation for Electronics*, Chemical Watch(Jan. 4, 2018), https://chemicalwatch. com/62850/brazil-to-propose-rohs-like-regulation-for-electronics(on file with author).

185. Council Directive 1999/74/EC, of 19 July 1999 Laying Down Minimum Standards for the Protection of Laying Hens, 1999(L 203) 53.

186. European Parliament Directorate-General for Internal Policies, *supra* note 108, at 31.

187. Council Directive 2008/120/EC, of 18 December 2008 Laying Down Minimum Standards for the Protection of Pigs, 2009(L 47) 5.

188. *40 Years of Animal Welfare*, *supra* note 20.

189. Wayne Pacelle, *Brazil Adds Its Might to the Movementto End Gestation Crates*, Humane Soc'y Int'l(Nov.25, 2014), https://blog. humanesociety.org/2014/11/brazil-gestation-crates.html[https://perma.cc/7YJG-XB6F][hereinafter *BRF Announces Phase-out of Confinement of Breeding Sows*].

190. *Id.*

191. *Call to Follow NZ Lead in Banning Sow Stalls*, Sydney Morning Herald(Dec. 6, 2012), https://www. smh. com. au/environment/conservation/call-to-follow-nz-lead-in-banning-sow-stalls-20101206-18ltl.html[https://perma.cc/3AYE-DB7T].

192. *Sow Stalls to be Banned*, Nat'l Bus. Rev.(Dec.1, 2010), https://www.nbr.co. nz/article/sow-stalls-be-banned-134068[https://perma.cc/7KKB-KSRY].

193. Nat'l Animal Welfare Advisory Comm., Animal Welfare(Pigs) Code of Welfare 2010 Report(2010).

194. Pacelle, *supra* note 189.

195. Lindsay Patton, *9 States That Have Banned Cruel Gestation Crates for Pigs*,

One Green Planet(Jan. 27, 2015), http://www.onegreenplanet.org/animalsandnature/states-that-have-banned-cruel-gestation-crates-for-pigs/[https://perma.cc/RXL4-T73C].

196. Interview with Peter Zapfel, European Comm'n DG Climate Action, in Brussels, Belg.(July 17, 2018).

197. Mirabelle Muûls et al., *Evaluating the EU Emissions Trading System: Take it or Leave It? An Assessment of the Data after Ten Years* 3(Grantham Inst., Briefing Paper No. 21, 2016), https://www.imperial.ac.uk/media/imperial-college/grantham-institute/public/publications/briefing-papers/Evaluating-the-EU-emissions-trading-system _ Grantham-BP-21_web.pdf[https://perma.cc/ZF99-XCNF].

198. Delreux & Happaerts, *supra* note 43, at 213.

199. Jan H. Jans & Hans H. B. Vedder, European Environmental Law: After Lisbon 435(4th ed., 2012).

200. *Id.*

201. Nicolas Koch et al., *Causes of the EU ETS Price Drop: Recession, CDM, Renewable Policies or a Bit of Everything? —New Evidence*, 73 Energy Pol'y 676 (2014), https://www.pik-potsdam.de/members/edenh/publications-1/Causesofthe-EUETSpricedrop.pdf[https://perma.cc/4SCK-URDN].

202. Interview with Peter Zapfel, *supra* note 196.

203. Kulovesi, *supra* note 117, at 135.

204. 例如参见 *EU and Switzerland Sign Agreement to Link Emissions Trading Systems*, Eur. Commission(Nov. 23, 2017), https://ec.europa.eu/clima/news/eu-and-switzerland-sign-agreement-link-emissions-trading-systems_en[https://perma.cc/G4VP-HRAP]。

205. Directive 2003/87/EC, *supra* note 115, art. 25(1).

206. Justin Dabner, *Fiscal Responses to Climate Change in Australia: A Comparison with California*, 31 Australian Tax Forum 131(2016).

207. Act on the Allocation and Trading of Greenhouse Gas Emissions Permits (온실가스 배출권의할당및거래에관한법률), Act. No. 11419, enacted on May 14, 2012, enforced on November 15, 2012, *as amended* (S. Kor.); Enforcement Decree on the Allocation and Trading of Greenhouse Gas Emission Permits(온실가스 배출권의 할당 및 거래에 관한 법률 시행령), Presidential Decree. No.24180, enacted and enforced on Nov.15, 2012, *as amended* (S. Kor.). For more details on K-ETS in English, see also, *Republic of Korea: An Emissions Trading Case Study*, IETA, https://ieta.wildapricot.org/resources/Resources/Case_Studies_Worlds_Carbon_Markets/2016/Korean_Case_Study_2016.pdf(last updated Sept.2016)[https://perma.cc/5PQJ-5H58].

208. 关于实施 K-ETS 执行系统的讨论参见 *What Now for South Korea's Emissions Trading Scheme*, Carbon Pulse (July 5, 2016), http://carbon-pulse.com/22019/ [https://perma.cc/D96U-BSYJ];另见 *Emissions Trading Worldwide: Status Report 2016*, International Carbon Action Partnership 18 (2016), https://icapcarbonaction.com/images/StatusReport2016/ICAP_Status_Report_2016_Online.pdf[https://perma.cc/EK9B-PPD3]。

209. *Korea Emissions Trading Scheme*, ICAP, https://icapcarbonaction.com/en/? option=com_etsmap&task=export&format=pdf&layout=list&systems%5B%5D=

47[https://perma.cc/T9NU-5ZPL](last updated Jan.25, 2019).

210. Yoojung Lee(이유정), *EU Implements ETS... Korean Corporations are Under Pressure*(EU, 탄소배출권 강행... 한국기업'발등의 불'), HANKYUNG(한국경제)(Jan.5, 2012), http://news.hankyung.com/article/2012010486891[https://perma.cc/32G7-KBNX].

211. *Notice of Legislation—K-ETS Enforcement Decree*(온실가스 배출권거래제 시행령 입법예고), MINISTRY OF ENVIRONMENT(환경부)(July 23, 2012), http://www.me.go.kr/home/web/board/read.do; jsessionid = 0EzCFbnBeDVwzPXTiIIs9jTkDXKROVfClaf88iDYE0wqEjcJOJDEcznJsVFBiZhO. meweb1vhost _ servlet _ engine1? pagerOffset = 1890&maxPageItems = 10&maxIndexPages = 10&searchKey = &searchValue = &menuId = 286&orgCd = &boardMasterId = 1&boardCategoryId = 39&boardId = 182166&decorator=[https://perma.cc/3CLC-PTGC][translation by author].

212. Presidential Committee on Green Growth(대통령직속 녹색성장위원회), Key Questions and Answers Related to K-ETS(온실가스 배출권의 할당 및 거래에관한한 법률」관련 주요 질의.답변 자료)(May 14, 2012), http://17greengrowth.pa.go.kr/?p=51732[https://perma.cc/U7E8-DHPA][translation by author].

213. *About the Project*, EU-Korea ETS Project, http://www.kets-project.eu/en/intrdce/aboutUs.do?menuId=menu21(last visited Feb.1, 2019)(on file with author).

214. Joint Press Release, EU-Korea ETS Project, EU and the Republic of Korea Launch €3.5 Million Emissions Trading System Cooperation Project (July 8, 2016) https://eeas.europa.eu/sites/eeas/files/joint_press_release_final.pdf[https://perma.cc/NXW9-TRCA].

215. EU-Korea ETS Project, *supra* note 213.

216. Torney, *supra* note 2, at 131.

217. *ETS Detailed Information: China*, ICAP 1, https://icapcarbonaction.com/en/?option=com_etsmap&task=export&format=pdf&layout=list&systems[]=55[https://perma.cc/FR8F-FT4K]. (last updated Jan.25, 2019).

218. Torney, *supra* note 2, at 131.

219. 对彼得·扎普费尔(Peter Zapfel)的采访,*supra* note 196。

220. Anatole Boute, *The Impossible Transplant of the EU Emissions Trading Scheme: The Challenge of Energy Market Regulation*, 6 Transnat'l Envtl. L. 59(2017).

221. *The Introduction of Euro 5 and Euro 6 Emissions Regulations for Light Passenger and Commercial Vehicles*, RSA, http://www.rsa.ie/Documents/Vehicle%20Std%20Leg/Emissions%20regs/Euro%205%20and%20Euro%206%20Emissions%20Reg%20light%20passengercommvehicles.pdf (last visited Feb.8, 2019) [https://perma.cc/2389-9HDG].

222. Press Release No.10165/07, Council of the European Union, Motor Vehicle Emissions(Euro 5 and 6)(May 30, 2007), https://www.consilium.europa.eu/uedocs/cms_Data/docs/pressdata/en/misc/94369.pdf[https://perma.cc/BN3H-7ZXX].

223. *Russia: Heavy-Duty: Emissions*, Transport Polic'y, https://www.transportpolicy.net/standard/russia-heavy-duty-emissions/(last visited Feb.8, 2019)[https://perma.cc/MXL6-FFKB].

224. Azat Timerhanov, *Krupnejshie napravlenija jeksporta avtomobilej iz Rossii* [*Russian Car Export Largest Destinations*], ABTOCTAT[AutoStat Analytic Agency]

(June 30, 2017), https://www.autostat.ru/news/30558/[https://perma.cc/43CH-TK7H][translation by author].

225. Gleb Fedorov, *Russia Gradually Catching Up as It Switches to Euro 5 Fuel*, Russ. Beyond (June 17, 2014), https://www.rbth.com/politics/2014/06/17/russia_gradually_catching_up_as_it_switches_to_euro_5_fuel_37491.html[https://perma.cc/U42B-XEP3].

226. *Id*.

227. *Antidizel'nyj Standart: Chto Nuzhno Znat'o Evro-6* [Anti-diesel Standard: What to Know About Euro-6], Autonews(Mar.19, 2015), https://www.autonews.ru/news/58259f779a794747431204b2 [https://perma.cc/VPY9-3EXM] [translation by author].

228. *Discussion Document on the Review of Fuel Specifications and Standards for South Africa*, Suid-Afrika/Republic of South Africa Government Gazette no.34089, 8 Mar.2011, at 26, 29 (These include California, China, India, Japan, Malaysia, the Philippines, and California), http://www.energy.gov.za/files/esources/petroleum/March%202011/1-34089%208-3%20Energy.pdf[https://perma.cc/62VV-X4HL].

229. SAPIA, Annual Report 5(2017), http://www.sapia.org.za/Portals/0/Annual-Reports/SAPIA_AR%202017_FA_lowres.pdf[https://perma.cc/QL6Q-YBS9].

230. *Repeal of the Amendment Regulations Regarding Petroleum Products Specifications and Standards Published on 1 June 2012 in Notice No. R. 431 Government Gazette No: 35410*, Suid-Afrika/Republic of South Africa Government Gazette no.40979, 13 July 2017, at 4, http://www.energy.gov.za/files/policies/petroleum/Repeal-of-the-Amendment-Regulations-regarding-Petroleum-Products-Specifications-and-Standards.pdf[https://perma.cc/B27Y-39JN].

231. SAPIA, *supra* note 229, at 5, 6. The capital investment required to implement Cleaner Fuels II is estimated at R40 billion. *Id*. at 6.

232. SAPIA, *supra* note 229, at 25.

233. *Discussion Document on the Review of Fuel Specifications and Standards for South Africa*, *supra* note 228, at 21.

234. SAPIA, *supra* note 229, at 25.

235. 参见 *Discussion Document on the Review of Fuel Specifications and Standards for South Africa*, *supra* note 228, at 9, 23。

第三部分：评估

第三部分导言

到此，本书重点讨论布鲁塞尔效应背后的理论及其在一些政策领域的案例中的体现。这些讨论是纯描述性的，试图解释欧盟为什么处在一个独特的位置，使得它能够在当下有意无意地发挥全球监管的影响力。在本书的最后部分，讨论将转向布鲁塞尔效应在当下和未来的深远影响。这一讨论围绕布鲁塞尔效应是否有益及对谁有益的规范性问题（第八章）和布鲁塞尔效应在未来是否持续或者会否发生变化（第九章）而展开。接下来的讨论因而比之前几章更具有主观性，包括有关布鲁塞尔效应的成本与收益的价值评估，以及对其持久性进行的必然的粗略预测。

第八章担负着规范性讨论的使命，深究和布鲁塞尔效应相关的各种成本和收益，审视布鲁塞尔效应是否总体上在欧盟内外提升或减低了人们的福利。本章从规范的角度对欧盟的全球监管力进行评估，着重处理对于布鲁塞尔效应的三种主要的批评意见。首先，提出欧盟全球监管的扩张是否使创新的代价太高或对其有害。其次，探讨对于布鲁塞尔效应的批评。这种批评指责该效应反映了欧盟的保护主义并且由此可以被看作是一种由工业政策驱动的企图，它增加了非欧盟公司的成本，而使得市场更有利于欧盟自己的公司。最后，讨论布鲁塞尔效应是否形成监管帝国主义，是否降低了他国的主权利益以及损害了他国公民的政治自由。

第九章着眼未来，探讨当全球经济强权的平衡发生的变化、技术创新的进步、欧盟面临从英国脱欧到民粹主义的欧洲怀疑派政党所培植的不断上升的反欧盟情绪等内部挑战，在这些情况下，布鲁塞尔效应是否可能持久。具体地说，本章讨论支撑布鲁塞尔效应的特定条件，即市场规模、监管能力、严格的标准、无弹性目标和不可分割性等,是否会受到对于欧盟监管霸权的各种内外部的挑战的影响。比如,当中国的市场规模扩大而欧盟的相对市场规模缩小时,布鲁塞尔效应是否会受到损害? 当反欧盟政党兴起,并且致力于重新加强国家主权,将权力从欧盟机构收回的时候,欧盟制定更严格法规的能力是否会受到损害? 像增材制造等新技术是否会终结产品的不可分割性? 因为各家公司越发有能力为不同的消费市场定制其生产,这样就有可能使它们不用在全球执行欧盟的法规。这都是一些决定布鲁塞尔效应持久性的要素。最终,这些要素也将决定布鲁塞尔效应是否会让位于如"北京效应",或者在未来几十年后,在不管是单边主义、多边主义还是全面的碎片化驱动的新的经济监管的力量下,逐渐地消失在历史中。

所有这些问题,从布鲁塞尔效应在规范上是否令人向往到该效应在未来的持久性,都没有简单的答案。该效应带来的福利效果并不是均衡分布的,欧盟监管不会使每个人都获益。然而,布鲁塞尔效应在众多领域带来实质的福利收益。并且即使当这些福利收益是以牺牲外国主权为代价以及没有尊重个人政治自由的情况下,该效应仍在欧洲甚至在全世界都是带来变化和改善的强大力量。虽然布鲁塞尔效应的未来也很难预测,但是该效应或许会在面临内外威胁的情况下,表现出异常的韧性。布鲁塞尔效应越持久,对于它的益处的规范性的讨论就越急迫。并且,当该效应带来的福利收益越大,对于其能否持久的讨论也将越重要。

第八章

布鲁塞尔效应有益处吗？

到此，本书已经证明布鲁塞尔效应在全球监管政策的许多领域的存在和重要性，并因此揭示了欧盟对全球市场的强大影响。当考虑到这个广泛的影响时，一个重要的问题出现了：布鲁塞尔效应的普遍存在是可取的还是不可取的？当然，由于布鲁塞尔效应创造了赢家和输家，这个问题的答案可能取决于问谁。

本章讨论的是规范性问题，即布鲁塞尔效应是否有益，特别是通过探究它是否会提高而不是减少欧盟内外的人们的福利。在这种背景下，福利应该是从让人们获得更好的产品和服务的角度来衡量的。这取决于人们的价值标准，"更好"可以被定义为更便宜、更安全或更可持续，同时尊重人民在其生活的民主社会结构中的政治自主。

在比较这种福利与实现它所发生的成本时，可以找到三种宽泛的针对布鲁塞尔效应提出的批评。第一，有一种批评是企业经常提出的，更具限制性的欧盟法规的广泛扩散，其代价高昂并阻碍创新。因此，根据这个观点，许多消费者可能会因定价过高而被市场拒之门外，与限制性较低的法规相比，他们的处境更糟。产业进步也会受到阻挠，这样对整个社会造成成本。第二，另外一种批评是外国政府和公司经常表达的观点，布鲁塞尔效应背后的机构和意识形态动机反映了欧盟的保护主义。根据这一批评，作为产业政策的一种表现，欧盟的监管做法可能会扭曲市场的运作，从而剥夺消费者可能会从未扭曲的竞争中产生的收益。第三，多位学者提出布鲁塞尔效应可能反映了欧盟的监管帝国主义，损害了外国主权实体的民主特权及其公民的政治自主。

这些批评不容忽视，并且应该在任何净收益计算中予以考虑。布鲁塞尔效应确实带来了实际的经济和政治成本。也就是说,对于社会的某些部分,福利会减少。经济成本是绝对的且分布不均,较不富裕的消费者和较小的企业尤其会承担较多成本。外国司法管辖区感受到主权成本,不管它们是出于欧盟的善意还是邪恶动机。当然其中一些批评,例如对普遍存在的保护主义的指责,较少有根据。甚至更有道理的批评也需要考虑与布鲁塞尔效应产生的好处相比较,包括布鲁塞尔效应能够减轻监管能力不足或有时抵消企业在国外过大的影响力,从而增强而不是减少外国消费者的福利。本章着眼于一些针对布鲁塞尔效应的重要的批评,同时也在布鲁塞尔效应带来的好处的背景下思考这些批评。

布鲁塞尔效应会增加成本并阻止创新吗?

毫无疑问,通过提高许多不同产品和服务的标准,布鲁塞尔效应常常给在欧盟和国外的企业和消费者带来非自愿成本。遵守欧盟严格的监管对公司来说通常代价高昂,而这些公司通常更会将这些成本转嫁给消费者,从而增加消费者支付的最终价格。尽管一些消费者愿意支付更高的价格以换取他们认为更安全或更环保的产品和服务,其他人会以不同的方式权衡成本和其他考虑因素。过度监管还会阻碍创新,给整个社会带来动态成本。

第二章认为布鲁塞尔效应是由强大的利益相关者要求严格的监管所维持的。大多数欧洲消费者和公民支持实施高监管标准。然而,这对每一位消费者并不都是如此。一些会看重获得更便宜的消费品的欧洲公民可能会质疑,是否提高了产品标准就能证明通常与之相关的更高成本是合理的?这一点对于外国消费者也如此,他们中的许多人可能会不满将欧盟消费者的偏好强加在他们身上,从而增加了产品和服务的成本。

此外,一些欧洲企业认为高监管标准对欧洲经济来说是不可持续的。它们认为过度依赖预防原则可能会减缓经济增长和创新,[1] 使欧盟公司因定价过高而退出关键出口市场。[2] 一个说明性的案例来自第六章讨论的《关于化学品注册、评估、许可和限制的规定》(REACH)。欧洲公司在该规定生效十二年后还在继续批评它高昂的合规成本。化学工业游说团体CEFIC的副总裁托尼·巴斯托克(Tony Bastock)抱怨遵守该规定削弱了该行业在全球市场上的竞争力。巴斯托克描述了一个严峻的未来,随着即使是最少量的化学品也必须登记注册的下一个截止日期的临近:"等待我们的负担将仍然存在。然而这个怪物会继续吞噬欧洲的创新。"[3]

美国化学工业表达了类似的担忧。范伍德(Fanwood)化工有限公司总裁吉姆·德利西(Jim DeLisi)声称该规定阻碍了创新,但同时没人知道带来什么好处:"没人知道该规定是否会改善人类健康或环境,即使会,也要在很多年后才知道,但已经很清楚,它有能力束缚监管机构和商业,"他还称该规定是一种"未经证实的、高度官僚的化学品监管方法。"[4]根据美国国际贸易委员会(USITC)的报告,遵守《关于化学品注册、评估、许可和限制的规定》的监管使美国化学品出口商增加了超过20%的成本。[5]第五章中讨论的欧盟《通用数据保护条例》(GDPR)同样被视为强加给企业沉重的负担。根据普华永道最近对200名来自美国公司高管的一项调查[6],根据该条例调整业务做法的成本很高:68%的受访者表示他们将投资100万至1 000万美元用于实现对《通用数据保护条例》的合规性,而另外9%的人预计支出超过1 000万美元,另有24%的人预计支出低于100万美元。[7]很少有人期望各家公司简单地吸收这些成本。相反,一些成本不可避免地会转嫁给消费者。

通过专门研究创新的动态成本,布鲁塞尔效应至少可以通过四种不同的方式阻止创新。第一,由于增加合规成本,公司可能有更少的资源用于开发新产品。第二,通过限制某些类型的商业行为,一些技术和商业发展的途径被限制或取消。第三,在布鲁塞尔效应特别普遍的政策领域,我们可以看到更少的新产品和服务实验,因为所有市场参与者被协调一致推动朝着某些特定的行为或生产。在这种情况下,各个公司和国家存在着风险,向错误或低效的标准趋同。所有这些成本可能会导致工业进步的停滞并阻止或延迟研发新的和潜在的提高福利的产品。第四,培养了一种不鼓励承担风险和冒险的文化规范,而鼓励承担风险和冒险的文化旨在根本性的而不是渐进式创新。在这方面,一位优步(Uber)高管的评论很能说明问题。这位高管在评论美国与欧盟之间对科技行业的监管理念的差异时指出:"在欧洲,监管机构与科技公司打交道时的目标是为了满足消费者的需求。在美国,目标更多是为了改变世界,或者至少允许它改变。"[8]如果布鲁塞尔效应推动所有公司和司法管辖区朝着"满足消费者的需求"的目标前进,而不是"改变世界",可以说有些产品可能永远不会被开发出来,某些进展永远不会实现。

除了绝对成本,布鲁塞尔效应还引入了分配成本(distributional cost)。遵守欧盟法规的成本通常特别高,甚至对中小企业来说过高,而大型跨国公司可以说拥有满足欧盟设定的几乎所有标准的资源。因此,欧盟的高监管壁垒,如果存在的话,有可能保护并进一步巩固现有大公司的权力,它们能轻易遵守欧盟法规,但是以牺牲那些正努力应对不断累积的监管负担的小公司和初入市场的公司的利益为代价。最后,虽然大型跨国公司(如脸书或谷歌)能上新闻头条,但布鲁塞尔效应真正的隐性成本是由没有同样设计产品和服务以满足欧盟需求的能力的小公司承担。例如,欧盟新的版权改革要求平台公司展示受版权保护的内容以便运行过滤器,去扫描上传内容以便确定是否侵犯版权。[9]这些过滤系统的开发和运行成本为一亿美元,可能会让小型初入市场的公司望而却步,但对于谷歌等公司来说却微不足道。[10]这种分配效应是欧盟法规的意外后果之一,将相对监管负担向有利于现有大型企业的方向倾斜,并在这个过程中进一步巩固它们的主导地位。

这些批评都很重要,它们提出了真正的挑战,值得监管机构、企业和选民深思。然而,企业成本和消费者需负担的高价并不自动表明人们的福利正在减少,也确实如此。看待严格的监管所产生的高价的一种方法是通过家长式监管的角度,这种观点合理地认为政府干预是一种迫使或推动个人远离不明智决策的方式。[11]这一观点表明,虽然监管可能导致价格上涨,但是它们还降低了其他类型的成本,无论是现在还是未来。例如,在没有严格监管的情况下,消费者可能会做出将产生他们没有考虑到的隐性成本的决定。他们可能会选择更便宜的产品,因为他们没有正确的关于不安全产品的健康成本的信息或缺乏对较少的环境保护所造成的长期社会成本的全面了解。这可能是因为他们没有花费时间让自己了解某些化学品的危害性或考虑到放弃对其个人数据的控制所带来的负面后果。他们也可能不恰当地忽视后代的福利,今天选择更便宜的产品,将来却会对环境造成危害。这些类型的消费者选择给下一代消费者和公民带来了负担。在这些案例中,市场无法产生最优结果。由于这些原因,政府监管有时偏离了个人偏好,在某些时候也可以说应该凌驾于这些偏好之上。

布鲁塞尔效应也可以为企业带来好处,包括该效应把不一致的法规协调起来的时候,这种结果通常会给经济经营者带来净收益。从这个角度来看,欧盟法规不是给企业增加负担并阻碍创新,而是通过提高可预测性和法律确定性,降低运营成本,使得公司生产能提高消费者信心和满意度的产品。此外,尽管公司不得不承担繁重的合规成本,但它们最终可能会从布鲁塞尔效应中实现有意义的收益。公司可以基于统一的法律框架而不是面临冲突的各国规定的条件下,在整个欧盟范围内进行交易。欧盟共同规则减少了不确定性并促进长期投资。[12]出于这些原因,布鲁塞尔效应在业务中产生的收益实际上可能超过成本,降低了消费者负担的价格。

同样,该效应对创新的影响也会是积极的,因为欧盟法规推动各个公司去开发的产品不仅对环境更具可持续性,同时更具成本效益。例如,有据可查的是,能效技术通常可以为消费者和企业节省资金,为采用它们的人提供可观的风险调整回报。然而,由于许多信息和行为市场失灵,消费者经常不能充分利用这些技术,除非制定了强制执行的法规。[13]因此,遵守高标准也可以成为节省成本和提高企业竞争力的一个重要来源。

企业除了考虑合规成本或创新激励措施外,还关心其品牌和消费者信心。因此也准备提倡监管,如果这样可以提高声誉或增强消费者对于其产品和服务的信心。虽然公司或许不可能欢迎欧盟所有的规则,但是它们了解监管带来的优势。微软副总裁约翰·弗兰克强调,像微软这样的公司"不会试图保持不受监管的状态"[14]。公司希望客户购买它们的产品时感到舒适,而明确的法规可以帮助实现这一目标。[15]出于同样的原因,微软总裁最近呼吁在美国监管面部识别技术。[16]他强调了在该技术领域制定明确的规则的重要性。如果不加以监管,会使消费者感到不安,并可以"既被用于好事,同样也可以被用于坏事"。类似地,亚马逊在发现其面部识别技术中的一个令人尴尬的错误后,也呼吁政府"积极介入"[17]。既定规则因此能增强消费者信心,可以提振对新产品的需求。

声誉收益和品牌资产也可以通过遵守更高的标准而得到。企业可以通过将自己与许多监管领域的高标准联系起来的方式向市场和消费者发出有价值的信号,这些方式包括在对公司有更严格报告要求的证券交易所上市[18],或是通过遵守高环境、人权或劳工标准。通过这些方式,企业可以增强其合法性,获得声誉收益并赢得由价值驱动其客户行为的消费者。[19]例如,遵守欧盟食品标准在世界许多地方增强了客户信心。中国国内多家企业宣称它们努力按照欧盟标准生产乳制品,以此向市场发出其产品安全的信号。中国牛奶生产商君乐宝宣布采用欧洲国家进口设备,并且生产线的每一个技术方面都符合欧盟标准。[20]同样,圣牧集团在投资新的专业工厂后,生产符合欧盟标准的有机婴幼儿奶粉。该公司强调符合欧盟标准的奶粉将供应中国和全世界。[21]中国乳业也积极倡导将国家标准提升到欧盟标准,进一步努力增强消费者对国内乳制品行业的信心。[22]例如,中国的奶业行业协会,即"中国农垦乳业联盟"采用欧盟标准,为加入协会的国内生产商提供认证。许多中国企业因此加入了协会,以此特意表明它们符合欧盟标准。

因此,对布鲁塞尔效应代价高昂的批评必须与可实现的许多经济效益结合起来综合考量,因为许多经济效益可以通过更加协调、可预测和稳定的商业环境产生。这些利益创造了效率,这些效率通常通过更可靠和可持续的产品和服务方式传递给消费者,这些产品和服务未必就更贵。这并不是说布鲁塞尔效应不会减少一些消费者的福利,事实上它确实会。信奉监管家长主义可能最终还是唯一可以来论证,即使是这些违背其个人偏好的消费者,他们的福利在布鲁塞尔效应下仍然更好,即使大家对特定的欧盟法规(而不是某些替代法规)对他们是否最优仍然有争议。当然,还有一个问题是欧盟是否应该也为外国公司和消费者作出这个选择。这个问题把争论转向了布鲁塞尔效应的政治层面,而不仅仅是经济层面。关于欧盟"监管帝国主义"的可能性和对外国监管主权侵蚀的争论,本章稍后将作更详细的考察。

布鲁塞尔效应是否反映了欧盟的监管保护主义?

那些对欧盟对外监管影响持怀疑态度的人往往把欧盟描绘成一个保护主义行为者,急于向外国公司强加成本,以通过关注消费者与环境健康和安全为幌子保护欧盟公司。[23]最近有几次将欧盟描绘成保护主义监管者的案例,尤其是当美国公司成为欧盟法规的目标时。美国在科技行业的主导地位被描述为"欧洲不满的根源"[24],批评者将欧盟紧咬美国科技公司的行为归咎为以嫉妒驱动的保护主义。美国肯定会有令人嫉妒的理由:世界上最有价值的科技公司中有 15 家是美国的,而来自欧洲的只有一家。[25]因此,难怪欧盟针对美国科技巨头的执法行动经常被华盛顿看作是欧盟"保护主义阴谋"的一部分。[26]例如,随着欧盟委员会准备公布其单一的数字市场战略,《纽约时报》讽刺地评论说:"欧洲称之为消费者保护,硅谷称之为保护主义。"[27]就连美国总统巴拉克·奥巴马也参与其中,他在 2015 年表示,欧洲针对美国科技公司的监管行动反映了一种企图为落后于硅谷中更成功竞争对手的欧洲公司提供优势:

> 我们拥有互联网。我们的公司创造了它,扩展了它,以他们无法竞争的方式完善它。很多时候那些在某些问题上自诩为高尚的立场,有时只是为了开拓他们的一些商业利益。[28]

类似的批评包括以欧盟"绿色保护主义"来指责其一系列的环境政策。[29]例如,欧盟 2009 年的可再生能源指令受到严厉批评,因其向欧盟内部生物燃料生产商提供获得进入欧盟市场的有利机会,而以牺牲更可持续的外国生产商为代价。欧洲国际政治经济中心声称:"和其他形式的绿色保护主义一样,不是环境抱负或政策给国际贸易政策带来问题。问题正是由于利用这些政策服务(欧盟)自己的产业政策雄心。"[30]

同样,欧盟对转基因生物的监管被贴上了"公然的贸易保护主义"的标签。[31] 人们已经以类似的情绪表示反对欧盟最近的环境保护政策,从坚持只进口不含生长激素和受监管的牛肉及转基因生物,到以反映欧盟林业和土地管理标准的进口限制。[32]

欧盟坚决否认其有保护主义议程。其既定的议程目标是营造监管环境,确保欧盟公司可以在平等条件下与外国同行竞争的公平环境。[33] 欧盟经常强调其对福利国家和其经济政策的可持续性的承诺。欧盟通过将其标准出口到其他国家,可以在不妥协其行业竞争力的情况下,追求其雄心勃勃的社会和环境议程。[34] 然而,"对竞争力的关注",也就是说,让国内外公司受到相同的规则以及"监管保护主义",即以外国公司为代价偏向国内公司,这两者之间的界限是模糊的。如果欧盟针对美国公司强制执行其竞争法,很难确定执法行动的动机是出于产业政策和渴望实现有利于欧洲公司的目标,还是由客观地应用欧盟法律所驱动,同样的法律适用无关国籍的任何目标公司。

也许在竞争领域对欧洲保护主义的指责比任何其他领域的指责更加频繁。在该领域,欧盟委员会已针对知名的美国公司发布了许多裁决。美国公司在对这些裁决的回应中,指控欧盟委员会利用其竞争权力来推动欧洲产业政策目标而非公平竞争。这些指控可以追溯到2001年通用电气—霍尼韦尔合并案[35],美国当局批准了这两家美国公司之间的合并,而欧盟委员会阻止了它。美国司法部首席反垄断执法官员回应欧盟的决定时,指责欧盟委员会保护竞争者而不是竞争。[36] 这种认为欧盟是保护竞争者,而不是保护竞争的观点在随后几年成为某种程度的口头禅。[37] 美国国会议员表达了同样的担忧,指责欧盟委员会"将其合并审查程序作为工具,以牺牲美国竞争对手为代价来保护和促进欧洲工业"[38]。除了通用电气—霍尼韦尔案,欧盟委员会还对涉及一大批美国知名企业的数次合并予以阻止或强制执行重大重组,这些公司包括世界通讯公司(MCI Worldcom)、时代华纳、纽约泛欧交易所和UPS快递公司。[39] 这些案例让批评者对欧盟竞争政策背后的动机持不信任感。

最近,欧盟的竞争执法针对的是占主导地位的公司,根据欧盟委员会的说法，这些公司滥用其市场主导地位。例如，欧盟在 2018 年对谷歌处以 50 亿美元的罚款，指控该公司存在涉及其安卓操作系统的滥用行为。[40]在这一创纪录的罚款之前的 2017 年，欧盟对谷歌征收 23 亿美元罚款，因谷歌操纵其搜索结果以有利于自己的购物比较服务而损害竞争对手的利益。[41]（对谷歌的）第三次处罚以 17 亿美元罚款紧随其后。2019 年，在欧盟委员会发现谷歌滥用其搜索系统，迫使第三方网站使用其 AdSense 网络。[42]欧盟最近有关竞争领域的执法针对其他美国企业巨头，包括高通[43]和苹果[44]，这是建立在早先针对英特尔[45]和微软的不利决定之上的。[46]在这些引人注目的案例中，欧盟因推行保护主义监管议程而受到批评。

然而，仔细观察这些案例可以看出，欧洲公司几乎不是欧盟委员会竞争行动的主要受益者，这令人怀疑保护主义是否为欧盟的动机。在大多数情况下，赢家是其他美国公司，包括那些作为首先受影响的竞争对手向欧盟委员会提出投诉的公司。例如，微软是最初对谷歌提出投诉的那家公司。[47]同样，欧盟委员会针对英特尔的执法行动的主要受益人是另一家美国公司美国超威半导体公司（AMD），而英特尔和苹果从委员会对高通的决定中受益最多。虽然这些竞争行动也可能会使一些寻求在未来进入市场的欧洲公司受益，直接而目前的受益者无疑是其他美国公司。

其他几个领域的监管纠纷也涉及美国在这两个方面的利益，这进一步令人怀疑欧盟法规是针对以牺牲美国公司为代价来推进欧盟的利益。例如，美国音乐产业在对在线上传的内容中的盗版音频进行规则之争时，利用了欧盟法规针对（主要是美国的）互联网平台。[48]欧盟的新版权指令已经提供给它们一个重要的机会，以寻求就这些问题向在线平台施加更大的责任压力，使其来检测和删除发布的侵犯版权的内容。[49]一些传统的美国电信公司也有游说类似的欧盟监管机构对基于互联网的（主要是美国的）通信公司（如 WhatsApp、Skype 和FaceTime）施加与电信公司相同的监管要求。脸书和微软是这些短信通信公司的所有者，它们反对其美国竞争对手提出的任何这样的欧盟监管要求。[50]鉴于这些美国公司利用欧盟法律对抗其他美国公司的多个案例,将欧盟描绘成目标针对美国公司,试图为其欧洲竞争对手提供保护主义收益的一个有偏见的监管机构是值得怀疑的。

即使欧盟监管的动机不是明确的保护欧盟公司,欧盟可能没有正确平衡干预科技行业的成本和收益,部分原因是欧洲几乎没有科技巨头。具体而言,欧盟委员会可能不会完全使该行业产生的利益内部化,因为它只关注欧洲消费者福利的最大化。因此,欧盟委员会通常可能会高估干预对消费者的好处,而低估其监管对公司的成本。虽然这不会构成直接保护主义,但仍可能在牺牲欧洲利益的前提下损害外国公司的利益。

欧盟委员会的执法记录进一步表明,将欧盟描述为眼睛主要盯着美国公司的监管机构将具有误导性。虽然欧盟针对美国大公司的重要决定得到了许多新闻报道,欧盟委员会的许多竞争领域的决定都以同样的热情针对欧盟公司。例如,在2016年的一项收购涉及了世界上最大和第二大的啤酒商,欧盟委员会要求比利时收购方百威英博公司几乎出售整个在欧洲(总部设在英国)的啤酒业务,作为批准百威英博以超过1000亿美元收购英国南非米勒酿酒公司的条件。[51]此外,在欧盟委员会禁止德意志交易所与美国纽约泛欧交易所合并后的第二年,[52]它禁止欧洲收购方进行类似的收购尝试,即拟议中的伦敦证券交易所(LSE)和德意志交易所的合并。[53]在欧盟调查公司接受非法国家补贴的案子中,欧盟不仅对苹果、亚马逊和星巴克做出了裁决,还针对意大利菲亚特公司。[54]欧盟委员会目前还在调查向意大利航空公司和瑞安航空公司提供的可能的非法国家补贴。[55]这些案例表明委员会在其寻求保护欧洲消费者福利的过程中,可能同样渴望追究欧洲公司的责任。

然而,保护主义往往难以察觉,更不用说系统地衡量了。立法目标或作为对外国公司做出强制执行决定的理由中几乎不会引用任何保护主义动机。然而,有若干论点可表明保护主义不太可能成为欧盟竞争执法的驱动力。例如,我们考虑欧盟委员会在调查合并案时的治理结构。欧盟委员会审查拟议合并的案件小组由来自欧盟各地的律师和经济学家组成,其中只有少数来自与合并目标相同的国家。任何最终决定取决于欧盟委员会全体专员的投票,这由每个成员国各一名委员组成,其中只有一个来自目标国家。因此,任何为了保护目标国家的经济利益而挑战一项提高福利的合并的决定将需要 28 位委员中的大多数支持,并且需要一个跨国案件小组置欧洲各地消费者的好处于不顾,而为特定国家工业奉送上一份保护主义的胜利成果。在任何情况下都很难想象会有这样的支持一个成员国保护主义议程的集体决定。[56]

最近在哥伦比亚大学进行的一项研究考察了欧盟兼并控制背后的保护主义动机,这项研究使用迄今为止最全面的数据来分析。[57]该研究在本书第四章中讨论过,它检查了 1990 年至 2014 年间向欧盟委员会通报的 5 000 多次合并。在控制了交易的所有关键要素后,包括交易价值和合并发生的行业,分析显示没有证据表明欧盟委员会系统地将其权威用于保护主义目的。如果有的话,结果表明欧盟委员会不太可能挑战涉及外国的交易收购方,而同样或更有可能挑战具有收购企图的欧洲公司。这表明欧盟委员会并不通过其合并审查权寻求建立欧洲头部公司或保护欧盟公司不被外国公司收购。因此,合并控制领域的分析对认为欧洲反垄断中的保护主义普遍观念提出了疑问。

问题是保护主义是否还会渗透到欧盟竞争政策的其他领域,包括对占主导地位的公司的行为或对欧盟委员会的国家补贴决定的调查。这些领域更难进行事实验证,因为整个单边行为的案例或国家补贴的实例(包括那些欧盟委员会没有追查的案例)不为人所知。然而,正是欧盟委员会内的相关机构——竞争总署——对合并、滥用支配地位、卡特尔和国家补贴案件等进行调查。如果保护主义确实渗透到欧盟竞争政策的其他领域,需要有理由解释欧盟委员会为何会在兼并领域控制其保护主义倾向,却同时在其他地方进行有偏见的执法。然而,这个原因依然不清楚。对于声称这种有偏见的执法可能存在于一个领域,但不存在于另一个领域的说法,迄今为止几乎没有证据支持。

在竞争法领域之外,同样也没有确凿的证据可以表明,欧盟的动机是希望改变竞争格局,使之有利于欧洲人。例如,欧盟委员会的食品安全决定似乎反映了真正的消费者偏好而不是产业政策需要。欧盟禁止经过激素处理的牛肉的决定几乎没有给欧盟生产商带来保护主义的好处,因为限制激素处理过的牛肉的进口导致从国外进口未经激素处理的牛肉增加。[58]此外,本身就作为激素生产商的几家欧洲公司,在禁令后失去了销售额。类似的利益集团的动态变化(dynamic)也反映在欧盟转基因生物禁令中。在欧盟禁止转基因生产大豆和玉米之后,欧洲公司没有获得任何实际利益,因为欧洲农民几乎不生产本可以在禁令后占领市场的任何大豆或玉米。禁令之后,并没有加强欧洲大豆和玉米的生产,转基因大豆和转基因玉米进口缺口被来自国外的非转基因生产商那些被允许的大豆和玉米取代。[59]

欧盟的环境和健康法规似乎反映了一种类似的模式,即很难与任何保护主义议程相调和。例如,虽然欧盟的碳排放交易体系(ETS)最初也是为了规范外国航空排放,但是即使在欧盟将外国航空公司纳入其碳排放交易体系的战斗中失败了,碳排放交易体系仍继续在欧洲运行。换句话说,即使欧盟对外国公司执行该法规的能力受到了损害,该法规仍保持有效。同样,在根据《关于化学品注册、评估、许可和限制的规定》(REACH)评估化学品安全性时,评估化学品安全性的科学专家通常甚至都不知道化学品出口商的国籍。[60]同样,包含安全评估中使用的信息的文件通常无法准确确定所涉化学品是主要由国内还是国外厂家生产,因此难以将产业政策纳入评估。相反,专家纯粹从安全的角度评估档案和物质。

在没有令人信服的证据表明任何系统性保护主义指导欧盟监管议程的情况下,一个更合理的解释可能是欧盟只是一个严厉的监管机构,无论是针对外国公司还是内部公司。欧盟强硬的监管立场也符合欧盟公民的观点。正如第二章所讨论的,他们要求更多的保护性法规,为欧盟采取行动提供了另一种动机。欧洲公民和非政府组织一直在要求更严格的消费者、环境和健康保护措施。他们同样变得越来越不信任占主导地位的公司的行为,他们更关心其个人数据的完整性,导致对公司数据保护和竞争实践的监管审查更加严格。

公民行动主义也解释了欧盟将单一市场外部化的努力。许多环境风险,例如气候变化本质上是全球性的,并且不能由欧盟单独解决。相反,这些风险的解决要求公司调整其在全球的做法和要求外国政府以国内监管方式加以应对。有关的案例包括禁止进口在外国非法收获的木材,这对欧盟努力解决砍伐森林和保护雨林问题至关重要。[61]同样,许多健康问题,例如致命病毒,众所周知很容易在全球范围传播。如果不把它们在源头控制住,就会危害欧洲公民。这种担忧促使欧盟采取新的行动来控制健康风险,例如抗微生物药物耐药性,无论其来源如何。[62]许多欧洲人还呼吁欧盟解决主要来自外国实践的问题,即便这些地方很少与欧盟有领土联系。有些外国对动物福利的漠视冒犯了欧洲人的道德感,就像在欧洲对动物的忽视或虐待一样。2014年欧盟和加拿大在世界贸易组织的贸易争端就是例证,该争端涉及欧盟禁止海豹产品以打击被欧盟视为不人道的加拿大因纽特人海豹捕猎行为。世界贸易组织上诉机构以"保护公共道德所必需"为理由,维持禁令。这基于欧盟宣称的"关于保护动物的道德关切在欧盟是非常重要的价值"[63]。

如果保护主义的指责是有根据的,它们将为批评布鲁塞尔效应提供有力的依据。然而,缺乏明确的保护主义的证据,再加上存在侧重于公民根深蒂固的偏好的替代性解释,表明对于欧盟监管机构的保护主义担忧可能是不恰当的,或者充其量是对更广泛的监管方案的误读。

布鲁塞尔效应等同于监管帝国主义吗?

布鲁塞尔效应也因其倾向于破坏其他司法管辖区的监管主权而受到批评。特别是,发展中国家市场的许多消费者可能会与欧洲人以不同的方式考虑产品安全和成本之间的平衡,但是由于布鲁塞尔效应也引导各家公司在这些市场采取更严格的监管,他们被剥夺了自我偏好选择权。这种观点进一步认为,这些消费者在他们被迫为各种商品支付更多费用的时候成了输家,只是因为这些商品被要求采用欧洲消费者在这方面做出的选择,无论这个过程是多么间接。[64]一个相关的案例是种植转基因作物以减轻撒哈拉以南非洲地区的饥饿和贫困问题。[65]转基因作物的使用可能会在迫切需要获得廉价农产品的国家增加作物产量。定性研究进一步表明转基因生物给妇女和儿童带来特别的好处,因为其具有抗虫性和耐除草剂特性而降低了劳动力需求。[66]然而,包括非洲在内的发展中国家,因为害怕失去与欧盟的贸易关系而不愿意采用转基因作物。[67]非洲农民的收入和生计依赖于农业,因此可能被迫为欧洲意识形态奢侈品付出代价。[68]

一些评论家甚至声称欧盟单一市场的外化反映了"帝国主义"的动机。根据这些批评者的说法,欧盟正在寻求对其他国家在政治和经济上的主导地位。[69]这种批评在欧盟通过入盟和其他伙伴关系条约在其邻近地区努力输出其规范的背景下尤其贴切。欧盟对寻求与欧盟更密切合作或最终加入欧盟的国家具有重要影响。[70]根据简·杰隆卡(Jan Zielonka)的观点,欧盟是一个在"经济和官僚帝国工具"的帮助下,寻求对其邻国进行控制的帝国。[71]简·杰隆卡坚持认为,欧洲人保持当前的生活水平,同时又不使欧洲公司处于经济上不利地位的唯一方式是欧盟将其法律和行政实践输出到其他国家,哪怕欧洲治理模式给这些国家带来巨大的成本。[72]

拉法埃拉·德尔·萨特罗(Raffaella Del Satro)也持同样的观点,称欧盟将其实践输出到其外围并在国外复制其规范的做法是为了在该地区深深地植入欧盟帝国秩序。[73]欧盟寻求通过培养对欧盟友好并接受其核心利益的精英来扩大其帝国秩序。她指出,这是"帝国关系的经典一面"[74]。在这一努力过程中,欧盟可能是向其邻国输出规范(包括民主和人权)的准仁慈输出者。然而,同时,欧盟正在对这些国家施加强大的权力形式。[75]

但即使在欧盟的直接影响范围之外,批评者也坚持认为欧盟正在从事一种新形式的帝国主义。欧盟被指责不是通过军事和政治手段追求其目标,而是使用经济和官僚工具来支配依赖于进入其广阔的欧盟内部市场的那些国家。[76]这种批评针对布鲁塞尔效应不同的表现。例如,马克·斯科特(Mark Scott)和劳伦斯·赛鲁斯(Laurens Cerulus)在讨论《通用数据保护条例》的全球影响力时,将其描述为"欧洲希望再次征服世界",但这一次没有通过军事手段,而是通过其"法律主宰力量旨在对从旧金山到首尔的政府和公司实施更严格的隐私规则"[77]。他们指出在南非等国内数据保护立法基于《通用数据保护条例》的国家,这种欧洲立法出口存在着的风险,即"被视为前殖民国家以'数据帝国主义'的形式下达的另一道指令"[78]。劳伦斯·A.科根（Lawrence A. Kogan）在批评欧盟在环境和食品安全问题的监管扩张时，直截了当地指出：

> 欧盟开始了环境文化帝国主义的冒险。这种全球性的做法让人想起早期的欧洲殖民时代。欧洲正在使用"软实力"来强制执行其政策这一事实对于食不果腹的人来说，结果几乎不会变得更容易接受。[79]

欧盟通过辩称它没有参与胁迫来反驳这些批评，欧盟宣称特别是当它通过市场驱动的布鲁塞尔效应输出其规则时，它不使用武力或威胁去说服任何公司或政府做任何事情。相反，欧盟只是要求其他行为体在欧盟内部市场上运营时遵守其规则，并且对于其内部和外国参与者平等地执行单一市场的规范。[80]如果跨国公司的自身利益导致它们自愿在它们全球业务中采用欧盟法规，欧盟很难被指责为"帝国主义"。如果推特（Twitter）采用欧盟对仇恨的定义来管理其全球业务，或陶氏化学在全球遵守欧盟的《关于化学品注册、评估、许可和限制的规定》，欧盟并没有损害美国的主权。当然，这些公司可能有时不太情愿地遵守欧盟的规则，在"非自愿激励"下，即严格的欧盟监管与其基于市场的激励措施的相互作用使欧盟规则全球化。至多，有些人可能会将欧盟的单边主义描述为"软胁迫"，但鉴于欧盟在通过市场传递其规则方面扮演的被动角色，即使这样的说法也值得商榷。

此外，欧盟经常通过把自己描绘为一个良性的全球霸主，来捍卫其监管范围[81]，它宣称其价值观和政策都是在规范上可取的且普遍适用的。[82]这样，欧盟就是规范的拥护者，为全球福利服务。欧盟强调其寻求建立一个基于规则的世界，并为美国提出的更具争议性和自私的世界观提供另一种选择。例如，欧盟委员会前主席巴罗佐指出："欧盟的比较优势在于其规范的力量或其价值观的力量……在后危机时代，当人们正在寻找新的方式来确保他们的福祉、和平、繁荣时，欧洲的经验值得全世界借鉴。"[83]美国经济学家和诺贝尔奖获得者约瑟夫·斯蒂格利茨（Joseph Stiglitz）同样强调了欧洲价值观的全球吸引力，呼吁欧洲投射其"软实力"，即"思想和榜样的力量和影响"，这应该成为"世界的中心支柱之一"。根据斯蒂格利茨的说法:"欧洲的成功部分归功于它提倡的一系列价值观,虽然它们是典型的欧洲的价值观,但同时也是全球性的价值观。"[84]

以欧盟在应对气候变化中的积极作用为例,这种监管可能主要由仁慈而不是帝国主义的动机驱动。气候变化是一个全球性问题,需要全球性的回应。如果其他各国继续向大气排放温室气体的话,欧盟单独减缓气候变化的能力有限。结果,欧盟带头做了许多努力,才得以缔结一个新的、更有效的全球气候条约。[85]然而,与国际条约谈判相关的困难使欧盟必须单方面采取行动并建立具有域外效应的碳排放交易体系。[86]欧盟为其单边监管辩护,辩称它是为了集体利益而行事,以提供全球公共物品,即减缓气候变化。[87]

欧盟通过强调其监管议程的普遍利益,经常成功地掩盖了推动其实施的事实上的单边主义。即使欧盟能够将自己描绘成一个正在推进普世价值的仁慈的规范力量[88],怀疑论者指出,规范的力量这一概念具有新殖民主义色彩,因为欧盟最终有效地输出了其"文明的标准"[89]。例如,即使欧盟努力创造全球应对气候变化的行动是出于其善意的动机,欧盟仍可能被指责为监管帝国主义者,给其他国家,尤其是发展中国家强加不合理的成本。批评者很快指出位于欧盟等地的发达国家首先造成了气候变化问题,这个理由可能证明应该由发达国家承担缓解问题的大部分成本,而不是对发展中国家施加类似的监管义务[90],否则可能就不是"仁慈的",因而在规范上也是不合理的。

即使批评者没有指责欧盟采用新形式的"帝国主义",许多人担心布鲁塞尔效应会破坏民主问责制。欧盟凌驾于他国的国内政治进程和制度之上的能力可能相当于一种"政策洗钱"[91],由此各种法规的来源对这些国家的普通公民来说是一种伪装,或成为"串通委托"的一种形式[92],这使这些法规与通常能影响国内监管政策的那些利益集团无关。这个基于主权角度的批评不仅限于那些经济疲软的欧盟贸易伙伴。欧盟还可以破坏像美国那样的司法管辖区的主权。例如,未经选举产生的欧洲公务员具有阻止美国公司进行全球交易的能力的这种观点可能令相关人员不安。因此,美国政府有合理的主张,即布鲁塞尔效应限制了其监管自由,从而损害了美国主权。每当欧盟规则压倒美国政府颁布的那些规则,并且削弱美国就其经济做出决策的能力时,美国的监管议程就会受到损害。美国公民无法使欧洲政客对他们不同意的决定负责。布鲁塞尔效应中固有的这种反多数主义因素破坏了外国政府根据其民主程序确定的偏好并为其公民服务的能力。

然而,即使人们接受布鲁塞尔效应干扰了外国主权的监管空间,仍然存在一种合理的论点,即它不会破坏外国的民主利益,包括美国民主。尽管欧盟的监管程序并非完美无缺,也并非完全民主[93],但与美国相比,它可以说更不易受企业影响。布鲁塞尔效应因此可能会通过赋予消费者权力来平衡所谓商业利益在美国公共生活中的过度代表。[94]例如,在美国最高法院在"联合公民"(Citizens United)案[95]中的裁决为无限制的企业支出来影响选举打开了大门,其裁决确定政治支出是言论自由的一种形式,然而许多美国人担心商业游说的程度已经扭曲了民主进程。尽管布鲁塞尔也越来越多地开展企业游说活动,但商业利益在那里的影响力要小得多,而且经常受到市民社会团体施加影响的限制。[96]因此,如果欧盟以外的国家的法规过于宽容、执行太弱,或属于次优选择,布鲁塞尔效应可能是代替它们的理想方法。

同样重要的是要认识到,外国(非欧盟)行为者并没有一味地将布鲁塞尔效应视为主权侵犯,实际上的情况恰恰相反。外国倡导团体经常特别欢迎欧盟单一市场的外部化,因为这使他们能够在其国内提高对某个政策问题的认识。欧盟监管可以作为他们努力影响其国内在该问题上讨论的重要基准。[97]当一些政府确实在某些政策领域进行监管时,通过参照欧盟法规作为范例,它们可以更有效地指出其法律制度中的这些政策领域的不足之处。例如,偏好更高层次消费保护的美国消费者和倡导环境保护的民间社会经常抓住欧盟政策,并利用这些政策促成国内变革。[98]

《关于化学品注册、评估、许可和限制的规定》提供了一个有用的说明。美国的非政府组织,包括环境保护基金,已经使用该法规来倡导国内改革。例如,倡导安全化学品的瑞典非政府组织"国际化学品秘书处"(ChemSec)发表了一份名为《在欧洲以外使用 REACH》的报告,展示了欧洲《关于化学品注册、评估、许可和限制的规定》如何被用作典范来倡导其他国家的监管改革。[99] 依靠这一倡导，美国环保基金发表题为《跨越池塘：评估 REACH 对美国化学品和公司的首次重大影响》的报告。该报告确定了在美国活跃的商业活动中存在的特别有害的化学品，并呼吁进行监管改革。[100] 2008 年，另一家美国倡导组织"MomsRising"加入了多位专家和其他活动人士组织的行列，一起呼吁奥巴马政府解决"紧迫的美国化学品暴露危机"。MomsRising 的联合创始人对比美国标准与欧洲通行的标准，愤怒地指出，如今的父母需要寻找表明产品符合欧洲标准的标签，因为他们不能相信美国标准。[101]

关于在食品中使用合成色素的问题，美国食品和药物管理局（FDA）和美国公司也都受到了类似的怀疑。英国研究人员在 2007 年发现食用人造色素会增加儿童患多动症的可能性。[102] 这项研究导致欧盟要求对相关产品贴上警告标签。在美国，对这项研究的认识引起公共利益科学中心（CSPI）向食品和药物管理局请愿禁止几种人造食用色素。[103] 虽然食品和药物管理局的食品咨询委员会在 2011 年 3 月的一次会议上考虑了英国的研究，公共利益科学中心的努力最终没有成功。[104] 不过公共利益科学中心没有退缩，继续在多个平台批评这项决定，包括在广播、网络和印刷媒体上，公开羞辱美国公司"在欧洲而非美国销售更安全的天然色素"。[105] 中心执行主任迈克尔·雅各布森（Michael Jacobson）直接游说美国公司说："嘿麦当劳，嘿玛氏食品，你在欧洲没有使用色素，但你却在美国完全一样的产品中使用它们。"[106] 结果，尽管食品和药物管理局没有作为，消费者对合成色素监管的支持促使许多美国公司，包括卡夫食品[107]和玛氏食品[108]自愿在其当地的产品去除人造色素。

甚至在有组织的活动家之外，处于弱势监管市场的个人消费者也可能会欢迎欧盟的单边主义，在其本国政府或多边合作机制无法提供全球公共产品的情况下，称赞欧盟为全球公共产品的善意提供者。[109] 例如，如果网络运营商不在个人电脑中放置 cookies，即一种跟踪消费者互联网搜索记录以收集营销信息的软件文件，一些美国消费者会感到满意。[110] 其他人可能欢迎布鲁塞尔效应在环境领域的影响，特别是在美国政府从事"粗暴剔除环境规则"的时候,许多人认为这会使美国"更脏更不安全"[111]。同样,如果生产塑料玩具的跨国公司因为布鲁塞尔效应在全球市场使用更安全的化学品,发展中市场的儿童也会受益,即使他们自己的政府对化学品不加监管。显然,许多外国消费者是欧盟法规的被动受益者。如果欧盟对全球卡特尔不依不饶,外国消费者会受益,因为他们在其国内市场不用再为其产品支付过高的费用。然而,他们中很少有人了解,这一好处归因于欧盟委员会竞争总司发现串通行为并瓦解了卡特尔的努力。同样,由于欧盟法规的全球影响力,使得外国家庭能让他们的青少年较少地接触网络上的仇恨言论,但是这些家庭不太可能将欧盟与其享受的监管利益联系起来。

此外,美国的一些进步州支持欧盟的领导作用,就如本书第二部分中各种案例所讨论的,它们自愿选择将欧盟法规纳入自己州的法律。[112]例如,欧盟"有害物质限制指令"的成功,禁止了在电子产品中使用有毒重金属,促使地方政府、环境非政府组织和电子产品生产商组成广泛的联盟,共同支持将"有害物质限制指令"纳入加利福尼亚州 2004 年的电子垃圾法案。加州的法案始于非政府组织倡导的在国家层面类似于"有害物质限制指令"的联邦法案。[113]在通过一项联邦法案的努力失败之后,加州政府决定采取独立行动,最终导致加州通过了加州版"有害物质限制指令"[114]。

一些发展中国家政府同样欢迎布鲁塞尔效应。布鲁塞尔效应为这些国家提供了一个机会将其监管工作外包给资源和经验更丰富的机构。例如,发展中国家的竞争管理机构经常在欧盟的竞争调查中搭便车,受益于欧盟决定禁止反竞争合并或迫使公司修改其全球行为和产品的全球影响。同样,那些有渴求为消费者提供更安全的产品,但资源有限的政府因而受益于欧盟实施的严格影响全球生产模式的标准。

因此,虽然与布鲁塞尔效应相关的主权批评并非没有道理,但是它不太可能对布鲁塞尔效应提出致命的规范性批评。确实,对许多人来说,令人不安的是,当布鲁塞尔效应塑造了全球监管环境的情况下,对于欧洲公民的偏好的考量比非欧洲公民的偏好更为重要。然而,这种批评似乎假设外国监管机构具有必要的能力和采取行动的正确动机。

换言之,这种批评认定外国监管机构的监管能力或行使这种能力的意愿不会因缺乏资源或过度的企业影响而受到损害。但是当这些条件不成立时,从规范的角度来看,布鲁塞尔效应似乎更有利。可以就监管方面的国际合作提出相关论点。有人可以争辩说,监管全球化不应通过欧盟的单边主义,而应通过在国际组织的背景下的合作的、基于共识的机制来实现。然而,如第三章所述,那些以条约为基础的机制经常失效,使得布鲁塞尔效应成为次优选项。这样,"次优"理论可以为布鲁塞尔效应提供最佳辩护。[115] 理想情况下,所有政府都会监管自己的经济并根据需要在国际上进行协调。然而,当这些假设不成立时,布鲁塞尔效应就变得不那么令人反感,而相反成为更必要的次优的替代方案。

外部行为者限制布鲁塞尔效应的尝试

正如前面讨论所表明,布鲁塞尔效应既产生成本又产生收益。虽然布鲁塞尔效应带来的许多成本被它的收益抵消,但是因为这些成本和收益的分配方式不均衡,所以可以确定布鲁塞尔效应将继续成为批评的目标。然而,对于那些认为布鲁塞尔效应对他们的福利有害的人,挑战欧盟法规的机会是有限的。这尤其适用于无法在民主选举中追究欧盟领导人责任的外国公司和政府。

外国公司对于布鲁塞尔效应的反应

鉴于欧盟法规的全球影响力,外国利益相关者拥有动机去投入大量资源试图影响欧盟的监管结果。[116] 因此,游说活动在布鲁塞尔尤为突出。这是因为从欧盟委员会或其他欧盟机构可能的监管收益中获得的好处预计将超过成功影响任何其他具有较少全球影响力的监管机构的好处。

因此,外国公司通过游说,大量投资于欧盟监管过程,其中以欧盟委员会和欧洲议会为其主要目标。鉴于欧盟的透明度登记册制度直到2011年才建立,很难量化欧盟历史上发生的游说程度。[117] 但自从2011年以来,相当多的实体(到2019年3月已达将近12 000家)已经注册,其中包括公司和民间社会代表。[118]在这些注册实体中,超过1 000家在欧盟以外设有总部,最常见的坐落在瑞士和美国。[119]尤其是美国科技公司正在增加其在欧盟的游说活动,例如谷歌和微软的欧盟游说预算位居欧盟前五名之列。[120]此外,一个代表苹果、脸书和谷歌等科技公司的美国游说团体"信息技术行业委员会"正在增加其在布鲁塞尔的工作人员,因为他们认识到欧盟正在"推动和指导政策"。

欧盟机构欢迎游说行为,并将游说作为其承诺向利益攸关者介绍其监管影响的一部分。[121]欧盟认为与过度影响监管过程不同,利益攸关者的参与可以提供有价值的信息,并提高欧盟政策制定的合法性。[122]然而批评者很快提醒,接触企业游说可能使其被企业代理人俘获并导致民众福利减少。[123]外国批评者特别强调布鲁塞尔的游说规定是多么薄弱,无论是律师—客户特权,还是宽松的道德规则,允许离任官员立即利用他们的影响力使得国际游说公司规避更严格的外国法律。这种对说客有利的环境吸引了国际游说公司,但是削弱了欧盟监管程序的透明度。[124]

被游说最多的欧盟立法是《关于化学品注册、评估、许可和限制的规定》和《通用数据保护条例》这两个具有深远全球监管后果的法规。一些评论员将《规定》称为"启动了欧盟立法史上最庞大的游说活动"[125]。在该规定于2006年颁布前,欧盟委员会就《规定》举行的咨询获得了来自相关行业和民间社会等贡献的6 300条建议。[126]外国各方,尤其是美国公司和政府,在影响《规定》的努力中明显活跃。正如预期的那样,美国化学品制造商积极参与其中。然而,美国市民社会也参与进来,提交了一份支持《规定》的提案,得到60个美国团体及超过一万名公民的支持。[127]有趣的是,根据代表加州的国会议员亨利·A.韦克斯曼(Henry A. Waxman)的一份报告,尽管美国政府没有做出任何努力,它对《规定》的官方立场是与美国公司密切协调的后果,尽管没有将美国民间社会利益团体所倡导的立场纳入其中。[128]

欧盟法规通过布鲁塞尔效应在某些政策中的全球影响力,也鼓励了国际商业团体协调它们在欧盟的游说立场。例如,美国出版业和音乐产业都与其欧洲同行合作,寻求对在线平台施加更大的义务,将其作为欧盟版权改革的一部分。[129]同样,55 个国家和地区的 1 160 家医疗保健公司和医院已加入全球绿色健康医院倡议(GGHH),以协调全球相关倡导和创新医疗保健举措。[130]该团体的行动项目包括更换包含欧盟的《关于化学品注册、评估、许可和限制的规定》所列出的高度关注物质中的所有产品。[131]进一步促进跨国利益集团和游说联盟形成的是立足欧盟的商业协会的成员战略,它欢迎第三国参与者作为附属成员参与。[132]例如,欧洲化学工业委员会(ECIC)是在《关于化学品注册、评估、许可和限制的规定》立法过程中的一个关键参与者,它向代表几家总部位于欧盟以外的公司的非欧盟参与者开放。数字欧洲是一个代表遍布全球 35 000 多家科技公司的行业协会,其成员包括从亚马逊到索尼、从西门子到思科。它也同样欢迎欧盟和非欧盟成员。[133]数字欧洲在准备《通用数据保护条例》的过程中为信息技术行业提供了协调一致的声音,其中包括作为委员会咨询一部分的一份共同提交的建议。[134]这些协调一致的游说努力增强了外国公司在欧盟监管过程中的声音,而且往往还有它们的影响力。

尽管他们齐心协力,外国公司很少能够通过游说广泛减轻布鲁塞尔效应。许多欧盟法规不受影响地从欧盟的监管过程中产生,尽管有些企业激烈反对。即使外国公司设法赢得一些让步,或弱化它们所反对的法规的某些方面的效应,但它们产生的影响可能被其他利益集团所抵消。事实上,在最近的一项实证研究中,安德烈亚斯·迪尔(Andreas Dür)和他的合著者表明,商业利益在制定欧盟法规的影响力上并不比其他利益来得大。[135]它们可能会推迟法规的颁布实施,但无法阻止它们的采用,因为欧盟在其立法过程中受到了公民团体和其他非商业行为者的强大影响。[136]

由于游说相对缺乏成功,有时会使外国公司转向寻找替代策略。结果是,"如果你不能打败他们,就加入他们"的想法指导着许多外国公司在试图阻止布鲁塞尔监管失败后的对策。事实上的布鲁塞尔效应可能会导致外国公司转而向本国政府进行游说,以便在其国内实施与欧盟等效的监管。这类似苹果和脸书最近采取的敦促美国联邦政府采用《通用数据保护条例》风格的联邦隐私法的行动。[137]鉴于这些公司已经必须承担遵守欧盟规则的成本,它们现在有动力倡导将(欧洲)单一市场进一步外化到本国市场。这种策略能使它们能够与国内、非出口导向的竞争对手建立公平的竞争环境,因为这些竞争对手在没有国内法规的情况下不受欧盟法规的影响。它们的倡导有时会将事实上的布鲁塞尔效应变成法律上的布鲁塞尔效应,因为外国政府施行了类似于欧盟的立法,前几章讨论过这种动机。[138]

外国公司可用的另一个策略是通过利用这些严格的法规来对付它们的竞争对手,从而将欧盟的监管权力变为自己的优势。正如本章前面提到的以及在第三章中讨论的,欧盟日益成为外国公司对抗其他外国公司而进行诉讼的"首选场所"。欧盟委员会经常为美国生产商挑战竞争对手的行为提供一个好客的场所。例如,《关于化学品注册、评估、许可和限制的规定》允许相关方与欧洲化学品管理局(ECHA)合作,来限制使用某些化学品。这允许任何化学品生产商,包括一家美国公司,可以寻求拒绝其竞争对手(包括其他美国公司)在欧盟使用那些化学物质。[139]在竞争法领域,就如本章前面和第四章所述,每当美国公司试图阻止它们(通常是国内)的竞争对手时,它们发现欧盟提供了一个特别有价值的法律战场。这些案例说明了一些外国公司如何偶尔能够将布鲁塞尔效应转化为自己的优势,即使只是通过把欧盟法规造成的不利影响转移到其竞争对手的身上。

这些案例表明,受到布鲁塞尔效应不利影响的外国公司在应对欧盟对其监管影响时能采取的策略有限。这些公司可以而且经常这样参与对欧盟机构的广泛游说,偶尔会成功地推迟或削弱它们反对的监管的某些方面。就如下面会讲到的,它们也可能会敦促它们自己的政府去试图说服欧盟修改或放弃其规则。然而,在许多情况下,这些公司发现它们的直接游说尝试令人沮丧,它们的政府也无法扭转欧盟的监管议程。这让这些公司几乎没有选择,尽管很不情愿,但只能根据欧盟法规调整其全球业务。在任何此类调整之后,这些公司的利益计算经常会发生变化,甚至它们可以成为欧盟监管的倡导者,以进一步协调它们及其竞争对手经营所处的全球监管环境。

外国政府对于布鲁塞尔效应的反应

试图反击布鲁塞尔效应的不只是外国公司。包括美国在内的外国政府也经常批评布鲁塞尔效应,它们认为欧盟监管成本高昂、属于保护主义或侵犯了主权。然而,美国政府和任何其他政府一样几乎没有办法控制欧盟的监管力量,因为欧盟监管的是自己的市场,它拥有这样做的主权。如果美国公司由于事实上的布鲁塞尔效应而自愿改变它们的全球业务,美国政府发现很难将作为欧盟规则副产品的在美国市场上的影响归咎于欧盟。结果,美国政府往往只能扮演旁观者的角色,无法影响推动各个公司和各国政府遵守欧盟法规的市场力量。这常常让美国政府因为布鲁塞尔效应波及美国国内,而使它面临由此造成的经济和政治成本感到不满。

如前所述,美国政府的主要担忧是欧盟法规使美国公司增加调整成本。另一个相关问题是当生产商被迫调整以缓解美国消费者不一定认同的担忧时,美国消费者最终会为商品支付更多费用。第二,美国政府经常将欧盟法规视为保护主义,因此是不公平的。第三,美国也对欧盟法规凌驾于其之上而使其失去那些属于自己的主权感到愤慨。这些利益考虑往往导致美国政府反对欧盟政策。例如,美国政府在美国化学品行业的推动下,为限制《关于化学品注册、评估、许可和限制的规定》做出了广泛的努力。[140]美国政府对欧盟干预性竞争法的反应有时也同样充满敌意。[141]同样的情况也出现在欧盟最初将外国航空公司纳入其碳排放交易体系的计划,这遭到美国航空公司和美国政府及其他外国政府的强烈反对。[142]最后,《通用数据保护条例》在美国也引发了激烈的反对,导致美国公司和政府等进行了前所未有的游说活动。然而,有时美国政府很难确定一个连贯的政府立场以支持或反对任何特定的欧盟法规。前美国驻欧盟大使安东尼·加德纳(Anthony Gardner)表示,他没有就竞争纠纷问题游说欧盟委员会,因为争端双方通常都有美国公司,这使得在所涉的案例中很难在任何情况下提炼出明确的美国利益。[143]

即使美国有统一的游说利益且积极地想要抵抗布鲁塞尔效应,它对于阻止欧盟监管其内部市场也几乎无能为力。从这个意义上说,布鲁塞尔效应与加利福尼亚效应截然不同。加州在没有明确豁免的情况下不能颁布与美国联邦法律不一致的法规。[144]此外，每一届美国新政府都继承了重新解释此类豁免的能力，正如我们现在见证的那样，特朗普政府正在挑战加利福尼亚州的《清洁空气法》豁免，该法允许加州维持更严格的排放标准。[145]联邦优先原则因此严重限制了加利福尼亚效应的范围，当政府不同意加利福尼亚的监管选择并先发制人限制该州的监管自由时，该效应尤其受到限制。[146]没有什么类似于联邦先发制人的东西可以同样限制欧盟的监管权力。

当美国生产商面临要么被迫遵守更高的标准，要么被排除在欧盟市场之外的情况时，美国政府有四种可能的方法来回应：(1)试图通过外交和在世界贸易组织起诉欧盟，或给予欧盟一些奖励等手段迫使欧盟改变其规则或以制裁威胁欧盟；(2)寻求合作解决方案，例如通过追求反映美国和欧盟偏好的某种组合的国际标准；(3)通过在国内复制欧盟法规(法律上的布鲁塞尔效应)来向欧盟标准靠拢；或者最后，(4)什么都不做，并通过事实上的布鲁塞尔效应见证其公司符合欧盟法规。[147]

对美国或任何其他外国政府来说最有争议的策略是用制裁来威胁欧盟。然而，贸易战的前景对于这些国家往往代价太大，而无法将此作为战略，即使在当前贸易冲突迅速升级的政治气候中。在许多情况下，贸易制裁也与其受世界贸易组织规定的国家义务不能一致。例如，在过去的美国与欧盟关于竞争领域执法的争端中，美国以贸易制裁威胁欧盟，除非欧盟停止反对波音公司和麦克唐纳·道格拉斯公司的合并。[148]然而，尽管报复的言论愈演愈烈，有关竞争领域的争议导致美国政府承认"(我们)没有权力改变欧盟法律"[149]。

尽管欧盟法规通常能承受报复的威胁，但有时也在少数情况下，制裁的威胁导致欧盟退却，或至少修改其监管立场。例如，欧盟将外国航空公司纳入其碳排放交易体系的决定引发了外国航空公司的威胁，声称可能会放弃欧洲空客公司的飞机，转而使用与其竞争激烈的美国波音公司的飞机。[150]这一特别威胁导致欧盟暂时停止对外国航空公司实施航空指令。[151]鉴于商业利益受到威胁的程度，欧盟措施的单边主义和有争议的性质,以及抗议该指令的欧盟贸易伙伴的数量之多,在这种情况下,对欧盟的威胁是有效的。然而,除了极少数这样的案例,即使报复威胁来自像美国这样强大的政府,也未能有效地迫使欧盟扭转其监管政策。[152]

在某些情况下,国际机构可以为外国政府挑战欧盟法规提供场所。世界贸易组织阻止其会员对法规不太严格的国家实施进口限制,除非进口国可以为其限制提供科学依据,或表明是为了保护公众健康所必需,或与环境保护有关。[153]世界贸易组织诉讼的大部分争论点集中在当事人的有关分歧,即国内法规是否反映国内监管权力的合法行使,或它们仅仅是推进了保护主义目标。

美国确实诉诸世界贸易组织来挑战欧盟的禁令,即1996年激素牛肉案和2003年转基因食品案,最终在这两场贸易争端中美国都赢得了其核心主张。[154]美国声称欧盟所谓对食品安全的追求和对消费者健康的关注实际上反映了其保护欧洲农民免受外国竞争的愿望。[155]欧盟以真正的消费者偏好为由为其措施辩护,因为欧洲人对转基因生物和促生长激素深表怀疑[156],并且认为科学研究支持其对健康的担忧。[157]世界贸易组织作出对美国有利的裁定,要求欧盟解除对经激素处理的牛肉的进口禁令,并且要求欧盟同样毫不拖延地批准转基因产品。[158]最近,美国挑战了欧盟对美国用氯冲洗过的家禽的进口禁令。据美国称,这是一种使家禽能安全用于消费的过程。[159]这些挑战表明,当这些法规出于保护主义或当它们没有足够的科学证据支持时,世界贸易组织可能会对欧盟的监管追求强加一些限制。

然而,求助于世界贸易组织并不能最终提供一个强有力的工具来对抗布鲁塞尔效应的影响。尽管偶尔会取得胜利,例如前面提到的美国的案例,但是对于因欧盟法规的影响而感到沮丧的外国司法管辖区,世界贸易组织充其量只能提供不完美的补救措施。WTO争端解决机制存在不可追溯性损害赔偿等弱点。[160]此外,WTO体系不能强迫成员国取消限制性措施。它只能授权制裁一个不合规的成员国。[161]例如,欧盟宁愿忍受美国的报复,而继续维持其禁止进口经激素处理的牛肉的决定。[162]欧盟还一再推迟实施转基因裁决的最后期限,使之不断失效,而美国则已暂停其报复措施,以期待问题得到解决或欧盟未来会合规。[163] 像美国这样世界领先的经济体在获得欧盟遵守相关裁决方面都面临着困难,这表明欧盟较弱的贸易伙伴将更无法通过加入世界贸易组织减轻它们的不满。一个发展中的小国即便得到授权,去惩罚其强大的贸易伙伴,但通常它几乎没有可用的报复工具,因而很难保证获得的权利会被使用。因此,包括授权报复在内的世界贸易组织的补救制度很少能提供途径使外国政府有效地约束欧盟。

另外,世界贸易组织因其有限的职权而无法限制布鲁塞尔效应。世界贸易组织禁止进口商和国内生产商之间的歧视[164],外国政府想要在世界贸易组织成功地挑战欧盟法规,需要证明欧盟法规具有歧视性。然而,许多欧盟法规虽然对外国生产商可能代价高昂,但本质上并不具有歧视性,因为欧盟公司也受制于相同的规则。如果欧盟法规对外国生产商与对本国的影响没有差别,歧视指控就难以维持,这样世界贸易组织也无力来约束它们。此外,在有关竞争和隐私等许多领域,确实不属于世界贸易组织管辖范围。[165] 有几次在 WTO 框架下增加竞争法等新问题领域的尝试,但所有这些尝试都失败了。[166] 扩大世界贸易组织的管辖范围,增加新问题领域在今天则更不可能,因为 160 多个成员达成共识越来越遥不可及。因此,世界贸易组织最多提供给外国政府有限途径以降低因布鲁塞尔效应而产生的成本。

事实上,世界贸易组织不仅未能充分限制布鲁塞尔效应,有时甚至可能有助于促进这一效应。通过布鲁塞尔效应在全球输出欧盟法规可以被视为对世界贸易组织的贡献,因为其基本目标就是通过协调标准促进国际贸易。[167] WTO 规则还限制了欧盟贸易伙伴以单方面报复来回应欧盟监管要求的能力。[168] 例如,如果美国在面对欧盟的数据转移禁令,真的对欧盟实施贸易制裁的话,它将违反 WTO 规则,并将面临欧盟向世界贸易组织提起的投诉。从这个意义上说,世界贸易组织不仅会限制布鲁塞尔效应,也可以为其提供一个盾牌。[169]

从理论上讲,欧盟日益增强的监管影响力及其对美国企业的影响可能或至少应该引导美国支持由国际机构进行更大的市场监督。虽然美国经常怀疑国际机构监管市场的能力,但是对于布鲁塞尔效应更深入的理解应能唤醒美国认识到国际合作的好处。这种合作将为美国提供一个机会,在许多行业的全球商业监管中发挥共同而非过时的作用。这类似于"先发制人的联邦主义"的想法,即美国可以寻求国际监管作为针对布鲁塞尔效应而抢占先机的手段。对监管标准有一些影响会好过将影响力向欧盟拱手相让。[170]对航空排放的监管提供了一个很能说明问题的案例。面对欧盟在碳排放交易体系中的单边主义,美国是支持国际航空碳抵消和减排计划(CORSIA)结论[171]的国家之一,这项国际协定以多边方式解决航空排放问题,这最终让美国在其航空业如何受到监管的问题上有很大的话语权。

尽管国际监管合作通常比欧盟的任何单边监管措施更加服务于美国的利益,令人惊讶的是,美国故意背弃国际贸易协定,包括《跨大西洋贸易和投资伙伴关系协定》(TTIP)。[172]跨大西洋两岸对监管标准的现有分歧一直是谈判的最大绊脚石。[173]同时,克服这些分歧的可能性给予双方从 TTIP 中获得经济收益的最大机会。特别考虑到欧盟独自设置那些标准的可能,美国应该欢迎有机会与欧盟一起解决法规差异问题。欧盟可能也愿意在某些监管环境中放弃单边主义而支持双边交易。布鲁塞尔效应的威胁肯定会增强欧盟在任何此类谈判中的议价能力,使欧盟能够以改变其在某些监管政策领域的立场作为回报,从美国获得宝贵的收益。无论如何,不与欧盟讨价还价显然损害了美国在建立有利的全球标准中的利益,从而在这方面进一步让位于欧盟。

即使是像美国这样的强国,通常在捍卫其监管标准方面也一无所获,即使该国家或地区的标准被许多人认为比欧盟更受欢迎。作为一个不那么严格的监管方,美国的立场在发生事实上的布鲁塞尔效应的领域变得无关紧要。[174]然而,即便这样,美国仍然不太可能在国内采用欧盟标准作为常规行动方案。监管变化总需要成本。企业需要重组其生产过程或实践以遵守新的和不同的标准。[175]政府也需要承担费用,用于监管机构的立法和对监管者的再培训。[176]最重要的是,美国必须放弃其有助于保持企业效率的首选监管方式。在坚持自己的国内标准时,美国至少可以确保其标准适用于纯国内性质的活动。考虑到美国巨大的市场,在没有国内出口导向型产业向相反方向的压倒性游说的情况下,这通常给予美国政府足够的激励在国内保留其首选监管方式。

然而,在某些情况下,即使政府最初很不情愿,也会与时俱进接受欧盟法规,并采用类似于欧盟的国内规则。一旦它们未能阻止欧盟推进其监管议程,其国内政治经济也可能会发生变化,这一点正如前面在讨论许多产品和服务领域存在法律上的布鲁塞尔效应的情况时解释的那样。这些政府现在可能面临来自它们自己的出口导向型公司追随欧盟主导的游说,这样政府就会通过效仿欧盟法规得到国内政治收益。有时欧盟规则也让它们别无选择,而只能选择适应。例如,在数据保护领域,政府有动力效仿欧盟规则以获得充分性决策,因而可以保证数据可以在国家之间自由流动。政府的经济利益由其公司的需求决定,因此即使它们不情愿,也可能会推动它们遵守欧盟规则。

布鲁塞尔效应同时产生成本和收益,总体而言它是否可取的问题没有明确答案。它有时会提高价格并阻止某些人群获得他们所珍视的产品和服务,从而将经济成本强加给欧盟和非欧盟的个人消费者。它还可能限制外国政府的监管空间,并限制它们对其在政治上负有责任的公民的需求作出回应的能力,这或许也会带来政治成本。最后,布鲁塞尔效应将财富从新进入者转移到对于繁琐的监管成本更有吸收能力的强大的老牌企业,这有时可能会造成分配成本。

承认这些与布鲁塞尔效应相关的成本可能会引发寻求减轻它们的新的尝试,其中一些尝试可能确实已经在进行中。例如,有效实施欧盟委员会的"更好的监管议程"有可能减少一些仍然被批评者主要关注的监管负担。[177]此外,更多地纳入外国利益攸关者的观点,作为欧盟影响评估过程的一部分,这就如同美国政府机构成本效益分析的欧盟变体,这可能会减轻一些与监管帝国主义相关的批评。[178]通过基于共识的机制来进一步努力寻求国际监管合作,同样可能减轻与单边主义相关的一些政治成本。[179]最后,人们认识到布鲁塞尔效应会产生意想不到的后果,即赋予强大的现任者权力,可能会使欧盟越来越区分不同公司承受合规能力的负担的情况。这种政策立场与欧盟现有的监管理念高度一致。[180]

同时,无论这些与布鲁塞尔效应有关的各种成本是否能够或将会得到缓解，重要的是要承认布鲁塞尔效应也产生了许多在欧盟和国外都能感受到的好处。通常，这些好处为庞大的消费者群体所获得，他们体验到更清洁的环境和更强的产品安全性，加强对他们个人数据的控制，减少接触网上仇恨言论等，不一而足。当然，每个人的偏好并不相同，也会不相信政府在这方面为他们作出选择，即使是他们自己的政府，更不用说外国政府了。最后，布鲁塞尔效应是否正面还是负面取决于个人偏好，这因政策领域、个人的社会经济和文化背景、价值观和意识形态而异。然而，本章的讨论支持一个结论，即总的来说，布鲁塞尔效应更有可能产生有价值的净收益，即使不是在所有情况下对所有人都是一致的。

然而，对于布鲁塞尔效应可取性问题的最终答案也许是不要纠结于此，正如本章讨论的许多案例所示，我们几乎对它无能为力。只要其出现的基本标准是存在的，不管喜欢与否，个人、公司和政府，尤其是外国的个人、公司和政府，对控制布鲁塞尔效应几乎无能为力。布鲁塞尔效应在当今的全球政治经济中业已存在并相当重要，该效应在许多政策领域都具有渗透性和普遍性，并且远比人们普遍认为的更有影响力，这是一个争议较少的结论，与之相比，布鲁塞尔效应是否应被正面或负面看待的问题则是次要的了。相反，更重要的问题可能是布鲁塞尔效应是否会持续下去以及它可能如何向前发展。这正是接下来一章要研究的问题。

注　释

1. 参见 Leo Cendrowicz, *Is Europe Finally Ready for Genetically Modified Foods?*, Time(Mar. 9, 2010), http://content.time.com/time/business/article/0,8599, 1970471,00.html[https://perma.cc/XK4J-XB4J]。

2. 参见 *id*。

3. Frédéric Simon, *Reach "Monster" will Devour EU Innovation*, Chemical *Industry Warns*, Euractiv(Apr. 29, 2016), https://www.euractiv.com/section/science-policymaking/news/reach-monster-will-devour-eu-innovation-chemical-industry-warns/ [https://perma.cc/EHZ8-H83L].

4. *Oversight on EPA Toxic Chemical Policies: Hearing Before the S. Comm. on Env't & Pub. Works*, 110th Cong. 122—123(2008)(statement of Jim DeLisi, President, Fanwood Chemical, Inc.).

5. Trade Barriers that US Small and Medium-Sized Enterprises Perceive as Affecting Exports to the European Union, Inv. No.332—541, USITC Pub. 4455, at 3—5(Mar. 2014)(Final).

6. 这项调查的对象是员工超过 500 人的公司的 CIOs、CISOs、法律总顾问、CCOs、CPOs 和 CMOs。

7. *Pulse Survey: US Companies Ramping Up General Data Protection Regulation* (*GDPR*) *Budgets*, PwC, https://4f0imd322ifhg1y4zfwk3wr7-wpengine. netdna-ssl. com/wp-content/uploads/2018/03/pwc-gdpr-series-pulse-survey-1. pdf (last visited Mar. 30, 2019)[https://perma.cc/TJC2-4HQ4].

8. Videoconference Interview with Riccardo Falconi, Legal Dir., Uber (Sept. 21, 2018).

9. *Amendments by the European Parliament to the Commission Proposal for a Directive of the European Parliament and of the Council on Copyright in the Digital Single Market and Amending Directives 96/9/EC and 2001/29/EC*, A8-0245/2018 (June 29, 2018).

10. Editorial, *EU Copyright Reforms are Harsh but Necessary*, Fin. Times(Mar. 26, 2019), https://www. ft. com/content/233528e2-4cce-11e9-8b7f-d49067e0f50d. (on file with author).

11. Anthony I. Ogus, *Regulatory Paternalism: When is It Justified?*, in Corporate Governance in Context: Corporations, States, and Markets in Europe, Japan, and the US 303(Klaus J. Hopt et al. eds., 2005).

12. 参见 Cendrowicz, *supra* note 1。

13. Travis Bradford, The Energy System: Technology, Economics, Markets, and Policy 447(2018).

14. 在比利时布鲁塞尔采访微软副总裁约翰·弗兰克(John Frank)(July 16, 2018)。

15. *Id*.

16. Brad Smith, *Facial Recognition Technology: The Need for Public Regulation and Corporate Responsibility*, Microsoft: Microsoft on Issues(July 13, 2018), https:// blogs. microsoft. com/on-the-issues/2018/07/13/facial-recognition-technology-the-need-for-public-regulation-and-corporate-responsibility/[https://perma.cc/8DV4-6WZ5].

17. 参见 Stephanie Hare, *We Must Face Up to the Threat Posed by Biometrics*, Fin. Times(Aug. 8, 2018), https://www. ft. com/content/b4d47e04-9727-11e8-95f8-8640db 9060a7. (on file with author)。

18. John C. Coffee, Jr., *Racing Towards the Top?: The Impact of Cross-Listings and Stock Market Competition on International Corporate Governance*, 102 Colum. L. Rev.1757(2002).

19. For example, Microsoft views its pro-privacy stance as a source of competitiveness. Interview with John Frank, *supra* note 14.

20. 参见 Jun Le Bao Zai Wei Xian Zeng She Xue Sheng Nai Sheng Chan Xian, Zhi Li Yu Wei Geng Duo Hai Zi Ti Gong Xin Xian You Zhi De Hao Niu Nai(君乐宝在威县增设学生奶生产线致力于为更多孩子提供新鲜优质的好牛奶)[Jun Le Bao Recently Sets Production Line of Student Milk in Xingtai City, and Aims to Produce Fresh and High-quality Milk for More Children], Junlebao Dairy(Jan.2018), http://www.junlebaoruye.

com/content.aspx?id＝1172[https://perma.cc/9EV8-FNG9]。

21. 参见 *Post Hearing Information Pack*，*China Shengmu Organic Milk Limited*，HKEXnews at 151—152(June，2014)，http://www3.hkexnews.hk/listedco/listconews/sehk/2014/0715/ltn20140715042.pdf[https://perma.cc/67EY-AW2A]。

22. 参见 Sun Jie(孙杰)，*2016 Ru Ye Wan Li Xing Shang Ban Cheng Shou Gong Wo Guo Sheng Ru Zhi Liang Wen Ding Ke Kao*(2016 乳业万里行上半程收官我国生乳质量稳定可靠)[*First Half of Quality Promotion of Dairy Industry in 2016 has Completed，and the quality of raw milk in China is stable and reliable*]，People's Network (Nov. 28， 2016)， http://yuqing.people.com.cn/n1/2016/1128/c210117-28904115.html.[https://perma.cc/9SBC-6USM]。

23. 参见 Lawrence A. Kogan，Exporting Precaution：How Europe's Risk-Free Regulatory Agenda Threatens American Free Enterprise 101—102(2005)，http://www.wlf.org/upload/110405MONOKogan.pdf[https://perma.cc/3TUJ-46KH]。

24. Editorial，*Tax Affairs of American Tech Groups Come Under Fire*，Fin. Times (Oct.3， 2017)，https://www.ft.com/content/8cdba452-a779-11e7-ab55-27219df83c97.(on file with author).

25. *Why Big Tech Should Fear Europe：To Understand the Future of Silicon Valley*，*Cross the Atlantic*，Economist(Mar.23， 2019)，https://www.economist.com/leaders/2019/03/23/why-big-tech-should-fear-europe[https://perma.cc/47Y3-3VZU]。

26. Philip Stephens，Opinion，*Europe Rewrites the Rules for Silicon Valley*，Fin. Times (Nov. 3， 2016)， https://www.ft.com/content/5596e92c-a04d-11e6-86d5-4e36b35c3550.(on file with author).

27. Mark Scott，*E.U. Rules Look to Unify Digital Market，but U.S. Sees Protectionism*，N.Y. Times(Sept.13， 2016)，https://www.nytimes.com/2016/09/14/technology/eu-us-tech-google-facebook-apple.html.(on file with author).

28. Interview by Kara Swisher with Barack Obama，in Silicon Valley(Feb. 13， 2015)， https://www.recode.net/2015/2/15/11559056/white-house-red-chair-obama-meets-swisher[https://perma.cc/9UD7-5HNF].

29. Jonathan Golub，*Global Competition and EU Environmental Policy：Introduction and Overview*，in Global Competition and EU Environmental Policy 1， 19， 23(Jonathan Golub ed.， 2013).

30. Fredrik Erixon，*The Rising Trend of Green Protectionism：Biofuels and the European Union 2* (European Centre for Int'l Political Econ.，Occasional Paper No.2/2012， 2012)，https://ecipe.org/publications/rising-trend-green-protectionism-biofuels-and-european-union/[https://perma.cc/26A5-BW2K]。

31. Lawrence A. Kogan，*Trade Protectionism：Ducking the Truth About Europe's GMO Policy*，N.Y. Times(Nov.27， 2004)，https://www.nytimes.com/2004/11/27/opinion/trade-protectionism-ducking-the-truth-about-europes-gmo-policy.html.(on file with author).

32. 例如参见 Dr. Bernard D. Goldstein，Opinion，*The EU's Distortion of Public Health Unfairly Hurts US Agricultural Produce*，Hill(Jan.29， 2018)，http://thehill.com/opinion/healthcare/371236-the-eus-distortion-of-public-health-unfairly-bans-us-agricultural-produce[https://perma.cc/8R3Y-RGP3]；The New Tool Against Forestry

in Developing Countries, World Growth 3（2010）, http://worldgrowth. org/site/wp-content/uploads/2012/06/WG_ Green _ Protectionism _ Forestry _ Report _ 6 _ 10. pdf
[https://perma.cc/Y8EL-Q9XQ]。

33. 参见 *Communication from the Commission to the European Parliament*, *the Council and the European Economic and Social Committee*: *A Strategic Vision for European Standards*: *Moving Forward to Enhance and Accelerate the Sustainable Growth of the European Economy by 2020*, at 2—3, COM(2011) 311 final(June 1, 2011)。

34. 例如参见 Emma Tucker, *Plastic Toy Quandary that EU Cannot Duck*, Fin. Times, (Dec.9, 1998), at 3。

35. 参见 Commission Decision 2004/134/EC of 3 July 2001, 2004 O.J. (L 048) 1。

36. John R. Wilke, *U. S. Antitrust Chief Chides EU for Rejecting Merger Proposal*, Wall St. J. (July 5, 2001), https://www.wsj.com/articles/SB9942822759705 6929. (on file with author).

37. 例如参见 William J. Kolasky, Deputy Assistant Attorney Gen. Antitrust Div., U.S. Dep't of Justice, Address Before the Seminar on Convergence Sponsored by the Netherlands Ministry of Economic Affairs(Oct. 28, 2002), https://www. justice. gov/atr/speech/what-competition[https://perma.cc/4RXX-EC9T]。

38. Wilke, *supra* note 36.

39. Commission Decision of 28 June 2000 Declaring a Concentration Incompatible with the Common Market and the EEA Agreement, Case COMP/M. 1741—MCI WorldCom/Sprint, 2003 O. J. (L 300) 1; Commission Decision of 11 October 2000 Declaring a Concentration to be Compatible with the Common Market and the EEA Agreement, Case COMP/M. 1845—AOL/Time Warner, 2001 O. J. (L 268) 28; Summary of Commission Decision of 1 February 2012 Declaring a Concentration Incompatible with the Internal Market and the Functioning of the EEA Agreement, Case COMP/M. 6166—Deutsche Börse/NYSE Euronext, 2014 O.J. (C 254) 8; Summary of Commission Decision of 30 January 2013 Declaring a Concentration Incompatible with the Internal Market and the Functioning of the EEA Agreement, Case COMP/M. 6570—UPS/TNT Express, 2014(C 137) 8.

40. Press Release, European Comm'n, Antitrust: Commission Fines Google €4.34 Billion for Illegal Practices Regarding Android Mobile Devices to Strengthen Dominance of Google's Search Engine(July 18, 2018), http://europa.eu/rapid/press-release_IP-18-4581_en.htm[https://perma.cc/X7MR-ZU4J]。

41. Summary of Commission Decision of 27 June 2017, Case AT. 39740—Google Search(Shopping), 2018 O.J. (C 9) 11.

42. Press Release, European Comm'n, Antitrust: Commission Fines Google €1.49 Billion for Abusive Practices in Online Advertising(Mar.20, 2019), https://eeas.europa.eu/top-ics/external-investment-plan/60039/antitrust-commission-fines-google- €149-billion-abusive-practices-online-advertising_en[https://perma.cc/C8W4-SJV7].

43. Earlier this year, the Commission fined Qualcomm $1.2 billion for its exclusive dealing contracts with Apple on the computer chips market.参见 Summary of Commission Decision of 24 Jan. 2018, Case AT. 40220—Qualcomm(Exclusivity Payments), 2018 O.J. (C 269) 25。

44. 在另一项竞争诉讼中,欧盟委员会还命令爱尔兰从苹果公司收回 130 亿欧元的非法政府援助。参见 Commission Decision(EU) 2017/1283 of 30 Aug. 2016, on State Aid SA. 38373(2014/C)(ex 2014/NN)(ex 2014/CP) Implemented by Ireland to Apple, 2017 O.J. (L 187) 1。

45. Summary of Commission Decision of 13 May 2009, Case COMP/C-3/37.990— Intel, 2009 O.J. (C 227) 13. In September 2017, the European Court of Justice overturned the fine levied by the Commission in its decision. Case C-413/14 P, Intel Corp. v. Comm'n, EUR-Lex 62014CJ0413(Sept.6, 2017).

46. Commission Decision of 24 May 2004, Case COMP/C-3/37.792—Microsoft, 2007 O.J. (L 32) 23.

47. 参见 Steve Lohr, *Antitrust Cry from Microsoft*, N.Y. Times, Mar.31, 2011, at B1, https://www. nytimes. com/2011/03/31/technology/companies/31google. html? mtrref = www. google. com&-gwh = A598C6EBBF881EE0FCBA67C3037A8078&-gwt = pay&-assetType=PAYWALL(on file with author); Brad Smith, *Adding Our Voice to Concerns About Search in Europe*, Microsoft on Issues(Mar.30, 2011), https://blogs. microsoft. com/on-the-issues/2011/03/30/adding-our-voice-to-concerns-about-search-in-europe/[https://perma.cc/E527-TVFJ]。

48. 例如参见 Ben Homewood, *Google "Abuses" Highlighted in the Wake of Record Anti-Trust Fine*, Google(July 19, 2018), http://www.musicweek.com/media/ read/google-abuses-high-lighted-in-the-wake-of-record-anti-trust-fine/073231 [https:// perma.cc/XV34-FW6W]。

49. 例如参见 Richard Smirke, *Europe and Copyright: A Comprehensive Look at the Continent's Digital Plans*, Billboard(Apr.28, 2016), https://www.billboard.com/ articles/business/7349853/digital-single-market-music-business-european-union[https:// perma.cc/KUC2-V2MW]。

50. 参见 Sam Schechner & Stu Woo, *EU to Get Tough on Chat Apps in Win for Telecoms*, Wall St. J.(Sept.11, 2016), https://www.wsj.com/articles/eu-to-get-tough-on-chat-apps-in-win-for-telecoms-1473607662(on file with author)。

51. Case COMP/M.7881, AB InBev/SABMiller, EUR-Lex 32016M7881(May 24, 2016).

52. Summary of Commission Decision of 1 February 2012 Declaring a Concentration Incompatible with the Internal Market and the Functioning of the EEA Agreement, Case COMP/M.6166—Deutsche Börse/NYSE Euronext, 2014 O.J. (C 254) 8.

53. Summary of Commission Decision of 29 March 2017 Declaring a Concentration Incompatible with the Internal Market and the Functioning of the EEA Agreement, Case COMP/M.7995—Deutsche Börse/London Stock Exchange, 2017 O.J. (C 240) 7.

54. Commission Decision (EU) 2016/2326, of 21 October 2015 on State Aid SA. 38375(2014/C ex 2014/NN) Which Luxembourg Granted to Fiat, 2016 O.J. (L 351) 1.

55. Press Release, European Comm'n, State Aid: Commission Opens In-depth Investigation into Italian State Loan to Alitalia(Apr.23, 2018), http://europa.eu/rapid/ press-release_IP-18-3501_en. htm[https://perma. cc/H9NE-F6UQ]; Press Release, European Comm'n, State Aid: Commission Opens In-depth Investigation into measures in Favour of Ryanair at Frankfurt-Hahn Airport in Germany(Oct.26, 2018), http://

europa. eu/rapid/press-release_IP-18-6222_en. htm[https://perma.cc/DP8G-YYCZ].

56. Anu Bradford et al., *Is EU Merger Control Used for Protectionism? An Empirical Analysis*, 15 J. Empirical Legal Stud. 165, 188(2018).

57. *Id.*

58. David Vogel, The Politics of Precaution: Regulating Health, Safety, and Environmental Risks in Europe and the United States 27(2012).

59. *Id.*

60. Interview with Cyril Jacquet, Senior Legal Advisor in the Legal Affairs Unit, ECHA, in Helsinki, Fin. (Jan 4, 2018).

61. 参见 Regulation (EU) 995/2010, of the European Parliament and of the Council of 20 October 2010 Laying Down the Obligations of Operators Who Place Timber and Timber Products on the Market, 2010 O.J. (L 295) 23。

62. 例如参见 *Communication from the Commission to the Council and the European Parliament: A European One Health Action Plan Against Antimicrobial Resistance*, COM(2017) 339 final(June 29, 2017)。

63. Appellate Body Report, *European Communities—Measures Prohibiting the Importation and Marketing of Seal Products*, ¶5.203, WT/DS400/AB/R; WT/DS401/AB/R(Apr.29, 2014).

64. 例如参见 *US Airline EU ETS Case Against the UK to be Referred to European Court as NGO Coalition Joins Actions*, GreenAirOnline. com, http://www.greenaironline. com/news.php? viewStory = 1129(last visited Apr. 2, 2019)[https://perma. cc/2RK2-TXJK]。

65. 例如参见 Kimberly Elliott &. Janeen Madan. *Can GMOs Deliver for Africa?* (Center for Global Development, CGD Policy Paper 080, 2016) http://www.cgdev.org/publication/can-gmos-deliver-africa[https://perma.cc/KU9S-E77T]。

66. Marnus Gouse et al., *Genetically Modified Maize: Less Drudgery for Her, More Maize for Him? Evidence from Smallholder Maize Farmers in South Africa*, World Dev., July 2016, at 27.

67. Ademola A. Adenle, *Response to Issues on GM Agriculture in Africa: Are Transgenic Crops Safe?*, BMC Res. Notes (Oct. 8 2011), https://bmcresnotes. biomedcentral.com/articles/10.1186/1756-0500-4-388[https://perma.cc/8PC2-TE9R].

68. Robert Paarlberg, *GMO Foods and Crops: Africa's Choice*, 27 New Biotechnology 609, 610—611(2010).

69. 例如参见 Jan Zielonka, Europe as Empire: The Nature of the Enlarged European Union 9—22(2006)。

70. 参见 Zaki Laïdi, *The Unintended Consequences of European Power* 9—10(Les Cahiers Européens de Sciences Po. No.5, 2007), https://spire. sciencespo. fr/notice/2441/dkt13evdojn1lbo9786c100s2[https://perma.cc/7YL6-F3YF]。

71. Jan Zielonka, *Europe as a Global Actor: Empire by Example?*, 84 Int'l Aff. 471, 475(2008).

72. *Id.* at 477, 483.

73. Raffaella A. Del Sarto, *Normative Empire Europe: The EU, Its Borderlands and the Arab Spring*, 54 J. Comm. Market Stud. 215, 222—223(2016).

74. *Id*. at 227.

75. *Id*.

76. 例如参见 Editorial, *Regulatory Imperialism*, Wall St. J. (Oct. 26, 2007), https://www.wsj.com/articles/SB119334720539572002(on file with author); Angelos Sepos, *Imperial Power Europe? The EU's Relations with the ACP Countries*, 6 J. Pol. Power 261(2013)。

77. Mark Scott &. Laurens Cerulus, *Europe's New Data Protection Rules Export Privacy Standards Worldwide*, Politico (Jan. 31, 2018), https://www.politico.eu/article/europe-data-protection-privacy-standards-gdpr-general-protection-data-regulation/ [https://perma.cc/9LHF-FM7M].

78. *Id*.

79. Lawrence A. Kogan, *Exporting Europe's Protectionism*, 77 Nat'l Int. 91, 99 (2004).

80. 例如参见 Margrethe Vestager, Competition Commissioner, Opening Remarks at the ICN Merger Workshop: Merger Review: Building a Global Community of Practice (June 3, 2016); The Rt Hon Sir Leon Brittan QU, Vice-President of the European Commission, Address at the WTO High Level Symposium on Trade and the Environment(Mar.15, 1999)。

81. 一般参见 Ian Manners, *Normative Power Europe: A Contradiction in Terms?*, 40 J. Common Market Stud. 235, 235(2002)。

82. 参见 Consolidated Version of the Treaty on European Union art. 3(5), May 9, 2008, 2008 O.J. (C 115) 13 17。另见 Ian Manners, *The Normative Ethics of the European Union*, 84 Int'l Aff. 45, 46(2008)。

83. José Manuel Barroso, *Europe's Rising Global Role*, Project Syndicate(Dec.16, 2009), https://www.project-syndicate.org/commentary/europe-s-rising-global-role? (on file with author).

84. Joseph Stiglitz, Opinion, *The EU's Global Role*, Guardian (Mar.29, 2007), https://www.theguardian.com/commentisfree/2007/mar/29/theeusglobalmission[https://perma.cc/WJ5Z-TQ4N]。

85. 例如参见 Press Release, European Comm'n, The Copenhagen Climate Change Negotiations: EU Position and State of Play(Nov.9, 2009), http://europa.eu/rapid/press-release_MEMO-09-493_en.htm?locale=en[https://perma.cc/Z7HP-3YA6]。

86. 参见 *id*。

87. 参见 *Clean-Air Turbulence*, Economist, July 9—15, 2011, at 16。

88. 例如参见 Mark Leonard, Why Europe Will Run the 21st Century(2005)。

89. *E. g.*, Kalypso Nicolaïdis &. Robert Howse, "*This is my EUtopia...*": *Narrative as Power*, 40 J. Common Market Stud. 767, 789(2002);另见 Thomas Diez, *Europe's Others and the Return of Geopolitics*, 17 Cambridge Rev. Int'l Aff. 319, 325, 330—335(2004)。

90. 例如参见 Oxfam Int'l, *Adapting to Climate Change: What's Needed in Poor Countries, and Who Should Pay* (Oxfam Briefing Paper 104, 2007), https://www.oxfam.org.nz/sites/default/files/reports/Adapting% 20to% 20Climate% 20Change.pdf [https://perma.cc/N95A-83HV]。

91. Hosein, Ian, 2004, Presentation at the 45th International Studies Association Convention: International Relations Theories and the Regulation of International Dataflows: Policy Laundering and Other International Policy Dynamics (Mar. 17—20, 2004) (http://citation.allacademic.com/meta/p_mla_apa_research_citation/0/7/3/8/8/pages73882/p73882-1.php) [https://perma.cc/RWX6-TUEY].

92. Julian Schwartzkopff, *Splendid Isolation? The Influence of Interest Groups on EU Trade Policy* (Berlin Working Paper on European Integration No. 12, 2009), https://www.polsoz.fu-berlin.de/polwiss/forschung/international/europa/Partner-und-Online-Ressourcen/arbeitspapiere/2009-12 _ Schwartzkopff _ SplendidIsolation.pdf [https://perma.cc/T5T4-FJE7].

93. Joseph H. H. Weiler et al., 1995. *European Democracy and its Critique: Five Uneasy Pieces* (European Univ. Inst. Working Paper RSC No.95/11, 1995), http://cadmus.eui.eu/handle/1814/1386 [https://perma.cc/ZW4U-WV3Q].

94. 参见 Robert O. Keohane et al., *Democracy-Enhancing Multilateralism*, 63 Int'l Org.1(2009)。

95. Citizens United v. FEC, 130 S. Ct. 876(2010).

96. Andreas Dür et al., Political Influence of Business in the European Union(2019).

97. Joanne Scott, *From Brussels with Love: The Transatlantic Travels of European Law and the Chemistry of Regulatory Attraction*, 57 Am. J. Comp. L. 897, 920—928(2009); 一般另见 Katerina Linos, The Democratic Foundations of Policy Diffusion: How Health, Family and Employment Laws Spread Across Countries(2013)。

98. 参见 Alasdair R. Young, *Political Transfer and "Trading Up"?: Transatlantic Trade in Genetically Modified Food and U.S. Politics*, 55 World Pol.457, 474(2003)。

99. Scott, *supra* note 97, at 923.

100. *Id.* at 920—928.

101. *Id.* at 927 (citing News Release, Scientists, Physicians, Health Advocates, Parents to Obama: Chemical Exposure is an Urgent Crisis in the United States(Nov.20, 2008), https://smartpolicyreform.org/for-the-media/news-releases/ [https://perma.cc/Y35E-6MCZ]).

102. Donna McCann et al., *Food Additives and Hyperactive Behaviour in 3-Year-Old and 8/9-Year-Old Children in the Community: A Randomised, Double-Blinded, Placebo-Controlled Trial*, 370 Lancet 1560(2007).

103. Elizabeth Grossman, *Banned in Europe, Safe in the U.S.*, Ensia (June 9, 2014), https://ensia.com/features/banned-in-europe-safe-in-the-u-s/ [https://perma.cc/6YDR-Z3JA].

104. Quick Minutes: Food Advisory Committee Meeting March 30—31, 2011, U.S. Food & Drug Admin. (FDA), https://wayback.archive-it.org/org-1137/20170406211702/https://www.fda.gov/AdvisoryCommittees/CommitteesMeetingMaterials/FoodAdvisoryCommittee/ucm250901.htm(last visited Apr.3, 2019).

105. Michael F. Jacobsen, *Strong FDA Action on Food Dyes Urged*, CSPI(Mar.30, 2011), https://cspinet.org/new/201103301.html [https://perma.cc/5JLU-LUYQ]; Gardiner Harris, *Artificial Dye Safe to Eat, Panel Says*, N.Y. Times(Mar.31, 2011), https://www.nytimes.com/2011/04/01/health/policy/01fda.html(on file with author);

April Fulton，*FDA Probes Link Between Food Dyes，Kids' Behavior*，NPR（Mar. 30，2011），https：//www. npr. org/2011/03/30/134962888/fda-probes-link-between-food-dyes-kids-behavior［https：//perma. cc/V7WJ-L7QY］；Stephanie Gleason，*Artificial Food Dyes Scrutinized by FDA*，Wall St. J.（Mar. 29，2011），https：//www. wsj. com/articles/SB10001424052748704471904576228550619608050（on file with author）.

106. *Why M & M's Are Made with Natural Coloring in the EU and Not the U.S.*，WBUR（Mar. 28，2014），http：//www. wbur. org/hereandnow/2014/03/28/artificial-dyes-candy［https：//perma.cc/7GP4-KKA7］.

107. Katie Lobosco，*Kraft Ends Mac and Cheese Fake Coloring. Will It Still Be Yellow?*，CNN Business（Apr. 20，2015），https：//money. cnn. com/2015/04/20/news/companies/kraft-macaroni-cheese-fake-color/index. html？iid ＝ EL［https：//perma. cc/6PA6-CLXB］.

108. Amy Kuperinsky，*Mars to Remove Artificial Colors from M & M's and Other Candy*，NJ. Com（Feb. 6，2016），https：//www. nj. com/entertainment/index. ssf/2016/02/mars_to_remove_artificial_colors_from_mms.html［https：//perma.cc/JZC2-NEE2］.

109. 参见 Otto Pohl，*European Environmental Rules Propel Change in U.S.*，N.Y. Times，July 6，2004，at F4（on file with author）。

110. 参见 Joseph Turow et al. *Americans Reject Tailored Advertising and Three Activities that Enable It*（Annenberg Sch. for Commc'n，Departmental Paper No. 524，2009），https：//repository.upenn.edu/asc_papers/524/［https：//perma.cc/TPK7-D6E4］。

111. *Regulation：The Right Way to Get Rid of It：America Needs Regulatory Reform，Nota Crude Cull of Environmental Rules*，Economist（Mar，2，2017），https：//www. economist. com/leaders/2017/03/02/the-right-way-to-get-rid-of-it［https：//perma.cc/G87U-UDH2］.

112. 对加州来说，REACH 可以说是"监管改革的催化剂和资源"。Scott，*supra* note 97，at 898.

113. 参见 *Community Waste Prevention Toolkit：Computer Factsheet*，Inform，https：//www. informinc. org/community-waste-prevention-toolkit-computers-fact-sheet/（last visited Apr. 3，2019），［https：//perma. cc/N395-U8FH］；Scott Cassel，*Product Stewardship：Shared Responsibility for Managing HHW*，in Handbook on Household Hazardous Waste，159，198—199（Amy D. Cabaniss ed.，2008）。

114. Katja Biedenkopf，E-Waste Governance Beyond Borders—Does the EU Influence US Environmental Policy？11（2010）（unpublished manuscript）（https：//refubium.fu-berlin. de/bitstream/handle/fub188/19456/Biedenkopf-E-Waste_Governance_beyond_Borders-445.pdf？sequence＝1&isAllowed＝y）［https：//perma.cc/H7DX-6SDP］.

115. R.G. Lipsey & Kelvin Lancaster，*The General Theory of Second Best*，24 Rev. Econ. Stud.11（1956）.

116. Chad Damro，*Market Power Europe*，19 J. Eur. Pub. Pol'y 682，689（2012）.

117. Agreement Between the European Parliament and the European Commission on the Establishment of a Transparency Register for Organisations and Self-employed Individuals Engaged in EU Policy-making and Policy Implementation，2011 O.J.（L 191）29；Transparency Register，http：//ec. europa. eu/transparencyregister/info/homePage. do？redir＝false&locale＝en（last updated Mar. 25，2019）［https：//perma. cc/4RMU-2G2Q］.

118. Statistics for the Transparency Register，Transparency Register，http：//ec. europa. eu/transparencyregister/public/consultation/statistics. do？ locale＝en&-action＝ prepareView(last updated Mar.25，2019)〔https：//perma.cc/6D7S-55W5〕.

119. *Id*. (data filtered according to non-EU countries).

120. Adam Satariano，*G. D. P. R.*，*a New Privacy Law*，*Makes Europe World's Leading Tech Watchdog*，N. Y. Times(May 24，2018)，https：//www. nytimes. com/ 2018/05/24/technology/europe-gdpr-privacy.html. (on file with author).

121. Emilia Korkea-aho，*"Mr. Smith Goes to Brussels"*：*Third Country Lobbying and the Making of EU Law and Policy*，18 Cambridge Y. B. Eur. Legal Stud.45，48，57 (2016).这一承诺体现在《欧盟条约》第11条中，该条规定欧盟委员会有主动咨询受影响各方的义务。受欧盟规则约束或影响的第三方行为者被视为这一进程中的利益攸关方，属于《欧盟条约》第11条规定的协商义务范围。

122. *Id*. at 52.

123. 参见 *generally* Bill Wirtz，*EU-Funded Lobbying is Expensive and Undemocratic*，EU Observer(Sept.21，2017)，https：//euobserver. com/opinion/139093 〔https：//perma.cc/32XB-BA4V〕；Rinus van Schendelen，More Machiavelli in Brussels：The Art of Lobbying the EU 319—320(2002)。

124. Eric Lipton & Danny Hakim，*Lobbying Bonanza as Firms Try to Influence European Union*，N.Y. Times(Oct.18，2013)，https：//www.nytimes.com/2013/10/19/ world/europe/lobbying-bonanza-as-firms-try-to-influence-european-union. html (on file withauthor).

125. Korkea-aho，*supra* note 121，at 59.

126. *REACH Background*：*Internet Consultation on Draft Chemicals Legislation* (*the REACH System*)，Eur. Commission，http：//ec.europa.eu/environment/chemicals/ reach/background/internet_cons_en.htm(last updated June 8，2016)〔https：//perma.cc/ N7H5-SPEX〕.

127. Korkea-aho，*supra* note 121，at 60.

128. *Id*. (citing H. R. Comm. on Government Reform，Minority Staff Special Investigations Div.，A Special Interest Case Study：The Chemical Industry，the Bush Administration，and European Efforts to Regulate Chemicals(2004)，https：//wayback. archive-it. org/4949/20141031194315/http：//oversight-archive. waxman. house. gov/ documents/20040817125807-75305.pdf〔herein-after Special Interest Case Study〕).

129. Robert Levine，*Laying Down the Law*：*How the Music Business Came Together to Score Two Political Wins*，Billboard (Sept. 20，2018)，https：//www. billboard. com/articles/business/8476196/music-modernization-act-eu-copyright-music-business-unity〔https：//perma.cc/S2LM-BDA3〕.

130. *Who We Are*，GGHH，https：//www.greenhospitals.net/(last visited Apr.3， 2019)，〔https：//perma.cc/P3MG-TNS8〕.

131. 参见 *Chemicals*，GreenHospitals. Net，https：//www. greenhospitals. net/ chemicals/(last visited Apr.3，2019)，〔https：//perma.cc/QMT6-X6W4〕。

132. Korkea-aho，*supra* note 121，at 50—51.

133. *Our Members*，Digital Europe，https：//www. digitaleurope. org (last visited Apr.3，2019)，〔https：//perma.cc/UD48-YB3X〕.

134. DIGITAL EUROPE, *Response to European Commission Consultation on the Legal Framework for the Fundamental Right to Protection of Personal Data*（Nov.20，2009），https：//ec. europa. eu/home-affairs/sites/homeaffairs/files/what-is-new/public-consultation/2009/pdf/contributions/registered _ organisations/digital _ europe _ en. pdf［https：//perma.cc/3TYL-SJHD］.

135. Dür et al.，*supra* note 96.

136. *Id*.

137. Mehreen Khan & Tim Bradshaw，*Apple and Facebook Call for EU-style Privacy Laws in US*，Fin. Times（Oct. 24，2018），https：//www. ft. com/content/0ca8466c-d768-11e8-ab8e-6be0dcf18713（on file with author）.

138. 一般参见 David Vogel，Trading Up：Consumer and Environmental Regulation in a Global Economy(1995)。

139. 如果一家化学公司能够证明其生产的替代品比竞争对手的"高度关注物质"更安全,这一点就特别有价值,因为这将导致自动拒绝竞争对手的物质。参见 Scott，*supra* note 97，at 930。

140. 参见 Special Interest Case Study，*supra* note 128。

141. 参见 Matt Murray et al.，*Oceans Apart：As Honeywell Deal Goes Awry for GE，Fallout May Be Global*，Wall St. J.，June 15，2001，at A1。

142. 参见 the E. C. J. case discussed by Murray et al.，*supra* note 141；另见 Joshua Chaffin & Andrew Parker，*Blow to US Airlines in Emissions Fight*，Fin. Times(Oct.6，2011)，http：//www. ft. com/cms/s/0/36556726-f005-11e0-bc9d-00144feab49a. html # axzz2BZQvmThR(on file with author)。

143. 对美国驻欧盟前大使安东尼·加德纳(Anthony Gardner)的电话采访(2018 年 7 月 30 日)。

144. 例如,布什政府抢先制定了加州关于 GHG 排放的法规,参见 42 U.S. C. § 7543 (a)(2006)。环保局（EPA）也否认了加州的第一次申请优先购买权豁免。参见 Letter from Stephen L. Johnson，Administrator，EPA，to Arnold Schwarzenegger，Governor of California(Dec.19，2007)，https：//www.epa.gov/sites/production/files/2016-10/documents/20071219-slj.pdf［https：//perma.cc/5RLR-PSNP］。

145. 参见 Adam Liptak，*Trump v. California：The Biggest Legal Clashes*，N.Y. Times（Apr. 5，2018），https：//www. nytimes. com/2018/04/05/us/politics/trump-california-lawsuits.html(on file with author)。

146. 参见 Hiroko Tabuchi，Brad Plumer and Coral Davenport，*E. P. A. Readies Plan to Weaken Rules That Require Cars to Be Cleaner*，N.Y. Times(Apr.27，2018)，https：//www. nytimes. com/2018/04/27/climate/epa-emissions-california. html（on file with author）；另见 David Sloss，*California's Climate Diplomacy and Dormant Preemption*，56 Washburn L. J. 507(2017)。

147. 参见 Young，*supra* note 98，at 458—459。

148. 例如参见 Brian Coleman，*Clinton Hints at U. S. Retaliation If EU Blocks Boeing Merger*，Wall St. J.，July 18，1997，at A2，https：//www. wsj. com/articles/SB86915484794977500(on file with author)。

149. Deborah Platt Majoras，Deputy Asst. Att'y Gen.，Antitrust Div.，U.S. Dep't of Justice，Remarks Before the Antitrust Law Section State Bar of Georgia：GE-Honeywell：

The U. S. Decision 14(Nov. 29, 2001), http://www. justice. gov/atr/public/speeches/9893.pdf[https://perma.cc/GRN2-3FY9].

150. Daniel Michaels, *Chinese Envoy Backs Shunning of Airbus*, Wall St. J.(Mar. 9, 2012), https://www. wsj. com/articles/SB10001424052970204781804577271312775663108(on file with author). However, the EU insisted it would not back down.参见 Joshua Chaffin, *EU Defies Carbon Trade War Threats*, Fin. Times(Mar. 20, 2012), https://www. ft. com/content/10aebc46-72b6-11e1-ae73-00144feab49a ♯ axzz263rsQIP5 (on file with author)。

151. Tom Delreux & Sandra Happaerts, Environmental Policy and Politics in the European Union 133, 215(2016).

152. Jim Brunsden, *EU seeks to End Long-Running Row over Curbs on US Beef*, Financial Times(Sept. 3, 2018), https://www.ft.com/content/03ec6d4c-af85-11e8-99ca-68cf89602132(on file with author).

153. General Agreement on Tariffs and Trade art. XX, Oct. 30, 1947, 61 Stat. A-11, 55 U. N. T. S. 194[hereinafter GATT].

154. 参见 Appellate Body Report, *European Communities—Measures Concerning Meat and Meat Products (Hormones)*, WT/DS26/AB/R, WT/DS48/AB/R (Jan. 16, 1998)(*adopted* Feb. 13, 1998), https://www. wto. org/english/tratop _ e/dispu _ e/hormab.pdf[hereinafter Appellate Body Report][https://perma.cc/847R-TC3T]。

155. Appellate Body Report, *supra* note 154, at 28.

156. 参见 *id*. at 20—23。

157. *Id*. at 7.

158. Appellate Body Report, *supra* note 154.

159. 参见 Press Release, Office of the U. S. Trade Rep., U. S. Files WTO Case Challenging EU Restrictions on U.S. Poultry Exports(Jan. 16, 2009), https://ustr.gov/about-us/policy-offices/press-office/press-releases/2009/january/us-files-wto-case-challenging-eu-restrictions-us-p[https://perma.cc/SZG9-D4HL]。

160. John H. Jackson et al., Legal Problems of International Economic Relations 367 (5th ed. 2008).

161. *Id*.

162. 参见 Renée Johnson & Charles E. Hanrahan, Cong. Research Serv., R40449, The U.S.-EU Beef Hormone Dispute(2010)。欧盟进一步收集科学证据来证明其进口禁令的合理性,并挑战美国的报复。经过另一轮世界贸易组织诉讼和一个混合且无结果的上诉机构裁决后,欧盟的进口禁令和美国的报复仍然有效。另见 Press Release, Office of the U. S. Trade Representative, WTO's Appellate Body Vindicates Continued U. S. Imposition of Sanctions After the EU Claimed Compliance in the *EU-Hormones* Dispute (Oct. 16, 2008), https://ustr. gov/archive/assets/Document_Library/Press_Releases/2008/October/asset_upload_file626_15173.pdf[https://perma.cc/3J6J-E2MG]。

163. 参见 Johnson & Hanrahan, *supra* note 162。即使欧盟遵守规定,转基因生物进入其市场的机会也仍然有限。世界贸易组织只对欧盟的转基因生物授权禁令做出裁决。鉴于欧盟消费者对转基因食品的不信任,欧盟对转基因产品的可追溯性和标签的严格要求仍然没有改变,这大大限制了生产商渗透欧洲市场的能力。

164. 参见 GATT, *supra* note 153, art. III。

165. 然而,在隐私方面,参见《关贸总协定》第十四条中的一般例外条款明确授权各国将贸易限制在"保护个人隐私"的范围内。参见 Gregory Shaffer, *Globalization and Social Protection*: *The Impact of EU and International Rules in the Ratcheting Up of U.S. Privacy Standards*, 25 Yale J. Int'l L. 1, 50(2000)(quoting GATT, *supra* note 153, art. XIV)。

166. 参见 Anu Bradford, *International Antitrust Negotiations and the False Hope of the WTO*, 48 Harv. Int'l L. J. 383(2007)。

167. Dominique Sinopoli and Kai Purnhagen, *Reversed Harmonization or Horizontalization of EU Standards?*: *Does WTO Law Facilitate or Constrain the Brussels Effect?* 34 Wisc. Int'l L. J. 92(2016).

168. Understanding on Rules and Procedures Governing the Settlement of Disputes, Apr. 15, 1994, Marrakesh Agreement Establishing the World Trade Organization, Annex 2, 1869 U.N.T.S. 401.

169. 参见 Shaffer, *supra* note 165, at 54—55。

170. 参见 Jonathan R. Macey, *Regulatory Globalization as a Response to Regulatory Competition*, 52 Emory L. J. 1353, 1359(2003)。

171. 参见 generally, *Carbon Offsetting and Reduction Scheme for International Aviation* (*CORSIA*), Int'l Civ. Aviation Org., https://www. icao. int/environmental-protection/CORSIA/Pages/default. aspx [https://perma. cc/6U8Z-9LEA]。The US commitment to CORSIA is less certain under the Trump administration. 例如参见 Allision Lampert & Victoria Bryan, *U.S. Airlines Affirm Aviation Emissions Deal After Trump's Paris Pullout*, Reuters(June 6, 2017), https://www.reuters.com/article/us-airlines-iata-climatechange-idUSKBN18X2WX[https://perma.cc/6G9S-KQ35]。

172. Philip Blenkinsop, *EU Deeply Disagrees with U.S. on Trade Despite Détente*, Reuters(Aug. 30, 2018), https://www. reuters. com/article/us-usa-trade-eu/eu-deeply-disagrees-with-u-s-on-trade-despite-detente-idUSKCN1LF1E0 [https://perma. cc/7VU2-4N63]。

173. Sewell Chan, *Greenpeace Leaks U. S.-E.U. Trade Deal Documents*, N. Y. Times (May 2, 2016), https://www. nytimes. com/2016/05/03/world/europe/ttip-greenpeace-leak-trade-deal.html(on file with author).

174. 因此,美国有时可能会让步并采用欧盟标准,特别是在美国自己的出口导向型公司开展游说活动,要求美国采用欧盟标准时,这些公司已经受到欧盟规则的约束,因此寻求在国内创造公平的竞争环境。

175. 参见 Daniel W. Drezner, *Globalization*, *Harmonization*, *and Competition*: *The Different Pathways to Policy Convergence*, 12 J. Eur. Pub. Pol'y 841, 845(2005)。

176. 参见 *id*。

177. 参见第二章对"更好的监管议程"的讨论。

178. *Id*.

179. 参见第三章的讨论。

180. 例如,欧盟 2012 年关于温室气体排放核查的规定简化甚至取消了许多针对小型排放者的核查程序。Commission Regulation(EU) No 600/2012, of 21 June 2012 O.J. (L 181) 1, art. 33.

第九章
布鲁塞尔效应的未来

本书阐述了导致布鲁塞尔效应产生的起源和条件,并揭示了这些条件如何使欧盟成为全球监管霸主,对世界其他地区具有非凡的规范影响力。鉴于布鲁塞尔效应对全球市场的重大影响,剩下的一个重要问题是布鲁塞尔效应是否会持续下去,或者它是否会随着基本条件的变迁而改变或减弱。

欧盟监管霸权面临的若干内外挑战正在浮现。布鲁塞尔效应面临的外部挑战包括中国和其他新兴大国的持续崛起,这将逐渐缩小欧盟市场的相对规模,从而可能挑战构成事实上的布鲁塞尔效应的基本前提条件。与此同时,对全球化的日益强烈的抵制及随之而来的国际合作的减少,有可能削弱法律上的布鲁塞尔效应。因此,欧盟有可能失去通过多边条约和机构输出规范的能力,进一步削弱欧盟作为全球规范霸主的地位。此外,新技术创新(如增材制造*)可能会彻底改变工业流程,允许更大程度的定制和本地化生产。如果发生这种情况,将会有更少的行业具有生产不可分割性的特征,而生产不可分割性是事实上的布鲁塞尔效应的关键。

在这些外部发展的同时,一系列内部挑战有可能从内部破坏布鲁塞尔效应。其中之一是英国即将脱离欧盟**,这有可能削弱欧盟的监管影响力。随着英国的离开,欧盟的市场规模和监管能力都将下降,从而削弱维持事实上的布鲁塞尔效应的前两个条件。欧盟与正在兴起的

---

* 即 3D 打印。——译者注

** 英国于 2016 年实施了脱欧公投,并于 2020 年完成了脱欧程序,如今已独立于欧盟。——译者注

反欧政党间日趋激烈的政治斗争加剧了内部挑战,可以想象,反欧情绪的增长将损害欧盟参与有效规则制定的能力。这可能会削弱推动布鲁塞尔效应的另外两个关键条件,即欧盟的监管能力及其对严格监管的偏好。

作为最后一章,本章着眼于上述可能的发展轨迹,并评估这些外部和内部挑战对维持布鲁塞尔效应的五个条件(市场规模、监管能力、严格标准、无弹性目标和不可分割性)中的任何一个条件所构成的影响的大小。虽然这些事态发展破坏布鲁塞尔效应的可能性肯定存在,它们似乎构成严重的威胁,但也有若干理由可以得出结论,即布鲁塞尔效应将会在这些事态发展面前具有顽强生命力。这一结论或许令人惊讶。

外 部 挑 战

各种外部挑战有可能在不久的将来破坏事实上的和法律上的布鲁塞尔效应。特别是,欧盟市场规模的相对下降、反全球化情绪的上升,以及新技术的出现都可能削弱欧盟通过布鲁塞尔效应对外施加影响。这些情况下文将依次讨论。

北京效应最终会取代布鲁塞尔效应吗?

第八章解释了如今外国政府抑制布鲁塞尔效应的能力是多么有限。然而,这种情况可能正在发生改变。随着时间的推移,新兴大国的崛起将增加可供替代的出口市场,为跨国公司提供将更多贸易从欧盟转移出去的选择。尤其是中国,如果欧洲的标准让企业在中国的交易成本过高,中国可能越来越有能力为各种商品提供另一个目的地。这种发展可能会限制欧盟利用其市场力量和为全球市场制定法规的能力,因为布鲁塞尔效应产生的一个关键条件即市场规模的重要性将会下降。这也提出了一个问题,是否有一天,"北京效应"甚至可能会取代布鲁塞尔效应?

尽管欧盟在世界经济中保持着重要地位,但只要亚洲和其他地区的发展中国家继续以相对较高的速度增长,欧盟的市场规模将不可避免地相对缩小。如今,企业很少不将欧盟作为其产品和服务的市场,也很难将贸易转移到其他地方。即使在不久的将来,也很难想象真正的跨国公司,如可口可乐、脸书或通用电气等会选择放弃与欧洲的贸易,从而避免遵守欧盟法规。但是,随着中国等需求的增长,企业对进入欧盟市场的依赖将不可避免地减少。[1]

即使是最乐观的经济预测也承认,欧盟占全球国内生产总值(GDP)的比重将在未来几十年大幅下降。随着欧盟经济实力的逐渐减弱,经济实力正日益向快速增长的亚洲转移。最显著的经济增长将出现在人口众多的发展中国家,如中国和印度,这些国家有能力利用其较低成本的人力资本供应。金融危机过后,欧盟的 GDP 增长缓慢。在2010 年至 2018 年期间,欧盟的增长大幅落后于美国。[2]与中国等大型发展中国家相比,欧盟增长率的差距变得更加明显。[3]例如,2017 年欧盟经济增长率为 2.4%,而中国经济增长了 6.9%。

这些趋势可能会持续下去,逐渐削弱欧盟的全球市场地位。例如,根据法国一家领先的研究机构国际预测和信息中心(CEPII)2010 年的估计,欧盟在全球名义 GDP 中所占的份额将从 2008 年的 30% 下降到2025 年的 24%,到 2050 年则下降到 16%。[4]然而,即使这些数字也可能过于乐观。根据国际货币基金组织的数据,截至 2017 年,欧盟占全球名义 GDP 的比重已经下降到 21.3%[5],大大超过了 CEPII 对欧盟 2025年的预测。以经过了购买力平价调整的 GDP 衡量,欧盟的相对经济衰退甚至更加明显。私营会计师事务所普华永道(PwC)预测,到 2050年,欧盟占全球经购买力平价调整后的 GDP 的份额将下降到 9%,相比之下,中国将为 20%,印度为 15%。[6]根据 CEPII 的一个项目的预测:"以相对不变价格计算,中国和印度的经济在 2008 年至 2050 年间可能增长 13 倍。而在同一时期,美国经济将翻一番,欧洲经济将增长60%。"[7]无论使用名义 GDP 或经购买力平价调整后的 GDP 作为衡量标准,还是不同机构的预测,很明显,欧盟的市场支配力将大幅下降。

欧盟机构非常清楚未来几十年欧洲经济实力的相对衰落。欧盟委员会发布的"2050 年全球欧洲"报告设想了欧洲的三种潜在的未来:一个受到威胁的欧洲、一个"无人关心"的欧洲，以及一个经历复兴的欧洲。最乐观的"欧洲复兴"情景是欧盟继续扩大并变得更加强大，巩固其政治、财政和军事一体化。[8] 即使在这种积极的情景下，从现在到2050年，欧盟占全球 GDP 的份额预计也将减少近一半。欧洲议会对2030年的预测描绘了一幅类似的画面，指出欧盟的市场力量将经历稳步下降，到2030年其在全球名义 GDP 中所占的份额将为 17%—18%。[9]

鉴于拥有相对较大的市场规模对行使单边监管影响力至关重要，大多数人会同意欧盟的相对经济衰退有可能极大地削弱布鲁塞尔效应。随着在欧盟以外进行贸易的机会增加，放弃欧盟市场并将贸易转移到其他地方大概将变得更加可行。这将不可避免地限制欧盟制定全球标准的能力。因此，新兴经济大国可以仅仅通过经济增长而削弱欧盟的规则制定权，从而为全球商品和服务提供另一个营销目的地。然而，虽然这些新兴国家可能能够遏制布鲁塞尔效应，但这不一定意味着它们自己将成为全球标准的来源。

有若干证据表明，在过去 20 年中，中国加强了监管意愿。在此期间，中国在竞争法、消费者保护、环境保护、金融监管和食品安全方面的监管水平大幅提高。在诸多领域，中国在过去十年里已通过许多新的综合性法律，包括《反垄断法》(2007 年)[10]、修订后的《食品安全法》(2015 年)[11]、综合性的《网络安全法》(2016 年)[12]，以及关于环境信息披露的新规则(2014 年)[13]。学术界对监管活动增加的原因分析存在分歧，有人指出，监管活动的增加与中国加入世界贸易组织的时间相吻合。[14]其他人则强调几起国内丑闻促使中国进行监管，例如严格的食品安全标准的出现。也有解释说让更多的公民获得相关信息是中国颁布新法规的意愿增加的一个动机。[15]有人进一步质疑上述法律是否平等地适用于外国及中国企业[16]，并指出产业政策和贸易保护主义是推动监管改革的动机。然而，即使中国在未来几十年将在全球 GDP 中占更高的份额，并已开始监管一些政策领域，但中国不太可能在短期内取代欧盟成为全球标准的来源。尽管中国最近参与了竞争法等领域的监管能力建设，但它远未取代欧盟委员会成为竞争市场最坚定的捍卫者。在能够制定和执行欧盟追求的监管政策之前，中国机构还有很长的路要走。此外,在竞争法之外的大多数政策中,中国政府执行监管措施的机制仍不够完善。

此外,虽然中国可能会很快成为最大的消费市场,但人均 GDP(这是一个比整体 GDP 更好地预测一个国家的监管倾向的指标[17])表明,欧盟成员国在面对中国日益增长的经济实力时仍然表现得更好。根据汇丰银行的一份报告,到 2050 年,中国的人均收入(以 2000 年美元计算)将为 17 372 美元,这将远远低于许多欧盟成员国(如果不是全部的话)的数字,包括德国(52 683 美元)、法国(40 643 美元)和西班牙(38 111 美元)。[18]富裕程度和社会规范通常相互关联,这表明在未来一段时间内,中国国内对高水平监管的需求可能依然较弱。[19]只要中国消费者的人均收入没有那么富裕,他们可能对潜在的损害经济发展的高水平监管缺乏兴趣。然而,随着中国经济继续增长,中国公民个人变得更加富裕,这种情况可能会改变。然而,中国的整体 GDP 增长也将不可避免地继续放缓,就像过去几年一样,这可能会挫伤中国对严格监管的热情。[20]

如果中国未来的经济成就没有达到人们的高预期,放松监管的压力可能会更大。独立研究公司凯投宏观(Capital Economics)认为,中国过去的高速经济增长不可能持续下去。[21]有几个基本因素导致中国经济优异表现将结束的预测。[22]这些因素包括过度的债务积累和不可持续的高投资率。这些因素再加上人口老龄化等其他因素,可能会为经济减速铺平道路。如果出现这种情况,很少有人会认为中国对引入新法规的兴趣会超过欧盟,因为这些法规可能会进一步抑制中国的经济增长。

然而,即使中国经济继续强劲增长,只要中国的增长主要依赖出口,"北京效应"也不太可能取代布鲁塞尔效应。欧盟规范的影响力的关键是外国公司对进入欧盟市场的依赖,因此欧盟作为进口目的地至关重要。到目前为止,出口推动中国的增长,这导致巨大的贸易顺差,如 2016 年超过 5 000 亿美元。[23]因此,相对较少的外国公司不得不根据中国标准定制产品,而不是担心中国进口产品是否符合其国内标准。当然,随着时间的推移,中国作为一个大型消费市场的重要性也将上升。但是,除非更高的人均 GDP 支持中国出现庞大的消费市场,否则中国不太可能成为全球标准的重要来源。

最后,即使中国:(1)继续走高速经济增长的道路;(2)平衡贸易,成为最重要的进口目的地;(3)建设必要的监管能力,以参与重要的监管规则的制定工作;以及(4)消费者财富达到一定水平,从而产生对更高监管水平的持续需求,但也不好说中国的监管权力能否逆转布鲁塞尔效应。首先,欧盟已经通过法律上的布鲁塞尔效应巩固了其在许多其他司法管辖区的规范,以一种持久的方式改变了企业的经营方式。其次,中国是最渴望效仿欧盟法规的国家之一。正如第二部分所讨论的,在数据保护、食品安全、竞争政策和环境保护方面都是如此。因此,如果有什么不同的话,任何未来的"北京效应"可能只是让中国利用其市场力量,来使中国自己最初从布鲁塞尔引进的欧盟法规全球化。

全球化的倒退会破坏法律上的布鲁塞尔效应吗?

如今大多数观察家认为,国际机构和多边合作正受到威胁。这一看法在特朗普当选美国总统后得到强化,特朗普在民粹主义反全球化运动的刺激下取得胜利。如今,特朗普总统并不是唯一一位这样的世界领导人,他的世界观引起许多政治家的共鸣,他们信奉本土主义政策,主张与国际社会脱离和实施经济保护主义。地缘政治中的民粹主义转向对欧盟一直倡导的自由国际秩序和世界观构成严重挑战。结果,欧盟通过外交、条约和制度塑造世界的能力日益消失,对任何由条约所驱动的法律上的布鲁塞尔效应构成挑战。

尽管自由国际秩序可能正处于崩溃的边缘,但布鲁塞尔效应不支持全球化必然后退的观点。国际合作可能确实处于危机之中,然而,布鲁塞尔效应表明,即使在没有多边合作的情况下,国际规范也可能继续出现在许多政策领域,这些规则可能只是越来越多地由欧盟单独制定。若有什么不同的话,全球机构的衰退将留下一个更大的规范真空,让事实上的布鲁塞尔效应来填补。随着事实上的布鲁塞尔效应取代通过国际谈判制定共同标准的努力,规范产生的方法将因此从条约驱动的多边谈判转变为欧盟市场驱动的单边主义途径。

显然，仅靠布鲁塞尔效应无法重振多边主义和恢复制度化的合作。然而，它提供了一种潜在的在某些政策领域缓解国际合作和机构消亡的办法。诚然，特朗普总统领导下的美国可能会拒绝与北约合作，拒绝签署贸易协定，让美国退出《巴黎气候协定》，或者退出伊朗核协议，但美国的反全球化立场不会破坏欧盟制定并通过布鲁塞尔效应被动对外传输的全球规范。因此，缺乏国际合作造成的危机在非经济领域最为严重，在这些领域，多边主义几乎没有替代品，例如能替代北约所能提供的共同防御和关键威慑，或者国际社会遏制某些国家核野心的努力。然而，当美国退出国际监管标准合作时，欧盟的单边主义可以更容易地填补空白。在这些领域，特朗普总统和其他本土主义者正在有效地，即使是无意地，使欧洲化取代全球化。

贸易条约提供了相关案例，说明全球化可能在倒退，但布鲁塞尔效应可能仍然能够维持全球标准。今天的贸易协定主要处理贸易的监管壁垒，例如汽车在获得市场准入之前可以产生的排放量，或者氯漂洗过的鸡肉或激素处理过的牛肉是否可以安全进口。[24]因此，现代贸易协定的核心恰恰是欧盟可以单方面颁布的规则和法规。

仅仅因为这个原因，美国退出《跨太平洋伙伴关系协定》（TPP）似乎令人惊讶，也违背了美国的利益。该协定是12个太平洋国家（澳大利亚、文莱、加拿大、智利、日本、马来西亚、墨西哥、新西兰、秘鲁、新加坡、越南和美国）之间拟议的优惠贸易协定（PTA）。2016年2月签署，但从未批准。该协定未能生效，因为特朗普总统决定在2017年1月撤回美国的签字[25]，这促使剩余的TPP缔约方继续推进它们自己的目前更温和的自由贸易协定。[26]然而，通过背离该协定，美国失去了它所拥有的少数几个似乎可行的、能用于对抗许多欧盟标准以单边方式实现全球化的方法。若通过与其他该协定签署国建立足够大的贸易区，美国有潜力影响全球标准，至少能提供一个替代欧盟的标准，否则欧盟标准更有可能通过与他国的相互承认而被接受。相反，通过放弃重获监管影响力的机会，美国监管者为欧盟标准通过布鲁塞尔效应更深入地渗透到国际社会铺平了道路。

《跨太平洋伙伴关系协定》背后的关键目标之一是希望影响全球监管标准。谈判者看到了建立"黄金标准"的机会,据此在多边和双边论坛上可形成未来谈判的蓝图。早些时候,美国副总统乔·拜登表示,其"目标是让高标准的跨太平洋伙伴关系进入全球体系的血液,并改善规则和规范"[27]。加拿大前总理斯蒂芬·哈珀同样称赞《跨太平洋伙伴关系协定》是未来 21 世纪贸易协定的典范[28],而墨西哥外交部长路易斯·维德加雷最近表示,《跨太平洋伙伴关系协定》中谈判达成的标准和规则可以纳入其他区域贸易协定。[29]

地理标志(GIs)提供了一个《跨太平洋伙伴关系协定》拟议中的监管标准的案例,如果这些标准在该协定取得成功并被世界各国广泛接受,本可以减轻布鲁塞尔效应。地理标志是指贴在商品上的标志,表明该商品的地理来源,如帕尔马火腿、香槟或羊乳干酪,这些标志传达了与特定地方或区域相关的产品质量的重要信息。这种保护对于烈酒和其他酒类尤其重要,因为欧盟已经在全球范围确保"苏格兰威士忌""茴香烈酒"和"干邑白兰地"等术语仅限于在相应母国(分别是苏格兰、希腊和法国)生产的产品。欧盟和美国对地理信息系统持有截然不同的观点。欧盟强调地理标志优于商标,明确规定如果商标与受保护的地理标志具有相似性而容易混淆,各方应拒绝注册该商标。[30]相比之下,美国试图通过其商标系统保护地理标志。[31]迄今为止,欧盟已成功将其地理标志法规输出到其管辖范围之外。例如,欧盟最近与加拿大签署的贸易协定包括保护意大利阿齐亚戈(Asiago)奶酪、希腊卡拉马塔(Kalamata)橄榄油和欧盟 150 多种其他食品。[32]欧盟最近与越南签署的协定将地理标志保护扩展到 169 类产品。[33]

《跨太平洋伙伴关系协定》为美国提供了一个潜在工具,通过它输出其对地理标志的首选监管模式来对抗欧盟影响。[34]尽管该协定承认地理标志可以通过商标制度(按照美国的方法)或特殊制度(按照欧盟的方法)来进行保护,但该协定反映了有利于商标而不是地理标志的明显特征。例如,该协定允许在"地理标志可能与申请或注册前已存在的善意商标相混淆"的情况下,取消或反对地理标志。[35]这偏离了欧盟的方法。如果美国没有退出该协定,这种有利于商标的地理标志的降级可能会获得更广泛的国际关注,从而提供一个与欧盟青睐的标准相抗衡的标准。

除了放弃通过加入《跨太平洋伙伴关系协定》和提供替代性全球监管标准来直接对抗布鲁塞尔效应的机会,美国本可以通过优先考虑与欧盟的《跨大西洋贸易和投资伙伴关系协定》(TTIP)谈判来直接控制欧盟的标准制定。该协定是欧盟和美国之间拟议的贸易协定,于2013年开始谈判。然而,特朗普总统一上任就停止了谈判,并引发与欧盟的贸易冲突。目前还不清楚该谈判是否会恢复并使TTIP有朝一日生效。

欧盟和美国之间的贸易协定将具有里程碑意义。这两个贸易大国加起来占全球经济产出的一半,占全球贸易流量的三分之一。然而,即使在最好的情况下,达成这样一项协议也是一项艰巨的任务。除了大西洋两岸不断上升的反贸易情绪之外,大西洋两岸在监管标准方面存在的分歧——从牛肉激素到转基因生物,从地理标志到投资仲裁规则——也被视为谈判的绊脚石。[36]然而,布鲁塞尔效应的可变性表明,美国应该热情地抓住机会,与欧盟共同解决相互竞争的规范问题,而不是将这些分歧视为障碍。另一种选择是,欧盟单独制定这些标准。因此,《跨大西洋贸易和投资伙伴关系协定》将为美国提供在全球监管标准上拥有发言权的最佳机会,并有重要理由质疑特朗普政府的反贸易议程。

技术革命会带来不可分割性的终结吗?

布鲁塞尔效应的另一个潜在挑战可能来自技术发展,它使得公司可以将产品(生产和销售)进行分割。[37]生产的不可分割性是布鲁塞尔效应的一个关键因素。然而在未来,公司可能会发现生产更多种类的产品来服务不同的市场在技术上和经济上都是可行的。这可能会让它们放弃统一的全球标准,在不同的市场采用不同的标准,可能会限制欧盟未来事实上的监管范围。对布鲁塞尔效应的认可可能会进一步激励企业开发能够以更低成本实现更大分工的技术。这样的发展,如果适用于大量的产品市场,可能会逐渐削弱欧盟在未来发挥全球监管影响力的能力。

　　增加定制和本地生产的最显著的新技术之一是增材制造（例如，3D打印）。[38]使用增材制造，相同的机器只需改变用于提供蓝图的数字文件，就可以生产具有不同特征的产品。增材制造较少依赖规模经济，因此允许大规模定制。在实践中，这可以使制造商有能力遵循许多不同的生产标准，而不需要支付大量的额外成本，而是依赖更分散的生产网络。当生产分散到不同的当地市场时，产品可以很容易地适应当地（甚至个人）的需求，因为物流成本（如长途运输）被消除了。[39]通过打乱传统供应链，降低小规模生产的单位成本，并允许复杂定制，增材制造将有可能在某些行业损害布鲁塞尔效应。如果发生这种情况，从成本角度来看，将不再需要所有产品都符合欧盟标准。

　　增材制造正在快速发展，预计未来几年还会继续发展。行业分析师预测，到2020年，增材制造的直接市场规模将增加到200亿美元，也可能达到1000亿美元，到2025年达到2500亿美元。[40]增材制造将对不同行业产生不同影响。尽管迄今为止它主要用于原型制作，但它正日益成为航空航天、医药和汽车零部件等高价值行业生产的商业上可行的技术。[41]随着技术的进一步改进和成本的下降，它的用途可能会扩展到能源、机器人、消费品和零售产品等行业。

　　然而，与增材制造相关的成本表明，该技术在不久的将来可能仅限于高价值行业，它还存在一些其他的技术和商业限制。最值得关注的是，增材制造主要面向小批量生产，在这种情况下，规模经济很少，因此传统制造方法不可用。[42]目前，适合大规模生产的应用很少。一旦产量增加，与增材制造相关的成本优势就会消失。即使是小批量生产，增材制造通常也比传统制造方法更昂贵，因为存在材料成本高、生产速度慢，以及由此产生的长加工时间等因素。[43]只要这些限制持续存在，增材制造就不可能显著减少布鲁塞尔效应。

　　旨在提高生产和服务供应可分割性的技术的另一个案例是地理封锁（geo-blocking）。地理封锁指的是一种根据用户的地理位置（由所使用的IP地址决定）来限制用户访问互联网内容的技术。因此，地理封锁似乎允许对互联网进行近乎完美的分割，使服务提供商能够针对每个地理市场分别定制他们的互联网网站。理论上,这项技术还应该提供一种方法,来限制欧盟对欧洲用户的数字经济监管的影响。然而,虽然地理阻塞在某些地区很普遍,但它并没有像早期预测的那样被广泛采用。正如第五章讨论的,像脸书这样的社交媒体公司已经选择放弃地理屏蔽,因为它们的商业模式依赖于"全球对话",基于地理屏蔽技术而有选择地删除网上言论将会破坏"一个脸书"(One Facebook)的理念。地理屏蔽技术也不完善,因为用户可以在网上隐藏他们的位置,这使得互联网公司很难隔离仅限于欧洲的数据,并避免因未能做到这一点而承担法律责任。类似地,在第五章讨论的法院面临的没有解决的挑战也表明,欧洲法院可能会限制对地理位置的使用,以此作为遵守欧盟数字经济法规的一种方式。

地理封锁最常见的用途被有版权保护内容的提供商所使用。最大的在线内容提供商,包括 Netflix、Amazon、Prime Video、YouTube、Hulu 和 BBC iPlayer 等,都使用地理封锁来阻止特定国家的用户进行访问。在大多数情况下,这种限制是必要的,因为提供商只在某些司法管辖区拥有版权材料许可。对此类服务使用地理封锁已变得很普遍,并且仍然受到法律保护,包括受到欧盟关于地理封锁的新条例的保护。[44]地理封锁也被用于在线销售产品和服务的领域,其动机往往是有机会实施价格歧视。例如,澳大利亚政府 2013 年的一份报告得出结论,地理封锁等技术正被用于实施对澳大利亚消费者不利的实质性价格歧视。[45]这包括澳大利亚人平均为专业软件多支付 50% 的费用。因此,从理论上讲,地理封锁可能会极大地限制跨境电子商务的使用。然而,在实践中,许多全球最大的在线零售商,如易贝(eBay)和亚马逊,并没有从地理上阻止外国网站的潜在客户。如除了 Amazon.com,美国居民可以选择在 Amazon.ca 或 Amazon.co.uk 购物。总体而言,只有14% 的在线购物网站至少有一个国家被地理屏蔽,而其他购物网站允许所有用户进行访问,而不管他们的地理位置如何。[46]

有几个原因导致地理封锁的使用比最初预测的更有限。其中之一是公众了解地理封锁的价格效应后,消费者会反弹和充满愤怒。其次是与法律相关的风险。例如,欧盟禁止在销售电子服务的情况下进行地理封锁,也禁止在没有实物交付的情况下销售实物产品。[47]欧盟积极执行这一领域的法规。2018 年,欧盟委员会对服装零售商盖尔斯(Guess)处以 4 000 万欧元的罚款,原因是该公司阻止零售商在其他欧盟成员国做跨境广告和销售,以维持人为的高零售价。[48]第三,竞争的存在限制了地理封锁带来的效用。在替代供应商存在的情况下,价格歧视会失效,这些供应商会在地理封锁的市场中降低过高的价格。因此,企业不太可能诉诸地理封锁,因为这样做只会把被封锁的市场拱手让给竞争对手。最后,通过开发技术来实现可分割性不太可能是对公司人才和资源的最佳利用。虽然许多世界知名的高科技公司可能具有使产品具有可分割性的工程技术能力,但这些公司更愿意专注于向前创新,而不是利用他们的才能开发一些适用较低市场监管的技术。[49]

新兴技术发展有可能提高生产的可分割性,从而破坏布鲁塞尔效应的第三个案例涉及转基因生物种植。"基因使用限制技术"(GURTs)(也被称为"终止种子"或"自杀种子")的发展,这项技术也许能够防止最微小量的转基因生物的偶然出现。[50]正如第六章讨论的那样,"偶然出现"是指由于转基因生物和非转基因生物品种在不同的种植和加工阶段的混合,导致偶然的但是不可避免存在的转基因生物含量。偶然出现的风险使得生产转基因和非转基因作物都很困难,因为交叉污染很难完全消除。正如布鲁塞尔效应预测的那样,转基因生物生产的这种不可分割性促使许多农民和食品加工者遵守欧盟严格的转基因生物标准。

然而,基于基因使用限制技术的种子具有特殊的遗传开关机制,通过阻碍转基因植物的繁殖或某一特性的表达来限制未经授权遗传物质的使用。这项技术正是为了避免因与不同种子品种混合而造成的问题。[51]因此,基因使用限制技术可以帮助农民和食品加工者按照可分割的标准进行生产,并满足转基因和非转基因市场的需求。具体来说,"基因使用限制技术可以减少或消除对基因抑制(gene containment)缓冲区的需求,并通过阻止自生种子(volunteer seeds)发芽或表达转基因特性来极大地限制自生植物的可能性"[52]。生产农用化学品和种子的全球性农业综合企业史根达(Sygenta)已经试验了这种技术。[53]然而,到目前为止,基因使用限制技术的种子仍处于试验阶段。目前还不清楚它们将在何时以及在多大程度上改变了转基因产业,从而遏制布鲁塞尔效应对未来农业企业的影响。

本章讨论增材制造、地理封锁和基于基因使用限制技术的种子的案例,说明了如何利用现代技术来革新工业流程、在线服务和农业技术。如果这些技术被广泛采用,它们有可能使产品生产变得更具可分割性,从而通过侵蚀"不可分割性"这一维系布鲁塞尔效应的关键条件,削弱欧盟将其标准在全球推广的能力。然而,本章的讨论也显示了与这些技术相关的限制、风险和不确定性,表明它们对抗布鲁塞尔效应的能力将被推迟,并可能局限于某些生产商、市场和行业内。

内 部 挑 战

除上述外部挑战外,布鲁塞尔效应还面临着欧盟一系列内部挑战,其中英国脱欧体现得最为明显。然而,更广泛的反欧盟情绪可能会削弱布鲁塞尔效应,因为许多人认为,危机和挑战是欧盟自己造成的。其中包括民粹主义反欧盟政党的崛起,以及为了恢复国家主权和控制欧盟权力而远离一体化的普遍趋势。因此,尽管布鲁塞尔效应的出现最初是欧盟内部监管雄心的产物,但对布鲁塞尔效应韧性的最大威胁最终可能来自欧盟内部。

英国脱欧和监管自由的幻觉

英国脱欧对欧盟的未来是一个前所未有的挑战。此前从未有成员国选择脱离欧盟,这让英国脱欧进程变得很不确定和令人不安。在诸多负面影响中,英国脱欧似乎会削弱欧盟的相对经济实力,以及随之而来的全球监管影响力。按 GDP 计算,英国是欧盟第二大经济体,按人口计算,英国是其第三大经济体。当一个辖区代表一个大的市场时,布鲁塞尔效应就会放大。由于英国脱欧,欧盟市场规模将缩小 15%,这将使剩余的欧盟市场相对于外国市场的规模缩小。[54]除其规模和范围外,英国还为欧盟机构提供了显著的监管能力,包括非常能干的官僚机构和一系列跨政策领域的技术专业知识,这也增强了布鲁塞尔效应。尽管继英国脱欧之后,欧盟市场规模和监管能力有所下降,但英国退出不太可能抑制布鲁塞尔效应。如果说有什么不同的话,它甚至可能会让布鲁塞尔效应变得更加显著。

英国国内为脱欧造势的反欧势力认为,脱离欧盟将最终把英国从欧盟的过度监管中解放出来,恢复英国的监管主权。与其他欧盟成员国相比,英国一直对监管持更加怀疑的态度,强调市场的优点和保持欧洲企业竞争力的必要性。[55]英国在欧盟理事会中激烈反对许多监管规定,结果却被其他成员国否决。[56]可以理解的是,这滋生了英国的不满情绪,并助长了批评者的说法,即欧盟已经越权,侵犯了英国的主权。

然而,推动布鲁塞尔效应的动机表明,在脱欧后恢复英国监管主权是一个虚假的竞选承诺,政府将无法兑现。相反,欧盟法规将继续规范英国经济的关键方面。大约一半的英国出口以欧盟为目的地,(这种情况在脱欧后)几乎不会有什么变化。[57]因此,在英国脱欧后的很长一段时间内,英国将继续依赖进入欧盟的巨大消费市场。至少在以下关键行业,欧盟是其出口的头号目的地——制药(48％出口到欧盟)、飞机(51％)、石油燃料(64％)和机械(37％)。[58]这种对进入欧盟市场的高度依赖意味着英国公司在未来将继续遵守欧盟规则,正如事实上的布鲁塞尔效应表明的那样。虽然英国公司原则上可以在英国退出欧盟后对欧洲市场采用一套标准,对世界其他地区采用其他种类的标准,但规模经济和统一生产的好处使得这不太可能实现。因此,布鲁塞尔效应粉碎了英国脱欧旨在为英国带来监管自由的幻想。

除了这种事实上的布鲁塞尔效应,后脱欧时代的英国也可能出现一种明显的法律上的布鲁塞尔效应。在金融监管和数据隐私等领域,英国政府将有很大的动力保持和欧盟紧密的监管一致性,以确保其监管度的"等效性"或"充分性",这仍然是英国公司在欧盟开展业务的先决条件。[59]

有几个关键的政策领域说明英国和欧盟经济的相互联系,以及这种联系为英国公司和英国政府创造的激励机制,即使在英国脱欧后也要遵守欧盟的法规。下面的讨论通过一些案例描述了这种动机,这些案例包括数据保护、金融监管和化学品监管。这些案例表明,在不同市场进行分割生产是非常困难的,英国企业在离开欧盟很长时间后仍将与布鲁塞尔出台的法规保持紧密联系。

首先是数据保护,数字经济的重要性以及欧盟和英国之间跨境数据流的规模怎么强调都不为过。数字经济占英国国内生产总值的10%[60],服务占英国出口总额的44%,所有服务贸易中约有一半是通过数字技术和相关数据流实现的。[61]在欧洲,英国经济中的数字经济占国内生产总值的比率最高,在七国集团经济体中,英国的个人互联网用户比率也最高。[62]重要的是,英国四分之三的跨境数据流来自欧盟国家。[63]因此,正如英国信息专员伊丽莎白·德布姆(Elizabeth Debham)在2016年9月所说,毫不奇怪,事实上的和法律上的布鲁塞尔效应将确保"当谈到数据保护标准时,英国脱欧是不成立的"。

除了伊丽莎白·德布姆的评论之外,英国政府的其他几位代表也确认,英国的数据保护规则将继续遵循欧盟规则,无论是事实上的还是法律上。例如,英国数字大臣马特·汉考克(Matt Hancock)在2017年2月表示,即使在英国脱欧后,英国的数据保护法也需要反映欧盟在这方面的法律规定,因为"政府希望确保英国脱欧后的数据流不受阻碍"[64]。根据汉考克的说法,确保这一点的最简单方法是"将(欧盟关于隐私监管的一般指令)完全纳入英国法律"[65]。

英国脱欧后效仿欧盟《通用数据保护条例》最有说服力的理由源自该条例的一项规定,该规定禁止从欧盟向未能确保"充分保护"数据隐私权的第三国传输数据。[66]因此,在欧盟未能确定英国的数据保护法在英国脱欧后是"充分的"的情况下(欧洲法院将其定义为与欧盟"基本等同"),从欧盟向英国的数据传输将被迫终止。[67]这为英欧持续的监管协调提供了强大动力,英国政府也意识到了这一点。英国上议院中的欧盟事务委员会在其2017年7月的报告中表示,英国与欧盟的一体化程度如此之高,以至于英国很难在没有适当安排的情况下生存。因此,该事务委员会建议"在英国不再是欧盟成员后,政府应寻求充分的决策来促进英国与欧盟的数据传输"[68]。

赞成脱欧的声音则强调,繁琐的数据保护规则是竞争力和创新的障碍,这些声音可能代表对英国无法纯粹从经济角度摆脱欧盟《通用数据保护条例》感到失望。然而,布鲁塞尔法律上对数据保护的影响可能会产生超出经济考虑的后果。许多英国人特别担心的是,欧盟的数据保护规则可能与英国的国家安全利益相冲突。英国2016年《调查权力法》包含出于国家安全目的的数据保留和监控条款。[69]英国信息专员最近承认了这种紧张关系,指出"英国的监控和数据保留制度似乎可能会对积极的充分性调查结果构成风险"[70]。

虽然欧盟成员国可以援引《通用数据保护条例》中关于国家安全例外条款,以证明出于国家安全目的的某些数据收集和保留是合理的,但该条款并不自动适用于寻求欧盟委员会积极和充分调查结果的非欧盟成员国。[71]为克服这一困难,有些顾问认为,调查结果可能会认为英国做到了部分充分,从而发现英国的规则在商业数据方面是充分的,但在执法中,其数据保护并不充分。加拿大提供了国外司法管辖区的一个案例,该司法管辖区仅针对其商业部门获得了欧盟认为充分的调查结果。在评论这一选择时,英国信息专员指出,虽然"部分充分总比不充分好",但最佳前进方式是"在所有部门采取统一、协调的方法"[72]。这表明,英国可能会选择寻求完全充分性,即使这可能需要改变英国的监控和安全规则。

英国脱欧时代的布鲁塞尔效应限制影响力的另一个案例是金融服务业。英国是世界第二大金融中心。[73]金融服务业严重依赖于进入欧盟单一市场,目前英国44％的金融服务出口流向欧盟。[74]不受阻碍地进入欧盟市场也使英国成为对英国外的金融机构有吸引力的运营基地。2017年,英国44％的银行资产与非英国银行相关。[75]对于这些外国银行来说,英国是它们服务于更广泛的欧洲市场的一个切入口。

金融机构进入欧盟市场依赖于一个被称为"金融通行证"的现有机制。[76]通行证指的是一种机制,允许银行在整个欧盟和更广泛的欧洲经济区(EEA)内运营,只要它们受一个成员国(如英国)的监管。对单个成员国法规的相互承认取决于所有欧盟成员国遵守"单一规则手册"的承诺,该手册为欧盟金融部门提供了统一的监管框架。[77]因此,与欧盟的法规保持一致对于维持英国的金融服务业至关重要,为进入巨大的欧盟市场提供了一个门户,从而使英国成为世界金融之都。

退出欧盟后,英国银行和在英国注册的外国银行将失去准入权利(passporting rights)。[78]要保留这些权利,它们需要在另一个欧盟成员国建立单独子公司,并接受该成员国的监管。或者,这些银行可以继续从英国为欧盟市场提供服务,这是基于一个被称为"等效制度"(equivalence regime)的法律概念。[79]等效制度要求欧盟承认英国的监管与欧盟的监管具有可比性,实现与欧盟相应规则等同的结果。[80]然而,与准入制度相比,等效制度显然是次等制度,它提供的权利更少,而法律风险更大。[81]欧盟委员会在与其他重要欧盟机构如欧洲银行管理局(EBA)和欧洲证券和市场管理局(ESMA)等协商后做出是否适用等效性的决定。[82]英国还需要在随后的几年中不断调整其法律框架以适应欧盟法律框架,否则欧盟委员会可以单方面撤销等效性决定。这意味着在脱欧后,英国金融业将无法摆脱欧盟的监管,或需要保持与欧盟单一规则手册的"等效性"。

总部位于英国的金融机构倾向于接受欧盟监管的另一个潜在表现是,它们有可能全部迁往欧盟。即使没有出现一些媒体报道所预测的大规模外流[83],但由于资本的相对弹性,一些银行和其他金融机构已经将人员重新安置到欧盟的其他金融中心,包括法兰克福。[84]重新安置的决定部分由英国脱欧的不确定性所推动,包括潜在的等效制度突然被取消的威胁等这些不明晰的前景。无论如何,英国的金融业显然无法逃脱布鲁塞尔效应。相反,它正积极选择欧盟机制,无论是通过与欧盟的监管等效化还是迁移到欧盟地区,这再次表明在实践中落实英国脱欧后摆脱欧盟监管的难度。

英国后脱欧时代,欧盟将对英国产生持续监管影响的另一个案例来自化学品监管。欧盟的《关于化学品注册、评估、许可和限制的规定》(REACH)不仅管理化学品贸易,还管理在其产品中使用化学品的下游行业的贸易。[85]如第六章所述,欧盟法律设定了世界上最高也是最繁琐的化学品安全监管标准,影响全球跨国公司的商业行为。例如,《关于化学品注册、评估、许可和限制的规定》允许在产品中使用哪些化学品,这些产品包括油漆、洗涤剂、纺织品、家具、玩具和电器等。

化学工业对英国经济的重要意义显而易见。英国化学工业是仅次于该国汽车工业的对欧盟第二大出口行业。总体而言,它也是英国第二大制造业。[86]当所有受影响的下游行业都加入进来时,《关于化学品注册、评估、许可和限制的规定》在英国经济中的持续作用将使英国脱欧后的监管自由承诺在实践中更加空洞。到目前为止,有数据表明超过1 000家英国公司已运用该规定。[87]

《关于化学品注册、评估、许可和限制的规定》长期以来一直被英国嘲笑为"繁重的欧盟监管的象征"[88],它被英国中小企业评为2013年最受关注的立法。[89]首相戴维·卡梅伦(David Cameron)倡议"削减欧盟繁文缛节"的运动呼应了这些担忧,其中包括使《关于化学品注册、评估、许可和限制的规定》的实施对商业更加友好的倡议。[90]然而,即使英国退出欧盟也不会让英国公司摆脱该规定的监管。鉴于英国与欧盟贸易关系在行业中的重要性,英国公司将继续生产符合《关于化学品注册、评估、许可和限制的规定》标准的产品,以保持进入欧盟市场的机会。例如,英国"化学品商业协会"首席执行官彼得·纽波特(Peter Newport)明确表示,英国化学品行业更愿意"留在欧盟的《关于化学品注册、评估、许可和限制的规定》中",以保证进入其单一市场。[91]英国政府也承认这一点。下议院环境审计委员会最近警告说,任何试图将化学工业置于两套不同规章制度之下的行为都要付出代价,并敦促英国通过谈判继续参与该规定的注册制度,甚至在必要时支付准入费。[92]

上述探讨的案例(数据保护、金融服务和化学品安全)表明,即使在英国脱欧后,英国公司仍将继续遵守许多欧盟规则。布鲁塞尔效应将同样渗透到英国经济的其他领域,包括药品、医疗器械和审批监管;农药和农业管理;车辆管理,包括环境和安全标准;环境和可再生能源的管理等。光是欧盟监管的这种挥之不去的存在就可能让脱欧支持者感到不安,他们被迫承认恢复其监管主权的承诺是没有根据的。

然而,对"脱欧者"来说,更令人不安的是,他们意识到英国退出欧盟可能会导致更强大的布鲁塞尔效应变体产生。英国脱欧将消除欧盟监管规则制定的最大内部约束,为更多干预主义标准打开大门,因为英国脱欧可能会使德国和法国获得更大的影响力。[93]通常,英国一直是追求适度欧盟监管的声音源,呼吁克制和平衡监管与竞争力之间的关系。在英国脱欧后,这一重要的支持市场的声音将会消失,支持市场的成员国的联盟将会缩小,并可能为支持监管的国家打开大门,以推动一项日益雄心勃勃的欧洲监管议程。[94]这不仅会对英国本身产生影响,还会对世界其他地区产生影响。

事实上,英国脱离欧盟不会让该国摆脱欧盟的监管束缚,尽管脱欧运动者有这样的信念和竞选口号。相反,英国可能很快就会发现自己受到欧盟法规的约束,却没有能力影响这些法规的内容。其结果是,与英国脱欧一起,英国将放弃其规则制定者的角色,取而代之的是成为欧洲更加严格监管之下的无声的规则接受者。

反欧盟情绪的高涨

如今,随着民粹主义,反欧盟政党在几个成员国日益壮大,欧盟面临着独特的挑战。当今欧洲最主要的政治分歧不是左派和右派之间的分歧,而是那些向内转的人和那些拥护进一步一体化的人之间的分歧。前者将以恢复欧洲国家主权的名义主张减少转移给欧盟权力。[95]由于这些主张的影响,即使是一体化主义者也越来越不敢呼吁以国家主权为代价扩大欧盟权力。[96]而更多的欧洲监管意味着更少的主权,主权减少意味着更多的不可预测性和失控,正如围绕欧洲共同货币或没有管理的移民危机所显示的那样。欧洲内部抱有的不同欧洲愿景之间的差距越来越大,这也许是对欧盟更广泛监管议程的最大挑战。

这些内部斗争有可能逐渐削弱布鲁塞尔效应。随着多重危机的持续存在和欧盟内部反欧盟情绪的增长[97],欧盟向布鲁塞尔转移新权力的能力可能会放缓,甚至会走到尽头。随着欧盟机构的决策越来越陷入僵局,欧盟行使其监管的能力可能会受到影响。日益增长的反欧盟情绪也可能导致对来自布鲁塞尔的(任何)规则的普遍怀疑。这会渗透到足够多的成员国的主流政治中,从而可能消除支撑布鲁塞尔效应的两个关键条件,即监管能力和对严格规则的偏好。

如果发生这种情况,欧盟机构的全球监管影响力可能会减弱,因为它们将不再享有欧盟公民的支持、欧洲议会的支持,以及欧盟委员会成员国政府的足够票数。即使欧盟委员会和法院仍然致力于欧洲一体化,如果没有其他机构的支持,它们也无法推行雄心勃勃的监管议程。尽管反欧盟政党可能不会着手废除现有法规,但我们仍可能看到旨在进一步整合单一市场的新法规大幅放缓。

除了对抗普遍的反欧盟情绪,其他经济和政治压力可能会导致欧盟今后减少监管。例如,特别是当其经济增长放缓,以至于其福利模式到了不可持续的程度,以及其老龄化人口增加成员国财政负担时,欧盟可能会被迫重新思考未来监管的成本和收益。[98]这可能会导致欧盟优先考虑竞争力和创新,而不是实施更多的监管约束。比如,让-克洛德·容克(Jean-Claude Juncker)领导下的欧盟委员会已经启动了"更好的监管"议程,目标是"做得更少,效率更高"[99]。作为这一议程的一部分,欧盟委员会承诺尽量减少监管负担。这表明欧盟可能比过去更愿意限制过多监管的倾向。但是这种发展趋势并非不可避免。几十年来,欧盟经历了相对缺乏增长和竞争力的局面,但它并没有将放松监管作为解决这些问题的办法。因此,即使整个欧盟经济基本面都还在努力维持欧洲福利国家模式和其固有生活方式,欧盟的监管倾向也很可能保持不变。

除了欧洲的经济(发展)轨迹,政治发展也可能导致欧盟重新评估其一些最严格的法规。例如,若恐怖主义事件变得更加频繁,欧盟可能会考虑通过加强监控来重新平衡《通用数据保护条例》的隐私保护规则,甚至允许出于国家安全目的大规模保留个人数据。例如,法国近年来经历了多次恐怖袭击,因此它正在采取措施扩大政府的监控权力。[100]同样,在 2017 年伦敦恐怖袭击后,英国内政部长呼吁执法部门加强对加密在线通信(如 WhatsApp)的访问。[101]这是一个可能对欧洲法院构成挑战的领域,因为它们对隐私问题具有管辖权,但对国家安全和刑事司法没有管辖权。[102]然而,若成员国要求立法改革的政治压力增加,法院是否拥有最终发言权尚不清楚。

然而,尽管存在这些风险,欧盟的监管议程仍有可能在很大程度上不受反欧盟情绪和当前危机的影响。更广泛的反欧盟情绪通常不集中在单一市场的监管上。遍布欧盟国家的民粹主义政党最关心的是它们的预算主权、组织司法机构的权利、控制国内媒体的权利或控制难民接收的能力等。[103]欧盟追求严格的竞争政策、数据保护或食品安全至今仍然远远超出这些民粹主义的议程。因此，即使欧盟被迫在一些有争议的问题上让步，比如欧元区架构、遏制匈牙利和波兰的法治倒退或者欧盟在移民管理中的角色，布鲁塞尔效应也可能在很大程度上甚至完全不受影响，因为这些都不构成对欧盟监管议程的直接威胁。

　　然而，由于反欧盟情绪的存在，即使没有对布鲁塞尔效应背后的监管进行任何直接攻击，欧盟的监管议程依然存在受到间接损害的风险。如果反欧盟政党获得了对欧洲议会和理事会决策的巨大影响力，并采取总体策略投票反对任何以国家主权为代价而赋予欧盟机构权力，这种损害就有可能发生。尽管如此，在欧盟委员会可以通过非立法行为进行管理的领域，任何此类附带损害都有可能得到缓解，因为委员会的这些权力既巨大又根深蒂固。因此，在欧盟委员会通过实施法律或授权制定规则参与非立法性规则制定的所有政策领域，欧盟的监管活动可能会继续下去。与此同时，如果欧盟理事会和欧洲议会越来越多地被反欧盟政党所掌控，需要这些机构支持的立法行动可能会放缓。然而，鉴于欧盟委员会单独开展的监管活动相对普遍，即使如此也可能不会导致布鲁塞尔效应的显著减弱。[104]2018年欧盟共颁布有423项立法法案，包括由欧盟理事会独立决定，或理事会和欧洲议会共同决策颁布的法规、指令或决定。这一数字与同一年欧盟通过的1 570项非立法法案相比相形见绌，其中1 417项法案是欧盟委员会的条例、指令和决定。[105]

　　欧盟规则制定的技术官僚性质可能会进一步增强布鲁塞尔效应的弹性。欧盟委员会的官僚机构由技术官僚组成，他们仍然专注于自己的监管领域，不太可能被更广泛的危机分散注意力。这种趋势使许多欧盟法规免受周围政治危机的影响。举例而言，欧盟委员会在2016年英国就脱欧投票之后召开会议，就农药（草甘膦）法规进行投票。一些新闻评论员将此次投票归因于欧盟委员会在面临其历史上最大危机时,希望保持"不妥协的平静"的外表。[106]这可能是真的,但它也表明技术官僚制定规则时是如何简单地遵循自己的时间表和程序,而不管周围的政治现实如何。决定延长草甘膦许可证的要求作为欧盟委员会程序的一部分被提交给欧盟委员会,其中欧盟委员会不进行议程控制。因此,即使当重大政治冲击触及其经济和政治体系的核心时,欧盟委员会仍坚持其技术官僚议程。

更广泛地说,对单一市场的监管,包括采用《通用数据保护条例》等进行高调监管,或针对美国科技巨头的巨额竞争法罚款,这些在危机中为公众提供了一种受欢迎的分散注意力和提供安慰的途径。欧盟颁布新法规的能力,至少给了公众一种常态感,并表明布鲁塞尔仍然完全正常。这也给了欧盟机构一个机会来证明它们仍然可以给欧洲公民带来实实在在的好处。

最后,目前讨论的危机其结果可能不仅是布鲁塞尔效应保持不变,甚至布鲁塞尔效应可能会加强。纵观其历史,欧盟对许多危机的解决方案通常是追求"更加欧洲化",这表现为增加欧洲边境和海岸警卫队(Frontex)在管理移民,或应对欧元危机、欧元区治理等方面的雄心勃勃的权力扩张中发挥的作用,而不是增加成员国政府的主权权力。[107]因此,尽管反欧盟情绪日益高涨,欧盟的扩张性监管议程不仅可能持续,甚至可能增长,因为欧盟的许多现有问题可以通过进一步一体化和额外的监管得到最好的解决。

同样,与欧盟其他全球影响力工具相比,布鲁塞尔效应的相对重要性也可能增加。随着持民粹主义议程的政府在欧盟成员国中日益突出,欧盟作为"规范力量"的全球角色可能会越来越受到怀疑。传统上,欧盟在促进国外人权和法治方面一直扮演重要角色。然而,这些努力现在由于欧盟成员国本身公然侵犯这些权利而受到破坏,特别是受到匈牙利和波兰政府的挑衅。这使得欧盟越来越需要依赖其监管权力,而监管权力可以更容易地消除其内部斗争,因此可以用来在国内外投射欧盟的权力和影响力。

有几个固有的和新出现的内外威胁和挑战有可能破坏未来维持布鲁塞尔效应的条件。特别是,欧盟的相对市场规模可能会缩小,不管是因为中国的崛起还是英国的脱欧。因为英国脱欧、民粹主义反欧政党造成的威胁或中国监管能力的相对增强,可能使欧盟相对监管能力及推行严格规则的意愿减弱,特别是如果民粹主义者的反欧盟日程导致权力回归成员国的话。由于技术的发展,如增材制造或地理封锁,使生产的不可分割性可能变得不那么普遍。此外,事实上的布鲁塞尔效应的削弱可能伴随着法律上的布鲁塞尔效应的消退,因为反全球化情绪阻碍了条约的产生和制度化合作。

然而,目前还不清楚这些发展是否会在不久的将来挑战布鲁塞尔效应。在英国脱欧后很长一段时间,欧盟监管将继续渗透英国经济的许多关键方面,这表明英国脱欧说起来容易,做起来很难。如果说有什么不同的话,那就是英国脱欧为支持监管的联盟提供了更大的发展空间。美国从全球机构的退出,以及对全球化的普遍抵制可能也无助于削弱布鲁塞尔效应。如果说有什么不同的话,那就是多边主义的衰落给欧盟的单边主义留下了更大的空间。欧盟越是发现其恢复多边规则制定的努力是徒劳的,它就越有可能专注于简单地监管自己的市场,让布鲁塞尔效应发挥作用,将欧盟规则全球化。中国不太可能在短期内取代欧盟成为全球标准制定者,而且等到中国有能力这么做时,许多欧盟法将已经在商业实践中根深蒂固,并被包括中国在内的世界各地的司法管辖区所接受。同样,虽然技术发展可能会改变一些行业,但技术挑战以及技术和材料的成本,使人们不清楚如何快速和广泛地部署增材制造等技术,以此破坏布鲁塞尔效应。最后,尽管对欧盟决策的政治挑战可能会延缓监管规则的制定,但在全世界传播布鲁塞尔效应的关键规则不太可能成为反欧盟政党和疑欧派的成员国政府废除的目标。

当然,随着时间的推移,这些力量和挑战可能会侵蚀布鲁塞尔效应最强大的版本,从外部和内部挤压欧盟的监管霸权。如果发生这种情况,欧盟可能需要为布鲁塞尔效应变得不那么常见的世界做好准备,迫使欧盟放弃对市场的依赖和单边主义,转而支持监管合作和多边主义。即便如此,由于路径依赖和欧盟过去通过条约驱动机制将其规则制度化到各种法律制度中的成功结合,许多欧盟法规可能会继续存在。很有可能欧盟监管机构只需无动于衷,对其周围潜藏的危机即使毫无察觉也能毫发无损。因此,布鲁塞尔效应不仅在今天无处不在,而且有令人信服的理由表明它将持续存在,将欧盟的监管霸权延伸到可预见的未来。

注 释

1. 参见 Dominic Wilson & Roopa Purushothaman, *Dreaming with BRICs*: *The Path to 2050* (Goldman Sachs, Global Econ., Paper No. 99, 2003), https://www. goldmansachs. com/insights/archive/archive-pdfs/brics-dream. pdf [https://perma. cc/ YKL5-T2CC]。

2. *GDP Growth* (*Annual*%), The World Bank, https://data. worldbank. org/ indicator/NY. GDP. MKTP. KD. ZG? end = 2017&locations = EU-US-CA&start = 2010&view=chart[https://perma.cc/G2Z6-BFZ6].

3. *GDP Growth* (*Annual*%), The World Bank https://data. worldbank. org/ indicator/NY. GDP. MKTP. KD. ZG? end = 2017&locations = EU-CN-IN-ID&start = 2010&view=chart[https://perma.cc/PV62-T5L9].

4. Jean Fouré, Agnès Bénassy-Quéré & Lionel Fontagné, *The World Economy in 2050*: *A Tentative Picture*, (CEPII, Working Paper No. 27, 2010), 48http://www. cepii.fr/PDF_PUB/wp/2010/wp2010-27.pdf[https://perma.cc/M4P4-L9VH].

5. *Report for Selected Country Groups and Subjects*, IMF, https://www.imf.org/ external/pubs/ft/weo/2016/02/weodata/weorept. aspx? pr. x = 44&pr. y = 12&sy = 2008&ey=2018&scsm=1&ssd=1&sort=country&ds=. &br=1&c=001%2C998&s =NGDPD&grp=1&a=1[https://perma.cc/B6GV-XPHQ].

6. *The Long View*: *How Will the Global Economic Order Change by 2050?*, PwC, 4, 8, (Feb.2017), https://www.pwc.com/gx/en/world-2050/assets/pwc-the-world-in-2050-full-report-feb-2017.pdf[https://perma.cc/3A2C-6WR8].

7. Fouré, Bénassy-Quéré & Fontagné *supra* note 4, at 4.

8. Directorate-General for Research and Innovation, European Commission, Global Europe 2050, 5 (2012), https://ec. europa. eu/research/social-sciences/pdf/policy _ reviews/global-europe-2050-report_en.pdf[https://perma.cc/TN2B-7GX5].

9. The Global Economy in 2030: Trends and Strategies for Europe, Centre for European Policy Studies, 61 (Daniel Gros & Cinzia Alcidi eds., 2013), https://espas. secure. europarl. europa. eu/orbis/sites/default/files/generated/document/en/The% 20 Global%20Economy%20in%202030.pdf[https://perma.cc/5T95-Y4Z3].

10. Zhōnghuá rénmín gònghéguó fǎn lǒngduàn fǎ(中华人民共和国反垄断法)[Anti-Monopoly Law of the People's Republic of China](promulgated by the Standing Comm. Nat'l People's Cong. Aug.30, 2007, effective Aug.1, 2008), http://english. mof-com. gov. cn/article/policyrelease/Businessregulations/201303/20130300045909. shtml [https:// perma.cc/59MS-YQMC].

11. Michael T. Roberts & Ching-Fu Lin, *2016 China Food Law Update*, 12 J. Food

9nd

L. & Pol'y 238(2016).

12. Zhōnghuá rénmín gònghéguó wǎngluò ānquán fǎ(中华人民共和国网络安全法) [People's Republic of China Cybersecurity Law](promulgated by the Standing Comm. Nat'l People's Cong., Nov.7, 2016, effective June 1, 2017), http://www.npc.gov.cn/npc/xinwen/2016-11/07/content_2001605.htm[https://perma.cc/AE5V-DRQ9].

13. Alex L. Wang, *Explaining Environmental Information Disclosure in China*, 44 Ecology L. Q. 865, 882(2018).

14. Benjamin van Rooij, Regulating Land and Pollution in China: Lawmaking, Compliance, and Enforcement: Theory and Cases, 48(2006), (citing Lindsay Wilson, *Investors Beware: The WTO will not Cure all Ills with China*, 2003 Colum. Bus. L. Rev.1007, 1020 (2003); Donald C. Clarke, China's Legal System and the WTO: Prospects for *Compliance*, 2 Wash. U. Global Stud. L. Rev.97, 111(2003)).

15. Wang, *supra* note 13, at n.101.

16. Dan Harris, *China Business Regulation Rising*, China Law Blog, (July 31, 2010), https://www.chinalawblog.com/2010/07/china_business_regulation_rising.html [https://perma.cc/88K3-YRNW].

17. 参见 David Vogel & Robert A. Kagan, *Introduction* to Dynamics of Regulatory Change: How Globalization Affects National Regulatory Policies 9 (David Vogel & Robert A. Kagan eds., 2004)。

18. Karen Ward, *The World in 2050: Quantifying the Shift in the Global Economy*, HSBC Global Research, 53(Jan.4, 2011), https://www.hsbc.ca/1/PA_ES_Content_Mgmt/content/canada4/pdfs/business/hsbc-bwob-theworldin2050-en.pdf[https://perma.cc/JQ5H-3FCV].

19. Ward, *supra* note 18, at 6.

20. Emily Feng, *Northern China Suffers Smog Pollution After Air Targets Relaxed*, Fin. Times, (Nov.15, 2018), https://www.ft.com/content/983ad260-e88b-11e8-8a85-04b8afea6ea3(on file with author).

21. Martin Wolf, *The future might not belong to China*, Fin. Times(Jan.1, 2019), https://www.ft.com/content/ae94de0e-0c1a-11e9-a3aa-118c761d2745 (on file with author)(dis-cussing a 2018 study "Long-Term Global Economic Outlook" conducted by Capital Economics).

22. *Id*.

23. *China exports, imports and trade balance By Country and Region 2016*, World Integrated Trade Solution, https://wits.worldbank.org/CountryProfile/en/Country/CHN/Year/2016/TradeFlow/EXPIMP https://perma.cc/4NVG-EQP9].

24. 参见 Jean Blaylock, *If you thought chlorine-washed chicken was scary, wait until you see what else Liam Fox has planned for a UK-US trade deal*, The Independent, (July 26, 2017, 10:30 AM), https://www.independent.co.uk/voices/chlorine-washed-chicken-liam-fox-trade-deal-us-ttip-deregulation-a7860706.html [https://perma.cc/VD33-GTBC]。

25. Withdrawal of the United States From the Trans-Pacific Partnership Negotiations and Agreement, 82 Fed. Reg.8, 497(Jan.23, 2017).

26. 作为拟议中的《跨太平洋伙伴关系协定》(TPP)的 11 个缔约国缔结了《全面与进

步跨太平洋伙伴关系协定》(CPTPP),这些国家包括:澳大利亚、文莱、加拿大、智利、日本、马来西亚、墨西哥、新西兰、秘鲁、新加坡和越南。参见 *Comprehensive and Progressive Agreement for Trans-Pacific Partnership*, Government of Canada, https://international. gc. ca/trade-commerce/trade-agreements-accords-commerciaux/agr-acc/cptpp-ptpgp/index.aspx? lang=eng[https://perma.cc/2S7X-C2WF]。

27. Doug Palmer, *U. S. aims to reshape world trade rules with regional pacts: Biden*, Reuters(April 5, 2013), https://www. reuters. com/article/us-usa-trade-biden/u-s-aims-to-reshape-world-trade-rules-with-regional-pacts-biden-idUSBRE9340TD20130405[https://perma.cc/765A-G9WB].

28. The Canadian Press, *Harper hails Trans-Pacific Partnership, promises $4. 3B to protect dairy farmers*, LFPRESS. com(Oct. 5, 2013, 5:24 PM EDT), http://www. lfpress. com/2015/10/05/harper-hails-trans-pacific-partnership-promises-43b-to-protect-dairy-farmers[https://perma.cc/RE8J-9DWX].

29. *U.S.not invited to TPP meeting in Chile; ministers to meet again at APEC*, INSIDE US TRADE(Mar.15, 2017) https://insidetrade.com/daily-news/us-not-invited-tpp-meeting-chile-ministers-meet-again-apec(on file with author).

30. European Union Intellectual Prop. Office, Guidelines for Examination of European Union Trade Marks (2017), https://euipo. europa. eu/tunnel-web/secure/webdav/guest/document _ library/contentPdfs/trade _ marks/draft-guidelines-2017-wp-lr2/24_part_b_examination_section_4_AG_chap_11_article_7(1)(k)_clean_lr2_en. pdf[https://perma.cc/V2YN-CLK8]。

31. *Geographical Indications An Introduction*, World Intellectual Property Organization, 31, https://www. wipo. int/edocs/pubdocs/en/geographical/952/wipo _ pub_952.pdf[https://perma.cc/3H3M-UNYH].

32. Comprehensive Economic and Trade Agreement, Canada-E. U., Annex 20-A, (Oct.30, 2016).

33. EU-Vietnam Free Trade Agreement, Annex 12-A, unsigned.

34. 参见 *TPP Final Text*, Office of the Trade Representative, arts. 18.30—18.36, https://ustr. gov/sites/default/files/TPP-Final-Text-Intellectual-Property. pdf[https://perma.cc/AN8B-J8UU]。

35. 参见 *TPP Final Text*, *supra* note 34, art. 18.32。

36. 参见 Shawn Donnan, *TPP deal lifts hopes for US-EU trade pact*, Financial Times(Oct. 6, 2015), https://www. ft. com/content/5bde5a48-6bda-11e5-8171-ba1968 cf791a(on file with author)。

37. 参见 *The Third Industrial Revolution*, Economist, Apr.21, 2012, at 15。

38. 增材制造是一种工业生产技术,通过在精确的几何形状中添加一层又一层的材料(如塑料或金属)来构建 3D 对象。传统制造通常需要通过铣削或雕刻去除材料,而增材制造则通过放置或添加材料来创建 3D 对象。

39. Richard Kelly &. Jörg Bromberger, *Additive Manufacturing: A Long-Term Game Changer For Manufacturers*, McKinsey, https://www. mckinsey. com/business-functions/operations/our-insights/additive-manufacturing-a-long-term-game-changer-for-manufacturers[https://perma.cc/PMD8-RHFS]。

40. Kelly &. Bromberger, *supra* note 39.

41. *Id*.

42. *Id*.

43. *Id*.

44. Regulation (EC) 2018/302, 2018 O.J. (L 060I).

45. 一般参见 *Parliamentary report urges Australians to bypass online geo-blocks that can double prices for IT products*, ABC(July 30, 2013, 12:14 AM), https://www. abc. net. au/news/2013-07-29/geo-blocking-mps-committee-price-report-apple-adobe-microsoft/4850484[https://perma.cc/W3QE-GRSF]。

46. Allison McDonald, Matthew Bernhard, Luke Valenta, Benjamin Vander Sloot, Will Scott, Nick Sullivan, J. Alex Halderman &. Roya Ensafi, *403 Forbidden: A Global View of CDN Geoblocking*, 2018 Internet Measurement Conference(IMC'18), Oct.31— Nov. 2, 2018, Boston, USA, 11, https://ensa. fi/papers/403forbidden _ imc18. pdf 〔https://perma.cc/P6NW-AYL5〕.

47. Regulation 2018/302 *supra* note 44, paras.22—26.

48. European Commission Press Release IP/18/6844, Antitrust: Commission fines Guess €40 million for anticompetitive agreements to block cross-border sales, (Dec.17, 2018).

49. Interview with John Frank, Vice President, Microsoft, in Brussels, Belg. (July 16, 2018).

50. Luca Lombardo, *Genetic Use Restriction Technologies: A Review*, 12 Plant Biotechnology J. 995, 995.

51. Lombardo *supra* note 50, at 995.

52. *Id*. at 1000.

53. 参见 *discussion in* Lombardo, *supra* note 50, at 995。

54. *GDP and main components (output, expenditure and income)*, Eurostat, http://appsso.eurostat. ec. europa. eu/nui/show. do? query = BOOKMARK _ DS-406763_ QID_23BE6D65_UID_-3F171EB0&layout=UNIT,L,X,0;GEO,L,Y,0;TIME,C,Z,0; NA_ITEM,L,Z,1;INDICATORS,C,Z,2;&zSelection = DS-406763TIME,2016;DS-406763INDICATORS, OBS _ FLAG;DS-406763NA _ ITEM, B1GQ;&rankName1 = INDICATORS_1_2_-1_2&rankName2=NA-ITEM_1_2_-1_2&rankName3=TIME_1_ 0_0_0&rankName4=UNIT_1_2_0_0&rankName5=GEO_1_2_0_1&rStp=&cStp= &rDCh=&cDCh = &rDM = true&cDM = true&footnes = false&empty = false&wai = false&time_mode=ROLLING&time_most_recent=true&lang=EN&cfo=％23％23％ 23％2C％23％23％23.％23％23％23〔https://perma. cc/VF8Y-8N7T〕(last visited Jan. 11, 2019).

55. 参见 Richard G Whitman, *On Europe—Margaret Thatcher's Lasting Legacy*, Chatham House (Apr. 9, 2013), https://www. chathamhouse. org/media/comment/ view/190655[https://perma. cc/F3Y9-M8VR]; Gordon Rayner &. Christopher Hope, *Cut the EU red tape choking Britain after Brexit to set the country free from the shackles of Brussels*, The Telegraph(Mar.28, 2017, 3:19 PM), https://www.telegraph. co. uk/ news/2017/03/27/cut-eu-red-tape-choking-britain-brexit-set-country-free-shackles/〔https:// perma.cc/EK8F-47U3〕。

56. *Is the UK a Winner or Loser in the EU Council?*, Guardian, https://www.

theguardian. com/world/datablog/2015/nov/02/is-uk-winner-or-loser-european-council
〔https：//perma.cc/K5B3-KA2R〕.

57. Brexit： Impact Across Policy Areas，House of Commons Briefing Paper
No.07213，Aug.26，2016，24.

58. Bilateral trade between United Kingdom and European Union（EU 28），
Trademap，https：//trademap. org/Bilateral _ TS. aspx? nvpm ＝ 1％7c826％7c％7c％
7c14719％7cTOTAL％7c％7c％7c2％7c1％7c1％7c2％7c2％7c1％7c1％7c1％7c1
〔https：//perma.cc/936C-3SP8〕.

59. 参见 *infra* notes 70—72 and 83—86 and accompanying text。

60. *The Internet Now Contributes 10 Percent of GDP to the UK Economy*,
Surpassing the Manufacturing and Retail Sectors，BCG（May 1，2015）https：//www.
bcg. com/d/press/1may2015-internet-contributes-10-percent-gdp-uk-economy-12111〔https：//
perma.cc/7B3S-PMWU〕；"Brexit Could Put Data Sharing in Jeopardy," Chatham House
（Mar. 10，2016），https：//www. chathamhouse. org/expert/comment/brexit-could-put-
data-sharing-jeopardy〔https：//perma.cc/FYA5-W76X〕.

61. European Union Committee，Brexit：the EU Data Protection Package，2017—
2019，HL Paper 7，at 5（UK）.

62. *Internet Now Contributes*，*supra* note 60.

63. European Union Committee，*supra* note 61，at 5.

64. *On Data Protection Brexit means mirroring EU rules*，*confirms UK minister*,
TechCrunch，https：//techcrunch. com/2017/02/01/on-data-protection-brexit-means-
mirroring-eu-rules-confirms-uk-minister/〔https：//perma.cc/VE8H-PN8H〕.

65. *On Data Protection*，*supra* note 64.

66. *EU General Data Protection Regulation*（*GDPR*）：Regulation（EU）2016/679
of the European Parliament and of the Council,（Apr.27，2016），OJ 2016 L 119/1,
Art. 45.

67. Case C-362/14，Maximillian Schrems v. Data Protection Commissioner，ECLI：
EU：C：2015:650,（Oct.6，2015），21—22.

68. European Union Committee，*supra* note 61，at 50.

69. Investigatory Power Act 2016，c.4，§ 87,（UK）.

70. European Union Committee，*supra* note 61，at 41.

71. *Id*. at 41.

72. *Id*. at 42.

73. Kate Allen，*UK finance industry dominates European scene*，Fin. Times（Sept.
5，2018），https：//www.ft. com/content/88cdec40-b03c-11e8-8d14-6f049d06439c（on file
with author）.

74. Orcun Kaya，Jan Schilbach &. Kinner Lakhani，*Brexit Impact on Investment
Banking in Europe*，Deutsche Bank Research（July 2，2018），6，https：//www.
dbresearch. com/PROD/RPS_EN-PROD/PROD0000000000469527/Brexit_impact_on_
investment_banking_in_Europe.PDF〔https：//perma.cc/3KKX-XAPK〕.

75. Kaya，Schilbach &. Lakhani，*supra* note 74，at 7.

76. *Passporting*，Bank of England，https：//www. bankofengland. co. uk/prudential-
regulation/authorisations/passporting〔https：//perma.cc/R6VU-FXRU〕.

77. 参见 *The Single Rulebook*，European Banking Authority，https：//eba.europa. eu/regulation-and-policy/single-rulebook[https：//perma.cc/R7FQ-B329]。

78. 如果英国无协议脱欧，这将自动发生。当然，英国可以根据与欧盟的某些协议谈判一项相反的协议。

79. *Commission Staff Working Document*，*EU equivalence decisions in financial services policy*：*an assessment*，European Commission（Feb.27，2017），6，https：//ec. europa.eu/info/sites/info/files/eu-equivalence-decisions-assessment-27022017_en.pdf[https：// perma.cc/X79K-D2EB]；J. Deslandes，C. Dias &. M. Magnus，*Third country equivalence in EU banking and financial regulation*，Directorate-General for Internal Policies， European Parliament，Mar. 2019，http：//www. europarl. europa. eu/RegData/etudes/ IDAN/2018/614495/IPOL_ IDA（2018）614495_EN. pdf [https：//perma. cc/WGM7-LM4R].

80. *Commission Staff Working Document*，*supra* note 79，at 7.

81. Eddy Wymeersch，*Third-Country Equivalence and Access to the EU Financial Markets Including in Case of Brexit 4*，J. Fin. Reg.209，212.

82. *Commission Staff Working Document*，*supra* note 79，at 8.

83. Gavin Finch，Hayley Warren &. Will Hadfield，*The Great Brexit Banker Exodus That Wasn't*，Bloomberg（last updated Jan.31，2019），https：//www.bloomberg. com/graphics/2017-brexit-bankers/.

84. Will Hadfield &. Steven Arons，*Money Is Flooding Out of London While the U.K. Bickers Over Brexit*，Bloomberg（Jan.23，2019），https：//www. bloomberg. com/ news/articles/2019-01-23/while-u-k-dithers-over-brexit-finance-outflows-pick-up-speed.

85. Regulation（EC）No 1907/2006 of the European Parliament and of the Council （Dec.18，2006），2006 O.J.（L 396）.

86. Environmental Audit Committee，The Future of Chemicals Regulation after the EU Referendum，2016—2017，HC Paper 912，3，https：//www.publications.parliament. uk/pa/cm201617/cmselect/cmenvaud/912/912.pdf[https：//perma.cc/4DLJ-PYHB].

87. *Statistics*，European Chemicals Agency（last visited June 4，2019），https：// echa.europa.eu/registration-statistics-infograph♯[https：//perma.cc/Z4AD-5UDL]（last accessed June 4，2019）.

88. Bruce Lourie，*Without EU regulations on chemicals，the UK will be a toxic dumping ground*，Guardian，https：//www.theguardian.com/commentisfree/2017/jun/ 01/eu-regulations-chemicals-brexit-uk-cancer-eu[https：//perma.cc/H5HL-MZKU].

89. Susanne Baker，*Initial tech UK views on chemical legislation after EU exit*， techUK（Oct. 26，2016），http：//www. techuk. org/insights/news/item/9593-initial-techuk-views-on-chemical-legislation-post-brexit[https：//perma.cc/V9TY-77Y9].

90. *Cut EU red tape*：*Report form the Business Taskforce*，Prime Minister's Office， （updated Feb. 24，2014），https：//www. gov. uk/government/publications/cut-eu-red-tape-report-from-the-business-taskforce/cut-eu-red-tape-report-from-the-busi-ness-taskforce [https：//perma.cc/G24D-MDFL].

91. *UK Chemical trade bodies*：*"soft" Brexit now more likely*，Chemical Watch， https：//chemicalwatch.com/56861/uk-chemical-trade-bodies-soft-brexit-now-more-likely [https：//perma.cc/VF5D-PZY5].

92. The Future of Chemicals Regulation，*supra* note 86，at 5—6.

93. 参见 Charles Grant，*How Brexit is Changing the EU*，Centre for European Reform（July 15，2016），https：//www. cer. eu/publications/archive/bulletin-article/2016/how-brexit-changing-eu[https：//perma.cc/ZW8Y-AE39]。

94. 参见 Ben Clements，*IEA Brexit Prize：Britain outside the European Union*，Institute of Economic Affairs，19—20，https：//iea. org. uk/wp-content/uploads/2016/07/Clement％20BREXIT％20entry_for％20web_0. pdf [https：//perma. cc/94GC-XU6Y]。

95. 参见 Judy Dempsey，*Judy Asks：Does Europe Have an Alternative to Populism?*，Carnegie Europe（Aug. 30，2018），https：//carnegieeurope. eu/strategiceurope/77134[https：//perma.cc/R4X9-TGPV]。

96. 参见 William A. Galston，*The rise of European populism and the collapse of the center-left*，Brookings Institution（Mar.8，2018），https：//www. brookings. edu/blog/order-from-chaos/2018/03/08/the-rise-of-european-populism-and-the-collapse-of-the-center-left/[https：//perma.cc/3WT8-7QKU]。

97. 例如参见 *Gains and losses of political parties at the German general election on September 24，2017 in comparison to the previous election*，Statista，https：//www. statista. com/statistics/753651/german-election-2017-party-gains-and-losses/[https：//perma. cc/HC5J-EDDB]。

98. *Population structure and ageing*，Eurostat，https：//ec. europa. eu/eurostat/statistics-explained/index. php/Population_structure_and_ageing [https：//perma. cc/D36L-QNPG].

99. *Better regulation：Why and how*，European Commission，https：//ec. europa. eu/info/law/law-making-process/planning-and-proposing-law/better-regulation-why-and-how_en[https：//perma.cc/63CX-BEF4].

100. Intelligence Act of July 24，2015，https：//www. legifrance.gouv. fr/affichCode. do；jsessionid＝BF72E2C1162C7C49D52DE78D65BEF5B4. tpdila07v_2？idSectionTA＝LEGISCTA000030934655&cidTexte＝LEGITEXT000025503132&dateTexte＝20160309[https：//perma.cc/54WP-TDYW].

101. Atack Patrick，*UK interior minister calls for end to WhatsApp "hiding place" for terror suspects*，Euronews（last updated Mar.27，2017），https：//www. euronews. com/2017/03/27/uk-interior-minister-calls-for-end-to-whatsapp-hiding-place-for-terror-suspects[https：//perma.cc/AJ5V-ZTQM].

102. 例如参见 Joined Cases C-203/15 and C-698/15，Tele2 Sverige AB v. Post-och telestyrelsen，Secretary of State for the Home Department v. Tom Watson，ECLI：EU：C：2016：970，（Dec.21，2016）。

103. 参见 Piotr Buras，*Poland，Hungary，and the slipping façade of democracy* European Council on Foreign Relations（Jul. 11，2018），https：//www. ecfr. eu/article/commentary_poland_hungary_slipping_facade_of_democracy[https：//perma. cc/8MMB-2TKS]；*Italy budget：Parliament passes budget after EU standoff*，BBC（Dec. 29，2018），https：//www. bbc. com/news/world-europe-46710472[https：//perma. cc/37B8-7MR7]；Katya Adler，*Europe's migration crisis：Could it finish the EU?*，BBC（June 28，2018），https：//www. bbc. com/news/world-europe-44632471[https：//perma. cc/

DM3Y-3UCH〕。

104. 参见 *Legal acts—statistics*，EUR-Lex，https://eur-lex.europa.eu/statistics/2018/legislative-acts-statistics.html〔https://perma.cc/AZP3-69T7〕. The cited figures consist of both new(basis) and amending acts.

105. *Legal acts—statistics*，*supra* note 104.

106. Higgins and Kanter，*Order of Business for E.U. in Brussels? Weeds，Then "Brexit，"* N.Y. Times（June 28，2016），https://www.nytimes.com/2016/06/29/world/europe/brexit-eu-summit-agenda.html?_r=0(on file with author).

107. European Commission Press Release MEMO 18/5715，State of the Union 2018：A fully equipped European Border and Coast Guard—Questions and Answers(Sept. 12，2018），https://europa.eu/rapid/press-release_MEMO-18-5715_en.htm〔https://perma.cc/4HMP-5TQA〕.

图书在版编目(CIP)数据

布鲁塞尔效应 ： 欧盟如何统治全球？ / （芬）阿努
· 布拉德福德(Anu Bradford) 著 ； 简军波，宋卫清译.
上海 ： 上海人民出版社，2024. -- (欧盟与世界丛书).
ISBN 978-7-208-18961-4

Ⅰ. D814.1

中国国家版本馆 CIP 数据核字第 202436XN82 号

责任编辑　王　琪
封面设计　王小阳

布鲁塞尔效应
——欧盟如何统治全球？
[芬]阿努·布拉德福德 著
简军波　宋卫清 译
简军波 校

出　　版　上海人民出版社
　　　　　（201101　上海市闵行区号景路 159 弄 C 座）
发　　行　上海人民出版社发行中心
印　　刷　上海商务联西印刷有限公司
开　　本　635×965　1/16
印　　张　27
插　　页　2
字　　数　380,000
版　　次　2024 年 10 月第 1 版
印　　次　2024 年 10 月第 1 次印刷
ISBN 978 - 7 - 208 - 18961 - 4/D · 4338
定　　价　128.00 元

欧盟与世界丛书

布鲁塞尔效应——欧盟如何统治全球？ 　　[芬]阿努·布拉德福德 著
　　　　　　　　　　　　　　　　　　　简军波 宋卫清 译
　　　　　　　　　　　　　　　　　　　简军波 校

规范的力量：欧洲视角下的全球 　　　　[法]扎吉·拉伊迪 著
　　治理（第三版） 　　　　　　　　　宗华伟 李华 译
欧盟跨境数据流动治理：平衡自由
　　流动与规制保护 　　　　　　　　　姚旭 著
非洲事务与中欧关系 　　　　　　　　　简军波 著
反思"规范性力量欧洲"：理论与实践 　　严晓骁 著
双层互持——冷战后欧盟对东亚的
　　地区间外交研究 　　　　　　　　　朱天祥 著
欧盟外交政策（第二版） 　　　　　　　[比利时]斯蒂芬·柯克莱勒
　　　　　　　　　　　　　　　　　　　汤姆·德尔鲁 著
　　　　　　　　　　　　　　　　　　　刘宏松 等译

有效多边主义？——欧盟在
　　联合国改革中的角色研究 　　　　　吉磊 著
中欧国际危机管理互动研究 　　　　　　杨海峰 著
欧盟对外行动署的制度研究 　　　　　　王磊 著
欧盟经济外交——欧盟在 　　　　　　　[英]斯蒂芬·伍尔考克 著
　　对外经济关系中的作用 　　　　　　张晓通 等译
移民与融入——伊斯兰
　　移民的融入与欧洲的文化边界 　　　伍慧萍 著
中欧关系新管窥——以国际
　　体系转型及全球治理为视角的分析 　叶江 著
中国对欧投资——基于政治与制度的分析 简军波 等著
欧洲化的双向运动——法国与
　　欧盟共同安全与防务政策 　　　　　张骥 著
欧盟与21世纪的多边主义——对有效性的探求 [英]卡罗琳·布沙尔 等著
　　　　　　　　　　　　　　　　　　　薄燕 等译

概念分歧与中欧关系 　　　　　　　　　潘忠岐 等著
关于欧洲宪法的思考 　　　　　　　　　[德]尤尔根·哈贝马斯 著
　　　　　　　　　　　　　　　　　　　伍慧萍 朱苗苗 译

全球气候变化治理中的中美欧三边关系 　薄燕 著
中国、美国与欧洲：新三边关系中的合作与竞争 陈志敏 等著
国际关系理论：欧洲视角 　　　　　　　[意]马里奥·泰洛 著
　　　　　　　　　　　　　　　　　　　潘忠岐 等译